D1917153

Zeitschrift für Betriebswirtschaft

Ergänzungsheft 4/2002

Sportökonomie

ZfB-Ergänzungshefte

2/98 Finanzierungen
Schriftleitung: Horst Albach
200 Seiten. ISBN 3 409 13957 5

1/99 Innovation und Investition
Schriftleitung: Horst Albach
142 Seiten. ISBN 3 409 13958 3

2/99 Innovation und Absatz
Schriftleitung: Horst Albach
176 Seiten. ISBN 3 409 11455 6

3/99 Finanzmanagement 1999
Schriftleitung: Horst Albach
212 Seiten. ISBN 3 409 11509 9

4/99 Planung und Steuerung von Input-Output-Systemen
Schriftleitung: Horst Albach/Otto Rosenberg
178 Seiten. ISBN 3 409 11493 9

5/99 Krankenhausmanagement
Schriftleitung: Horst Albach/Uschi Backes-Gellner
209 Seiten. ISBN 3 409 13959 1

1/2000 Corporate Governance
Schriftleitung: Horst Albach
152 Seiten. ISBN 3 409 11600 1

2/2000 Virtuelle Unternehmen
Schriftleitung: Horst Albach/Dieter Specht/Horst Wildemann
260 Seiten. ISBN 3 409 11628 1

3/2000 Hochschulorganisation und Hochschuldidaktik
Schriftleitung: Horst Albach/Peter Mertens
223 Seiten. ISBN 3 409 13960 5

4/2000 Krankenhausmanagement 2000
Schriftleitung: Horst Albach/Uschi Backes-Gellner
160 Seiten. ISBN 3 409 11764 4

1/2001 Personalmanagement 2001
Schriftleitung: Horst Albach
188 Seiten. ISBN 3 409 11801 2

2/2001 Controlling-Theorie
Schriftleitung: Horst Albach/Ulf Schiller
160 Seiten. ISBN 3 409 11833 0

3/2001 E-Business
Schriftleitung: Horst Albach/Horst Wildemann
162 Seiten. ISBN 3 409 11876 4

4/2001 Theorie der Unternehmen
Schriftleitung: Horst Albach/Peter J. Jost
193 Seiten. ISBN 3 409 11883 7

1/2002 Marketing-Management
Schriftleitung: Horst Albach/Christoph Weiser
190 Seiten. ISBN 3 409 11984 1

2/2002 Unternehmensentwicklung im Wettbewerb
Schriftleitung: Horst Albach/Bernd Schauenberg
164 Seiten. ISBN 3 409 11996-5

3/2002 Privatisierung von öffentlichen Unternehmen
Schriftleitung: Horst Albach/Eberhard Witte
118 Seiten. ISBN 3 409 12075-0

Sportökonomie

Schriftleitung

Prof. Dr. Dr. h.c. mult. Horst Albach
Prof. Dr. Bernd Frick

GABLER

Die Deutsche Bibliothek – CIP-Einheitsaufnahme

Zeitschrift für Betriebswirtschaft : ZfB. – Wiesbaden :
Betriebswirtschaftlicher Verl. Gabler
Erscheint monatl. – Aufnahme nach Jg. 67, H. 3 (1997)
Reihe Ergänzungsheft: Zeitschrift für Betriebswirtschaft /
Ergänzungsheft. – Fortlaufende Beil.: Betriebswirtschaftliches
Repetitorium. – Danach bis 1979: ZfB-Repetitorium
ISSN 0044-2372
2002, Erg.-H. 4. Sportökonomie
Sportökonomie / Schriftl.: Horst Albach,
Bernd Frick – Wiesbaden : Gabler, 2002
(Zeitschrift für Betriebswirtschaft ; 2002, Erg.-H. 4)
ISBN 3-409-12282-6

Lektorat: Ralf Wettlaufer/Annelie Meisenheimer

Der Gabler Verlag ist ein Unternehmen der Fachverlagsgruppe BertelsmannSpringer

http://www.gabler.de
http://www.zfb-online.de

Gesamtherstellung: Druckhaus „Thomas Müntzer“, D-99947 Bad Langensalza
Printed in Germany

ISBN 3-409-12282-6

Inhalt

Zeitschrift für Betriebswirtschaft, Erg.-Heft 4/2002

Inhalt

Sportökonomie

Sport ist zu einem bedeutenden Wirtschaftsfaktor in der Welt geworden – und nicht nur in der entwickelten. Der Verein ist nicht mehr die einzige Rechtsform, in der sich Menschen organisieren, um Sport zu treiben. Professionelle Sportunternehmen weisen heute üblicherweise die Rechtsform einer Kapitalgesellschaft auf, während der Verein nach wie vor die bevorzugte Rechtsform für den Amateursport ist. In steigendem Maße findet diese Entwicklung ihren Niederschlag in der wirtschaftswissenschaftlichen Beschäftigung mit dem Sport. Unter dem Namen „Sportökonomie" haben sich volkswirtschaftliche und betreibswirtschaftliche Autoren versammelt, um den Markt der Sportunternehmen und diese selbst in ihrem Wettbewerbs- und Kooperationsverhalten zu untersuchen.

Die Sportökonomie ist ein spannendes Forschungsgebiet für Betriebswirtschaftler, weil sich hier neoklassische Theorie, Informationsökonomie, Vertragstheorie und Transaktionstheorie, aber auch Verhaltenstheorie und Spieltheorie zu einem sach- und problemadäquaten Methoden-Mix, manche meinen sogar: zu einer eigenständigen wissenschaftlichen „Subdisziplin" vereinen. Dabei kann sich die Forschung heute auf einige wichtige Arbeiten stützen, die als Pionierarbeiten das Feld der Sportökonomie sowohl in den USA als auch in Deutschland erschlossen haben. Im angelsächsischen Raum sind es die Arbeiten von Rottenberg (1956) und Neale (1964), in Deutschland sind es die Arbeiten von Melzer und Stäglin (1965), Gärtner und Pommerehne (1978), Büch und Schellhaaß (1978) und Büch (1979), die zu den Wegbereitern dieser neuen Disziplin gerechnet werden können.

Dass die Sportökonomie mehr als ein „Hobby-Fach" in den Wirtschaftswissenschaften ist, wird durch die Tatsache unterstrichen, dass im Jahre 1996 ein „Arbeitskreis Sportökonomie e.V." gegründet wurde. Im November 1997 wurde an der Deutschen Sporthochschule in Köln erstmals ein „Sporökonomie-Kongress" durchgeführt. Das unterstreicht die Erwartungen, welche die Praxis des Sports an die Entwicklung der Sportökonomie knüpft.

Mit dem vorliegenden ZfB-Ergänzungsheft möchten wir diese Entwicklungen unterstützen und weitere Forschung anregen. Die Beiträge dieses Heftes sind nach dem funktionalen Konzept der Betriebswirtschaftslehre gegliedert. Nach dem einleitenden Kapitel über das Verhältnis von Sportökonomie und Unternehmenstheorie finden sich Kapitel zum Marketing, zur Beschaffung, zur Persoanlwirtschaft und zur Finanzierung.

Das **erste Kapitel** enthält drei Beiträge. Herbert Woratschek beleuchtet „Theoretische Elemente einer ökonomischen Betrachtung von Sportdienstleistungen". Er ist also sehr vorsichtig, ja, zurückhaltend in der Behandlung der Frage, ob es bereits eine Sportökonomie im theoretischen Sinne gibt. Für Sportdienstleistungen sind Integrativität und Verhaltensunsicherheit konstitutive Merkmale. Sportdienstleistungen sind in komplexe Marktstrukturen eingebettet. Die Besonderheiten dieser Marktstrukturen führen zur Notwendigkeit von Regeln und Institutionen, die einen effizienten Wettbewerb auf dem Sportmarkt gewährleisten.

Egon Franck untersucht institutionelle Innovationen in der Entwicklung des amerikanischen Teamsports auf ihre ökonomische Begründung. Der Beitrag zeigt, dass sich diejenigen Formen der Ligaorganisation durchgesetzt haben, die ihren Nutzern Effizienzvorteile brachten. Wir haben es hier also mit organisatorischen Schumpeter-Innovationen zu tun. Während im Allgemeinen Organisations-Innovationen keinen Schutz genießen, ist es in den USA gelungen, die mit diesen Innovationen verbundenen spezifischen Investitionen zu schützen. Eine wesentliche Voraussetzung eines solchen Schutzes war die Kultivierung nationaler Zuschauerschaften und Fan-Gemeinschaften. Der Autor plädiert für die Übernahme dieser Innovationen zur Lösung der Schuldenmisere im deutschen Profi-Sport.

Erik Lehmann und Jürgen Weigand behandeln Corporate Governance-Strukturen im professionellen Fußballsport. Sie zeigen, dass die Shareholder der professionellen Fußball-Unternehmen keine wirksame Kontrolle über den Vorstand ausüben (können) und es folglich zu einem „Organisationsversagen" der Kapitalgesellschaften im Profi-Fußball kommt. Das ist ein sehr ernüchterndes und zugleich praxisnahes Ergebnis.

Im **zweiten Kapitel** untersuchen zwei Beiträge das Marketing im Sport. Jörn Kruse und Jörn Quitzau lehnen mit guten ökonomischen Gründen die Zentalvermarktung der Fernsehrechte an der Fußball-Bundesliga ab. Spannend an ihrer Analyse ist das Verhältnis von Kooperation und Wettbewerb. Wäre der Markt atomistisch und nicht als Kartell in Form von Ligen strukturiert, wäre der Wettbewerb weniger spannend für die „Kunden". Die Fußball-Liga als „institutionell verfestigtes Verkaufskartell" mit zentraler Vermarktung der Fernsehrechte und relativ gleichmäßiger Verteilung der Verkaufserlöse auf die Syndikats-Mitglieder gewährleistet nach Ansicht der Verfechter der Zentralvermarktung, dass die Wettbewerber relativ gleich stark sind und es auch bleiben. Die Autoren erkennen durchaus an, dass die Organisationsform der Liga Vorteile besitzt, weisen jedoch nach, dass daraus nicht zwangsläufig eine zentrale Vermarktung der Fernsehrechte folgt.

Der Beitrag von Susanne Parlasca und Stefan Szymanski geht in seiner Ablehnung der Zentralvermarktung noch weiter. Die Autoren weisen empirisch nach, dass es im freien Fernsehen eine beachtliche unbefriedigte Nachfrage nach Übertragungen gibt. Das Ergebnis lautet: die Argumente, die für eine Freistellung der Zentralvermarktung vom Kartellverbot vorgetragen werden, vermögen nicht zu überzeugen. Das Kartell schränkt die Konsumentenfreiheit beträchtliche ein und benachteiligt kleine Clubs. Die Zentralvermarktung schädigt letztlich auch am Sport nicht interessierte Zuschauer.

Das **dritte Kapitel** enthält vier Aufsätze, die sich alle mit der „Beschaffung" von Spielern beschäftigen. Lothar Hübl und Detlev Swieter weisen theoretisch und empirisch nach, dass das Bosman-Urteil die Verhandlungsmacht der Spieler gestärkt und dass dies zu einem Anstieg der Gehälter und einer Verlängerung der Verträge geführt hat.

Auch Horst Schellhaaß und Frank May beschäftigen sich mit dem Bosman-Urteil. Sie weisen nach, dass das Urteil ein Fehlurteil war. Das Urteil führt zu verstärktem Einsatz erfahrener ausländischer Spitzenspieler und benachteiligt europäische Nachwuchsspieler und Nationalmannschaften.

Mit der Auswirkung des Bosman-Urteils auf Transfersystem und Kontraktlaufzeit beschäftigen sich auch Eberhard Feess und Gerd Mühlheußer. Sie zeigen, dass die zeitliche Begrenzung langfristiger Kontrakte im neuen Transfer-System Investitionsanreize für die Ausbildung von Talenten mindert. Das stärkt die Rückverhandlungsmacht der neuen Clubs. Insgesamt sinkt die soziale Wohlfahrt.

Bernd Frick, Alexander Dilger und Joachim Prinz gehen der Frage nach, welche Folgen die Untersagung von Ablösezahlungen nach Ablaufen des Vertrages durch das Bosmann-Urteil und der Ersatz von Ablösezahlungen durch Handgelder auf das Verhalten der Fußballspieler gehabt hat. Sie zeigen theoretisch und belegen anhand von Daten aus der amerikanischen National Football League, dass die Team-Performance bei steigendem Anteil von leistungsunabhängigen Handgeldern am Gesamtlohn sinkt.

Im **vierten Kapitel** geht es um die betriebliche Lohnpolitik. Jörn Littkemann und Sebastian Kleist weisen nach, dass es einen unmittelbaren Zusammenhang zwischen dem Erfolg von Mannschaften der Bundesliga und der Leistung der Mitglieder der Mannschaft gibt. Die relative Spielstärke und der Spielort beeinflussen ihrerseits die Leistungen der Mannschaft. Erstaunlich ist, dass das Spielsystem keine direkte Auswirkung auf den Spielerfolg hat. Sollte also der Streit um Dreierkette und Viererkette in der Fußballweltmeisterschaft 2002 ein Scheingefecht gewesen sein?

Rafael Gomez untersucht die Frage, ob der Team-Erfolg von der Gehaltsstruktur in der Mannschaft abhängig ist. Eine Gehaltsstruktur, die von allen Mitgliedern der Mannschaft als gerecht empfunden wird, stärkt den Zusammenhalt in der Mannschaft und erhöht damit die Wahrscheinlichkeit des Spielerfolges. Dieses theoretische Ergebnis wird gestützt duch die Untersuchung des Spielerfolges von 26 Mannschaften der amerikanischen National Hockey League.

David Forrest und Robert Simmons testen den Zusammenhang von Spielerfolg und Mannschaftsgehalt direkt und weisen einen statistischen signifikanten Zusammenhang sowohl für die vier amerikanischen Ligen als auch für zwei der drei untersuchten europäischen Fußball-Ligen nach. Die Autoren schließen aus der nachweisbar gesunkenen Preiselastizität des Spielerfolges, dass dessen reale Kosten in jüngster Zeit stark zugenommen haben. Die Autoren finden zudem, dass der Zusammenhang zwischen Mannschafts-Gehalt und Spielerfolg in der Fußball-Bundesliga weniger streng ist als in Italien und England. Dafür hat hierzulande aber die Qualität des Trainers einen signifikanten Einfluss auf den Spielerfolg. (Natürlich lässt sich auch nicht ausschließen, dass der Spielerfolg gute Trainer anzieht, jedenfalls regressionstheoretisch nicht!).

Der Kapitalbeschaffung widmet sich das **fünfte Kapitel**, das freilich nur aus einem Aufsatz besteht. Helmut Dietl und Markus Pauli behandeln die Finanzierung von Fußballstadien unter der Bedingung knapper öffentlicher Mittel. Der Finanzierung mit privaten Sponsoren-Mitteln im Rahme von Private-Public-Partnerships stehen allerdings erhebliche Schwierigkeiten in Form von hohen Investitionsrisiken (Konkursgefahr, Abstiegsgefahr) entgegen. Folglich ist nicht zu erwarten, dass der Neubau bzw. der grundlegende Umbau der deutschen Fußballstadien bis zur Weltmeisterschaft 2006 mit einem ins Gewicht fallenden Anteil an privaten Mitteln finanziert werden kann.

Wir hoffen, dass dieses Ergänzungsheft nicht nur eine ebenso interessante wie vergnügliche Lektüre bietet, sondern dass es sich auch als für die Praxis des Sports wichtig und hilfreich erweist. Dass die Betriebswirtschaftslehre eine problemorientierte Wissenschaft ist, zeigt dieses Heft besonders klar.

Bonn und Witten-Herdecke, im Juli 2002

Horst Albach — Bernd Frick

Theoretische Elemente einer ökonomischen Betrachtung von Sportdienstleistungen

Von Herbert Woratschek

Überblick

- Sportdienstleistungen weisen aus ökonomischer Sicht einige Besonderheiten auf. Diese sind zum einen in der notwendigen Koproduktion von Anbieter und Kunden und zum anderen in den gegenseitigen Unsicherheiten bezüglich der Leistungsfähigkeit und des Leistungswillens des jeweils anderen Marktpartners begründet.
- Mit diesen Besonderheiten lassen sich eine Reihe theoretischer Ansätze begründen, die für das Management von Dienstleistungen besonders hilfreich in der Analyse ökonomischer Probleme sind.
- Sportdienstleistungen sind in komplexe Marktstrukturen eingebunden, die sich auf die Geschäftsmodelle „Kontaktanbahnung", „Vertragsvermittlung" und „Vertriebsübernahme" zurückführen lassen. Diese Geschäftsmodelle dienen zur Identifikation von Kundengruppen, die unterschiedliche Ansprüche an den Dienstleistungsanbieter stellen.

Eingegangen: 31. Januar 2002

Professor Dr. Herbert Woratschek, Universität Bayreuth, Rechts- und Wirtschaftswissenschaftliche Fakultät, Lehrstuhl für Dienstleistungsmanagement, Universitätsstr. 30, 95444 Bayreuth

ZfB
ZEITSCHRIFT FÜR BETRIEBSWIRTSCHAFT

A. Problemstellung

Die Sportökonomie ist eine junge Teildisziplin der Sportwissenschaft einerseits und der Wirtschaftswissenschaften andererseits. Sie ist somit an der Schnittstelle der beiden Wissenschaftsbereiche anzusiedeln. Typisch für sich derartig herausbildende Schnittstellenfächer ist eine im Hinblick auf viele Fragestellungen mangelnde theoretische Fundierung. Eine Theorie der Sportökonomie gibt es genau so wenig wie eine Theorie der Sportdienstleistungen. Diese wären aber wünschenswert, zumal oft behauptet wird, dass traditionelle ökonomische Ansätze wegen der Besonderheiten im Sport nicht anwendbar wären. Es existieren aber einzelne Ansätze, mit deren Hilfe die Beantwortung ökonomischer Fragestellungen im Sportbereich versucht wird. Da das Dienstleistungsmanagement in den letzten Jahren zum Gegenstand der ökonomischen Forschung wurde, sollten auch die in diesem Bereich erarbeiteten Erkenntnisse für den Sportbereich genutzt werden.

Im Folgenden werden die ökonomischen Ansätze zum Dienstleistungsmanagement unter dem Aspekt der Sportdienstleistungen diskutiert. Es wird herausgestellt, welche Aspekte für das Management von Sportdienstleistungen besonders hervorzuheben sind und welche theoretischen Ansätze zur Analyse dieser Probleme geeignet sind.

Der Sport weist darüber hinaus Merkmale auf, die nicht in allen Dienstleistungsbranchen vorzufinden sind und demzufolge bislang nicht im Rahmen des Dienstleistungsmanagement diskutiert werden. Dies ist zum einen die Komplexität der Marktstruktur im Sportbereich und zum anderen der sportliche Wettbewerb. Die Komplexität der Marktstruktur wird bislang weder im Dienstleistungsmanagement noch in der Sportökonomie näher analysiert. Daher wird mit Elementen der Systemtheorie eine erste Basis geschaffen.

Ziel dieses Beitrags ist es, Ansätze der ökonomischen Forschung herauszustellen, die sich aufgrund der Besonderheiten im Sportbereich für die Lösung der Managementprobleme von Sportdienstleistungen eignen. Dabei wird der Schwerpunkt auf das Marketing mit und von Sport gelegt.

B. Sportdienstleistungen

Der Sportmarkt ist breit gefächert und weist unterschiedliche Betriebstypen und Geschäftsmodelle auf.

I. Sportbetriebe – ein Überblick

Sportbetriebe finden sich im sekundären und tertiären Sektor der Wirtschaft. Der Teilbereich der Sportdienstleistungen ist äußerst heterogen, wie der Überblick in Abbildung 1 zeigt. Sportbetriebe vermarkten dabei nicht nur den Sport (Marketing von Sport, z.B. Betriebe der Sportaus- und -weiterbildung und Sportunterhaltungsbetriebe), sondern fördern den Absatz von Gütern und Dienstleistungen mit Hilfe des Sports (Marketing mit Sport, z.B. Sportkommunikationsbetriebe und Sportdienstleister mit Vermittlungs- und Beratungsdienstleistungen)[1].

Abb. 1: Sportbetriebe – ein Überblick

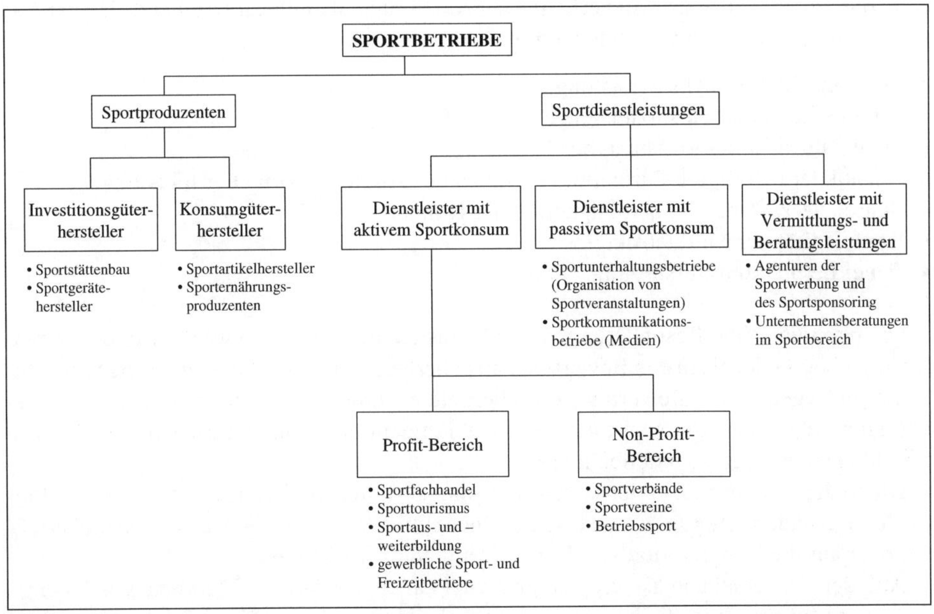

Abbildung 1 verdeutlicht eine Besonderheit des deutschen Sportsystems im Bereich der Dienstleister mit aktivem Sportkonsum, „nämlich das Zusammenspiel zwischen ehrenamtlich und professionell organisierten Sektoren“[2]. Die Betriebe sind daher zwischen Profit- und Non-Profit-Bereich unterteilt. Die Probleme, die sich aus diesem Zusammenspiel ergeben, sind bislang noch nicht ausreichend theoretisch analysiert worden[3].

Der Überblick in Abbildung 1 zeigt, dass es schwierig ist, eine einheitliche Definition von Sportdienstleistungen zu finden. Dies gilt auch für die allgemeine Diskussion um den Dienstleistungsbegriff. Hier werden Dienstleistungen oft als Gegenstück zu Sachleistungen aufgefasst[4], wobei zumeist die Immaterialität als konstitutives Merkmal herangezogen wird.[5]

Die Diskussion um die Definition von Dienstleistungen ist im Ergebnis nicht sehr fruchtbar, da eine Definition mehr oder weniger zweckmäßig oder unzweckmäßig sein kann. Die Zweckmäßigkeit hängt von der Fragestellung bzw. von der zu bearbeitenden Problemstellung ab. In der Ökonomie geht es immer um den Austausch knapper Wirtschaftsgüter. Diese wiederum bestehen ohnehin immer aus einem Bündel von Waren, Rechten und Diensten, d.h. aus materiellen und immateriellen Bestandteilen.

II. Besonderheiten von Sportdienstleistungen aus ökonomischer Sicht

Die Immaterialität von Dienstleistungen erschwert die Vermarktung, da sie zu Bewertungsunsicherheit der Konsumenten hinsichtlich der zu erwartenden Dienstleistungsqualität führt. Allerdings ist die Immaterialität nicht die einzige Ursache von Bewertungsunsicherheiten. Bewertungsunsicherheiten der Nachfrager über die zu erstellende Dienstleistung können z.B. durch folgende Faktoren entstehen:[6]

- Immaterialität der Absatzleistung,
- Komplexität einer Absatzleistung,[7]
- geringerer Informationsstand der Kunden,
- Anzahl der beteiligten Partnerunternehmen des Anbieters von Dienstleistungen,
- Begrenzte Wahrnehmungsfähigkeiten der Kunden,
- Komplexität der Marktstruktur,
- Dauer der Leistungserstellung.

Die ökonomischen Besonderheiten von Dienstleistungen liegen weniger in der Immaterialität begründet als in den Bewertungsunsicherheiten des Dienstleistungsangebotes für den Nachfrager.[8] Diese Bewertungsunsicherheiten werden vor allem in der Informationsökonomie diskutiert, die somit ein zentrales Element einer ökonomischen Analyse von Sportdienstleistungen darstellen muss.

Die in der Literatur diskutierten, aus der Immaterialität von Dienstleistungen[9] resultierenden Besonderheiten lassen sich schlüssiger entweder auf die Bewertungsunsicherheiten oder auf die Integrativität von Dienstleistungen zurückführen.[10]

Auf der Prozessebene ist die Integrativität ein konstitutives Merkmal von Dienstleistungen.[11] Hiermit ist die Notwendigkeit gemeint, dass der Anbieter Produktionsfaktoren einsetzen muss, die außerhalb seiner Verfügungsgewalt stehen und vom Kunden in den Produktionsprozess eingebracht werden. Die Integrativität ist hoch,

1. wenn an vielen Stellen der Wertschöpfungskette die Mitwirkung der externen Faktoren gegeben ist; dies wird als Eingriffstiefe bezeichnet, und
2. wenn das Ausmaß der Mitwirkung des Kunden im Erstellungsprozess groß ist; hier spricht man von Eingriffsintensität.[12]

Bei integrativen Dienstleistungen ist die Kooperation von Anbieter und Nachfrager einer Dienstleistung notwendig, damit überhaupt eine Dienstleistung erstellt werden kann. Welche Besonderheiten resultieren hieraus?

1. **Der Nachfrager empfindet vor Vertragsabschluss Unsicherheit** über die Leistungsfähigkeit und den Leistungswillen des Anbieters,[13] da er bezüglich der noch zu erstellenden Leistung einen schlechteren Informationsstand hat.
2. **Ein erfolgreicher Anbieter von Sportdienstleistungen muss seine Qualitäten demzufolge glaubhaft signalisieren**, so dass er in der Lage ist, den Erwartungen des Nachfragers zu entsprechen. Ausbildungszertifikate vom Trainer eines Fitnessstudios signalisieren die grundsätzlichen Leistungsfähigkeiten und fördern den Abschluss von Verträgen.
3. **Der Nachfrager beeinflusst die Dienstleistungsqualität**. Ohne das dauerhafte Engagement des Kunden eines Fitnessstudios kommt es zu keinem Trainingserfolg, damit zu keiner langfristigen Kundenbindung und keinem dauerhaft gesicherten Erfolg[14]. Die Qualität einer Dienstleistung kann aufgrund der Integrativität nicht autonom vom Anbieter beeinflusst werden.

4. **Der Anbieter empfindet vor Vertragsabschluss Unsicherheit** über die Leistungsfähigkeiten und den Leistungswillen der Nachfrager, da er über die Qualität der externen Produktionsfaktoren einen schlechteren Informationsstand hat.
5. **Der Anbieter muss Selektionsdesigns entwickeln.** Aufgrund der Unsicherheit bezüglich des Verhaltens des Nachfragers bei der Erstellung der Dienstleistung hat der Anbieter ein erhebliches Interesse daran, a priori die Qualität (Leistungsfähigkeit und Leistungswillen) der externen Faktoren zu beurteilen und ggf. zu selektieren.[15] D.h. ein Fitnessstudio muss versuchen herauszufinden, bei welchen Kundengruppen die Wahrscheinlichkeit für eine dauerhafte Bindung hinreichend hoch ist, damit kostenintensive Betreuungen auf diese Kundengruppen konzentriert werden können.
6. **Der Anbieter muss Schwankungen in der Qualität der Produktionsfaktoren kompensieren**. Ein Privatskilehrer muss mehr Energie auf weniger talentierte Schüler verwenden, um zum gleichen Ergebnis zu gelangen. Darüber hinaus muss er flexibel auf die Tagesform des Schülers reagieren sowie auf die individuellen und im Zeitablauf wechselnden Bedürfnisse des Schülers eingehen.

Die beiderseitige Unsicherheit der Marktpartner über das Verhalten des jeweils anderen (Verhaltensunsicherheit)[16] ist nicht ursächlich mit der Integrativität zu begründen, sondern mit den unterschiedlichen Informationsständen, die durch eine mitunter erhebliche Asymmetrie gekennzeichnet sind. So ist selbst bei gegebenem Grad der Integrativität die Verhaltensunsicherheit niedriger, wenn die Geschäftsbeziehung langfristig existiert.[17] In einer langfristigen Kooperation zwischen Anbieter und Nachfrager werden Informationen ausgetauscht und damit Informationsasymmetrien abgebaut.

Bei neuen Geschäftsbeziehungen kommt ein Vertrag nur zustande, wenn es gelingt, die Informationsasymmetrien zu überwinden bzw. diese Bewertungsunsicherheiten insoweit abzubauen, dass sie kein unüberwindliches Hindernis für die Kooperation darstellen. Hierzu dienen die unterschiedlichen Kooperationsdesigns der Informationsökonomie (Offenbarung, Autorität, Anreiz und Kontrolle).[18] Somit ist eine wesentliche Grundlage einer Theorie von Sportdienstleistungen in der **Informationsökonomie** zu sehen.

Ein weiteres Problem im Dienstleistungsbereich besteht darin, dass Dienstleistungen häufig nicht standardisiert für ein großes Kundensegment, sondern maßgeschneidert für den Kunden erstellt werden müssen.[19] Dies gilt insbesondere dann, wenn es sich um personenbezogene Sportdienstleistungen handelt, wie z.B. um eine aktive Sporttherapie als Folge eines Unfalls oder um die Erstellung eines Trainingsplanes für einen Spitzensportler. Prinzipiell können bei Dienstleistungen zwar standardisierte Arbeitsprozesse (Unternehmensberatung) oder Module (Versicherungspaket) eingesetzt werden, die aber in einer spezifischen Kombination zu einer für den Kunden maßgeschneiderten Dienstleistung führen. Die Notwendigkeit, eine maßgeschneiderte Dienstleistung zu erstellen, führt einerseits ceteris paribus zu höheren Kosten (z.B. höherer Beratungsaufwand, höhere Kommunikationskosten, höhere Kosten durch Ausweitung und Flexibilisierung von Kapazitäten), aber andererseits zu einer höheren Zahlungsbereitschaft der Nachfrager und damit zu höheren Erlösen.

Die Besonderheiten von Sportdienstleistungen können demzufolge mit Hilfe der Konstrukte „Integrativität", „Verhaltensunsicherheit" und „Individualität" charakterisiert werden. Die einzelnen Sportdienstleistungen lassen sich unscharf nach dem Ausmaß dieser

Abb. 2: Typologie der Sportdienstleistungen

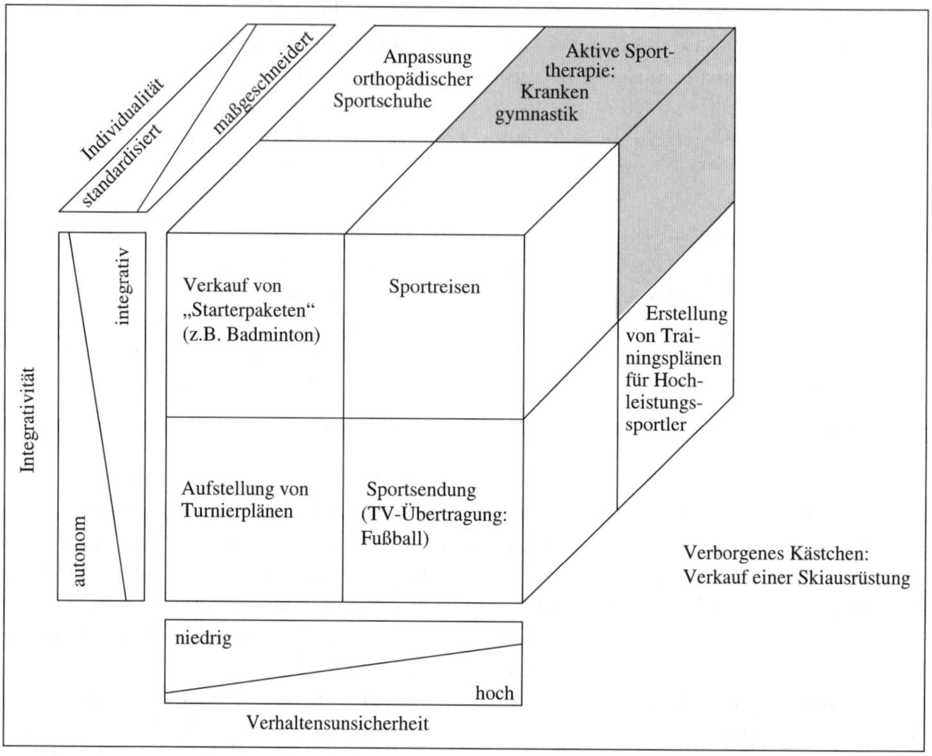

Besonderheiten einteilen. Die unterschiedlichen Grade der Verhaltensunsicherheit können aus der Informationsökonomie abgeleitet werden. Maßgeblich hierfür ist der Zeitpunkt vor Abschluss eines Vertrages (zu einer entsprechenden Typologie vgl. Abbildung 2).[20]

Eine geeignete Arbeitsdefinition, die den unterschiedlichen Besonderheiten von Sportdienstleistungen aus ökonomischer Sicht Rechnung trägt, lautet folgendermaßen:

Sportdienstleistungen sind integrativ zu erstellende Leistungsversprechen bei der Vermarktung von und mit Sport.[21]

Konstitutiv sind ein Mindestmaß an Integrativität und Verhaltensunsicherheit. Vollständig autonom erstellte Sportdienstleistungen gibt es nicht. Genau so wenig ist eine Kooperation vorstellbar, bei der die Vertragspartner vor Vertragsabschluss die Leistungsfähigkeit und den Leistungswillen mit Sicherheit beurteilen können.

C. Konsequenzen aus den Besonderheiten von Dienstleistungen

Die aus den Besonderheiten von Dienstleistungen resultierenden Konsequenzen für das Management hinsichtlich der Fokussierung auf bestimmte Aspekte und damit hinsichtlich der Wichtigkeit bestimmter theoretischer Elemente wurden bereits an anderer Stelle abgeleitet[22] und sind ohne Weiteres auf den Sport übertragbar. Sie werden daher im Folgenden nur in knapper Form wiedergegeben.

I. Konsequenzen aus der Verhaltensunsicherheit

Die Verhaltensunsicherheit ist – neben der Qualitätsunsicherheit – ein zentrales Konstrukt der Informationsökonomik. Man unterscheidet des Weiteren zwischen einer Verhaltensunsicherheit aus versteckten Absichten und einer Verhaltensunsicherheit aus versteckten Handlungen (Grade der Verhaltensunsicherheit in aufsteigender Reihenfolge)[23]. Ursache für jeden dieser Typen von Unsicherheit sind asymmetrisch verteilte Informationen, die zu Unsicherheit bei der schlechter informierten Marktseite darüber führen, ob die mit dem Vertragsabschluss verbundenen Erwartungen auch wirklich erfüllt werden.

So genannte Kooperationsdesigns dienen zur Reduktion von Verhaltensunsicherheiten und fördern somit den Abschluss von Verträgen. Im Falle von Qualitätsunsicherheit sind Offenbarungen geeignete Kooperationsdesigns[24] und kommen in folgenden Konstrukten zum Ausdruck: [25]

1. Signaling: Aussenden von glaubhaften Informationen, z.B. Garantien.
2. Reputation: Wiederholtes dauerhaftes Signaling, das zum Aufbau von Vertrauen führt.[26]
3. Screening: Informationsbeschaffung (im Dienstleistungssektor durch Schemata der Selbsteinordnung), z.B. durch Vorgabe geeigneter Preistarife, die bestimmte Verhaltensabsichten der Nachfrager offenbaren.[27]

Die Reputation spielt nicht nur für das Verhalten der Vertragspartner eine Rolle, sondern dient auch zur Abschottung von Wettbewerbsvorteilen gegenüber der Konkurrenz. Diese Thematik wird vor allem in der **Industrieökonomik** diskutiert,[28] so dass diese auch zur theoretischen Fundierung der Marktbeziehungen von Sportdienstleistungen herangezogen werden sollte.

Versteckte Absichten führen dazu, dass sich nach Vertragsabschluss ein Vertragspartner Vorteile zu Lasten des anderen verschaffen kann, da nicht alle Eventualitäten vertraglich geregelt werden können. Ein Partner, der spezifische Investitionen getätigt hat, ist nach Vertragsabschluss erpressbar, da er diese Investitionen in keiner anderen Kooperationsbeziehung einsetzen kann. Der Zuschauer eines Sportwettbewerbs tätigt spezifische Investitionen beim Kauf seiner Eintrittskarte. Die Teams können sich Vorteile zu Lasten des Zuschauers verschaffen, indem sie „sich den Ball zuschieben", um das Ausscheiden beider Teams aus einer Fußballweltmeisterschaft nicht zu riskieren. Die Unsicherheiten im Falle versteckter Absichten beziehen sich auf Kulanz, Fairness und Entgegenkommen des Vertragspartners. Im Zentrum steht also die Frage nach der optimalen Koordinationsform.[29] Die **Transaktionskostentheorie** kann dazu herangezogen werden, die Vorteilhaftigkeit institutioneller Ausgestaltungen bestimmter Geschäftsmodelle zu erklären.[30] Transaktionskosten wurden ursprünglich als Kosten der Marktinanspruchnahme definiert.[31] Inzwischen werden auch die unternehmensinternen Kosten der Koordination einbezogen, so dass die Transaktionskosten für betriebswirtschaftliche Zusammenhänge in Kosten der Marktinanspruchnahme (externe Transaktionskosten) und Kosten der Organisationsnutzung (interne Transaktionskosten) unterschieden werden können[32].

Versteckte Handlungen lassen sich auch nach Abschluss einer Kooperationsbeziehung nicht mit Sicherheit beobachten. Die Anstrengung, die Sorgfalt und der Fleiß von Spielern sind Beispiele hierfür. Derartige Verhaltensunsicherheiten können durch Anreiz- und Kontrollsysteme reduziert werden.[33] Die **Principal-Agent-Theorie** befasst sich u.a. mit der Ermittlung geeigneter Prämienfunktionen.[34]

II. Konsequenzen aus der Integrativität und der Individualität

Eine hohe Integrativität bei Sportdienstleistungen erfordert die intensive Kooperation zwischen Anbieter und Kunde. Daraus resultiert die Wichtigkeit des Beziehungsmanagements, das im Kundenbindungsmanagement (Zufriedenheitsmanagement, Beschwerdemanagement) und dem Prozessmanagement zum Ausdruck kommt. Im Dienstleistungsmarketing werden die Marketing-Mix-Instrumente u.a. um die Prozesspolitik ergänzt.[35] Allerdings wird in der Literatur kaum ausgeführt, was unter Prozesspolitik in diesem Zusammenhang zu verstehen ist.

Die gemeinsame Produktion einer Sportdienstleistung benötigt Zeit. Der Prozess einer Dienstleistung kann wie folgt eingeteilt werden:[36]

- Transferzeiten (Weg zwischen Kunden- und Anbieterort),
- Abwicklungszeiten (Informations- und Vertragsaktivitäten),
- Wartezeiten,
- Transaktionszeiten (Leistungserstellung und Leistungsnutzung).

Aus all diesen Zeiten resultieren für den Kunden Transaktionskosten, die für den Anbieter durch Zeitsparstrategien in Wettbewerbsvorteile umgesetzt werden können, z.B. wenn Wartezeiten verkürzt werden. Den Transaktionskosten stehen aber häufig auch nutzenstiftende Komponenten (Transaktionsnutzen) in Form des Zeiterlebens gegenüber, z.B. beim Zuschauen eines Sportwettbewerbs. Das Zeiterleben wird in den verhaltenswissenschaftlichen Ansätzen des Marketing untersucht.[37] Der Einsatz von Zeit als knappe Ressource für den Kunden wird in den ökonomischen Zeitallokationsmodellen analysiert,[38] wobei allerdings zumeist das Zeiterleben nicht berücksichtigt wird.[39]

Bei Sportdienstleistungen und insbesondere für die Sportunterhaltungsbetriebe sind sowohl der Aspekt des Zeiterlebens als auch die Konkurrenz um das Zeitbudget der Kunden zentral, d.h. dass die „Zeitpolitik" ein Kernbestandteil im Marketing-Mix sein sollte. Die theoretische Basis ist in den **verhaltenswissenschaftlichen Ansätzen** des Marketing[40] und in den **Zeitallokationsmodellen** zu finden.

Für das Qualitätsmanagement von Dienstleistungen ist der Einsatz des Blueprinting sinnvoll, um zum einen ablauforganisatorische Probleme zu strukturieren und zum anderen eine Basis für die Qualitätsmessung zu haben.[41] Traditionell wird die Qualität einer Absatzleistung anhand ihrer Merkmalsausprägungen erfasst. Dies reicht bei integrativen Sportdienstleistungen nicht aus, so dass diese um ereignisorientierte Messungen im Dienstleistungsprozess ergänzt werden müssen. Eine Theorie der Sportdienstleistungen muss demzufolge auf den gesamten Pool der **Messmethoden zur Dienstleistungsqualität** zurückgreifen und diesen kombinativ einsetzen.[42]

Die Integrativität von Sportdienstleistungen führt dazu, dass ein Sportdienstleister seine Kapazitäten am Spitzenbedarf ausrichten muss. Im Gegensatz zu einem Konsumgüterhersteller, der aufgrund von Lagermöglichkeiten die Kapazitäten am durchschnittlichen Bedarf ausrichten kann, muss ein Fitnessstudio Trainingsgeräte in ausreichender Anzahl während der Spitzentrainingszeiten bereitstellen.

Daraus resultieren besondere Probleme für das **Kapazitätsmanagement**. Kapazitätsmanagement kann zum einen durch Nachfragesteuerung (Yieldmanagement, Peak-Load-Pricing, Preisdifferenzierung)[43] und zum anderen durch Kapazitätserweiterung erfolgen.

Die Kapazitätserweiterung kann für gewerbliche Sport- und Freizeitbetriebe durch Filialisierung geschehen. Zur theoretisch fundierten Auswahl eines Standortes sind **ökonomische Verfahren der Standortbewertung** heranzuziehen.[44]

Die Individualität von Sportdienstleistungen führt zur Problematik nicht vorab fixierter Leistungen und Preise. Bei Unternehmensberatungen im Sportbereich wird häufig nur grob der Bedarf erkannt. So wird z.B. bei einer Krisensituation lediglich festgestellt, dass „etwas getan" werden muss und ein Beratungsauftrag vergeben. Im Verhandlungsprozess versucht der Anbieter auszuloten, wie hoch die Zahlungsbereitschaft des Kunden ist, und der Kunde versucht etwas über die Qualität des Beraters in Erfahrung zu bringen. Das Verhandlungsergebnis hängt dabei oft vom Geschick der einzelnen Vertragspartner ab, so dass das Verhandlungsmanagement eine Besonderheit individueller Sportdienstleistungen darstellt.

Eine ähnliche Situation entsteht bei Sportdienstleistungen mit einem niedrigen Grad an Individualität, wenn die Marktbeziehung einem bilateralen Monopol ähnelt oder entspricht. Diese Situation liegt für die Sportunterhaltungsbetriebe vor. Häufig steht das definitorische Monopol eines Veranstalters in einem geographisch abgegrenzten Absatzmarkt (Übertragung der Fußball-Weltmeisterschaft in einem Land) nur einem oder wenigen Medienunternehmen gegenüber. Leistungen und die Preise der Übertragungsrechte müssen in diesen Fällen jeweils aufs Neue ausgehandelt werden.

Elemente einer Verhandlungstheorie können zum einen in **verhaltenswissenschaftlichen Ansätzen**, insbesondere der Konflikttheorie, gesehen werden.[45] Zum anderen werden Verhandlungsprozesse in **spieltheoretischen Ansätzen** modelliert,[46] die eine weitere Basis zur theoretischen Fundierung von Sportdienstleistungen bilden können.

D. Marktstrukturen im Sport

I. Grundlagen

Aus Abbildung 1, die verschiedene Typen von Sportbetrieben unterscheidet, geht nicht hervor, in welchem Verhältnis diese Betriebe im ökonomischen Wettbewerb um das Budget der Endnachfrager stehen. Dies ist aber für das Marketing der Sportbetriebe von erheblicher Bedeutung, was im Folgenden am Beispiel der Kundenorientierung im Marketing mit Hilfe einer **systemtheoretischen** Betrachtung des Sportmarktes verdeutlicht werden soll.[47]

Dienstleistungsbetriebe im Sport sind häufig in strategische Netzwerke eingebunden[48] und stehen auf unterschiedlichen Stufen der Wertschöpfungskette. Es ist daher sinnvoll, das komplexe System der Marktbeziehungen so in Subsysteme zu zerlegen, dass die einzelnen Geschäftsmodelle und deren Unterschiede deutlich hervortreten. Die Besonderheiten dieser Subsysteme können dann zunächst herausgearbeitet werden. Komplexere Marktstrukturen werden analysiert, indem sie aus diesen Subsystemen zusammengesetzt werden. [49]

Ein Subsystem kann dabei ein Sportdienstleistungsbetrieb oder eine Gruppe von Sportdienstleistungsbetrieben (Zulieferbetriebe) sowie jede beliebige Gruppe sein, die Ansprüche an den betrachteten Sportdienstleistungsbetrieb stellen kann. Das **Stakeholderkonzept** hilft an dieser Stelle, in einem ersten Schritt die Anspruchsgruppen zu identifizieren[50].

Die Kernaussage des Stakeholderkonzeptes besteht darin, dass die Unternehmung ihre Handlungsweisen nicht nur den Eigentümern und Kapitalgebern gegenüber verantworten muss, sondern auch weitere Anspruchsgruppen in ihre Managementüberlegungen mit einbeziehen sollte, weil diese über ein durchaus nennenswertes Drohungspotenzial verfügen können. Aufgrund der Relevanz für die Unternehmung sollten die Einflussmöglichkeiten der Stakeholder und die Auswirkungen ihrer Aktivitäten antizipiert werden.[51] Ziel der Organisation ist es, Werte für die Stakeholder zu schaffen und diese wiederum an die Stakeholder zu verteilen. Zwischen den Stakeholdern bestehen grundsätzliche Interessengegensätze, da jeder an den geschaffenen Werten möglichst umfassend partizipieren möchte. Das führt unweigerlich zu Konfliktsituationen.[52]

Für das Marketing von Sportdienstleistungen sind vor allem die Anspruchsgruppen interessant, die als Kunden der Unternehmung betrachtet werden können.

II. Geschäftsmodelle der Dienstleistungsbetriebe im Sport

Dienstleistungen entstehen generell durch Spezialisierung auf bestimmte Tätigkeiten. Daher sind Dienstleistungen häufig eine Konsequenz des Outsourcing aufgrund von Effizienzüberlegungen. Sport-Event-Agenturen sind Spezialisten in der Organisation und Durchführung von Events. Sie werden von Sportanbietern beauftragt, da diese glauben, dass die notwendigen Tätigkeiten innerhalb der Unternehmung weniger effizient erfüllt werden können. Werden die notwendigen Tätigkeiten der Sportdienstleister nicht effizient erfüllt, sind sie häufig durch Make-or-Buy-Entscheidungen ihrer Kunden bedroht.[53] Der Kunde eines Sportdienstleisters ist häufig auch sein potenzieller Konkurrent!

Das Outsourcing von Vertriebstätigkeiten produzierender Unternehmen erklärt die Existenz selbständiger Handelsunternehmen. Händler sind Spezialisten für die Distribution von Waren.[54] Der Sportfachhandel H kauft auf eigene Rechnung Waren vom Sportartikelhersteller A ein, um diese selbständig auf eigenes Risiko an den Nachfrager N zu vermarkten. Zwangsläufig orientiert sich der Händler am Kunden N, da der Anreiz zum kundenorientierten Verhalten in Form des Geldstromes direkt an den Leistungsstrom gegenläufig gekoppelt ist. Dies ist in Abbildung 3 als **Geschäftsmodell „Vertriebsübernahme“**

Abb. 3: Geschäftsmodell „Vertriebsübernahme“

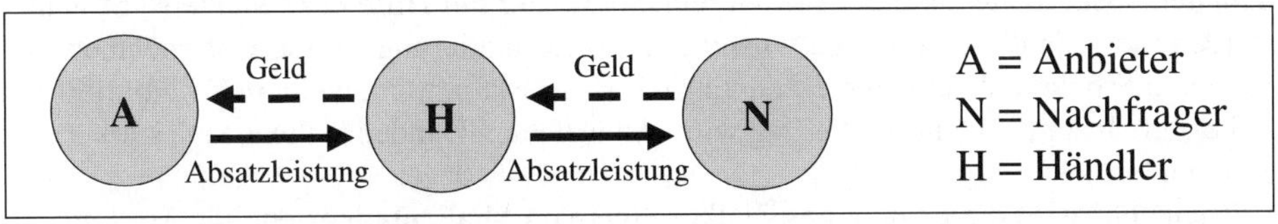

bezeichnet. Der selbständige Vertrieb kann sich dabei auf Waren sowie auf Dienstleistungen beziehen (Absatzleistungen).

Im **Geschäftsmodell „Vertragsvermittlung“** (Abbildung 4) stellt der Dienstleistungsbetrieb M den Kontakt zwischen Anbieter A und Nachfrager N her, so dass zwischen Anbieter und Nachfrager ein Vertrag zustande kommt. Dies ist z.B. bei einer Sportagentur der Fall, die eine Spielervermittlung auf Provisionsbasis betreibt. Wie bei einem Wohnungs- oder Versicherungsmakler erhält der Makler M nur die Provision, wenn ein Vertrag zwischen Anbieter A und Nachfrager N zustande kommt. Dabei ist es zunächst unerheblich, wie die Provisionszahlung an den Makler zwischen Anbieter und Nachfrager aufgeteilt wird.

In diesem Fall ist die Kundenorientierung des Dienstleistungsbetriebs nicht so eindeutig wie im Geschäftsmodell „Vertriebsübernahme“. Die Unternehmung H sollte ihre Marketingaktivitäten klar an der Nachfragergruppe N ausrichten, da sie von dieser die Geldzahlungen erhält. Die Unternehmung M hat demzufolge zwei unterschiedliche Kundengruppen A und N zu bedienen. Der gewerbliche Kunde A möchte eine Ware, eine Arbeits- oder Dienstleistung verkaufen[55] und die Kundengruppe N fragt die entsprechende Absatzleistung nach. Die Aufgabe der Unternehmung M besteht darin, die Verkaufssignale der Anbieter A und die Suchsignale der Nachfrager N auf einem Markt zu entdecken und die potenziellen Vertragspartner zu einem Vertragsabschluss zu bringen.

Das gemeinsame Interesse von Anbieter A und Nachfrager N besteht darin, dass sie aktiv versuchen, zu einem Vertragsabschluss mit einem geeigneten Partner zu gelangen. Insofern besteht kein Problem bezüglich der Kundenorientierung des Maklers, da beide Marktpartner an einem Vertragsabschluss interessiert sind. Allerdings besteht i.d.R. ein

Abb. 4: Geschäftsmodell „Vertragsvermittlung“

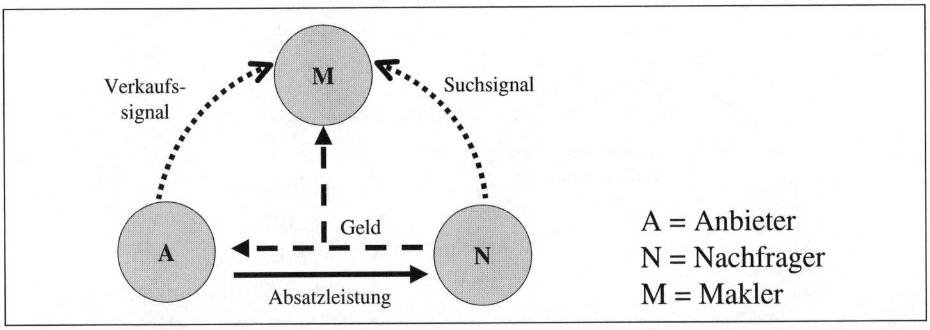

Interessenkonflikt zwischen den beiden Marktseiten bezüglich bestimmter Vertragsmodalitäten, insbesondere bei der Preisvereinbarung, der mit Hilfe des „Maklers“ M gelöst werden muss. In diesen Punkten wird die Kundenorientierung für die Unternehmung M zu einem Problem, da der Interessenkonflikt der Marktpartner zu einem Zielkonflikt für M bezüglich der Kundenorientierung wird. An welchem Kunden sollte er sich stärker orientieren?

Erleichtert wird die Lösung des Zielkonflikts von M allenfalls, wenn die Marktmacht unterschiedlich zwischen Anbieter und Nachfrager verteilt ist. Die Kundenorientierung erfolgt eher an der knappen und damit stärkeren Marktseite, da das Drohpotenzial für das Maklergeschäft größer ist. Das Beispiel eines Wohnungsmaklers macht deutlich, dass i.d.R. die schwächere Marktseite den größeren Anteil oder die gesamte Provision an den Makler zahlt. Dies zeigt sich darin, dass in Zeiten der Wohnungsknappheit der Mieter und in Zeiten des Wohnungsüberschusses der Vermieter die Provision entrichtet. Die Provision kann dementsprechend als Anreiz interpretiert werden, auch die Interessen der schwächeren Marktseite stärker zu berücksichtigen.

Das **Geschäftsmodell „Kontaktanbahnung“** (Abbildung 5) trifft für privatwirtschaftliche Sportkommunikationsbetriebe bzw. generell für privatwirtschaftliche Medienunternehmen zu, die sich über Werbeeinnahmen finanzieren. Hier erzielt der Dienstleistungsbetrieb W Erlöse nicht durch die Kontraktvermittlung, sondern für den Versuch einer Kontaktanbahnung, indem er ein Werbesignal des Anbieters A (Unternehmen, das nicht aus der Sportbranche stammen muss, z.B. Hersteller eines Konsumgutes) an den Nachfrager N überträgt. Dabei ist der Nachfrager N i.d.R. nicht primär an diesem Werbesignal interessiert, sondern an der Dienstleistung von W. Diese Dienstleistung kann in Form einer Information durch einen Artikel in einer Fachzeitschrift, in Form von Animation bei der Übertragung einer Fernsehsendung oder in Form des kostenlosen Downloading einer Software aus dem Internet erbracht werden. W garantiert nicht das Zustandekommen eines Vertrages, sondern nur die Verbreitung der Werbebotschaft der Kundenanspruchsgruppe A.

Der Unterschied zum Geschäftsmodell „Vertragsvermittlung“ besteht darin, dass der Nachfrager nicht unmittelbar an einem Vertragsabschluss mit A interessiert ist und sich demzufolge eher passiv verhält. Sein Hauptinteresse gilt der Dienstleistung von W, die im

Abb. 5: Geschäftsmodell „Kontaktanbahnung“

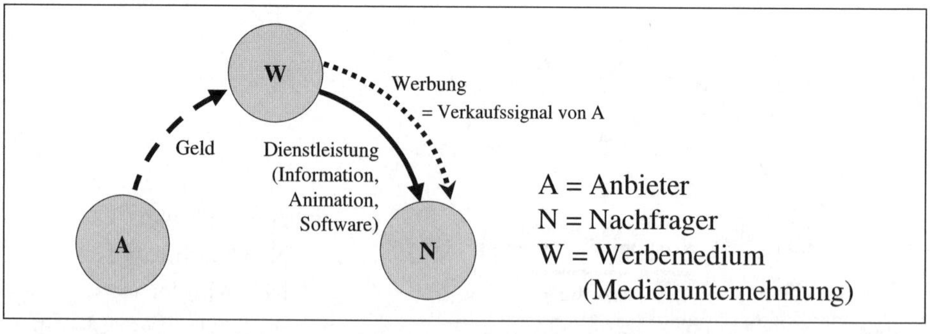

Falle eines Sportkommunikationsbetriebes (DSF, Eurosport) in der Übertragung eines Sportwettkampfes liegt. Die besondere Leistung des Sportkommunikationsbetriebs W besteht in der Bündelung der Dienstleistung. Die Animation, die ein professioneller Sportwettbewerb bietet, wird mit einer Werbebotschaft versehen, die der Nachfrager N originär nicht nachfragt. Das mangelnde originäre Interesse von N an der Werbebotschaft kann im Extremfall sogar dazu führen, dass N diese als störend empfindet, insbesondere dann, wenn die Werbesignale während der Sportübertragung einen zu großen Raum einnehmen.

Der Anbieter A ist wiederum primär an der Übertragung seiner Werbesignale interessiert. Das gemeinsame Interesse zwischen A und N besteht in einem spannenden Sportwettbewerb, da A antizipiert, dass N nur das Werbesignal empfängt, wenn die Dienstleistung von W für den Nachfrager interessant ist. Dies ist der Grund dafür, dass das Sportmedium W seine Kundenorientierung nicht nur an der werbetreibenden Unternehmung A ausrichtet, sondern auch am Zuschauer N ausrichten muss. Hierbei muss der Sportkommunikationsbetrieb die unterschiedlichen Interessen der Kundengruppen A und N vornehmen, wenn es etwa um die Anteile der Werbesignale bei der Übertragung eines Sportwettbewerbs geht.

Dies darf aber nicht darüber hinwegtäuschen, dass bei einer kostenlosen Sportübertragung der Sportkommunikationsbetrieb W das Marketing in erster Linie auf die werbetreibende Unternehmung A ausrichtet. Erst wenn auch ein Teil der Erlöse durch die Vermarktung der Sportdienstleistung (Information, Animation) erzielt wird, verschiebt sich das Hauptgewicht der Kundenorientierung zugunsten der Nachfrager. Dies ist z.B. bei einer Sportfachzeitschrift der Fall, deren Erlöse jeweils zur Hälfte aus Werbeeinnahmen und dem Verkauf der Zeitschrift resultieren.

Sowohl bei der Vertragsvermittlung als auch bei der Kontaktanbahnung ist die Kundenorientierung nicht so eindeutig bestimmt wie beim Verkauf eines Konsumgutes. Hieraus resultieren Besonderheiten für das Marketing von Sportdienstleistungen, die mit Hilfe der Neuen Institutionenökonomik, aber auch der verhaltenswissenschaftlichen Ansätze des Marketing untersucht werden können.

III. Komplexität der Marktstrukturen im Sport – ein Beispiel

Sportunterhaltungsbetriebe wie die Fußball-Bundesliga und die Deutsche Eishockeyliga sind in Marktstrukturen eingebettet, die sehr viel komplexer sind, als die oben beschriebenen Geschäftsmodelle. Dennoch lassen sich diese Strukturen durch die Kombination der drei beschriebenen Geschäftsmodelle darstellen. Die Geschäftsmodelle „Vertriebsübernahme“, „Vertragsvermittlung“ und „Kontaktanbahnung“ sind sozusagen Subsysteme, mit deren Hilfe das System der Geschäftsbeziehungen eines Sportunterhaltungsbetriebes analysiert werden kann. Ein solches System ist in Abbildung 6 aus den unterschiedlichen Geschäftsmodellen zusammengesetzt:

1. **Kontaktanbahnungsmodell 1** mit Erlösen aus dem Verkauf von Eintrittskarten[56]: Der Sportunterhaltungsbetrieb S organisiert und führt einen Sportwettbewerb zwischen den Vereinen V1 und V2 (Teamproduktion)[57] durch und erzielt einen Teil seiner Erlöse aus

den Zuschauern N1 vor Ort. Allerdings werden im Rahmen des Sportwettbewerbs auch Werbeverträge mit unterschiedlichen Unternehmen in der Gruppe A1 geschlossen, die den Sportwettbewerb als Werbemedium nutzen, um die Zuschauer N1 mit ihren Werbesignalen zu erreichen (Kontaktanbahnung).

2. **Vertriebsübernahmemodell**: Der Veranstalter des Sportwettbewerbs S verkauft die Übertragungsrechte an ein oder mehrere Medienunternehmen (Fernseh- und Rundfunkanstalten). Dies ist z.B. beim Pay-TV (Premiere) der Fall. Das Pay-TV arbeitet nach dem Modell der Vertriebsübernahme, da sie die Rechte vom Sportunterhaltungsbetrieb erwerben und auf eigenes Risiko vermarkten. Die Unternehmung S vertreibt den Sportwettbewerb über die Medienunternehmung H an die Zuschauer (Zuhörer) N2. Die Kundenorientierung erfolgt in erster Linie an der Medienunternehmung H, die ihr Angebot wiederum auf die Zuschauer N2 ausrichtet. Dies äußert sich bei Premiere z.B. darin, dass keine Werbung während des Sportwettbewerbs ausgestrahlt wird. Die eigentliche Unterhaltung steht im Mittelpunkt.
3. **Kontaktanbahnungsmodell 2**: Bei öffentlich rechtlichen Rundfunk- und Fernsehanstalten (ARD, ZDF) die sich nicht nur aus Gebühren, sondern auch über Werbung finanzieren, wird das Geschäftsmodell „Vertriebsübernahme" mit dem Modell „Kontaktanbahnung" verbunden. Es entsteht ein Mischmodell, das beide Geschäftsmodelle enthält. Sobald das Kontaktanbahnungsmodell hinzutritt, kann die Medienunternehmung H die Kundenorientierung nicht mehr ausschließlich an der Zuschauergruppe N2 ausrichten, sondern muss auch die Interessen der werbetreibenden Unternehmen aus Anbietergruppe A2 berücksichtigen. Wenn der Veranstalter S die Übertragungsrechte über rein werbefinanzierte Medien (Eurosport, DSF, SAT1, RTL) vermarktet, erhält der Geldstrom von den Zuschauern N2 an das Medienunternehmen H in Abbildung 6 den Betrag 0. Der Anreiz, den Interessen aus der Anspruchsgruppe A2 zu entsprechen, wird dementsprechend stärker ausfallen.

Bereits an diesem vereinfachten Beispiel des Geschäftsmodells eines Sportunterhaltungsbetriebes wird die Komplexität der Marktbeziehungen deutlich. Die zentrale Frage

Abb. 6: Geschäftsmodell eines Veranstalters von professionellen Sportwettbewerben

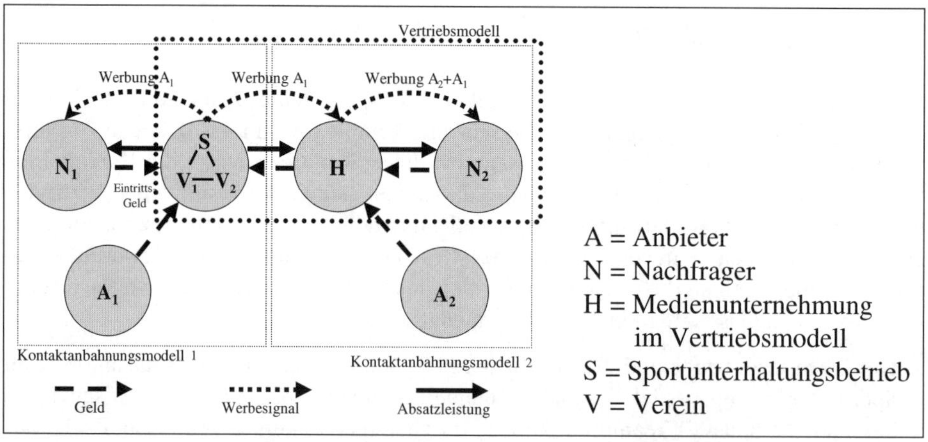

im Marketing – „Wer ist der Kunde?" – ist mit zunehmender Komplexität der Marktstruktur schwieriger zu beantworten.

Die Kundenorientierung wird dann zum Problem, wenn Interessenkonflikte zwischen den unterschiedlichen Kundengruppen bestehen. In der Realität sind diese zwangsläufig gegeben, weil der Sportwettbewerb ein Produkt ist, das nicht nur von einem Individuum konsumiert werden kann, sondern gleichzeitig unterschiedlichen Verwendungszwecken dient, obwohl es nur einmal „produziert" wird. Kunden der Dienstleistungsunternehmung S (Sportliga) sind die Kunden in den Gruppen N1, A1, H, A2 und N2. Dabei kann es auch zu Konflikten zwischen den Anbietergruppen A1 und A2 kommen, insbesondere wenn konkurrierende Unternehmen mit dem gleichen Sportwettbewerb Kontakte zu der Nachfragergruppe N2 anbahnen wollen.[58]

Der Dienstleistungsbetrieb S in Abbildung 6 tritt aber nicht nur als Anbieter auf einem Markt auf, sondern benötigt zur Erstellung seines Produktes „Meisterschaft" Faktoren, die wiederum auf verschiedenen Dienstleistungsmärkten nachgefragt werden. So stellen z.B. die rechtlich selbständigen Fußballvereine die Teams zusammen, die notwendig sind, um die nötigen Spiele für den Sportwettbewerb auszutragen. Die einzelnen Vereine betreiben ebenfalls die oben diskutierten Geschäftsmodelle, wenn sie z.B. als Werbemedium oder Sponsoringobjekt fungieren.[59]

Der professionelle Sportwettbewerb lässt sich nun wiederum als System mit den Subsystemen „Vereine" modellieren, deren Beziehungen ebenfalls unter der Annahme asymmetrischer Beziehungen mit Hilfe der Informations- und Institutionenökonomik untersucht werden können. Bei Vereinen wird dabei die Annahme der Gewinnmaximierung durch die Annahme der Maximierung der Anzahl der Siege in der Zielfunktion ersetzt.[60] Es sind mindestens zwei Beziehungsebenen aus Sicht der Institutionenökonomik zu analysieren:[61]

1. Beziehungen zwischen den am Wettbewerb beteiligten Teams,
2. Beziehungen zwischen den Teammitgliedern (Spieler, Trainer, Vereinsvorstand).

Der Wert für den Zuschauer besteht im Spannungsgrad des Wettbewerbs, der als Kollektivgut interpretiert werden kann.[62] Das Teamprodukt wird dabei auf mehreren Stufen erstellt, da die Meisterschaft aus mehreren Spielen besteht, die von jeweils zwei Vereinen ausgetragen werden.[63] Der sportliche Wettbewerb macht deutlich, dass Kooperation und Wettbewerb sich nicht gegenseitig ausschließen. In der Literatur wird dies als „Coopetition" oder „Kooperenz"[64] bezeichnet und macht den „Cocktail aus kompetitiven und kooperativen Handlungen"[65] deutlich.

Die Teamproduktion ist ein konstitutives Merkmal des Sportwettbewerbs, aus der spezifische Probleme für das Dienstleistungsmanagement und der ökonomischen Analyse resultieren. Dies hat beispielsweise Konsequenzen für die Steuerbarkeit der Dienstleistungsqualität. Die Dienstleistungsqualität hängt auch von der Mitwirkung der Konkurrenz ab. Der aus der Dienstleistungsliteratur bekannte Katalog externer Produktionsfaktoren[66] muss für den Sportwettbewerb um **konkurrenzbedingte Produktionsfaktoren** erweitert werden. Die Integrativität als konstitutives Merkmal von Dienstleistungen muss im Falle des Sportwettbewerbs um **konkurrenzbedingte Integrativität (Kooperenz)** erweitert werden!

Aus Sicht der Neuen Institutionenökonomik sind Unternehmen und damit auch Sportbetriebe auf Dauer angelegte kooperative Zusammenschlüsse von Individuen mit nicht notwendigerweise identischen Interessen.[67] Institutionen sind in diesem Sinne Regelwerke, die für die Individuen wechselseitige Verhaltenserwartungen erzeugen und Unsicherheit reduzieren. Regelkonformes Verhalten wird belohnt und regelwidriges Verhalten sanktioniert.

In komplexen Systemen stellt sich im Marketing vor allem die Frage: Wie müssen die Regeln in komplexen Marktstrukturen gestaltet sein, damit die Anreize so gesetzt werden, dass die Erstellung der Dienstleistungen kundenorientiert und effizient erfolgt?

Es ist offensichtlich, dass in der Realität ein Sportunterhaltungsbetrieb mit weiteren Geschäftsmodellen verbunden ist, wie z.B. Merchandising (Vertriebsübernahme). Dennoch lassen sich die Geschäftsbeziehungen auf die drei diskutierten Grundmodelle zurückführen. Die einzelnen Geschäftsmodelle können nun einfacher mit Hilfe der Institutionenökonomik analysiert werden. Auf diese Weise lassen sich für die Sportpraxis Hinweise ableiten, welche Anreize einzelne Marktakteure (Principal) ihren Partnern setzen sollten, um das Verhalten der jeweils besser informierten Marktseite (Agent) im Sinne der eigenen Zielsetzungen zu beeinflussen. Zur Beantwortung dieser Frage sind die Theorien der Neuen Institutionenökonomik prädestiniert, obgleich die Ansätze den Spezifika des Sports noch stärker Rechnung tragen müssen. Daher ist eine ökonomische Betrachtung um die oben diskutierten und im Fazit enthaltenen Ansätze zu ergänzen.

E. Fazit

Die wichtigsten Ergebnisse der Ausführungen lassen sich thesenförmig wie folgt zusammenfassen:

1. Sportdienstleistungsbetriebe sind heterogen und weisen einige Besonderheiten auf.
2. Die Besonderheiten von Sportdienstleistungen liegen vor allem in der Verhaltensunsicherheit und der Integrativität aller Marktteilnehmer begründet.
3. Aus diesen Besonderheiten resultiert die Notwendigkeit eines geeigneten Risiko- und Vertragsmanagements. Weiterhin treten das Beziehungs-, Kundenbindungs- und Prozessmanagement, die Zeitpolitik sowie das Kapazitäts-, das Qualitäts- und das Verhandlungsmanagement in den Vordergrund der ökonomischen Betrachtung.
4. Die theoretischen Bausteine hierfür liegen in der Informationsökonomik, Institutionenökonomik, Industrieökonomik, in den verhaltenswissenschaftlichen Ansätzen des Marketing, in den Zeitallokationsmodellen, in der dienstleistungsbezogenen Standorttheorie, in dem Methodenpool des Kapazitätsmanagements, in der Konflikttheorie, in der Spieltheorie und dem Methodenpool der Qualitätsmessung.
5. Sportdienstleistungen sind in komplexe Marktstrukturen eingebettet, die auf den Geschäftsmodellen „Kontaktanbahnung“, „Vertragsvermittlung“ und „Vertriebsübernahme“ beruhen.
6. Die Geschäftsmodelle helfen unterschiedliche Kundengruppen zu identifizieren, deren Ansprüche zu analysieren und die unterschiedlichen Interessen im Rahmen des kundenorientierten Marketing abzuwägen.
7. Die Komplexität der Marktstruktur und der Notwendigkeit zur Kooperenz (konkurrenzbedingte Integrativität) sind konstitutiv für den Sportwettbewerb. Daher müssen

Sportunterhaltungsbetriebe im Marketing die Zielkonflikte unterschiedlicher Kundenanspruchsgruppen bewältigen. Dieser Aspekt findet bislang in der Marketingtheorie zu wenig Beachtung.

Anmerkungen

1 Vgl. Woratschek/Beier 2000, S. 228–231.
2 Frick/Wagner 1998, S. 329 und die dort aufgeführte Literatur.
3 Vgl. Frick/Wagner 1998, S. 339.
4 Vgl. z.B. Berekoven 1966, S. 314, Shostack 1977, S. 73, Corsten 1990, S. 22 und Meyer, A. 1995, S. 185–186.
5 Vgl. z.B. Maleri 1973, S. 5, Engelhardt/Kleinaltenkamp/Reckenfelderbäumer 1993, S. 405 und S. 418–421; Meyer, A. 1995, S. 185–186.
6 Woratschek 2001; S. 264.
7 Benkenstein/Güthoff 1996, 1497–1506 sehen das seitens der Nachfrager wahrgenommene Risiko als Ursache für die Komplexität an.
8 Vgl. Woratschek 1998, S. 23–40, Woratschek 1996, S. 64–70.
9 Vgl. z.B. Engelhardt/Kleinaltenkamp/Reckenfelderbäumer 1993, S. 41–418.
10 Vgl. Woratschek 1996, S. 62 und Woratschek 2001, S, 263–264.
11 Vgl. Engelhardt/Kleinaltenkamp/Reckenfelderbäumer 1993.
12 Vgl. Engelhardt/Kleinaltenkamp/Reckenfelderbäumer 1993.
13 Vgl. Woratschek 1998, S. 23.
14 Vgl. zum Zusammenhang von Dienstleistungsqualität, Kundenzufriedenheit, Kundenbindung und Gewinn Homburg/Fassnacht 1998.
15 Vgl. Jung/Spremann (1989), S. 94–96.
16 Die Verhaltensunsicherheit ist ein zentrales Konstrukt der Informationsökonomik. Vgl. Spremann 1990 und für das Marketing vgl. Kaas 1991 und 1995.
17 Vgl. Woratschek 1998, S. 37–38.
18 Vgl. Spremann 1990, S. 572–579.
19 Vgl. Meffert/Bruhn 1995, S. 34.
20 Vgl. Woratschek 1996, S. 62–69,Woratschek 1998, S. 23–40.
21 Vgl. zur Definition von Dienstleistungen Woratschek 2001, S. 265: „Dienstleistungen sind individuelle Leistungsversprechen, die integrativ erstellt und individuell erbracht werden.“ Die Individualität kann sich demzufolge zum einen auf das Leistungsergebnis und zum anderen auf den Produktionsprozess beziehen. Die Individualität von Sportdienstleistungen ist nicht konstitutiv, wie dies am Beispiel von Sportunterhaltungsbetrieben deutlich wird. Der professionelle Sportwettbewerb ist zwar ein singulär zu erstellendes Produkt (Einzelfertigung), wird aber nicht auf den Probanden maßgeschneidert, sondern für eine große Menge von Zuschauern erstellt. Daher wird hier die Individualität als nicht konstitutiv für Sportdienstleistungen angesehen. Dies ist dem Sportwettbewerb inhärent, da der Spannungsgrad u.a. davon abhängt, dass es Überraschungen für die einen und Enttäuschungen für die anderen gibt und nicht maßgeschneidert für die Fans aller Wettbewerbsteilnehmer erstellt werden kann. Allerdings kann der professionelle Sportwettbewerb auch nicht vollständig standardisiert erstellt werden. Die Sportunterhaltung wäre auf der Individualitätsachse an keinem der beiden Extrempole anzusiedeln.
22 Vgl. daher zu Abschnitt C Woratschek 2001.
23 Vgl. Woratschek 1996, S. 65, Woratschek 1998, S. 30.
24 Vgl. Spremann 1990, S. 578.
25 Vgl. Kaas 1995, S. 974–977, Roth 2001, S. 47–53.
26 Vgl. Albach 1980.
27 Vgl. Woratschek 1998, S. 133–155 und Woratschek 1999, S. 172–177.

28 Vgl. Böhler 1993, S. 155–168.
29 Vgl. Roth 2001, S. 53–55.
30 Für die Ausgestaltung des Geschäftsmodells „Vertriebsübernahme" siehe die transaktionskosten-theoretisch orientierte Handelsliteratur. Vgl. Gümbel 1985, S. 77–172.
31 Vgl. Coase 1937.
32 Vgl. z.B. Richter 1994.
33 Vgl. Spremann 1990, S. 579.
34 Im Sportbereich wird der Einfluss von Anreizsystemen auf die Leistungen von Sportlern und die Team-Performance insbesondere von Frick diskutiert. Vgl. Frick/Klaeren 1997, Frick 1998, Frick 1999.
35 Man spricht von den 7 P's des Dienstleistungsmarketing. Zu den üblichen „product, place, promotion, price" treten „process, personal, physical evidence" hinzu. Vgl. Zeithaml/Bitner 2000, S. 18–21.
36 Vgl. Stauss 1991a.
37 Vgl. Schäffer 2000.
38 Vgl. z.B. Becker 1965.
39 Das Modell von de Donnea bildet hier eine Ausnahme, indem die Zufriedenheit bzw. Unzufriedenheit mit dem Zeiterleben bei einer Reise als Argument der Nutzenfunktion modelliert wird. Vgl. de Donnea 1971.
40 Vgl. Kroeber-Riel 1992.
41 Vgl. Stauss 1991b.
42 Vgl. Woratschek 2000.
43 Vgl. z.B. Simon 1992, S. 568–575.
44 Vgl. Zimmermann 2002.
45 Vgl. Wolters 1976, S. 10–12.
46 Vgl. zur spieltheoretisch fundierten Konflikttheorie Jost 1999, S. 341–346.
47 Die hier verwendete systemtheoretische Betrachtung ist von Herder-Dorneich (1993) inspiriert, der allerdings die Zielvorgabe in der Betrachtung ökonomischer Systeme kritisiert. Das Systemdenken in der deutschsprachigen Betriebswirtschaftslehre wird vor allem durch die Hochschule St. Gallen vertreten. Vgl. hierzu z.B. Ulrich 1970, Tomcak 1992.
48 Vgl. Chadwick 2000, S. 10–21.
49 Jedes Subsystem kann Elemente enthalten, die wiederum als System aufgefasst werden können, so dass je nach Fragestellung eine tiefergehende Analyse erfolgen kann. So bestehen z.B. Branchen aus Betrieben, Betriebe aus Mitarbeitergruppen und Mitarbeitergruppen aus Mitarbeitern. Man erhält so „geschachtelte" Subsysteme, deren unterste Hierarchiestufe aus Elementen besteht.
50 Vgl. zum Stakeholderkonzept Freeman (1983), Janisch (1992), Eberhardt (1998), Svendsen (1998).
51 Vgl. Schmid (1998), S. 1064.
52 Vgl. Jost (1999), S. 18–22.
53 Vgl. Woratschek 1998, S. 11.
54 Vgl. Gümbel 1985.
55 Im Falle der Spielervermittlung tritt der Spieler als Anbieter einer Arbeitsleistung auf. In der Volkswirtschaftslehre wird üblicherweise der Anbieter einer Arbeitsleistung als Nachfrager von Arbeit, genauer: eines Arbeitsplatzes, definiert.
56 Beim Verkauf von Eintrittskarten handelt es sich nicht um Direktvertrieb, da der Sportunterhaltungsbetrieb Vorleistungen der Teams „einkaufen" muss.
57 Vgl. Franck 2000, S. 47.
58 Natürlich kann es auch innerhalb einer Anbietergruppe zu Interessenskonflikten kommen. Diese sind dann aber nicht auf die Verflechtungen der Sportdienstleistungsbetriebe auf unterschiedlichen Stufen der Wertschöpfungskette zurückzuführen. Sie entstehen aufgrund der Tatsache, dass konkurrierende Anbieter mit dem professionellen Sportwettbewerb werben.
59 Auf Sportmärkten kommen dabei auch Geschäftsmodelle des Typs „Vertragsvermittlung" vor, z.B. bei Sponsoring-Agenturen oder Spielervermittlungen.
60 Vgl. Frick/Wagner 1998, S. 329 und den dortigen Verweis auf Késenne 1995.

61 Vgl. Frick 2000a, S. 44.
62 Vgl. Frick/Wagner 1998, S. 331.
63 Franck diskutiert die aus dem sportlichen Wettbewerb resultierenden Organisationsprobleme unter den Stichworten „Bewirtschaftung von Teameffekten", „Schutz spezifischer Investitionen" und „Dämpfung von Hyperaktivität". Vgl. Franck 1999, S. 533–542.
64 „Coopetition" setzt sich aus Cooperation sowie Competition und „Kooperenz" aus Kooperation und Konkurrenz zusammen. Der Begriff „Kooperenz" wurde von erstmals von Pastowski verwendet.
65 Franck 2000, S. 47.
66 Vgl. Maleri 1973.
67 Vgl. Schauenberg/Schmidt 1983, S. 249.

Literatur

Albach, H. (1980): Vertrauen in der ökonomischen Theorie, in: ZfgS, S. 2–11.
Becker, G. S. (1965): A Theory of the Allocation of Time, in: Economic Journal, 75, S. 493–517.
Benkenstein, M., Güthoff, J. (1996): Typologisierung von Dienstleistungen – Ein Ansatz auf der Grundlage system- und käuferverhaltenstheoretischer Überlegungen, in: ZfB, 66, S. 1493–1510.
Berekoven, L. (1966): Der Begriff "Dienstleistung" und seine Bedeutung für eine Analyse der Dienstleistungsbetriebe, in: Jahrbuch der Absatz- und Verbrauchsforschung, 12, S. 314–326.
Böhler, J. (1993): Betriebsform, Wachstum und Wettbewerb, Wiesbaden.
Chadwick, S. (2000): A Research Agenda for Strategic Collaboration in European Club Football, in: European Journal for Sport Management, Special Issue 2000: Managing Professional Football in a Changing Environment, S. 6–29.
Coase, R. H. (1937): The Nature of the Firm, in: Economica, S. 386–405.
Corsten, H. (1990): Betriebswirtschaftslehre der Dienstleistungsunternehmen, 2. Aufl., München und Wien.
de Donnea, F. X. (1972): Consumer Behaviour, Transport Mode Choice and Value of Time: Some Micro-Economic Models, in: Regional and Urban Economics, 1, S. 355–382.
Engelhardt, W. H., Kleinaltenkamp, M., Reckenfelderbäumer, M. (1993): Leistungsbündel als Absatzobjekte, in: ZfbF, 45, S. 395–426.
Freeman, R. E. (1983), Advances in Strategic Management: A Stakeholder Approach, in: Advances in Strategic Management, 1, S. 31–60.
Franck, E. (1999): Zur Organisation von Sportligen – Übersehene ökonomische Argumente jenseits von Marktmacht und Kollusion, in: Die Betriebswirtschaft 59, S. 531–547.
Franck, E. (2000): Sportlicher Wettbewerb – ökonomisch analysiert am Beispiel des Teamsports, in: Büch, M.-P. (Hrsg.): Beiträge der Sportökonomik zur Beratung der Sportpolitik, S. 47–58.
Frick, B. (1998): Management Abilities, Player Salaries and Team Performance, in: European Journal for Sport Management, Special Issue 1998: Service Quality, S. 6–22.
Frick, B. (1999): Personal-Controlling und Unternehmenserfolg. Theoretische Überlegungen und empirische Befunde aus dem professionellen Team-Sport, in: Egger, A., Grün, O., Moser R. (Hrsg.): Managementinstrumente und -konzepte, Stuttgart, S. 183–204.
Frick, B., Klaeren, R. (1997): Die Anreizwirkungen leistungsabhängiger Entgelte. Theoretische Überlegungen aus dem Bereich des professionellen Sports, in: ZfB, 67, S. 1117–1138.
Frick, B., Wagner, G. (1998): Sport als Forschungsgegenstand der Institutionen-Ökonomik, in: Sportwissenschaft, 28, S. 328–343.
Gümbel, R. (1985): Handel, Markt und Ökonomik, Wiesbaden.
Herder-Dorneich, P. (1993): Ökonomische Systemtheorie: eine kurz gefasst Hinführung, Baden-Baden.
Homburg, C., Fassnacht, M. (1998): Kundennähe, Kundenzufriedenheit und Kundenbindung bei Dienstleistungsunternehmen, in: Bruhn, M., Meffert, H. (Hrsg.): Handbuch Dienstleistungsmanagement, Wiesbaden, S. 405–428.
Jost, P.-J. (1999): Strategisches Konfliktmanagement in Organisationen: eine spieltheoretische Einführung, 2. Aufl., Wiesbaden.

Jung, M., Spremann K. (1989): Transaktionsrisiken, in: ZfB, 59, S. 94–112.
Kaas, K P. (1991): Marktinformationen: Screening und Signaling unter Partnern und Rivalen, in: ZfB, 61, S. 357–370.
Kaas, K. P. (1995): Informationsökonomik, in: Tietz, B., Köhler, R., Zentes, J. (Hrsg.): Handwörterbuch des Marketing, Stuttgart, Sp. 971–981.
Késenne, S. (1996): League Management in professional team sports with win maximizing clubs, in: European Journal for Sport Management, S. 14–22.
Kroeber-Riel. W. (1992): Konsumentenverhalten, 5. Aufl., München 1992.
Maleri, R. (1973): Grundzüge der Dienstleistungsproduktion, Berlin u.a..
Meffert, H., Bruhn, M. (1995): Dienstleistungsmarketing: Grundlagen, Konzepte, Methoden, Wiesbaden.
Meyer, A. (1995): Dienstleistungsmarketing, in: Corsten, H. (Hrsg.): Lexikon der Betriebswirtschaftslehre, 3. Aufl., München und Wien, S. 189–195.
Richter, R. (1994): Institutionen ökonomisch analysiert, Tübingen.
Roth, S. (2001): Interaktionen im Dienstleistungsmanagement – Eine informationsökonomische Analyse, in: Bruhn, M., Stauss, B. (Hrsg.): Jahrbuch Dienstleistungsmanagement, Wiesbaden, S. 35–66.
Schäffer, S. M. (2000): Das subjektive Zeitverhalten der Kunden – eine Betrachtung für den Dienstleistungsbereich, in: Woratschek, H. (Hrsg.): Dienstleistungsmarketing, Wiesbaden, S. 201–219.
Schauenberg, B., Schmidt, R. H. (1983): Vorarbeiten zu einer Theorie der Unternehmung als Institution, in: Kappler, E. (Hrsg.): Rekonstruktion der BWL als ökonomische Theorie, Spardorf, S. 247–276.
Schmid, U. (1998): Das Anspruchsgruppen-Konzept, in: WISU, 27, S. 1062–1066.
Shostack, G. L. (1977): Breaking Free from Product Marketing, in: Journal of Marketing, 41, S. 73–80.
Simon, H. (1992): Preismanagement: Analyse, Strategie, Umsetzung, 2. Aufl., Wiesbaden.
Spremann, K. (1990): Asymmetrische Information, in: ZfB, 60, S. 561–586.
Stauss, B. (1991a): Dienstleister und die vierte Dimension, in: Harvard Business Manager, S. 81–89.
Stauss, B. (1991b): „Augenblicke der Wahrheit“ in der Dienstleistungserstellung: ihre Relevanz und ihre Messung mit Hilfe der Kontaktpunkt-Analyse, in: Bruhn, M., Stauss, B. (Hrsg.): Dienstleistungsqualität, Wiesbaden, S. 345–365.
Tomczak, T. (1992): Distributive Leistungssysteme, in: Thexis, S. 49–55.
Ulrich, H. (1970): Die Unternehmung als produktives soziales System, 2. Aufl., Bern et al.
Wolters, R. (1976): Strategien der Verhandlungsführung – Eine Analyse empirischer Tests zur Bargaining-Theorie des Lohnes, Berlin.
Woratschek, H. (1996): Die Typologisierung von Dienstleistungen aus informationsökonomischer Sicht, in: „der markt“ – Zeitschrift für Absatzwirtschaft und Marketing, S. 59–71.
Woratschek, H. (1998): Preisbestimmung von Dienstleistungen: Markt- und nutzenorientierte Ansätze im Vergleich, Frankfurt.
Woratschek, H. (1999): Verhaltensunsicherheit und Preispolitik – Konsequenzen für Betriebe im Bereich der Sportökonomie, in: BFuP, S. 166–182.
Woratschek, H. (2000): Measuring Service Quality in Sports, in: European Journal for Sport Management, 7, S. 22–43.
Woratschek, H. (2001): Zum Stand einer „Theorie des Dienstleistungsmarketing“, in: Die Unternehmung, Schweizerische Zeitschrift für betriebswirtschaftliche Forschung und Praxis, S. 261–278.
Woratschek, H., Beier, K. (2000): Sportmarketing, in: Tscheulin, D., Helmig, B. (Hrsg.): Branchenspezifische Besonderheiten des Marketing, Wiesbaden, S. 205–235.
Zeithaml, V. A., Bitner, M. J. (2000): Services Marketing, 2. Auflage.
Zimmermann, M. (2002): Standort, Markt und Rendite. Die Bewertung von Standorten für Sportanlagen, Wiesbaden.

Zusammenfassung

Ziel dieses Beitrages ist es, Sportdienstleistungen einer ökonomischen Betrachtung zugänglich zu machen. Da es eine Theorie der Sportdienstleistungen und eine Theorie der Sportökonomie nicht gibt, werden zunächst die Besonderheiten von Sportdienstleistungen herausgestellt. Die Integrativität und die Verhaltensunsicherheit sind konstitutive Merkmale von Sportdienstleistungen und begründen die Wichtigkeit des Risiko- und Vertragsmanagements. Weiterhin treten das Beziehungs-, Kundenbindungs- und Prozessmanagement, die Zeitpolitik sowie das Kapazitäts-, das Qualitäts- und das Verhandlungsmanagement in den Vordergrund der ökonomischen Betrachtung.

Die theoretischen Elemente sind in der Informationsökonomik, Institutionenökonomik, Industrieökonomik, in den verhaltenswissenschaftlichen Ansätzen des Marketing, in den Zeitallokationsmodellen, in der dienstleistungsbezogenen Standorttheorie, in dem Methodenpool des Kapazitätsmanagement, in der Konflikttheorie, in der Spieltheorie und dem Methodenpool der Qualitätsmessung begründet.

Sportdienstleistungen sind in komplexe Marktstrukturen eingebettet, die auf den Geschäftsmodellen „Kontaktanbahnung“, „Vertragsvermittlung“ und „Vertriebsübernahme“ beruhen.

Die Geschäftsmodelle helfen unterschiedliche Kundengruppen zu identifizieren, deren Ansprüche zu analysieren und die unterschiedlichen Interessen im Rahmen des kundenorientierten Marketing abzuwägen. Die Besonderheiten des Sportwettbewerbs führen zur Notwendigkeit von Regeln bzw. Institutionen, um den sportlichen Wettbewerb effizient zu ermöglichen.

Summary

This article focuses on sports services from an economic point of view. Since there is neither a theory of sports services nor a theory of sports economics, the particular features of sports services will be discussed in a first step. Integration and uncertainty are constitutive characteristics of sports services and justify the relevance of risk and contract management.

In addition relationship management, customer loyalty management and process management gain economic relevance as well as the management of time, capacity, quality and negotiations.

The theoretical arguments are founded in information economics, institutional economics, industrial organization, behavioural sciences, time allocation models, services related location theory, capacity management models, conflict theory, game theory, and different methods and approaches of quality measurement.

Sports services are embedded in complex market structures based on one of the business models “contact initiation”, “contract brokerage”, and “goods and service distribution”.

These business models help to identify different customer clusters. Each cluster’s needs and preferences have to be analysed and evaluated separately in order to achieve a customer-oriented marketing. The distinctive features of sports competition require rules and institutions to enable efficient competition in sports.

10: Allgemeine Fragen der Unternehmenstheorie (JEL M10/M20)
07: Dienstleistungsunternehmen (JEL L80)

„Making the majors“[1] – Grundlegende institutionelle Innovationen in der Entwicklung des amerikanischen Teamsports und ihre ökonomische Logik

Von Egon Franck

Überblick

- Als Ergebnis eines komplexen historischen Prozesses entstanden im amerikanischen Teamsport einige erstaunlich robuste Bausteine der Ligaorganisation.
- Die Kernhypothese des Aufsatzes besagt, dass sich gerade diese und nicht andere Bausteine der Ligaorganisation durchgesetzt haben, weil sie für ihre Anwender Effizienzvorteile generieren.
- Management von Teameffekten, Schutz spezifischer Investitionen und Bewirtschaftung „nationaler Zuschauerschaften“ sind relevante Ansatzpunkte einer Ökonomie „hinter“ diesen Institutionen.

Eingegangen: 10. Oktober 2001

Professor Dr. Egon Franck, Lehrstuhl für Unternehmensführung und -politik, Universität Zürich, Plattenstrasse 14, CH-8032 Zürich

ZfB
ZEITSCHRIFT FÜR BETRIEBSWIRTSCHAFT

A. Einleitung und Problemstellung

Die amerikanischen Major Leagues im Football, Baseball, Basketball und Eishockey gelten heute nicht zuletzt aufgrund ihres nachhaltigen kommerziellen Erfolgs als Vorbilder für eine erfolgreiche Organisation professionellen Teamsports in der Welt schlechthin. Studiert man etwas ausführlicher die 130-jährige Geschichte des professionellen amerikanischen Teamsports,[2] dann stellt man fest, dass das institutionelle Rahmenwerk, in dem sich das Geschäft mit dem Teamsport heute in den USA abspielt, kein planerisches Meisterwerk ist, sondern das Ergebnis eines komplexen Prozesses, der voller Fehlversuche, Pleiten und Irrtümern steckte. So versuchten sich allein im Baseball ab 1871 nicht weniger als 18 verschiedene Organisationen als Major Leagues zu etablieren.[3]

Bemerkenswerterweise entstanden in diesem chaotisch-kreativen Institutionalisierungsprozess neben allen Fehlversuchen auch einige erstaunlich stabile institutionelle Bausteine der Ligaorganisation. Diese wurden jeweils in einer Sportart „erfunden". Von dort diffundierten sie nach und nach in alle anderen Sportarten. Sie blieben bis heute als robuste Elemente der Ligaorganisation erhalten und liefern nun sogar Rollenmodelle für ausländische Ligen. Diese robusten institutionellen Bausteine der amerikanischen Major Leagues sind:

- Die Konzeption einer demokratischen und transparenten Legislative durch Verfassung der Liga als Genossenschaft von Clubeigentümern
- Die Zuweisung der Exekutivmacht zur Durchsetzung der Regeln an einen unabhängigen Commissioner
- Die Einführung und Umsetzung von Regeln zur Sicherung der sportlichen Ausgeglichenheit in der Liga

Nach vielen Schwierigkeiten wurden die beiden ersten institutionellen Innovationen in dieser Liste im professionellen Baseball eingeführt. Erstmals blieb die Baseball-Liga stabil und alle anderen amerikanischen Major Leagues übernahmen das Rollenmodell mit der Zeit. Die historische Untersuchung zeigt weiterhin, dass wirksame Regeln zur Sicherung der sportlichen Ausgeglichenheit zuerst im Football eingeführt wurden.

Es wird im Folgenden nicht behauptet, dass den Initiatoren der betrachteten institutionellen Innovationen alle ökonomischen Implikationen ihres Verhaltens immer klar waren. Der Rückblick zeigt, dass sie vielmehr mit begrenzter Information und vor dem Hintergrund spezifischer historischer Bedingungen handelten. Dennoch geht dieser Aufsatz von der Annahme eines institutionellen Fortschritts aus. Die Hypothese ist, dass sich gerade die betrachteten und nicht andere Bausteine der Ligaorganisation durchgesetzt haben, weil sie für ihre Anwender Effizienzvorteile generieren. Anwender dieser Institutionen haben also Kosteneinsparungen und/oder Nutzenzuwächse, unabhängig davon, ob ihnen klar war oder ist, über welche Mechanismen diese zustande kommen. Genau diese ökonomischen Mechanismen „hinter" den Grundbausteinen der Ligaorganisation sollen im Folgenden aufgezeigt werden. Bevor diese Effizienzdiskussion geführt wird, gilt das Augenmerk aber zunächst den historischen Bedingungen, unter denen die institutionellen Grundbausteine der Ligaorganisation eingeführt wurden.

B. Die kurze Geschichte der betrachteten Institutionen

Das Geschäftsmodell der ersten Sportunternehmer war das so genannte Barnstorming. Mit etwas Startkapital verpflichtete man eine Gruppe von Spielern. Diese bekam einen klingenden Namen. Nun zog die Mannschaft in Zirkusmanier über das Land und spielte einzelne Spiele gegen lokale Mannschaften und andere Barnstormer. Geeignete Anlässe waren Messen, Ausstellungen und Volksfeste. Die Vereinbarungen zu den Spielen wurden von den so genannten Teameigentümern bilateral getroffen. Jede Mannschaft spielte im Endeffekt ihr eigenes Pensum ab, das mit dem der anderen nicht vergleichbar war. Entscheidend waren möglichst lange Siegesserien, die man in Zirkusmanier vor dem Eintreffen der Mannschaft in einer Stadt annoncieren konnte. Nach wenigen Niederlagen mussten sich die Mannschaften, die kein Superlativ mehr ankündigen konnten, auflösen. Mancher Unternehmer löste seine Mannschaft mehrmals jährlich auf und gründete sie unter Verwendung alter „Bestandteile“ unter neuem Namen wieder.

Mit der Perfektionierung des Barnstorming ist die institutionelle Vorgeschichte der Major Leagues abgeschlossen. Die eigentliche Geschichte der Major Leagues beginnt mit dem Versuch, vom Barnstorming zur Meisterschaftsproduktion zu wechseln. Die Teameigentümer benötigten eine geraume Zeit, bis sie die dafür notwendigen institutionellen Grundbausteine installiert hatten. Im Folgenden sollen nicht die vielen Irrtümer und Fehlversuche, sondern vielmehr die entscheidenden Schritte in ihrem historischen Kontext kurz nachgezeichnet werden. Wesentliche Grundlage der folgenden Ausführungen bildet die von Leifer (1995) erzählte Geschichte der Major Leagues.

I. Der Schritt zur Genossenschaft der Teameigentümer

Die erste Major League wurde 1871 als die National Association of Professional Base Ball Players (National Association) gegründet. Nachdem die mit professionellen Spielern operierenden Mannschaften von der jährlichen Zusammenkunft der Baseball Clubs ausgeschlossen wurden, die sie in den letzten Jahren zunehmend dominiert hatten, trafen sich die Delegierten von zehn Profimannschaften in einer Bar am Broadway. Die dort von ihnen geschlossene Vereinbarung enthielt als entscheidende Innovation die Einführung eines Meisterschaftsrennens. Jedes Mannschaftspaar sollte fünf Spiele gegeneinander austragen. Die Mannschaft mit den meisten Siegen würde am Saisonende das Meisterbanner erhalten.

Der National Association, die als Verband aller am Sport Beteiligten inklusive der Spieler, Trainer, Manager usw. konzipiert war, fehlte von Anfang an das Commitment der Teameigentümer. Diese taten weiterhin alles, um möglichst viele Zuschauer zu einzelnen Spielen zu bekommen. Sie spielten Spiele gegen andere Mannschaften außerhalb des Spielplans, weigerten sich regelmäßig, den Spielplan einzuhalten bzw. zu beenden, engagierten sich im Glückspiel, heuerten die Spieler anderer Teams mitten in der Saison an usw. Das Unbehagen, das die Teameigentümer weiterhin zum Barnstorming trieb, hatte vor allem damit zu tun, dass sie sich relativ schutzlos den anderen Mannschaften ausgeliefert fühlten. Wenn nur ein Team z.B. den Spielplan nicht ausführen oder ein Spiel „verkaufen“ würde, blieben die Glaubwürdigkeit und damit der Wert der Meisterschaft auf der Strecke. Investitionen jedes anderen Teameigentümers in die Meisterschaft würden so entwertet.

Die National Association hat nicht eine einzige glaubwürdige Meisterschaft erzeugt. Bereits am Ende der ersten Saison 1871 reklamierten nicht weniger als drei Mannschaften den Meistertitel für sich. An diesem Zustand sollte sich erst 1875 etwas Entscheidendes ändern. In einer von der Presse als „secret coup" kritisierten Aktion warfen die Teameigentümer die Spieler und die anderen Interessengruppen aus der Organisation des Sports regelrecht hinaus. William Hulbert, Eigentümer des Chicago Baseball Club, dem für seine Regelbrüche seit längerem der Ausschluss aus der American Association drohte, trat die Flucht nach vorne an. Leifer (1995, S. 649) berichtet:

„He locked the irate owners in a conference room and mysteriously converted them to the idea of a new league. Hulbert's appeal was simple. He promised to eliminate inflated salaries, players jumping from team to team during the season, gambling scandals, team imbalance, and incomplete schedules [. . .] the consent he received marked the death of the National Association and the birth of the National League [. . .] The National League was, for the first time, an association of owners."

Über Regeln und Maßnahmen mit Bezug zur Meisterschaft wurde fortan mehrheitlich entschieden. Jeder Teameigentümer hatte Sitz und Stimme, mit der er seine Investitionen in die Meisterschaft schützen konnte. Mit der als Genossenschaft von Teameigentümern verfassten Liga entstand so ein Erfolgsmodell, das nicht nur im Baseball bis heute beibehalten, sondern auch von allen anderen Ligen übernommen wurde.

II. Der Schritt zu einem unabhängigen Commissioner

Von Beginn an erkannten die Teameigentümer der National League, dass sie ein zentrales Ligabüro benötigen würden, dem dann die Implementierung der gemeinsam beschlossenen Regeln obliegen sollte. Als erste Lösung wurde aus dem Kreis der Teameigentümer ein fünfköpfiger Ausschuss gewählt. Ein Mitglied des Ausschusses diente als Präsident. Obwohl diese Lösung niemals richtig funktionierte, wurde sie dennoch bis 1920 beibehalten. In der Zwischenzeit hatte sich eine zweite Major League im Baseball gegründet, die American League. 1903 schlossen sich beide Ligen zusammen, indem die Teameigentümer eine neue Verfassung, das so genannte National Agreement, beschlossen. Die American League und die National League sollten als Teilligen bestehen bleiben und eine gemeinsam Endrunde austragen. Die Regeln im Major League Baseball wurden nun durch die so genannte National Commission durchgesetzt. Neben einem neu gewählten Chairman gehörten ihr die gewählten Präsidenten der National League und der American League an.

Von Beginn an waren die Teameigentümer gegenüber den gewählten Regelaufsehern misstrauisch. Weil diese ebenfalls Mannschaften im Rennen hatten, wurde immer vermutet, dass sie die Regeln im eigenen Interesse oder im Interesse starker Koalitionen, die sie gewählt hatten, interpretierten. Die Teameigentümer weigerten sich daher über Jahrzehnte, wesentliche exekutive Kompetenzen an das Zentralbüro abzutreten. Die Präsidenten waren folglich sehr schwach. So konnten z.B. Entscheidungen des Präsidenten der National League durch den Beschluss eines Ausschusses aufgehoben werden, der aus vier

Teameigentümern bestand. Weiterhin machten die Teameigentümer regelmäßig von ihrem Recht Gebrauch, gegen Entscheidungen der Commissioner vor öffentlichen Gerichten vorzugehen. Nach und nach wurden die Anweisungen des Zentralbüros gar nicht mehr zur Kenntnis genommen. Leifer (1995, S. 88) beschreibt die Situation treffend: „Always weak, the National Commission simply ceased to function.“

In dieser Situation ereignete sich der grösste Skandal der Baseball Geschichte. Acht Spieler der Chicago White Sox hatten die World Series 1919 durch Absprachen manipuliert. Der Glaube der Fans an die Aussagekraft der Meisterschaftsrennen wurde stark erschüttert. Der White Sox Scandal zwang die Teameigentümer, die um ihre Existenz fürchteten, öffentlich Schritte zur Sicherung der Integrität des Sports zu unternehmen.

Am 12. November 1920 trafen sich alle Teameigentümer und benannten Richter Kenesaw Mountain Landis zum Commissioner of Baseball. Sie wussten damals nicht, auf was sie sich mit der Berufung dieses ersten Nichteigentümers einlassen würden. Bevor Judge Landis sein Amt antrat, verlangte er, dass ein neues National Agreement aufgesetzt und ratifiziert würde, in dem ihm umfangreiche exekutive Kompetenzen zuerkannt wurden. Landis erhielt die Autorität „. . . to investigate . . . any act, transaction, or practice suspected to be detrimental to the best interests of baseball . . . and the power to take punitive action against leagues, clubs, officers or players” (Seymour 1971, S. 322). Die Teameigentümer mussten auf ihr Recht, gegen Entscheidungen von Judge Landis vor Gericht vorzugehen, verzichten. Leifer (1995, S. 89) schreibt: „With the self-assurance of a judge and the security of a five-year contract, Landis was never intimidated by the owners.“ Seine Respektlosigkeit gegenüber den Teameigentümern ist legendär. Spink (1947, S. 74; zitiert nach Leifer 1995, S. 89) berichtet, wie Landis „. . . mimicked some of the owners, aggravating their lapses of grammar, collogialisms and pronunciations. He always screwed up his face as though he were eating a particularly bitter olive when he referred to them as magnates.”

Landis sperrte nicht nur die acht White Sox Spieler lebenslänglich, sondern nutzte all seine exekutiven Kompetenzen ohne Zögern bis zu seinem Tod 1944. Baseball trat mit seiner Amtsübernahme in ein neues Zeitalter der Prosperität und Stabilität. Die Institution des unabhängigen Commissioner, der mit starken exekutiven Kompetenzen zur Durchsetzung der von der Eigentümergenossenschaft beschlossenen Regeln ausgestattet ist, war geschaffen.

III. Schritte zur sportlichen Ausgeglichenheit

Baseball hatte es geschafft, das Zeitalter des Barnstorming hinter sich zu lassen. Allerdings wurden die Meisterschaftsrennen meist von wenigen Mannschaften dominiert. Leifer (1995, S. 92) führt aus:

> „Of the forty-eight pennant winners under Landis, the New York teams supplied twenty-one of them (plus one from Brooklyn). Born under Landis, the New York Yankee dynasty is unrivalled in its domination of baseball, with thirty-three World Series appearances (the New York Giants are second with fourteen appearances).“

Die sesshaft gewordenen Mannschaften kultivierten nun jeweils ihr lokales Publikum. Wenn man annehmen kann, dass lokale Fans Siege der Heimmannschaft positiv bewerten, dann sollte aus Ligasicht die knappe Ressource „Sieg" – denn es kann nicht mehr Siege als Niederlagen in der Meisterschaft geben – mit Priorität zu den Grossstadtmannschaften verteilt werden, wo grössere Fangemeinden mobilisierbar sind. In einem Regime, in dem die Kultivierung lokaler Fangemeinden im Vordergrund steht, gibt es kaum Anreize, die Spielstärken der Ligamannschaften zu egalisieren. Die Kleinstadtteams sollten lediglich stark genug sein, um konkurrieren zu können und in der Meisterschaft zu verbleiben. Die finanziellen Ausgleichsmechanismen, die das Baseball zur Stützung der Kleinstadtteams installierte, waren daher vernachlässigbar.[4]

Der nächste Innovator im professionellen Teamsport war Football, wo erhebliche Anstrengungen zur Sicherung der sportlichen Ausgeglichenheit in der Liga unternommen wurden. Um zu verstehen, warum es dazu kam, muss man die gänzlich unterschiedlichen Entstehungsbedingungen der National Football League (NFL) in Betracht ziehen. Gegründet 1920 (unter dem Namen Professional Football Association, der ein Jahr später in NFL verändert wurde), sollte das Unterfangen lange Zeit marginal bleiben. Dies hing erstens mit der bereits erfolgreichen Etablierung des professionellen Baseball zusammen und zweitens mit der erheblichen Popularität, die Football in den USA bereits als College Sport erreicht hatte. Die erste Konsequenz aus diesen Bedingungen war, dass die NFL ihre Legitimität durch Kooperation und nicht durch Konkurrenz mit College Football aufbauen musste. Die NFL war auf das Prestige bereits etablierter College Stars dringend angewiesen. Von Anfang an wurden daher Regeln beschlossen, die für die Colleges akzeptabel erschienen. So durften Spieler erst dann in das Profilager wechseln, wenn deren Jahrgang graduiert hatte. Die Transfers sollten möglichst transparent gestaltet werden, um vorzeitige versteckte Zahlungen, Handgelder usw., die den Ruf der College Meisterschaften beschädigen könnten, zu vermeiden. So wurde die Idee eines College Draft bereits 1935 geboren. Die Proficlubs bekamen in umgekehrter Reihenfolge des Abschneidens bei der letzten Meisterschaft exklusive Verhandlungsrechte mit (noch freien) Spielern ihrer Wahl zugesprochen. In diesem System ist erst nach der Meisterschaft und Zug um Zug klar, welcher Club mit welchem Spieler exklusiv verhandeln darf. Vorgezogene Kontakte, Verhandlungen über einen Wechsel oder sogar Zahlungen sind sinnlos. Der College Draft wird traditionell als mobilitätsbegrenzendes Arrangement für seine Marktmachtimplikationen kritisiert.[5] Allerdings wird von den Marktmachtkritikern regelmäßig übersehen, dass die Marktmachtimplikationen des Draft 1935 belanglos waren. Es dauerte nämlich Jahrzehnte, bis die NFL überhaupt ausreichendes Interesse bei den College-Absolventen mobilisieren konnte. Im Vordergrund stand die Gestaltung einer transparenten Übertrittsprozedur im guten Einvernehmen mit den Colleges. Offenbar musste eine Reihenfolge der Verhandlungen vorgegeben werden, wenn ein freier Markt aus Integritätsgründen nicht erwünscht war. Das Inverse Order-Verfahren, das sich danach in allen Ligen etablierte, funktioniert unter bestimmten Voraussetzungen zusätzlich als Ausgleichmechanismus zur Stärkung schwächerer Clubs.[6] Die NFL profitierte langfristig auch aus anderen Gründen von diesem kooperativen Vorgehen. Die Colleges übernehmen bis heute die Ausbildung der Nachwuchsspieler und die Produktion von Stars.

Die zweite Konsequenz aus den Gründungsbedingungen bestand darin, dass die NFL grosse Schwierigkeiten hatte, Heimmärkte für ihre Clubs zu finden. Die grossen Städte und attraktiven Märkte waren alle bereits durch Major League Baseball und durch College Football besetzt. Die NFL war daher in ihren Gründerjahren mit erheblichen Niederlassungsrisiken und fluktuierender Zuschaueraufmerksamkeit konfrontiert. Leifer (1995, S. 103) beschreibt die Situation wie folgt:

> „Large-city teams, often competing for fans with established college football teams as well as other professional teams, could not be certain of support. Sometimes small, one-sport towns like Pottsville could generate larger crowds. Revenue sharing served as hedge against this financial uncertainty. Teams could set their own schedules, playing games at whichever site was most likely to draw the largest audience. Generous revenue sharing allowed teams to work out mutually advantageous schedules, bringing football to wherever it might attract large audiences. Under this arrangement, some teams survived exclusively on the basis of away-game receipts, competing as travelling teams with no home location.“

Die von der NFL eingeführten Ausgleichsmechanismen, wie z.B. die 60 : 40 Teilungsregel der Zuschauereinnahmen zwischen Heim- und Auswärtsmannschaft, waren ein Versicherungsmechanismus gegen Niederlassungsrisiken in einer Liga, die es offensichtlich (noch) nicht geschafft hatte, sesshaft zu werden. Die weitgehende Einnahmenteilung zwischen den Mannschaften beförderte gleichzeitig die sportliche Ausgeglichenheit in der NFL. Als es Commissioner Pete Rozelle 1961 schaffte, den amerikanischen Kongress zu überzeugen, dass auch Football unter die Antitrust-Ausnahme fallen sollte, die seit 1922 für Baseball galt, wurden die NFL-Eigentümer wieder in die gleiche Richtung aktiv. Sie entschieden sich, ihre individuellen Fernsehübertragungsrechte zusammenzulegen, zentral zu vermarkten und die Einnahmen nach Köpfen zu teilen. Die NFL, in der die Clubeigentümer von Anfang an immer wieder Schritte zur Sicherung einer ausgeglichenen Einnahmenstruktur unter den Teams unternahmen, wurde bekanntlich zum grössten Fernseherfolg in der Geschichte des Profisports.

Welches ist nun die Ökonomie „hinter“ diesen institutionellen Innovationen, die wie gezeigt jeweils aus spezifischen historischen Bedingungen heraus geschaffen wurden?

C. Die Ökonomie der betrachteten Institutionen

I. Teamproduktion, Monitoring und die Exekutivgewalt des Commissioner

1. Das Problem der Teamproduktion

Alchian/Demsetz (1972) analysieren eine so genannte Teamproduktionstechnologie, die im Vergleich zur isolierten Produktion durch jeden Eigentümer der Produktionsfaktoren einen Mehrwert generiert. Diese Teamproduktionstechnologie wird eingesetzt, wenn der Synergieeffekt grösser ist als „the costs of organizing and disciplining team members“ (Alchian/Demsetz 1972, S. 779). Die Kosten entstehen, weil es schwierig ist, die Beiträge der einzelnen Teammitglieder zum Output zu bestimmen.

„With team production it is difficult, solely by observing total output, to either define or determine *each* individual's contribution to this output of the co-operating inputs. The output is yielded by a team, by definition, and it is not a *sum* of separable outputs of each of its members" (Alchian and Demsetz 1972, S.779).

Wenn Leistungszurückhaltung (Shirking) in spezifischen Bereichen der Teamproduktion schwer festzustellen ist, haben die einzelnen Teammitglieder Anreize, ihr Anstrengungsniveau zu reduzieren, denn der Nutzen daraus ist privat. Gleichzeitig wird die Reduktion des Teamoutputs sozialisiert. Es entsteht eine Situation wie bei einem Gefangenendilemma: Obwohl jedes einzelne Teammitglied es eigentlich vorziehen würde, Teil eines produktiveren Teams zu sein, hängt das Erreichen eines überlegenen Vergütungspakets von den Kosten der Aufdeckung des Shirking ab. Hier kommen nun so genannte Überwachungsstrukturen ins Spiel. Jene Überwachungsstruktur, die individuelle Anstrengungsniveaus in den relevanten Bereichen der Teamproduktion mit den geringsten Kosten erfasst, leistet auch den grössten Beitrag zur Bewahrung des Mehrwertes bzw. Synergieeffektes der Teamproduktion.

Wieso ist die hier nur kurz skizzierte Problemanalyse nach Alchian/Demsetz (1972) für den Teamsport relevant?[7] Die Relevanz ergibt sich nach meiner Auffassung durch den mit der Ligenbildung initiierten Wechsel vom Barnstorming zur Meisterschaftsproduktion. Jedes einzelne Spiel gewinnt ökonomischen Wert, indem es in das Metaspiel Meisterschaftsrennen eingebaut wird. Das Metaspiel offenbart, welche Mannschaft über eine ganze Saison am stärksten gespielt hat und trägt darüber hinaus dazu bei, herauszufinden, welches die dominanten Clubs in der Geschichte der Meisterschaftsrennen einer Liga waren.

Die Konsequenz ist offensichtlich. Es macht keinen Sinn, z.B. bei einem NBA-Spiel zwischen den Chicago Bulls und den Los Angeles Lakers vom separablen Output zweier Mannschaften zu sprechen. Diesem Spiel wird ein zusätzlicher Goodwill zuteil, weil es ein sinnvoller Bestandteil des Meisterschaftsrennens und der Geschichte der Meisterschaftsrennen in der NBA ist. Genau das macht den zentralen Aspekt seiner Vermarktbarkeit aus. Alle NBA-Teams sind aber an dem sinngebenden Metaspiel beteiligt und nicht nur die beiden Mannschaften, die gerade gegeneinander antreten. Die Erzeugung von Meisterschaftsrennen verwandelt den Sport unabänderlich in Teamproduktion.

In welchem Sinne können nun die Teameigentümer bei ihren Beiträgen zur Meisterschaftsproduktion Leistungszurückhaltung üben?

Die Spielstärke ihrer Mannschaften ist der offensichtlichste Input, den sie für das Meisterschaftsrennen liefern. Sie scheidet als Kandidatin für eine unbemerkte Leistungszurückhaltung aus, denn es ist die eigentliche Funktion des Meisterschaftsrennens, die relative Spielstärke der teilnehmenden Mannschaften in eine nachvollziehbare Reihenfolge zu bringen.[8]

Ein zunächst weniger offensichtlicher Input der Teameigentümer in das Meisterschaftsrennen ist Integrität. Dabei geht es um das Ausmass, in dem die für alle aufgestellten Regeln tatsächlich befolgt werden. „Regelbefolgung" ist geradezu konstitutiv für das Konzept des Metaspiels, auf dem die Major Leagues aufgebaut sind. Per definitionem ist ein Meisterschaftsrennen eine Prozedur, die ein Ranking der Spielstärke der beteiligten Akteure unter standardisierten Bedingungen erzeugt. Kein Teilnehmer sollte Regeln brechen, die kontrollierte und einheitliche Voraussetzungen für alle Beteiligten erzeugen, und sich auf diese Weise unfaire Vorteile verschaffen. Hätte man ein anderes Konzept gefunden, einer Sequenz von Spielen zusätzlichen Sinn zu geben,[9] dann wäre die Vorbedingung „gleiche Regeln für alle“ bzw. „Regelbefolgung“ nicht in diesem starken Sinne konstitutiv. So aber beruht der über ein Meisterschaftsrennen erzeugte Goodwill in entscheidender Weise auf „Regeleinhaltung“. Ein einziges manipuliertes Spiel genügt, um das ganze Meisterschaftsrennen in Frage zu stellen und auch alle unbeteiligten Teams zu schädigen.

Gleichzeitig ist der Input „Integrität“ aber schwer zu messen, denn viele Regelbrüche – z.B. das Überschreiten von Gehaltsobergrenzen oder von Kaderbegrenzungen, verdeckte Spielerverpflichtungen, Doping – werden nur selten offen begangen und sind nicht einfach nachzuweisen. Wegen dieses Messproblems haben Clubs Anreize, die Bereitstellung des Inputs „Integrität“ zu drosseln. Ceteris paribus schlägt sich eine höhere Spielstärke über einen höheren Rang in der Meisterschaft in höheren Erlösen nieder. Clubs werden sich auf Regelbrüche als Methode zur Steigerung der Spielstärke einlassen, wenn diese kosteneffektiv ist. Offensichtlich haben die Wahrscheinlichkeit, entdeckt zu werden, und die Höhe der Sanktionen im Falle einer Entdeckung Auswirkungen auf ihr Kalkül. Geringe Entdeckungsgefahr bzw. niedrige Sanktionen belasten den Input „Integrität“ mit Opportunitätskosten. Sie entstehen, wenn die Produktion eines anvisierten Niveaus an Spielstärke mittels der erlaubten Alternativen, wie z.B. verschärftes Training, verbesserte Taktik usw., die Überschreitung kosteneffektiver Einsatzmengen erfordert. Anders gesagt: „Billiger“ produzierte Spielstärke ist der Fringe Benefit einer Leistungszurückhaltung beim Input „Integrität“. Unter diesen Voraussetzungen wird von den einzelnen Teams weniger Integrität und mehr Spielstärke geliefert als in einer Situation, in der Integrität leichter gemessen werden könnte.

Jeder Club würde sich besser stellen, wenn „Unterversorgung“ mit Integrität nicht das von allen Beteiligten einschliesslich der Zuschauer erwartete Verhalten wäre. Zwar würde sich die Produktion von Spielstärke bei einem Ausweichen auf die legalen Alternativen verteuern und daher gedrosselt werden, aber gleichzeitig wäre die erzeugte Meisterschaft glaubwürdiger und der Goodwill, der jedes Spiel veredelt, höher. Wenn eine „Vorrichtung“ installiert werden könnte, welche die Kosten der Aufdeckung und Vermeidung von Regelbrüchen spürbar senkt, dann liesse sich aus der Sicht eines jeden Clubs eine wünschenswertere Kombination aus Fringe Benefits („billigere“ Spielstärke“) und Goodwill („sauberere“ und damit „wertvollere“ Meisterschaft) erzeugen.

2. Der spezialisierte Monitor als Lösung

Geeignete „Vorrichtungen“ für den Umgang mit dem beschriebenen Teamproduktionsproblem fassen Alchian/Demsetz (1972) unter dem Begriff Monitoring zusammen. Ein Akteur überwacht das Inputverhalten der Teammitglieder in jenen Bereichen des Produktionsprozesses, in denen die Outputbeiträge schlecht messbar sind. Spezialisierungsgewinne sind der Kern des Mechanismus. Der Monitor baut spezifisches Wissen auf, das es ihm ermöglicht, die Inputbeiträge einzuschätzen und Outputprognosen zu erstellen. Soll die Aufsicht funktionieren, dann darf der Monitor nicht von einzelnen Teammitgliedern abhängig sein. Ferner muss er wirksam sanktionieren können. Damit er schliesslich seine Aufgaben selbst ernst nimmt, benötigt er darüber hinaus entsprechende Anreize.

Es gibt verschiedene Möglichkeiten, das Monitoring durch die Zuweisung von Verfügungsrechten zu institutionalisieren. Eine erste Option liefert die Verfassung der klassischen Firma. Hier wird der Monitor zum Residualeigentümer, dem die Nettoerträge des Teams nach Abzug der vereinbarten Zahlungen für die anderen Inputs zustehen. Der klassische Eigentümer-Unternehmer erzielt Überschüsse, indem er Inputs koordiniert und spezialisiertes Wissen zur Begrenzung von Shirking einsetzt. Er ist unabhängig von einzelnen Teammitgliedern, ausgestattet mit umfangreichen Sanktionsmöglichkeiten und hat Anreize, seine Überwachungspflichten ernst zu nehmen.

Offenbar funktioniert diese Lösungsoption im Teamsport aber nicht.[10] Die Liga würde in ein Einheitsunternehmen transformiert, in dem die einzelnen Mannschaften in die Rolle regionaler Niederlassungen oder Tochterunternehmen rückten. Die Institution des Eigentums würde nun dem Ligaeigentümer Letztentscheidungsrechte über alle Mannschaften einräumen. Die Zuschauer müssten in einem solchen Regime davon ausgehen, dass der Ligaeigentümer Regeln diskretionär beeinflusste, d.h. das Verhalten der „Tochterunternehmen" gemäß seiner eigenen Strategie lenkte. Der klassischen Firma als Organisationsstruktur einer Sportliga droht der Verlust der Glaubwürdigkeit der ausgetragenen Meisterschaft und damit die Erosion der Teamproduktion. Sie müsste für die Produktion des Signals, dass der Ligaeigentümer nicht in das Sportgeschehen eingreift, obwohl er dieses jederzeit könnte, zusätzliche Kosten aufwenden.

Nimmt man eine Anleihe aus der Politik, dann kann man sagen, dass legislative und exekutive Rechte in der klassischen Firma gebündelt sind. Um dem Dilemma zwischen einer Situation zu entkommen, in der die Teams sich mangels Aufsicht um die Einhaltung der Regeln drücken, und einer Situation, in der ein Eigentümer-Monitor Ergebnisse planen kann, ist eine klare „Gewaltenteilung" erforderlich. Daher wird eine Struktur benötigt, in der die Aufgaben des Monitors ausschliesslich auf die Durchsetzung der Regeln begrenzt sind. Darüber hinaus sollte über die Regeln selbst auf eine transparente und demokratische Weise entschieden werden, damit nicht der Eindruck entsteht, diese stünden wenigen, einflussreichen Akteuren zur Disposition. Effektive „constitutional safeguards" sollten die Gewaltenteilung auch vertraglich absichern, damit die Bestimmungen nicht einfach zu unterlaufen sind.

Genau diese Anforderungen an eine „Gewaltenteilung" sind in der Praxis auch umgesetzt. Seit der Ära des Richters Landis ist die Aufgabe des Commissioner klar abgegrenzt: „. . . the office of the commissioner's main function is to maintain the integrity of the sport." (Markham/Teplitz 1981, S. 36). Die legislative Kompetenz liegt in allen Major Leagues bei einer Art Genossenschaft der Teameigentümer. Jeder Teameigentümer ist in der „gesetzgebenden Versammlung" mit einer Stimme vertreten. Die demokratische Regelsetzung schafft die geforderte Transparenz und verhindert die Dominanz eines Akteurs oder einer einflussreichen Gruppe. Die Rolle des „constitutional safeguard" erfüllen ausführliche Vertragswerke, in denen die „Gewaltenteilung" konkret geregelt wird. Im Baseball ist dieses „constitutional safeguard" das bereits erwähnte Major League Agreement.

II. Spezifische Investitionen, vertikale Integration und die legislative Kompetenz der Eigentümer-Genossenschaft

Aus der Konzeption des Metaspiels „Meisterschaft" folgt eine zusätzliche Implikation.[11] Würden mehrere Major Leagues in der gleichen Sportart in einem betrachteten Markt agieren und jeweils einen eigenen Meister produzieren, dann wäre das Metaspiel Meisterschaft weitgehend entwertet, denn es käme nicht zu einem konsistenten Ranking aller relevanten Kontrahenten. Man kann diesen Bedeutungsverlust derzeit an den verschiedenen Boxverbänden studieren, die jeweils eigene „Weltmeister" küren, ohne dass dieser Titel von den Zuschauern noch in dem Maße ernst genommen würde, wie das zu den Zeiten eines Muhammad Ali der Fall war. Im Grunde sind also Meisterschaftsrennen definitorische Monopole.

1. Spezifische Investitionen und Hold up-Risiko

Betrachtet man die Wertkette des Teamsports, dann lassen sich analytisch zwei Ebenen oder Stufen unterscheiden: Auf der ersten Ebene werden die Mannschaften zusammengestellt, trainiert und entwickelt. Auf der zweiten Stufe wird dann das Meisterschaftsrennen produziert. Die Mannschaften lassen sich als Inputs für die Stufe der Meisterschaftsproduktion kennzeichnen. Teameigentümer kontrollieren die erste Stufe und liefern diesen Input in die Stufe der Meisterschaftsproduktion. Wenn nun aus den gerade genannten Gründen die Stufe der Meisterschaftsproduktion eine Monopolstruktur verlangt, dann sind die Investitionen der Teameigentümer in die Mannschaftsproduktion per definitionem spezifisch. Unfähig, ein einzelnes Spiel oder gar eine Meisterschaft in Isolation zu produzieren, hat der einzelne Teameigentümer keine viable Exit-Option aus einem Meisterschaftsmonopol.

Würde nun die Stufe der Meisterschaftsproduktion von einem dritten Akteur kontrolliert, dann stellten die Investitionen der Teameigentümer in ihre Mannschaften Geiseln für ihn dar. Dieser dritte Akteur kann z.B. als ein Franchise-Geber konzipiert werden. In diesem Fall sind die Kündigung der Franchiselizenz, die Ausgabe neuer Lizenzen im Heimmarkt etablierter Teams, die Erhöhung der Anzahl der Lizenzen auf Kosten bestehender Teams, die Veränderung der Franchisekonditionen (z.B. die Gebührenerhöhung) usw. Möglichkeiten, die ökonomischen Renten aus den spezifischen Investitionen der Teameigentümer in die Mannschaften zu extrahieren. Wettbewerb und die dadurch eröffneten Exit-Optionen sind Kräfte zur Korrektur dieses Hold up-Risikos in anderen Branchen, in denen Franchising üblich ist. Das Dilemma des Teamsports ist in diesem Kontext rasch erkennbar. Die Schaffung von Wettbewerb erfordert die Existenz mehrerer Ligen, die unter der Kontrolle unterschiedlicher Akteure operieren. Dieses zerstört aber teilweise den ökonomischen Wert des Metaspiels Meisterschaft. Das Problem lässt sich auch nicht dadurch beseitigen, dass die „Meister" verschiedener Ligen dann in einer Endrunde den „echten" Meister küren. Diese Endrunde ist lediglich eine weitere Ebene der Teamproduktion, die exakt die gleichen ökonomischen Probleme aufwirft und damit ähnlicher institutioneller Vorkehrungen bedarf (Commissioner mit Exekutivrechten, Genossenschaft als Legislative usw.), wie sie gerade besprochen werden. Im Baseball ist gerade dieser Fall institutionalisiert. American League und National League tragen eine gemeinsame Endrunde aus, die World Series. Über die genannten Institutionen sind die beiden Ligen aber zu einer Einheitsorganisation verbunden, die intern nur in einem sehr eingegrenzten Sinn Wettbewerb erlaubt. Eine gemeinsame Endrunde beseitigt also nicht nur das Glaubwürdigkeitsproblem multipler Meistertitel, sondern automatisch auch den Wettbewerb zwischen den Ligen.

Daher erfordert der Teamsport eine Lösung, die sowohl den Monopolstatus der Meisterschaft und damit der Liga erhält als auch die spezifischen Investitionen der Teameigentümer in die Mannschaftsproduktion absichert. Die Standardempfehlung der ökonomischen Organisationstheorie lautet, die betroffenen Produktionsstufen vertikal zu integrieren, wenn spezifische Investitionen eine grosse Rolle spielen.[12]

2. Rückwärtsintegration: Die Einheitsunternehmung

Wäre die Liga als Einheitsunternehmung organisiert, dann kämen sowohl die Stufe der Mannschafts- als auch die Stufe der Meisterschaftsproduktion unter einheitliches Eigentum. Ein Hold up-Problem bestünde nicht mehr, denn es wäre nun der Ligaeigentümer selbst, der in die Entwicklung seiner verschiedenen regionalen Niederlassungen bzw. Tochterunternehmen investiert. Diese Lösung scheitert aber wie bereits besprochen an den Integritätsanforderungen des gewählten Metaspiels „Meisterschaft“.

3. Vorwärtsintegration: Die Genossenschaft der Teameigentümer

Die Genossenschaft der Teameigentümer ist zur Lösung beider aufgezeigter Probleme geeignet.[13] Sie ermöglicht die Vorwärtsintegration jedes Teameigentümers in die Meisterschaftsproduktion, indem sie ihm Sitz und Stimme bei allen Entscheidungen auf Ligaebene garantiert. Die Teameigentümer beschliessen alle meisterschaftsrelevanten Regeln nach dem Mehrheitsprinzip. In dieser Struktur bleibt also kein Raum für eine dritte Partei, welche die Meisterschaft kontrollieren und die Teameigentümer auf der Grundlage ihrer spezifischen Investitionen erpressen könnte. Tatsächlich haben die Teameigentümer weiterhin keine Exit-Möglichkeit aus der Monopolliga, aber sie werden kompensiert durch „Voice“.[14] Gleichzeitig bewahren sie sich den Status unabhängiger Produzenten auf der Stufe der Mannschaftsentwicklung. Die Anreize, gegeneinander in echten sportlichen Wettbewerb um die Meisterschaft zu treten, sind stärker als sie es innerhalb der Grenzen einer Einheitsunternehmung wären. In dieser Struktur fehlt der zentrale Ligaeigentümer, der Ergebnisse strategisch manipulieren könnte.

Zusätzlich zum Integritätssicherungsargument des letzten Abschnitts sprechen also auch der Schutz spezifischer Investitionen bei gleichzeitiger Bewahrung des Meisterschaftsmonopols für eine Ligaverfassung als Genossenschaft von Teameigentümern. Genau diese Struktur, die 1875 erstmals im Baseball umgesetzt wurde, hat sich in allen Major Leagues als robuster Organisationsbaustein erwiesen.

III. Offene Rennen, positive Feedback-Mechanismen und die Bewirtschaftung „nationaler Zuschauerschaften“

1. Offene Rennen und Siege der „eigenen“ Mannschaft

Eine gängige Annahme über sportlichen Wettbewerb besagt, dass die Offenheit des Ausgangs einen wesentlichen Aspekt des Unterhaltungswertes ausmacht. Bereits Neale (1964) hat diese Annahme unter dem Begriff „Louis-Schmeling Paradoxon“ erläutert. Aus einem ökonomischen Blickwinkel war es am besten für Joe Louis, mit Max Schmeling einen Gegner zu haben, der ihn ernsthaft herausfordern konnte. Die vollständige Überlegenheit eines Akteurs im sportlichen Wettbewerb – in diesem Falle also eine monopolistische Position für Joe Louis – wäre ruinös. Darin sah Neale (1964) den wesentlichen Unterschied zum „normalen“ Wettbewerb, bei dem eine Monopolstellung höchst profitabel ist. Diese so genannte „Openness of Outcome“ – Hypothese basiert auf einer Annahme über Konsumentenpräferenzen. Sie unterstellt, dass der durchschnittliche Zuschauer die Spannung lange unentschiedener Rennen positiv bewertet.

Eine ebenso lange Tradition besitzt eine andere Hypothese, die besagt, dass Zuschauer vor allem Siege jenes Teams sehen wollen, mit dem sie sich identifizieren.[15] Fans brauchen sozusagen ihre „Helden“. Empirische Untersuchungen zur Klärung der Frage, was für den Zuschauerzuspruch wichtiger sei, „Heldenproduktion“ oder offene Rennen, liefern zum Teil widersprüchliche Ergebnisse.[16]

Theoretisch lässt sich das Problem vielleicht mit folgenden Überlegungen etwas weiter systematisieren. Die Zuschauer beim Spiel einer bestimmten Mannschaft lassen sich grob in zwei Kategorien einteilen. Es gibt das lokale Publikum aus dem Einzugsbereich dieser Mannschaft. Aufgrund der lokalen Wurzeln und der vielfältigeren Möglichkeiten zur face-to-face-Interaktion vor Ort sind hier die Voraussetzungen für einen Identifikationsvorgang mit dem Team eher gegeben. Für derartige lokale Fans trifft wahrscheinlich zu, dass sie ins Stadion gehen, um in erster Linie „ihre“ Mannschaft siegen zu sehen. Darüber hinaus gibt es aber auch ein landesweites Fernseh- bzw. Medienpublikum für das Spiel der betrachteten Mannschaft, das zwangsläufig ohne die oben aufgeführte lokale oder regionale Bindung auskommen muss. Dieses landesweite Publikum macht sich wahrscheinlich weniger aus dem Sieg der „fernen“ Mannschaft, sondern betrachtet das Spiel eher aus dem Blickwinkel einer spannenden Meisterschaft.

Bevor das Fernsehen aufkam, mussten sich die Clubs weitgehend auf die Kultivierung ihrer lokalen Fangemeinden konzentrieren. Mit dem Fernsehen wurde es überhaupt erst möglich, „nationale Zuschauerschaften“, die nicht aus lokalen Fans bestanden, für ein Spiel zu gewinnen.[17] Heute sind diese „nationalen Zuschauerschaften“ wohl die Hauptadressaten der mit Hilfe des Sports kommunizierten Werbebotschaften. Weil sie sich eher für spannende und offene Meisterschaften interessieren, sollte diese Entwicklung auch zu einer Bedeutungsverschiebung innerhalb der eingangs genannten Hypothesen geführt haben. „Openness of Outcome“ dürfte zur Sicherung des Zuschauererfolgs in den modernen „Fernsehligen“ wesentlich wichtiger geworden sein, als es in den alten „Stadionligen“ der Fall war. Stellt sich nun aber diese „Openness of Outcome“ im Sport nicht automatisch ein?

2. Positive Feedback-Mechanismen

Wenn eine systematische Beziehung zwischen dem Erfolg eines Clubs in der Meisterschaft und dem beschäftigten Humankapital besteht, dann können erfolgreiche Clubs als überlegene Screening-Einrichtungen angesehen werden. Sie sind erfolgreicher als ihre Konkurrenten im Aussuchen guter Spieler. Talentierte Spieler haben daher Anreize, bei diesen Clubs Anstellung zu suchen. Ihren „Test" zu bestehen, produziert eine Talentsignal, dass die zukünftigen Einstellungsmöglichkeiten des betreffenden Spielers in der ganzen Branche verbessert. Je länger die Schlange der Bewerber, desto selektiver kann der Club bei seiner Auswahl vorgehen. Je mehr der Club auf diese Weise sein Humankapital erhöht, desto erfolgreicher wird er in der Meisterschaft sein. Dies verstärkt erneut seine Reputation als Filter, was ihn noch attraktiver für High Potentials macht usw.

Wenn man nun Spielergehälter in die Betrachtung mit einbezieht, ist dieser positive Feedback sogar noch ausgeprägter. Schwächere Clubs, die talentierte Spieler anziehen wollen, müssten diesen ein Gehaltsprämium anbieten, um sie für den Verlust an Signalwert zu entschädigen. Warum sollten sie jedoch in der Lage sein, höhere Gehälter als die erfolgreichen Clubs zu bezahlen, wenn Meisterschaftserfolg sich auch in höheren Erlösen niederschlägt? Der „success breeds success"[18]-Mechanismus wird durch die Tatsache noch verstärkt, dass erfolgreiche Clubs eigentlich weniger zahlen müssten als erfolglose, um das gleiche Ausmass an Spieltalent zu attrahieren.

Ergänzt man dieses Bild noch um unterschiedliche Marktgrößen, dann lässt sich prognostizieren, dass Grosstadtteams die besten Voraussetzungen besitzen, um die Feedback-Spirale zu ihren Gunsten in Gang zu setzen. Ceteris paribus wird eine zusätzliche Einheit Spielertalent in einem grossen Markt ein höheres Wertgrenzprodukt erwirtschaften. Das Grosstadtteam wird daher einen höheren Preis für die zusätzliche Einheit Spielertalent bezahlen können als ein Kleinstadtteam gleicher Stärke. Ceteris paribus wird es einen Vorsprung an Spielertalent erzielen, der dann zusätzlich die beschriebenen positiven Rückkopplungen in Gang setzt. Ohne weitere Eingriffe in diese Mechanismen besteht daher die Gefahr, dass langweilige Meisterschaftsrennen mit abonnierten Siegern ausgetragen und damit „nationale Zuschauerschaften" vernachlässigt werden.

3. Ausgleichsmechanismen

Verschiedene Regelungen können als Elemente einer Strategie zur Sicherung der sportlichen Ausgeglichenheit in der Liga verstanden werden. Aus Konsistenzgründen sollen hier nur jene beiden Mechanismen kurz analysiert werden, die in Abschnitt 2 als institutionelle Innovationen im Football vorgestellt wurden.[19]

Zunächst können Spieler daran gehindert werden, sich wie in dem beschriebenen positiven Feedback-Mechanismus zu verhalten. Ein sorgsam konzipiertes Draft-Verfahren, wie es zuerst im Football angedacht wurde, wirkt unter anderem auch in diese Richtung. Von den offensichtlichen Marktmachtimplikationen des Draft-Verfahrens sei hier abstrahiert.[20] Zum einen weist das Draft-Verfahren die exklusiven Verhandlungsrechte mit einem Spieler für eine bestimmte Periode einem einzelnen Club zu. Zum anderen fällt der Startschuss für mögliche Verhandlungen erst, wenn die Reihenfolge der Clubs in der Meisterschaft feststeht.

Wenn die Draft-Rechte und die Dienste der neu verpflichteten Spieler unter den Clubs nicht gehandelt werden dürfen, dann verhindert die Draft-Prozedur tatsächlich, dass die Spieler vor wenigen starken Clubs Schlange stehen. Erfolgt die Zuweisung der Verhandlungsrechte auf die Clubs nach dem Inverse Order Picking (IOP)-Verfahren, bei dem in umgekehrter Reihenfolge des Abschneidens in der Meisterschaft gezogen wird, dann wird Talent verstärkt zu den schwächeren Clubs gelenkt. Dieser Ausgleichsmechanismus hat einen Preis, weil er Anreize setzt, gegen Ende der Meisterschaft strategisch zu verlieren. Tatsächlich lässt sich dieses Integritätsproblem abschwächen, indem probabilistische Elemente in das Draft-Verfahren integriert werden. Neuerdings werden Verhandlungsrechte in einem Losverfahren zugewiesen, bei dem schwächere Clubs einfach mehr Züge eingeräumt bekommen.

Der Talentausgleichseffekt des IOP-Verfahrens bleibt an die Bedingung gebunden, dass Draft-Rechte bzw. die Dienste der frisch verpflichteten Spieler nicht unmittelbar gegen Geld gehandelt werden.[21] Werden sie das, dann übersetzt sich die Prozedur lediglich in eine finanzielle Subventionierung der schwächeren Mannschaften in der Liga.[22] Unter der Annahme gewinnorientierter Entscheidungen würden Draft-Rechte zu jenen Clubs gehandelt werden, die am meisten für sie bezahlen können – unabhängig von deren Ausgangsverteilung durch das IOP-Verfahren. Die bevorzugte Behandlung der schwachen Clubs beim IOP-Verfahren bedeutet, dass diese einfach mehr „Spielerwert“ bekommen, den sie in Geld umwandeln können, indem sie Draft-Rechte oder Spielerdienste handeln.[23]

Aber auch wenn sich das Draft-Verfahren auf eine Subventionierung schwächerer Teams reduzierte, wäre es als Mechanismus zur Verhinderung einer stabilen hierarchischen Ligastruktur nicht ineffektiv. Es würde einen Beitrag zur Angleichung der Einnahmen in der Liga leisten und Mannschaften aus kleineren Märkten in die Lage versetzen, höhere Gehälter zu bezahlen und so bessere Spieler zu verpflichten. Alle Schemata zur Einnahmenteilung, wie sie in prominenter Weise in der NFL über die 60:40 Teilungsregel der Stadioneinnahmen erstmals eingeführt wurden, kompensieren den Effekt unterschiedlich grosser Heimmärkte und befördern die sportliche Ausgeglichenheit in der Liga. Die grösste Ausgleichswirkung geht in diesem Zusammenhang von der Teilung der nationalen Fernseheinnahmen nach Köpfen aus, die in der NFL – wie bereits erwähnt – 1961 eingeführt wurde. Rein theoretisch sind alle finanziellen Ausgleichsmechanismen in der Liga auch mit einem Problem behaftet. Weil sie gleichzeitig das Preisgeldgefüge in der Meisterschaft nivellieren, reduzieren sie die Anreize zu ernsthaftem Wettbewerb zwischen den Clubs.[24] Auch wenn diese Anreizproblematik theoretisch und formal nachvollziehbar abgeleitet werden kann, scheint sie keine zu grosse praktische Relevanz zu besitzen. Nach Vrooman (1995) werden in der NFL, die als ökonomisch erfolgreichste Liga der Welt gilt, nicht weniger als 90 % aller Ligaeinnahmen gleich verteilt. Die NFL war auf die Kultivierung nationaler Zuschauerschaften aus ihren Gründungsumständen als „Wanderliga“ heraus am besten vorbereitet und hat dann ihren Vorsprung bei der Transformation zur „Fernsehliga“ konsequent weiter genutzt.

D. Ausblick: Ein Rollenmodell für Deutschland?

Warum ist das organisatorische Rollenmodell der Major Leagues nicht nach Deutschland bzw. Europa importiert worden? Dafür mag es verschiedene Gründe geben. Einer, vielleicht der wesentliche, erodiert gerade. Die Organisation der Major Leagues nahm in den USA ihren Lauf, nachdem zwei grundlegende Institutionalisierungsschritte abgeschlossen waren: Es gab professionelle Spieler und kapitalistische Teameigentümer. Staatlich geförderte und geschützte Amateurverbände haben in Deutschland das Aufkommen kapitalistischen Eigentums an Bundesligamannschaften über Jahrzehnte hinaus erfolgreich blockiert. Eingebettet in „eigentumslose“ Vereins- und Verbandsstrukturen wurde das Geschäft mit der Sportunterhaltung in anderen organisatorischen Rahmenbedingungen mehr schlecht als recht abgewickelt. Die z.B. angesichts der Schuldenmisere im deutschen Profi-Fussball beschlossene Umwandlung der Vereine in Kapitalgesellschaften führt trotz der Mehrheits- und Sperrvorschriften für die Altvereine zu einem langsamen Aufkommen kapitalistischer Unternehmer im Teamsport. Warum sollten diese, einmal installiert und ihre Teams unter Kontrolle haltend, zu anderen Lösungen greifen als ihre amerikanischen Kollegen? Gibt es Gründe dafür, dass die Bewirtschaftung von Teameffekten, der Schutz spezifischer Investitionen und die Kultivierung „nationaler Zuschauerschaften“ für sie weniger bedeutsam sein könnten?

Anmerkungen

1 Dieses ist der Titel einer sehr lesenswerten, soziologisch geprägten Untersuchung zur Entwicklung der Major Leagues von Eric M. Leifer; vgl. Leifer (1995).
2 Vgl. Leifer (1995), Pietrusza (1991), Quirk/Fort (1992), Seymour (1971).
3 Vgl. Pietrusza (1991).
4 In der National League wurde von Beginn an vereinbart, dass die Gastmannschaft 15 Cents pro Zuschauer bei jedem Auswärtsspiel erhalten sollte. Allerdings war diese Vereinbarung im Zuge der Inflation immer weniger wert. 1965 wurde dann eine sehr konservative Veränderung implementiert: In der National League sollten die Stadioneinnahmen zwischen Heim- und Auswärtsteam fortan 90:10 und in der American League 80:20 aufgeteilt werden.
5 Vgl. z.B. Scully (1974), Franck (1995), S. 90 und Boal/Ransom (1997).
6 Vgl. ausführlich Abschnitt 3.3.
7 Vgl. zum folgenden Franck (1999), S. 533–538 und Franck/Müller (2001), S. 239–241.
8 Vgl. zur ökonomischen Analyse des dahinter stehenden Turniergedankens Lazear/Rosen (1981).
9 Wie das z.B. beim Catchen der Fall ist, wo eine Choreografie einzelne Kämpfe zu einer Show verbindet. Rache, persönliche Fehden und deren Eskalation liefern hier ein Leitmotiv zum Verbinden von Kämpfen im Zeitablauf.
10 Vgl. Franck (1995), S. 139.
11 Vgl. zum Folgenden erstmals Franck (1995), S. 125 ff.
12 Vgl. Williamson (1975), (1979); Klein/Crawford/Alchian (1978).
13 Die Erklärung der Genossenschaft als ein Hybrid, das sowohl spezifische Investitionen in einer Zulieferbeziehung absichern als auch die Unabhängigkeit der Lieferanten gewährleisten kann, geht zurück auf Bonus (1986).
14 Vgl. für diese Analogie Hirschman (1970).
15 Vgl. die umfangreiche Literatur zu diesem Thema, z.B. Cairns/Jennett/Sloane (1986), S. 17–21 und Quirk/Fort (1992), S. 240–293.
16 Vgl. Cairns/Jennett/Sloane (1986), Frick (1999) und Palomino/Rigotti (2000).
17 Leifer (1995), S. 126 ff. spricht von “national publics”. Auch er geht von einer gesteigerten Bedeutung offener Meisterschaften durch diese Zuschauer aus.
18 Der Begriff geht auf Frank/Cook (1995) zurück.
19 Vgl. für eine umfassendere Diskussion der Regelungen Franck (1995), S. 155–159, Franck/Müller (1998) und Dietl/Franck (2000). Hier besteht im übrigen ein grundsätzlicher Unterschied zwi-

schen den amerikanischen Major Leagues und den europäischen Ligen durch das Relegationssystem. Frick/Lehmann/Weigand (1999) fanden in einer empirischen Studie heraus, dass europäische Ligen spannendere Meisterschaften inszenieren als nordamerikanische. Sie erklären Spannungsunterschiede auch zwischen europäischen Ligen in erster Linie mit dem Auf- und Abstieg und speziell mit der Zahl der vorgeschriebenen Auf- und Absteiger pro Saison.

20 Vgl. dazu ausführlich Franck (1995), S. 83ff.

21 Vgl. dazu bereits El-Holdiri/Quirk (1971). Die Begrenzungen des Handels müssen nicht unbedingt als explizite Ligaregeln festgeschrieben werden. Daly/More (1981) schauten sich die empirische Evidenz an und stellten fest, dass der Handel mit gedrafteten Spielern in der Praxis keine Rolle spielte. Er war verpönt, aber nicht verboten. Dies genügt allerdings, damit das IOP-Verfahren seine talentausgleichende Wirkung entfaltet. Vgl. hierzu auch die empirischen Ergebnisse von Grier/Tollison (1994).

22 Vgl. Demmert (1973), S. 37.

23 In dem Maße, wie sich die Eingrenzung der Spielermobilität durch den Draft in Gehaltsabschlägen niederschlägt, sind es die Spieler, die für die Subventionierung aufkommen. Ähnlich wirken alle mobilitätsbegrenzenden Regelungen, z.B. auch die Salary Caps. Vgl. dazu z.B. Frick (1998).

24 Vgl. zur formalen Behandlung dieses Trade-off Dietl/Franck (2000).

Literatur

Alchian, A. A.; H. Demsetz (1972): Production, Information Costs, and Economic Organization, in: American Economic Review, 62, S. 777–795.

Boal, W. M.; M. R. Ransom (1997): Monopsony in the Labor Market, in: Journal of Economic Literature, 35, S. 86–112.

Bonus, H. (1986): The Cooperative Association as a Business Enterprise: A Study in the Economics of Transactions, in: Journal of Institutional and Theoretical Economics, 142, S. 310–339.

Cairns, J. A.; N. Jennett; P. J. Sloane (1986): The Economics of Professional Team Sports: A Survey of Theory and Evidence, in: Journal of Economic Studies, 13, S. 3–80.

Daly, G.; W. J. Moore (1981): Externalities, Property Rights and the Allocation of Ressources in Major League Baseball, in: Economic Enquiry, 19, S. 77–95.

Demmert, H. (1973): The Economics of Professional Team Sports. Lexington (Mass) 1973.

Dietl, H.; E. Franck (2000): Effizienzprobleme in Sportligen mit gewinnmaximierenden Kapitalgesellschaften: Eine modelltheoretische Untersuchung, in: Zeitschrift für Betriebswirtschaft, 70, S. 1157–1175.

El-Hodiri, M.; J. Quirk (1971): An Economic Model of a Professional Sports League, in: Journal of Political Economy, 79, S. 1302–1319.

Franck, E. (1995): Die ökonomischen Institutionen der Teamsportindustrie: Eine Organisationsbetrachtung, Wiesbaden 1995.

Franck, E. (1999): Zur Organisation von Sportligen: Übersehene ökonomische Argumente jenseits von Marktmacht und Kollusion, in: Die Betriebswirtschaft, 59, S. 531–547.

Franck, E.; J. C. Müller (1998): Kapitalgesellschaften im bezahlten Fußball – Einige in der Umwandlungsdiskussion meist übersehene verfügungsökonomische Argumente, in: Zeitschrift für Betriebswirtschaft, Ergänzungsheft 2/98, S. 121–141.

Franck, E.; J. C. Müller (2001): Zur Vermarktung von Sportligen: Ökonomische Überlegungen am Beispiel der Fernsehvermarktung der Fußball-Bundesliga, in: Hermanns, A./Riedmüller, F.: Management-Handbuch Sportmarketing. München 2001, S. 231–251.

Frank, R. H.; P. J. Cook (1995): The Winner-Take-All Society. New York 1995.

Frick, B. (1998): Management Abilities, Player Salaries and Team Performance, in: European Journal for Sport Management, 3, S. 6–22.

Frick, B. (1999): Kollektivgutproblematik und externe Effekte im professionellen Team-Sport: „Spannungsgrad" und Zuschauerentwicklung im bezahlten Fußball, in: Horch, H.-D. et al (Hrsg.): Professionalisierung im Sportmanagement, Aachen 1999, S. 144–160.

Frick, B.; E. Lehmann; J. Weigand (1999): Kooperationserfordernisse und Wettbewerbsintensität im professionellen Teamsport, in: Engelhard, J./ Sinz E.: Kooperation und Wettbewerb. Neue Formen und Gestaltungskonzepte im Zeichen von Globalisierung und Informationstechnologie, Wiesbaden, S. 495–523.

Grier, K.; R. D. Tollison (1994): The Rookie Draft and Competitive Balance: The Case of Professional Football, in: Journal of Economic Behavior and Organization, 25, S. 293–298.

Hirschman, A. O. (1970): Exit, Voice and Loyalty, Cambridge (Mass.) 1970.

Klein, B.; R. G. Crawford; A. A. Alchian (1978): Vertical Integration, Appropriable Rents, and the Competitive Contracting Process, in: Journal of Law and Economics, 21, S. 297–326.

Lazear, E.; Rosen, S. (1981): Rank-Order Tournaments as Optimal Labor Contracts, in: Journal of Political Economy, 89, S. 841–864.

Leifer E. M. (1995): Making the Majors. The Transformation of Team Sports in America. Cambridge (Mass.) 1995.

Markham, J.; P. Teplitz (1981): Baseball Economics and Public Policy. Lexington (Mass.) 1981.

Neale, W. C. (1964): The Peculiar Economics of Professional Sports: A Contribution to the Theory of the Firm in Sporting Competition and in Market Competition, in: Quarterly Journal of Economics, 78, S. 1–14

Palomino, F.; L. Rigotti (2000): The Sport League's Dilemma: Competitive Balance versus Incentives to Win, mimeo. Tilburg University (Niederlande).

Pietrusza, D. (1991): Major Leagues: The Formation, Sometimes Absorption, and Mostly Inevitable Demise of 18 Professional Baseball Organizations, 1871 to Present. Jefferson (N. C.) 1991.

Quirk, J.; R: D. Fort (1992): Pay Dirt: The Business of Professional Team Sports. Princeton (N. J.) 1992.

Scully, G. W. (1974): Pay and Performance in Major League Baseball, in: American Economic Review, 64, S. 915–930.

Seymour, H. (1971): Baseball: The Golden Age. New York 1971.

Spink, J. G. T. (1947): Judge Landis and Twenty Five Years of Baseball. New York 1947.

Vrooman, J. (1995): A General Theory of Professional Sports Leagues, in: Southern Economic Journal, 61, S. 971–990.

Williamson, O. E. (1975): Markets and Hierarchies: Analysis and Antitrust Implications. A Study in the Economics of Internal Organization. New York 1975.

Williamson, O. E. (1979): Transaction Cost Economics: The Governance of Contractual Relations, in: Journal of Law and Economics, 22, S. 233–261.

Zusammenfassung

Im professionellen amerikanischen Teamsport gibt es besonders robuste Bausteine der Ligaorganisation. Das Eingehen auf den historischen Kontext zeigt die spezifischen Umstände auf, unter denen die institutionellen Innovationen zu Stande kamen. Die zentrale Hypothese des Beitrages besagt, dass sich die betrachteten Institutionen langfristig durchgesetzt haben, weil sie ihren Nutzern Effizienzvorteile bringen. Mit dem Management von Teameffekten, dem Schutz spezifischer Investitionen und der Kultivierung „nationaler Zuschauerschaften“ werden wesentliche Mechanismen der Ökonomie „hinter“ diesen Institutionen offen gelegt.

Summary

The paper looks at the core elements of league organization in American pro team sports. After exposing the historical context in which the basic institutional innovations were made, the analysis focuses on the economics of those institutions. Managing team effects, safeguarding specific investments and cultivating national publics are the main rationales in the presented efficiency-explanation.

10: Allgemeine Fragen der Unternehmenstheorie (JEL M10/M20)
20: Allgemeine Fragen der Organisationstheorie (JEL M19)

Mitsprache und Kontrolle im professionellen Fußball: Überlegungen zu einer Corporate Governance

Von Erik Lehmann und Jürgen Weigand

Überblick

- In der vorliegenden Studie werden professionelle Fußballvereine hinsichtlich ihrer „Governance"-Strukturen untersucht.
- Hierbei wird insbesondere der Frage nachgegangen, welche „Stakeholder" in einem professionellen Verein zu lokalisieren sind und ob diese an den residualen Verfügungs- und Kontrollrechten beteiligt sein sollen.
- Es zeigt sich, dass diese Interessen durch ein konfligierendes Eigeninteresse der Manager gefährdet sein können.
- Die Analyse legt den Schluss nahe, dass die Manager professioneller Fußballvereine kaum Kontroll- und Sanktionsmöglichkeiten ausgesetzt sind und folglich über erhebliche, opportunistisch nutzbare Handlungsspielräumen verfügen

Eingegangen: 31. Januar 2002

Dr. Erik Lehmann ist wissenschaftlicher Assistent, Universität Konstanz, Wirtschaftswissenschaftliche Fakultät, Postfach D-144, 78457 Konstanz. E-Mail: erik.lehmann@uni-konstanz.de
Professor Jürgen Weigand ist Professor für Volkswirtschaftslehre, Inhaber des Lehrstuhls für Mikroökonomik und Industrieökonomik, WHU Graduate School of Management, Burgplatz 2, 56179 Vallendar. E-Mail: jweigand@whu. edu.

ZfB
ZEITSCHRIFT FÜR BETRIEBSWIRTSCHAFT

A. Einleitung und Motivation

Der 24. Oktober 1998 markiert einen historischen Tag in der Geschichte des deutschen Profifußballs. Der Bundestag des Deutschen Fußballbundes (DFB) beschloss die Zulassung der Kapitalgesellschaft als neuer Organisations- und Rechtsform für den Spielbetrieb der Fußball-Bundesliga. Die Bundesligavereine haben diese Möglichkeit seitdem genutzt, um den Profifußballbereich als Aktiengesellschaft, Gesellschaft mit beschränkter Haftung oder ähnliche Rechtsform aus dem Hauptverein rechtlich, finanziell und organisatorisch auszugliedern. Diese Entscheidung war in Anbetracht der fortschreitenden Kommerzialisierung des Profifußballs überfällig. Eine Branche, die direkt oder indirekt Milliardenumsätze generiert, Vereine, die die Größe mittelständischer Unternehmen erreichen – dafür erscheint der auf Gemeinnützigkeit und Ehrenamtlichkeit gründende Idealverein in der Tat als eine ungeeignete Rechts- und Organisationsform.

Die Umwandlung von „Fußballvereinen" in als Kapitalgesellschaften verfasste „Fußballunternehmen" hat Konsequenzen im Hinblick darauf, wer im Fußballunternehmen die residualen Entscheidungs- und Verfügungsrechte hat, wessen Interessen überhaupt berücksichtigt werden sollten und welche Mechanismen zum Schutz und zur Durchsetzung dieser Interessen notwendig sind. Ausgehend von der als Corporate Governance bezeichneten ökonomischen Literatur zur Ausgestaltung und Verteilung von residualen Entscheidungs- und Verfügungsrechten in Wirtschaftsunternehmen beschäftigt sich der Beitrag mit diesen Fragen.

Abschnitt 2 vergleicht Idealverein und Fußballunternehmen und zeigt, dass in beiden Organisationsformen Anreizprobleme entstehen, die Ressourcenverschwendung und Eigennutzenmaximierung des Managements begünstigen. Um opportunistisches Verhalten zu verhindern, müssen Corporate Governance-Mechanismen installiert werden. In Abschnitt 3 werden zwei grundlegende Modelle der Corporate Governance, das Shareholder- und das Stakeholder-Modell, vorgestellt und ihre Bedeutung für das Fußballunternehmen erläutert. Abschnitt 4 untersucht die verschiedenen Interessengruppen – die Stakeholder – des Fußballunternehmens – und fragt, wer residuale Entscheidungs- und Verfügungsrechte erhalten sollte. Abschnitt 5 diskutiert Möglichkeiten zur Disziplinierung der Manager des Fußballunternehmens. Eine Zusammenfassung und ein Ausblick beschließen den Beitrag.

B. Idealverein versus Fußballunternehmen

Sportvereine bieten ihren Mitgliedern die Möglichkeit, miteinander zu interagieren, um individuelle und kollektive Ziele im Zusammenhang mit einem aktiven oder passiven Interesse an sportlichen Aktivitäten zu erreichen. Aus ökonomischer Sicht sind Vereine daher *Organisationen* – Zusammenschlüsse von Menschen zu geplanten und koordinierten Handlungseinheiten mit dem Zweck, gemeinsam bestimmte Ziele zu erreichen.[1] Die individuellen und kollektiven Ziele der Mitglieder eines Idealvereins sind ihrer Natur nach nicht ökonomisch, sondern sportlich, sozial-integrativ und nichterwerbswirtschaftlich motiviert. Wirtschaftliches Handeln erfordert der Idealverein nur im Hinblick auf die finanzielle Nebenbedingung der bedarfsorientierten Liquiditätsdeckung. Es müssen genügend

Einnahmen erzielt werden, um die Ausgaben zu decken. Die alleinige Ausrichtung auf sportliche Ziele bei sichergestellter Finanzierung erwies sich immer weniger mit der Entwicklung im Profifußballs vereinbar. Dennoch wurden bis vor kurzem noch ökonomische Ziele des Profifußballvereins weitgehend ignoriert. Es herrschte die Meinung vor, dass der auf Gemeinnützigkeit ausgerichtete Idealverein die geeignete Rechts- und Organisationsform als Träger des Profifußballs sei. Ein wesentliches Kennzeichen des Wirtschaftsunternehmens ist die Gewinnerzielungsabsicht. Einbehaltene Gewinne stellen eine wichtige Quelle für die Finanzierung von Investitionen dar. Für den Idealverein bleibt ohne Gewinnerzielungsmöglichkeit nur die Möglichkeit, seine Investitionen in Anlagevermögen (Sportanlage, Stadion) und Humankapital (Mannschaft, Trainer) aus Stadion-, Werbe- und TV-Einnahmen oder extern über Sponsoren oder Verschuldung zu finanzieren.

Während der Idealverein in erster Linie sportliche, nicht-ökonomische Ziele verfolgt, das Wirtschaftsunternehmen dagegen stark ökonomische Ziele, muss das Fußballunternehmen sowohl den sportlichen als auch den wirtschaftlichen Erfolg zum obersten Ziel erheben. Sportlicher Erfolg sichert die wirtschaftliche Kraft, die wiederum die Finanzierung der Investitionen erlaubt, die für anhaltenden sportlichen Erfolg unerlässlich sind (Lehmann/Weigand, 1997, 2002). Ein wichtiger Unterschied zum Wirtschaftsunternehmen liegt jedoch darin, dass der „Output" des Fußballunternehmens als Ergebnis einer besonderen Art der *Teamproduktion* entsteht, nämlich zum einen durch das Zusammenwirken der Mitarbeiter des Fußballunternehmens sowie zum anderen – und im Besonderen – durch die Interaktion mit den Konkurrenten im Ligawettbewerb. Das Produkt Profifußball ist daher im Gegensatz zu den von traditionellen Produktionsunternehmen hergestellten Güter ein Gemeinschaftsgut. Es entsteht nur durch gleichzeitige *Konkurrenz und Kooperation* mit anderen Fußballunternehmen.[2]

Die Mitglieder des Idealvereins inklusive Vorstand haften nicht persönlich, sie haben aber auch keine über ihre Stimme in der Mitgliedsversammlung hinausgehenden Verfügungs- und Eingriffsrechte. Insbesondere haben sie keinen Anteil am Vereinsvermögen. Da kein Gewinn erzielt wird, gibt es auch nichts zu verteilen. Da Entscheidungsgewalt und Verantwortung in Form von Haftung auseinander fallen, besteht der Anreiz zu opportunistischem Verhalten, d.h. die Mitglieder können den Eigennutzen zu Lasten der Erreichung kollektiver Ziele maximieren. Die Möglichkeit zu opportunistischem Verhalten begünstigt Ressourcenverschwendung und Fehlverhalten des Managements.

Die Eigentümer von Kapitalgesellschaften halten Anteile am Eigenkapital des Unternehmens und sind am Gewinn des Unternehmens beteiligt. Sie haben damit Mitsprache- und Kontrollrechte, die sie ausüben können, um opportunistisches Verhalten der Unternehmensleitung zu verhindern. Die Kapitalgesellschaft hat strenge Rechnungslegungs- und Publizitätsanforderungen zu erfüllen, ihre Geschäftsführung (Vorstand) kann bei Fehlverhalten haftbar gemacht werden. Auf diese Weise wird eine betriebswirtschaftlich solide, am Gewinn ausgerichtete Aufgabenerfüllung durch das angestellte Management gefördert. Ein (idealer weise) unabhängiges Aufsichtsgremium – bei der Aktiengesellschaft ein Aufsichtsrat – kontrolliert den Vorstand bzw. die Geschäftsführung. Leider sind auch Kapitalgesellschaften nicht gegen Ressourcenverschwendung und Missmanagement immun. Vielmehr kommt es aufgrund der Unvollständigkeit von Verträgen und asymmetrischer Informationsverteilung zu Prinzipal-Agent-Konflikten, in denen die Manager ihren Informationsvorsprung gegenüber den Anteilseignern zum eigenen Vorteil ausnutzen können. Um einerseits ein solches „corporate plundering" (Berle und Means, 1932) zu verhindern, und um andererseits auch die Manager vor einer „Ausbeutung" durch die Anteilseigner zu schützen, müssen Mechanismen zu einer Harmonisierung der jeweiligen Interessen etabliert werden.

C. Corporate Governance

Corporate Governance umschreibt die Auf- und Verteilungsproblematik von residualen Verfügungs- und Entscheidungsgewalten in Unternehmen.[3] In einer breiten Definition hat Jean Tirole (2001, S. 4) Corporate Governance als „design of institutions that induce or force management to internalize the welfare of stakeholders" bezeichnet. In der Literatur ist jedoch umstritten, wer *relevante* Stakeholder sind.

I. Das Shareholder-Modell

In der angelsächsisch geprägten Literatur werden häufig die Eigenkapitalgeber als die einzig relevanten Stakeholder angesehen.[4] Es wird argumentiert, dass Eigenkapitalgeber das höchste Risiko tragen. Betrachtet man das Unternehmen als ein Vertragsgeflecht („nexus of contracts"), so sind – im Gleichgewicht – alle Parteien durch ihre abgeschlossenen Verträge geschützt, mit Ausnahme der Aktionäre. Diese weisen jedoch gegenüber den anderen Parteien (Arbeitnehmer, Fremdkapitalgeber etc.) den Vorteil auf, dass sie sich diversifizieren können. Den einzigen Schutz, den Aktionäre benötigen, ist folglich die Kontrolle über ihre „Assets". Sie sollten daher im Vergleich zu Fremdkapitalgebern (z.B. Banken) oder Humankapitalinvestoren (Manager, Arbeitnehmer) eine besondere Stellung im Corporate Governance-System einnehmen und die residuale Verfügungs- und Entscheidungsgewalt haben. Der Grund für diese Betrachtungsweise liegt darin, dass ein mangelnder Schutz der Eigenkapitalgeber deren Risiko erhöht und sie folglich nicht bereit wären, zu investieren. Ihre Interessen – eine dem Risiko entsprechende Verzinsung des Kapitals – gilt es daher zu sichern, um eine „Unterinvestition" (= Unterversorgung mit Eigenkapital) zu verhindern. Folglich sind die Mechanismen der „Corporate Governance" im Shareholder-Modell so angelegt, dass die Interessen der Eigenkapitalgeber gegenüber anderen Interessen, wie etwa einem abweichenden Interesse der Manager, geschützt werden. Das Unternehmensziel in diesem als „Shareholder-Modell" bezeichneten Corporate Governance Ansatz ist die Maximierung des Shareholder Value.

Übertragen auf das Fußballunternehmen sind die Anstrengungen des Managements und der Mannschaft so zu gestalten, dass der höchstmögliche Unternehmenswert realisiert wird. Für das Fußballunternehmen sind sportlicher und wirtschaftlicher Erfolg eng verknüpft (Lehmann/Weigand, 1997). Die residuale Funktion der Aktionäre besteht nun darin, dass sie ein Managementteam auswählen, motivieren und überwachen, das gleichermaßen über wirtschaftliche und sportliche Kompetenz verfügt und sie *im besten Interesse der Aktionäre* einsetzt. Zwischen Eigentümern und Management besteht aber eine asymmetrische Informationsverteilung, die einen Prinzipal-Agenten-Konflikt zu Folge hat. Das

Management ist im Allgemeinen besser über seine Qualitäten und die Erfolgsaussichten seines Handelns im Bilde als die Aktionäre. Solche Informationsvorteile liefern den Anreiz zu opportunistischem Verhalten; die Manager können eigene Ziele verfolgen, die im Konflikt zu Aktionärsinteressen stehen. Um ihren Informationsnachteil zu reduzieren und herauszufinden, ob Fehlverhalten des Managements oder von diesem nicht zu verantwortende Einflüsse ursächlich für schlechte Unternehmensergebnisse waren, müssen die Aktionäre das Management überwachen.

Von der Kontrolle des Managements profitieren alle Aktionäre. Kontrolle hat somit den Charakter eines öffentlichen Gutes. Allerdings verursacht die Bereitstellung dieses Gutes Kosten. Der Anreiz für den einzelnen Aktionär, sich an diesen Kosten zu beteiligen, also sich aktiv in der Kontrolle zu engagieren, ist umso geringer, je kleiner sein Anteil am Unternehmen ist. Gibt es einen gut funktionierenden und liquiden Markt für Unternehmensanteile, ist es für unzufriedene Kleinaktionäre oft „billiger", ihre Anteile zu verkaufen als mit „unbedeutender" Stimme zu versuchen, gegen das Management vorzugehen („cheap exit" anstelle einer „expensive voice"). Publikumsgesellschaften mit breitgestreutem Aktienkapital sind daher anfällig für eine unzureichende oder unwirksame Kontrolle des Managements aufgrund von Freifahrerverhalten der Aktionäre. Deshalb wurde in jüngerer Zeit vielfach argumentiert, dass zur Vermeidung oder Beseitigung von Interessenkonflikten zwischen Aktionären und Management starke Eigentümer, also Aktionäre mit relativ hohen Anteilsbesitz, notwendig seien („Eigentümerkonzentration").[5]

II. Das Stakeholder-Modell

Das Shareholder-Modell unterstellt implizit, dass mit allen Parteien außer den Eigenkapitalgebern perfekte Verträge abgeschlossen werden können. Wenn perfekte Verträge möglich wären, könnte die Verteilung sämtlicher Renten, die durch die Tätigkeit einer Organisation generiert werden, ex ante spezifiziert werden, so dass keine Partei einen Anreiz zur Unterinvestitionen hätte. In einer erweiterten Sicht der Corporate Governance wird argumentiert, dass nicht allein die Aktionäre Risikokapital bereitstellten und daher besondere Residualrechte benötigten. Vielmehr seien z.B. auch Manager oder Arbeitnehmer durch den Einsatz ihres spezifischen Humankapitals einem vertraglich nicht voll abzusichernden Risiko ausgesetzt und sollten ebenfalls Residualrechte erhalten.

Dies berücksichtigt Zingales (1998) in seiner Betrachtung der Corporate Governance. Er unterstellt, dass zwei (oder mehrere) Parteien einen Vorteil erhalten, wenn sie ihre Fähigkeiten und Vermögensgegenstände so spezialisieren und aufeinander abstimmen, dass der gemeinsame Output einen höheren Wert erzielt, als dies ohne gegenseitige Spezialisierung möglich wäre. Allerdings kann nun nach der Spezialisierung ein Interessenkonflikt bei der Verteilung dieser sog. Quasirente entstehen. Quasirenten stellen Erträge aus beziehungsspezifischen Investitionen dar, insbesondere aus Investitionen, die keinen oder nur einen geringen Wert außerhalb dieser Beziehung haben, aber einen hohen Wert innerhalb dieser Beziehung aufweisen. Ihr Wert bestimmt sich aus der Differenz zwischen dem, was die beiden Parteien durch ihre beziehungsspezifischen Investitionen erhalten und dem, was sie getrennt voneinander auf einem Markt erhalten würden. Dieser Ertrag muss ex post – nach den Investitionen – zwischen den Parteien verteilt werden. Ein

Problem besteht dann, wenn die Verteilung nicht durch den Marktmechanismus erfolgt, sondern durch Autorität. Kann der Ertrag aus beziehungsspezifischen Investitionen ex post nicht hinreichend abgesichert und verteilt werden, entsteht die Gefahr eines „hold-up", der ex ante zu Unterinvestitionen führt. Dementsprechend betrachtet Zingales (1998) unter Corporate Governance alle Regelungen, welche die ex-post Verhandlungen über den zusätzlichen Wert der Spezialisierung berühren.

Die Art und Weise, wie die erwirtschafteten Renten aus der Beziehung ex post verteilt werden, beeinflusst die Anreizmechanismen vor der Spezialisierung. Zum einen investieren rationale Agenten ihre Ressourcen nicht vollständig in eine wertsteigernde Beziehung, wenn die Entlohnung nicht durch ein entsprechendes Kontrollsystem abgesichert ist. Im Fußballunternehmen wären geringere Anstrengungen der Spieler in Training und Spiel mögliche Reaktionen. Zum anderen haben rationale Agenten einen Anreiz, ihre Ressourcen in eine Aktivität zu investieren, die die ex-post Verhandlung zu ihrem Vorteil verändert. Dies wäre der Fall, wenn Trainer zusätzliche Aufgaben übernehmen, die zwar zum Vorteil des Clubs sind, wie Kontakte zu den Medien, Spielerverkäufern etc., die aber ebenso ihre Verhandlungsmacht erhöhen.

Letztlich berührt das Corporate Governance-System den Wert einer Beziehung über das Ausmaß und die Verteilung des Risikos. Wenn die beteiligten Parteien unterschiedliche Risikoeinstellungen besitzen oder sich in ihren Möglichkeiten der Risikodiversifizierung unterscheiden, hängt die Effizienz des Governance-Systems von der effektiven Allokation des Risikos auf die am meisten risikotolerante Partei ab.[6] Dies erfordert eine Analyse der einzelnen Parteien bezüglich ihrer Risikobereitschaft und ihrer Möglichkeiten, Risiken zu diversifizieren.

III. Shareholder oder Stakeholder-Modell?

Die Wahl der Corporate-Governance-Struktur ist keine „Entweder-oder-Entscheidung". Ob man nun den Aktionären ein größeres Gewicht gibt oder die Interessen anderer Gruppierungen wie etwa der Arbeitnehmer stärker berücksichtigt, aus ökonomischer Sicht muss die Wahl der Eigentümerstrukturen und der Kontrollmeachnismen dem Effizienzprinzip gehorchen: „A good governance structure is then one that selects the most able managers and makes them accountable to investors." (Tirole, 2001, S. 2) Welche Stakeholder schließlich im Fußballunternehmen an den residualen Verfügungs- und Kontrollrechten beteiligt sein sollten, wird im folgenden Abschnitt näher untersucht.

D. Die Stakeholder des Fußballunternehmens

I. Die Eigenkapitalgeber

Der klassische Fall der Corporate Governance betrachtet die Problematik der Eigenkapitalgeber einer Organisation. Sie stellen dem Verein Kapital zur Verfügung, das in spezifische Verwendungszwecke investiert wird. Als Gegenleistung erhalten sie einen Anteil an der dadurch generierten Rente. Da das Interesse der Eigenkapitalgeber nicht durch einen expliziten Vertrag abgesichert werden kann, besteht ein Verhandlungsproblem ex post, wenn die Anteilseigner trotz ex ante getroffener Vereinbarungen ex post nicht entsprechend an der Rente partizipieren können (Zingales, 1998). Dieses Problem kann durch den Fall Borussia Dortmund illustriert werden. Borussia Dortmund ist bislang der einzige börsennotierte Erstligaverein.[7] Vor dem Börsengang wurde den potentiellen Zeichnern der Aktie eine langfristige Investition in „Steine und Beine" versprochen.[8] Allerdings gab der Verein von den € 135 Mio. aus dem Börsengang bereits im ersten Jahr über € 50 Mio. für neue Spieler aus. Damit ist über ein Drittel der Einnahmen bereits investiert, obwohl das anvisierte Ziel, das Erreichen der zweiten Runde in der Champions League, erneut nicht erreicht wurde. Das ex-post Verteilungsproblem zeigt sich bei diesem Verein sehr deutlich. Zum einen notiert die Aktie um 50% unter ihrem Ausgabekurs. Zum anderen kündigte der Manager des Vereins, Michael Meier, bereits an, dass die zuvor versprochene Dividende in Anbetracht des schlechten Firmenergebnisses ausfallen wird.

II. Die Mitglieder des tragenden Idealvereins

Fast alle Vereine der ersten Fußball-Bundesliga vereinigen neben der „Fußballabteilung" weitere Sportarten unter ihrem Dach. Die Aktivitäten im professionellen Fußballbereich (Profimannschaft, „Amateure", A- und B-Jugend) sind bei den meisten Vereinen inzwischen in andere Rechtsformen ausgegliedert. Werden durch Ausgliederungen die Interessen der Vereinsmitglieder berührt? Zum einen ist der Eigentümer solcher Ausgliederungen bislang noch der bestehende Idealverein, so dass die Vereinsmitglieder indirekt auch an der Ausgliederung beteiligt sind.[9] Zum anderen ist zu berücksichtigen, ob die Mitglieder primär an der Sportart Fußball interessiert sind oder an anderen Sportangeboten des Vereins.

Das primäre Interesse der Mitglieder aus anderen als der Fußballabteilung wird von einer Ausgliederung berührt, wenn diese Mitglieder nun ihre Ziele nicht mehr oder nur eingeschränkt erreichen könnten. Ihre Interessen werden allerdings dadurch berücksichtigt, dass sie dem Ausgliederungsplan in der Mitgliederversammlung mit einer Mehrheit von drei Vierteln der erschienenen Mitglieder zustimmen müssen.[10] Nach herrschender Rechtsauffassung und bisheriger Rechtsprechung führt das Halten einer Mehrheitsbeteiligung durch den Restverein nicht zu einem faktischen Unterordnungskonzern, so dass durch die Ausgliederung keine Gefährdung des Vereinsvermögens entsteht. Die Interessen von Vereinsmitgliedern dürften daher von Ausgliederungen nicht berührt sein. So ist auch geregelt, dass die Mitgliedsbeiträge aus den steuerbegünstigten Bereichen nicht für den bezahlten Sport verwendet werden. Sofern keine negativen externen Effekte von der ausgegliederten Abteilung ausgehen (z.B. Schließung von Sportanlagen oder Unterinvestition in Betriebsmittel anderer Sportarten), werden die Interessen der Mitglieder nicht von der Ausgliederung der Profiabteilung berührt.

Alle aktiven Sportler haben ihr Humankapital mehr oder weniger spezialisiert, indem sie sich auf die Ausübung einer Sportart konzentriert haben. Ein Risiko besteht dann darin, dass sie ihre Sportart bei einem Wegfall von Trainingsmöglichkeiten oder Ähnlichem nicht mehr ausüben könnten. Zu einer „Unterinvestition" dieser Sportler würde es dann kommen, wenn die Gefahr eines Hold-up zu einer ex ante Verhaltensänderung führen würde. Dies ist, auch in Anbetracht der Diversifikationsmöglichkeiten und des Freizeitcharakters der Sportausübung, als wenig relevant zu betrachten. Insofern bedarf es keines besonderen Schutzes dieser Interessen. Anders könnte der Fall liegen, wenn Nachwuchssportler ihr Humankapital derart spezialisieren, dass sie ihre Karriere auf die sportliche Zukunft ausrichten. Hier handelt es sich eher um ein generelles Risiko der Berufswahl als um ein vereinsspezifisches Hold-up Problem.[11]

Tabelle 1 führt für die Vereine der 1. Bundesliga in der Saison 2001/2002 in der zweiten Spalte die Zahl der Vereinsmitglieder sowie in Klammern die Zahl der Mitglieder in der Fußballabteilung auf. Dabei fällt auf, dass die Fußballabteilungen in der Regel über zwei Drittel aller Mitglieder umfassen. Die Mitglieder der Fußballabteilungen werden im Allgemeinen eine höhere Zielkongruenz mit der Profiabteilung aufweisen. Auch die aktiven, aber nicht für den Profi-Bereich geeigneten Fußballer können nach einer Ausgliederung ihren Sport ausüben, da das DFB-Statut vorsieht, dass jeder Erstligaverein eine Mindestzahl an Amateurabteilungen unterhalten muss.

III. Fans und Zuschauer

Fans und Zuschauer spielen eine wichtige Rolle im Sportgeschehen. Ohne ihr Interesse und ihre Präsenz gäbe es keine Einnahmen aus Stadionbesuchen, Fernsehübertragungen oder Werbung.[12] Während der Fan ein primäres Interesse am Erfolg einer bestimmten Mannschaft hat, ist das Interesse des „Zuschauers" breiter und eher auf die gesamte sportliche Darbietung ausgerichtet. Die Wahl „seines" Vereins kann als spezifische Investition des Fans interpretiert werden. Sie ist vor allem immaterieller Natur, in Form einer engen emotionalen Bindung an den „Lieblingsverein". Eine Diversifikation ist für einen „echten" Fan nicht möglich. Allenfalls sind Kooperationen von „Fangemeinschaften" möglich.[13] Die Organisation der Fans erfolgt besonders durch „Fanclubs", die in keinem direkten Abhängigkeitsverhältnis zum Verein stehen.

Durch ihre Fokussierung auf einen Verein generieren die Fans für den Verein Quasirenten. Ein hohes Fan-Aufkommen und Zuschauerinteresse führt zu höheren Werbeinnahmen und höheren Sponsorengeldern. Folgt aus wirtschaftlichem Erfolg wiederum sportlicher Erfolg (weil das Fußballunternehmen bessere Spieler unter Vertrag nehmen kann, Lehmann/Weigand, 1997), kann die Fan-Rente darin gesehen werden, dass sportliche Erfolge des Vereins den Nutzen des Fans erhöhen. Wegen seiner eingeschränkten Möglichkeit der Diversifikation hat der Fan das Risiko, dass „sein" Verein die in ihn gesetzten Erwartungen nicht erfüllt. Allerdings ist dieses Risiko dem sportlichen Wettbewerb inhärent.

Fraglich ist, ob das Verhältnis zwischen Fans und Verein als ein implizites Vertragsverhältnis angesehen werden kann, das zu einer Anspruchsleistung führt. Da es sich keinesfalls um eine gerichtlich durchsetzbare Vereinbarung handelt, liegt kein expliziter Vertrag vor. Ein impliziter Vertrag ohne rechtlichen Status kann dann bestehen, wenn er auf einem impliziten Einverständnis beider Parteien beruht: Fans und Verein streben beide das bestmögliche sportliche Ziel an.

Ein solches implizites Vertragsverhältnis begründet jedoch keinen Anspruch auf eine Teilhabe an der generierten Quasirente. Ein Interesse, das im Sinne einer Corporate Governance explizit berücksichtigt werden müsste, liegt also nicht vor. Die Erstliga-Vereine tragen der großen Bedeutung von Fanclubs aber dennoch durch einen Fanclubbeauf-

Tab. 1: Die Vereine der 1. Bundesliga 2001/02 und ihre Stakeholder

Verein	(Mitglieder) (Fußball)	Fanclubs (Mitglieder)	Vermarktung	Hauptsponsor (Mio. €)	Vertrags-dauer	Ausrüster (Mio. €)
1. FC Bayern München	84.500 (80.000)	1.800 (105.000)	Eigenregie	Opel (10)	1992–03	Adidas (6)
Schalke 04	25.000 (19.362)	490 (25.000)	DSM/ISPR	Victoria (7,5)	2001–04	Adidas (2,5)
BVB Dortmund	12.000 (10.000)	510 (15.000)	UFA	e.on (9)	2000–03	Gool.de (Eigenmarke)
Bayer 04 Leverkusen	10.800 (8.317)	238 (7.112)	UFA/ISPR	RWE (6)	2000–03	Adidas (2,5)
Hertha BSC Berlin	8.600 (8.000)	659 (12.000)	UFA	o.tel.o (4,8)	2000–04	Nike (3)
SC Freiburg	2.500 (n.v.)	40 (7.500)	Eigen	Naturenergie (3)	2001–04	Jako (0,25)
Werder Bremen	3.058 (1.169)	381 (7.500)	DSM/ISPR	n.v.	n.v.	Kappa (0,4)
1. FC Kaiserslautern	10.345 (8.801)	320 (15.000)	DVAG/SportA	DVAG (4,5)	1998–01	Nike (1)
VfL Wolfsburg	4.700 (500)	85 (2.614)	IMG	VW (4)	Unbefristet	Puma (0,5)
1. FC Köln	7.500 (n.v.)	500 (13.000)	IMG/SportA	Ver. Post (2,5)	1999–02	Puma (0,75)
1860 München	23.847 (21.665)	500 (50.000)	Eventmar-	FTI (3) keting UFA	- 2002	Nike (1,25)
Hansa Rostock	1.750*	150 (3.000)	DSM	KIA (2)	1999–02	Jako (0,25)
Hamburger SV	16.250 (12.000)	200 (15.000)	UFA	TV Spielf. (6)	–2003	Nike (1,5)
Energie Cottbus	850*	38 (620)	Eigen	Envia (2)	2001–02	Jako (0,18)
VfB Stuttgart	7.142 (6.600)	184 (4.600)	Marketing	Debitel (3) GmbH/ISPR	1999–02	Adidas (1,25)
1. FC Nürnberg	4.800*	370 (10.000)	UFA	Adecco (2,75)	n.v.	Adidas (1,25)
Borussia chengladbach	7.300 (n.v.)	380 (10.400)	DSM/Sportwelt	MaxData (3)	–2002	Reebok Mön- (1,5)
FC St. Pauli	4.500*	100 (2.000) marketing	Upsolut Sport-	Securita (2,4)	–2004	Kappa (n.v.)

* nur Fußball; n.v. nicht verfügbar bzw. nicht bekannt.

Quelle: Sportbild (Sonderheft Bundesliga 2001/02) und eigene Recherchen

tragten und sonstige enge Kontakte zu den Fanclubs Rechnung. Die „Stimme des Volkes" wird besonders gern in Situationen gehört, wenn die Vereinsführung eine Unterstützung für drastische Maßnahmen wie eine Trainerentlassung braucht. Auch in positiveren Entscheidungssituationen, wie etwa dem Stadionneubau, werden oftmals die Fans als „Stakeholder" begriffen und einbezogen.

IV. Spieler und Trainer

Die Spieler stellen den kausalen Produktionsfaktor des Teamproduktes Profifußball dar.[14] Das Interesse eines Spielers besteht darin, möglichst oft zum Einsatz zu gelangen, um dadurch langfristig sein Einkommen zu maximieren.[15] Allerdings besitzen die Spieler im Allgemeinen kein vertraglich verbrieftes Recht auf den Spieleinsatz. Dadurch tragen sie das Risiko, nicht zum Einsatz zu kommen. Ein zusätzliches Risiko resultiert, wenn sie ihr Humankapital vereinsspezifisch auf bestimmte Positionen innerhalb des Teams spezialisieren.[16] Dies wäre dann der Fall, wenn ein Spieler seine bisher offensive Spielweise zugunsten einer defensiven Position aufgeben würde. Zweifelsohne kann die Spezialisierung eine Art Quasirente generieren, die aufgrund der Teamproduktion nicht direkt zuzuordnen ist. Allerdings bestehen ex ante Verteilungsregeln für die gesamte Teamleistung. Als eine solche Verteilungsregel können Prämien betrachtet werden, die vor Beginn einer Saison ausgehandelt werden.

Vor dem Bosman-Urteil wurden die Quasirenten weitgehend vom Verein einbehalten.[17] Seit dem Bosman-Urteil haben die Spieler einen größeren Verhandlungsspielraum. Die Ablösefreiheit bei Vertragsablauf gibt den Spielern die Möglichkeit, mit dem neuen Verein entsprechende Handgelder für den Vertragsabschluss auszuhandeln. Die Spieler haben auch einen Verhandlungsvorteil gegenüber dem bisherigen Verein. Ein unzufriedener, wechselwilliger Spieler kann damit drohen „seinen Vertrag abzusitzen", so dass der bisherige Verein nicht von einem Wechsel profitiert. Will der Verein Ablöse erzielen, um seine Investition in den Spieler wenigstens zum Teil zu amortisieren, muss er trotz laufendem Vertrag den Spieler an einen anderen Verein abgeben. Die Gefahr eines Hold-up hat sich damit auf Seiten des Vereins erhöht. Als Folge müssen die Vereine, um sich einen Teil der Quasirenten zu sichern, höhere Vertragslaufzeiten mit Spielern vereinbaren und höhere Gehälter bezahlen.

Spieler stellen zwar eine wichtige und einflussreiche Interessengruppe des Fußballunternehmens dar. Allerdings kann die Verteilung der generierten Quasirente weitgehend vertraglich ex ante festgelegt werden – nicht nur individuell, sondern auch kollektiv. Verhandlungen zwischen Management und den Vertretern der Mannschaft („Mannschaftsrat") über Prämien etc. sind Standard. So beinhalten nahezu alle Verträge zwischen Verein und Spielern Klauseln, die direkt mit der sportlichen Situation in Verbindung stehen und auch weitgehend antizipierbar sind. Eine weitergehende Mitsprache im Hinblick auf die Entscheidungen des Managements oder gar ein residuales Kontrollrecht lässt sich für Spieler als Stakeholder kaum begründen.

Für die angestellten Trainer gelten ähnliche Überlegungen wie für die Spieler. Vereinsspezifische Investitionen können zwar Quasirenten generieren, die ebenfalls über vertragliche Regelungen antizipiert werden können. Ein mögliches Hold-up Problem durch Entlassungen wird meist durch die Vereinbarung von Abfindungszahlungen ex ante festgelegt.

Zusammenfassend lässt sich festhalten, dass weder Trainer noch Spieler aufgrund der Art ihrer Investitionen und der weitgehend vertraglich regelbaren Verteilung der Quasirenten eine besondere Stellung im Governance-System beanspruchen dürfen.

V. Sponsoren

Neben den Einnahmen aus Übertragungen machen die Zahlungen von Sponsoren einen nicht unwesentlichen Teil des verfügbaren Einkommens von Vereinen aus (vgl. Tab. 1). Je nach sportlicher Leistung in der Vergangenheit variieren die Zahlungen des Hauptsponsors zwischen €10 Millionen (geschätzt für Bayern München) und € 2 Millionen (Energie Cottbus, Hansa Rostock).

Durch Sponsoring kann sich ein Sponsor „Öffentlichkeitswirkung" kaufen.[18] Die durch das Sponsoring verfolgte Vermarktungsstrategie stellt dabei weniger das Produkt in den Vordergrund als das Image des Sponsors. Das Sportsponsoring ist daher ein ideales Medium für Imagetransfers. Der Sponsor stellt dem Verein Kapital zur Verfügung, das dieser in eine spezifische Investition transferiert, wie z.B. den Kauf von Spielern. Daraus kann für beide Parteien eine Quasirente entstehen – der Verein bekommt einen (hoffentlich produktiven) Spieler, der Sponsor Öffentlichkeit.

Das Risiko eines Sponsors besteht darin, dass er durch seine Investition nicht die erwünschte Öffentlichkeitswirkung erzielt. Solange dies ausschließlich durch den sportlichen Wettbewerb determiniert ist, trägt er das entsprechende Risiko. Strategien der Diversifizierung sind vor allem bei kleineren Sponsoren möglich, weniger aber bei den so genannten „Hauptsponsoren" (vgl. Tab. 1). Neben dem sportlichen Risiko, das im Vertragsverhältnis berücksichtigt ist, setzen sich Sponsoren dem Problem aus, dass sich der Verein in einer ex ante nicht antizipierten oder antizipierbaren Weise opportunistisch verhält.[19] So könnten Manager dazu neigen, die längerfristig zu investierenden Sponsorengelder kurzfristig in Spieler zu investieren, um eine sportlich schlechte Lage zu überwinden. Ein solches „Gambling for resurrection" würde den Sponsor als Investor einem höheren Risiko aussetzen, als er ex ante bereit war zu tragen. Dies kann Sponsoren zu Unterinvestition veranlassen.[20] Das Interesse des Sponsors kann also ein relevantes Interesse darstellen, das im Rahmen einer „Corporate Governance" berücksichtigt werden sollte und das nicht hinreichend über Verträge ex ante abgesichert werden kann.

VI. Rechtevermarkter als Stakeholder

Den größten Teil ihrer Einnahmen erzielen Vereine aus Übertragungs- und Vermarktungsrechten. Bis auf den FC Bayern München und den SC Freiburg haben die Erstligavereine ihre Vermarktungsrechte abgetreten (vgl. Tab. 1).[21] Einige Vereine versuchten durch die langfristige Abtretung ihrer Vermarktungsrechte eine kurzfristige Überschuldung zu verhindern.[22]

Mit dem Kapital der Vermarktungsgesellschaften werden vereinsspezifische Investitionen getätigt, die zu einer Quasirente führen. Der Vermarkter erhofft sich aus dem sportlichen Erfolg einen zukünftigen Ertragsstrom. Dieser ist gefährdet, wenn der Verein die sportlichen Ziele nicht erreicht oder gar in eine nachrangige Liga absteigt. Ein Hold-up Problem kann dann vorliegen, wenn der Verein Mittel für langfristig geplante Investitionen kurzfristig in Spieler investiert und sportlich scheitert. Da die Beziehung zwischen Fußballunternehmen und Rechtevermarkter Quasirenten generiert, deren Aufteilung ex ante nicht perfekt vertraglich abzusichern ist, hat der Rechtevermarkter Interessen, die aus einer Stakeholder-Perspektive über Mitsprache- oder Kontrollrechte in der Corporate Governance zu berücksichtigen sind.

VII. Der DFB als Ligaveranstalter

Als Dachverband der deutschen Fußballvereine regelt der DFB die Statuten für seine Mitglieder. Ihm obliegt in Analogie zum Staat als Gesetzgeber die Wahrnehmung eines öffentlichen Interesses – verstanden als ein Interesse das über die Partikularinteressen der Vereine hinausgeht –, um den Wettbewerb in der Liga aufrecht zu erhalten. Daher sind Regelungen notwendig, die das kollektive Interesse schützen und daher das Eigennutzkalkül der Vereine in einigen Bereichen unterbinden. Hierzu zählen Mindestanforderungen an die Finanzkraft, um Vereine vor einem myopischen Investitionsverhalten zu schützen. Zweifellos existieren beziehungsspezifische Investitionen zwischen Liga und Vereinen, die eine Quasirente generieren. Der DFB bündelt die Interessen der Vereine und handelt die Einnahmen aus TV- und Medienberichterstattung unter Ausnutzung seiner (Noch-)Monopolstellung stellvertretend für die Vereine aus.[23] Entsprechend einem weitgehend auf Konsens beruhenden Modell wird die Verteilung der Einnahmen auf die Vereine ex ante festgelegt. Vereine beginnen daraufhin mit der Spezialisierung ihrer Assets. Zu einem Hold-up Problem kommt es ex-post nicht, da rechtlich bindende Verträge abgeschlossen werden. Da das Interesse des DFB durch diese Verträge gesichert ist, besteht kein darüber hinaus gehendes Interesse, das über Mitsprache- oder Kontrollrechte in den einzelnen Vereinen geschützt werden müsste.

E. Kontrolle des Managements

Die Interessen der Stakeholder eines Unternehmens können durch konfligierende Eigeninteressen der Manager gefährdet sein. Eine zentrale Aufgabe von Corporate Governance liegt daher darin, Mechanismen zu etablieren, die den Stakeholdern eine Disziplinierung des Managements ermöglichen.

Müssen Fußballmanager diszipliniert werden? – Bei Bundesliga-Managern ist kaum davon auszugehen, dass Arbeitstätigkeit an sich als nutzenminderndes Arbeitsleid in die Nutzenfunktion eingeht. Ein Shirking-Problem ist eher unwahrscheinlich. Die Praxis zeigt, dass sie in erster Linie nach Eigenverantwortung und Autonomie bei der Durchführung ihrer Tätigkeit streben. Manager können ihren eigenen Nutzen dennoch zu Lasten des Vereins maximieren, wenn sie versuchen, den erzielten Cash Flow in ihrem eigenen Interesse zu verwenden. Demsetz und Lehn (1985) sehen gerade bei Sportvereinen, deren Öffentlichkeitswirkung sehr hoch ist, die Gefahr der Verfolgung eigener Interessen zu Lasten der gesamten Organisation. Die Bandbreite eines solchen „Konsums am Arbeitsplatz“

(Demsetz, 1983) reicht von üppigen Geschäftsreisen bis zu Investitionen in prestigeträchtige Gebäude und Stadien. Zudem besteht die Gefahr, dass Manager versuchen, ihren Bekanntheitsgrad durch besondere „Einkäufe" zu erhöhen, um damit die Gefahr zu verringern, ersetzt zu werden.[24]

Wie können Fußballmanager kontrolliert werden? – Im Wirtschaftsunternehmen kann die Leistungskontrolle der Manager am ökonomischen Erfolg festgemacht werden. Im Fußballunternehmen kommt der sportliche Erfolg als weitere und oftmals ausschlaggebende Zielgröße hinzu, was die Bewertung der Managerleistung erschwert, weil die Ausrichtung am sportlichen Erfolg meist einen sehr kurzfristigen Zeithorizont zugrunde legt, während ökonomischer Erfolg eher längerfristiger Natur ist.

I. Kontrolle durch Aufsichtsgremien

Zingales (1998) weist die Kontrolle eines Unternehmens einer dritten Partei zu, die weder eigenes Vermögen in die Firma einbringt noch direkt von der Verteilung der generierten Quasirenten betroffen ist. Eine solche dritte Partei stellt der Aufsichtsrat dar. In deutschen Vereinen besteht das Kontrollgremium meist aus einem „Präsidenten", der die Geschicke des Managements kontrolliert. Dies erfordert eine weitgehende Unabhängigkeit der Personen von den Managern und den Gewinnen des Vereins. Ein Teil der „Präsidenten" übt diese Tätigkeit deshalb „ehrenamtlich" aus oder wird nur in Form einer Aufwandsentschädigung entlohnt.

Die Kontrolle des Managements ist dann nicht mehr gewährleistet, wenn die Interessen von Managern und Aufsichtsgremien übereinstimmen. So können auch bei Präsidenten oder Aufsichtsräten in Vereinen Prestige und andere nutzenerhöhende Aktivitäten im Vordergrund stehen, die zu Lasten einer langfristig angelegten Vereinsführung gehen. Ist deren eigene Karriere als Präsident ebenfalls durch das „Zugeben eines Fehlers" gefährdet, besteht die Gefahr der Kollusion zwischen Manager und Kontrolleur auf Kosten der Anteilseigner. Auch können enge persönliche Kontakte aus einer gemeinsamen Fußballvergangenheit zu einem abgeschwächten Kontrollanreiz führen.[25] Ein weiteres Problem der Kontrolle besteht darin, dass die Mitglieder des Aufsichtsgremiums ihre Informationen weitgehend vom Management erhalten, so dass eine wirkungsvolle Überwachung weiter eingeschränkt ist. Obwohl der Profifußball in der Berichterstattung der Medien eine tragende Rolle einnimmt und die Protagonisten – Manager, Trainer, Spieler – täglich im Blickpunkt der Öffentlichkeit stehen, sind Differenzen zwischen Manager und Aufsichtsrat nahezu unbekannt. Es ist deshalb zu vermuten, dass die Kontrolle des Managements durch die Aufsichtsgremien nicht sehr scharf ist.

II. Kontrolle durch den Markt für Managerleistung

Während der sportliche Erfolg kurzfristig von der Qualität der eigenen Mannschaft determiniert wird, hängt der längerfristige Erfolg eher von der Qualität des Managements ab. Fama (1980) betrachtet den Wettbewerb auf dem Markt für Managementleistungen als eigenständigen Mechanismus zur Disziplinierung. Dabei unterstellt er einen unternehmensexternen Markt, der den Wert des Humankapitals von Managern anhand der Performance des Unternehmens misst. Daneben existiert ein unternehmensinterner Markt, auf dem sich Manager gegenseitig überwachen. Ein längerfristig schlechtes Abschneiden eines Vereins aufgrund eines weniger erfolgreichen Top-Managements senkt den Wert aller Managementleistungen. Dies könnte untergeordneten Managern einen Anreiz bieten, in das Top-Management aufzusteigen und die übergeordnete Hierarchie abzulösen. Voraussetzung für eine funktionierende Kontrolle ist, dass der Konsum am Arbeitsplatz beobachtbar ist. Doch selbst wenn ein solcher Konsum beobachtet werden kann, fehlt es in den Vereinen an einem internen Wettbewerb um Managementleistungen. Zum einen beschäftigen Vereine im Vergleich zu traditionellen Unternehmen weniger „Manager". Zum anderen sorgt die traditionell enge personelle Beziehung zwischen Präsidium und Management nicht für wettbewerbliche Konkurrenzsituationen. Eine Disziplinierung wie bei Fama (1980) angedacht versagt bei Fußballvereinen weitgehend.

III. Kontrolle durch „Voice" und „Exit"

Jedes Vereinsmitglied hat durch seine Mitgliedschaft ein Stimmrecht („voice") und ist durch die Möglichkeit des Ausscheidens („exit") vor hold-up Problemen geschützt. Die klassische Form der Stimmrechtsausübung auf Hauptversammlungen und des Verkaufs von Anteilen an der Börse würde Aktionären entgegen kommen. Allerdings ist vom DFB festgelegt worden, dass der ausgegliederte Profibereich im Eigentum des Vereins bleibt. Eine Stimmrechtsausübung der Aktionäre zur Disziplinierung des Managament ist – wie im Falle von Borussia Dortmund – nicht gegeben. Auch eine Disziplinierung durch den Verkauf von Aktien ist aufgrund der Aktionärsstruktur nur eingeschränkt denkbar. Ein großer Teil des Streubesitzes befindet sich in Händen von „Fans", die aus „Treue" die Aktien halten. Institutionelle Anleger, wie die Deutsche Bank, werden ihr Paket nicht verkaufen. In Erwartung zukünftiger Börsengänge würden sie als Konsortialbank ein negatives Signal aussenden.[26]

Durch die gegenwärtigen Konstruktionen sind auch „feindliche" Übernahmen, die zu einer Ersetzung der bisherigen Managements führen würden, ausgeschlossen. Der Kapitalmarktmechanismus (Aufkauf von Anteilen durch externe Investoren zum Zwecke der Unternehmensübernahme) ist bislang also kein Korrektiv für Managementfehlleistungen.

Eine andere Art der „voice-Option" können Fans im Stadion ausüben, indem sie die Entlassung des Management fordern.[27] Greifen die Medien diese Forderungen auf, so können sie über ihre Berichterstattung Druck auf das Management ausüben. Als alternative „exit-Option" kann der Verzicht auf Stadionbesuche interpretiert werden. Das sinkende Interesse der Fans bei einem Abstieg in die zweite oder gar dritte Liga zeigt gelegentlich eine disziplinierende Wirkung auf das Management.

IV. Kontrolle durch Verträge

Ein interessenkonformes Verhalten könnte bei Managern über entsprechende anreizkompatible Verträge erfolgen. Eine Problematik beim Fußballunternehmen liegt darin, dass gleichzeitig sportliche und ökonomische Ziele verfolgt werden müssen. Ohne finanziellen Erfolg lässt sich der sportliche Erfolg in einer professionellen Liga kaum erzielen und umgekehrt. Dies kann zu Zielkonflikten zwischen unterschiedlichen Interessen innerhalb des Fußballunternehmens führen und damit Auswirkungen auf die gesamte Organisation haben. Auch wenn in der einschlägigen Literatur verschiedene Vorschläge zur Vertragsgestaltung bei multiplen Zielen vorliegen, wirft die konkrete Kontraktgestaltung erhebliche Probleme auf. Insbesondere die Berücksichtigung des sportlichen Erfolges als Zielvariable ist für risikoaverse Manager kaum akzeptabel. Da der sportliche Erfolg in hohem Maße von zufallsverteilten, vom Management nicht kontrollierbaren Elementen beeinflusst wird, verteilt ein anreizkompatibler Vertrag das Risiko um auf die Partei mit der geringeren Risikoaversion. Dies würde zu einer Art Versicherung des Managements in Form eines Verzichtes auf variable Entlohnungsbestandteile führen. Insofern würde auch der sportliche Wettbewerb nicht entsprechend disziplinieren. Denkbar ist lediglich, dass das Gehalt eines Managers von der entsprechenden Liga abhängt. Ein Abstieg würde nur dann zu einer Disziplinierung führen, wenn keine alternativen Beschäftigungsmöglichkeiten für einen Manager vorliegen.

F. Ausblick

Als ein Hindernis in der wirtschaftlichen Professionalisierung des Fußballs wird von Wissenschaft und Praxis die mangelnde Kontrolle des Managements angesehen.[28] Auch wenn positive Ausnahmen bestehen – so Uli Hoeness bei Bayern München – wiegen in vielen Vereinen persönliche Beziehungen schwerer als betriebswirtschaftliche Kompetenz. Die negative Bilanz vieler Vereine zeugt davon. Die trotzdem sehr geringe Entlassungsrate von Managern mag als anekdotische Evidenz für die mangelnde Kontrolle und die vorherrschenden persönlichen Verflechtungen in dieser Branche gelten. Reformen wie die Zulassung der Fußballkapitalgesellschaft gehen in die richtige Richtung, doch mit ihrer Einführung alleine sind die für wirtschaftlich optimierendes Verhalten notwendigen Entscheidungs- und Verfügungskompentenzen noch nicht geklärt. Die Vereinsfunktionäre möchten zwar gern das Kapital neuer Investoren anziehen, ohne ihnen jedoch Mitsprache- oder Eingriffsrechte geben zu wollen. Die Profifußballindustrie bietet also ein interessantes Anwendungsfeld für die Organisationstheorie und für Fragestellungen der Corporate Governance.

Der vorliegende Beitrag hat sich mit der Corporate Governance von Fußballunternehmen beschäftigt, an denen typischerweise mehrere „Stakeholder" beteiligt sind, die ihrerseits weitergehende Interessen darstellen könnten. Aus einer auf die anreizkompatible Aufteilung von Quasirenten gerichteten Corporate Governance kann jedoch allenfalls den Kapitalgebern – Aktionären, Sponsoren und Rechtevermarktern – ein Interesse zugebilligt werden, das über adäquate Governance-Mechanismen zu schützen ist.

Bislang weisen nur wenige Bundesligavereine die gleiche Organisationsstruktur auf. Mischformen in der „Corporate Governance" können somit als ein Kennzeichen dieser Branche gelten: Sponsoren können Einfluss auf einen Verein durch eine Mehrheitsbeteiligung (z.B. Bayer Leverkusen) oder eine Minderheitsbeteiligung (Modell Bayern München) erlangen. Indirekt besteht die Möglichkeit durch einen unbefristeten Sponsorenvertrag (VfL Wolfsburg) oder über die Finanzierung eines Stadions (Hamburger Sportverein). Daneben existieren unterschiedliche Modelle der Ausgliederung oder der Zusammensetzung des Aufsichtsrats. Welche Modelle der „Corporate Governance" sich längerfristig durchsetzen, wird sehr von der weiteren Entwicklung des Profifußballs als Medienereignis und daraus abgeleitet dem zukünftigen Finanzierungsbedarf über den Kapitalmarkt abhängen.

Anmerkungen

1 Vgl. zur Theorie der Organisation im Überblick z.B. Kräkel (1999) oder Jost (2000).
2 Auf die weiteren Besonderheiten der Organisation von professionellen Fußballvereinen in Ligen im Vergleich zum Leistungswettbewerb herkömmlicher Unternehmen wurde bereits in mehreren Beiträgen hingewiesen, so Frick/Wagner (1996, 1998), Franck (1995, 1999a), Frick/Lehmann/Weigand (1999), Lehmann/Weigand (1997, 2002).
3 Vgl. Demsetz (1985), Shleifer/Vishny (1997), Zingales (1998) und Tirole (2001). Schmidt (2001), Schwalbach (2001) sowie Audretsch und Weigand (2001) bieten einen aktuellen Überblick über die Corporate Governance-Literatur.
4 Als Überblick vgl. Shleifer/Vishny (1997).
5 In Deutschland ist das Eigentum an Wirtschaftsunternehmen sehr stark konzentriert. Die empirische Evidenz zeigt aber, dass Eigentümerkonzentration einen eher negativen Einfluss auf die Rentabilität von Unternehmen ausübt, und zwar gerade bei familiengeführten Unternehmen und Unternehmen, die dem Druck des Aktienmarktes entzogen sind (Lehmann/Weigand, 2000).
6 Dies ist die zentrale Aussage der Beiträge von Fama/Jensen (1983a,b).
7 Vgl. hierzu Lehmann/Weigand (1998) und Lehmann (2000b).
8 Vgl. Lehmann (2000b).
9 Vgl. Lehmann (2001), Lehmann/Weigand (2002).
10 Vgl. Lehmann (2001, S. 84f.)
11 Vgl. hierzu auch Frick/Lehmann (2002), Frick (2000).
12 Vgl. hierzu Kruse (2001), Lehmann (2001), Schellhaass (1999).
13 Siehe die Fangemeinschaften von Schalke 04 und dem 1. FC Nürnberg.
14 Zu Aspekten der Rekrutierung, Entlohnung und personalpolitischer Maßnahmen im professionellen Fußball siehe Frick/Lehmann (2002), Frick (2001), Lehmann/Weigand (1997).
15 Zum Zusammenhang von Spieleinsatz und Einkommen vgl. Frick (1998), Lehmann/Weigand (1999) und Lehmann (2001).
16 Zu den unterschiedlichen Einkommen in den jeweiligen Positionen vgl. Lehmann/Weigand (1999) sowie Lehmann (2001).
17 Vgl. hierzu Frick/Wagner (1996), Lehmann/Weigand (1997) oder Frick/Lehmann (2002).
18 Vgl. Lehmann (2001).
19 Ein sehr anschauliches Beispiel lieferte der Fast-Nationaltrainer Christoph Daum, bei dem die BAYER AG wenige Wochen vor seinem Eingeständnis in der Kokainaffäre noch in eine individuelle Anzeigenkampagne investierte.
20 Als empirischer Artefakt zeigen sich die Sponsorenzahlungen an die Vereine in Tabelle 1: Den höchstdotierten Sponsorenvertrag mit der längsten Laufzeit besitzt der FC Bayern München – der aus Sicht eines Sponsors „sicherste" Verein der Liga. Aus Sicht beider Parteien – Verein und Sponsor – würden längerfristige Kontrakte eine höhere Planungssicherheit und geringere Kosten mit sich bringen. Das bestehende hold-up Problem kann als eine Ursache für die Unterinvestition angesehen werden.
21 Vgl. hierzu Lehmann (2000), Lehmann/Weigand (2001).
22 Fortuna Düsseldorf versuchte, durch die langfristige Bindung an ein assoziiertes Unternehmen der Kinowelt AG, das notwendige Geld für den Wiederaufstieg in die Zweite Bundesliga zu beschaffen. Die Investition von über 5 Mio. DM und zusätzliche Schulden führten allerdings zum

drohenden Konkurs. Als neuer „Sponsor" wurde dann die Düsseldorfer Rockband „Die toten Hosen" gefunden.
23 Vgl. Lehmann/Weigand (1997).
24 Vgl. Kräkel (1998, S. 580).
25 Das Problem der persönlichen Beziehungen von Aufsichtsgremien und Managern beschreibt Jensen (1993).
26 Vgl. hierzu auch Lehmann (2000b).
27 Dies kann allerdings auch zu einem Druck auf das Aufsichtsgremium führen, der zu einem myopischen Handeln verleiten kann.
28 Vgl. Franck (1999b), Lehmann/Weigand (1997, 2002) oder aktuell den Bericht in der Financial Times Deutschland vom 18.09.2001 („Adidas steigt bei Bayern München ein").

Literatur

Audretsch, D. und J. Weigand (2001): Corporate Governance, in P. J. Jost (Hrsg.): *Die Spieltheorie in der Betriebswirtschaftslehre*, Stuttgart: Schäffer-Poeschel Verlag, S. 83–134.

Berle, A. und G. Means (1932): *The Modern Corporation and Private Property*, New York: World Inc.

Büch, M.-P. und B. Frick (1999): Sportökonomie: Erkenntnissinteresse, Fragestellungen und praktische Relevanz, *Betriebswirtschaftliche Forschung und Praxis* 51, 109–123.

Demsetz, H. (1983): The Structure of Ownership and the Theory of the Firm, *Journal of Law and Economics* 26, 375–390.

Demsetz, H. und K. Lehn (1985): The Structure of Corporate Ownership: Causes and Consequences, *Journal of Political Economy* 93, 1155–1177.

Fama, E. (1980): Agency Problems and the Theory of the Firm, *Journal of Political Economy* 88, 288–307.

Fama, E. und M. Jensen (1983a): Separation of Ownership and Control, *Journal of Law and Economics* 26, 301–325.

Fama, E. und M. Jensen (1983b): Agency Problems and Residual Claims, *Journal of Law and Economics* 26, 327–349.

Franck, E. (1995): *Die ökonomischen Institutionen der Teamsportindustrie: Eine Organisationsbetrachtung*, Wiesbaden: Gabler

Franck, E. (1999a): Zur Organisation von Sportligen – Übersehene ökonomische Argumente jenseits von Marktmacht und Kollusion, *Die Betriebswirtschaft* 59, 531–547.

Franck, E. (1999b): Die Verfassungswahl bei Fußballclubs unter besonderer Betrachtung der spezifischen Produktionsstruktur des Teamsports, in: M.-P. Büch (Hrsg.): *Märkte und Organisationen im Sport: Institutionenökonomische Ansätze*, Schorndorf: Karl Hofmann, 11–26.

Frick, B. (1998): Management Abilities, Player Salaries and Team Performance, *European Journal of Sports Management* 5, 6–22.

Frick, B. und G. Wagner (1996): Bosman und die Folgen, *Wirtschaftswissenschaftliches Studium* 25, 611–615.

Frick, B. und G. Wagner (1998): Sport als Forschungsgegenstand der Institutionenökonomik, *Sportwissenschaft* 28, 328–343.

Frick, B. (2000): Betriebliche Arbeitsmärkte im professionellen Sport: Institutionenökonomische Überlegungen und empirische Befunde, in: M-P. Büch (Hrsg.): *Märkte und Organisationen im Sport: Institutionenökonomische Ansätze*, Schorndorf: Karl Hofmann, 43–76.

Frick, B. und E. Lehmann (2002): *Die Kosten der externen Rekrutierung qualifizierten Personals: Empirische Evidenz aus dem professionallen Fußball*, München und Mering: Hampp (im Erscheinen).

Frick, B., E. Lehmann und J. Weigand (1999): Kooperationserfordernisse und Wettbewerbsintensität im professionellen Team-Sport, in: J. Engelhard und E. Sinz (Hrsg.): *Kooperation im Wettbewerb. Neue Formen und Gestaltungskonzepte im Zeichen von Globalisierung und Informationstechnologie*, Wiesbaden: Gabler, 495–523.

Jensen, M. (1993): The Modern Industrial Revolution: Exit, and the Failure of Internal Control Systems, *Journal of Finance* 48, 831–880.
Jost, P. J. (2000): *Organisation und Koordination*, Wiesbaden: Gabler.
Kräkel, M. (1999): *Organisation und Management*, Tübingen: Siebeck/Mohr.
Kruse, J. (2001): Sportveranstaltungen als Fernsehware, in: H.-M. Schellhaaß (Hrsg.): *Sportveranstaltungen zwischen Liga- und Medieninteressen*, Schorndorf: Karl Hofmann, 15–39.
Lehmann, E. (2000a): Verdienen Fußballspieler was sie verdienen?, in: H.-M. Schellhaaß (Hrsg.): *Sportveranstaltungen zwischen Liga- und Medieninteressen*, Schorndorf: Karl Hofmann, S. 97–121.
Lehmann, E. (2000b): Borussia Dortmund vor dem Abseits an der Börse, *Financial Times Deutschland*, 23.10.2000, 31.
Lehmann, E. (2001): Konsequenzen aus der Umwandlung von Vereinen in erwerbswirtschaftliche Organisationen und deren Auswirkung auf das Sponsoring, in: G. Trosien (Hrsg.): *Huckepackfinanzierung des Sports: Sportsponsoring unter der Lupe*, Schorndorf: Karl Hofmann, 79–103.
Lehmann, E. und J. Weigand (1997): Money Makes the Ball Go Round. Fußball als ökonomisches Phänomen, *ifo-Studien – Zeitschrift für empirische Wirtschaftsforschung* 43, 381–409.
Lehmann, E. und J. Weigand (1998): Wieviel Phantasie braucht die Fußballaktie, *Zeitschrift für Betriebswirtschaft*, Ergänzungsheft 2, 101–120.
Lehmann, E. und J. Weigand (1999): Determinanten der Entlohnung von Profifußballspielern, *Betriebswirtschaftliche Forschung und Praxis* 51, 124–135.
Lehmann, E. und J. Weigand (2000): Does the Governed Corporation Perform Better? Governance Structures and Corporate Performance in Germany, *European Finance Review* 4, 157–195.
Lehmann, E. und J. Weigand (2002): Fußballvereine als Wirtschaftsunternehmen: Sportlich Profis, wirtschaftlich Amateure? in: M. Herzog (Hrsg.): *Fußball als Kulturphänomen*, Stuttgart: Kohlhammer, 93–110.
Schellhaaß, H.-M. (1999): Die zentrale Vermarktung von Europapokalspielen – Ausbeutung von Marktmacht oder Sicherung des sportlichen Wettbewerbs? in: M.-P. Büch (Hrsg.): *Märkte und Organisationen im Sport: Institutionenökonomische Ansätze*, Schorndorf: Karl Hofmann, 27–41.
Schmidt, R. (2001): Kontinuität und Wandel bei der Corporate Governance in Deutschland, *Zeitschrift für Betriebswirtschaftliche Forschung*, Sonderheft 47, 61–87.
Schwalbach, J. (Hrsg.) (2001): *Corporate Governance. Essays in Honor of Horst Albach*, Berlin: Springer.
Shleifer, A. und R. Vishney (1997): A Survey of Corporate Governance, *Journal of Finance* 52, 737–783.
Tirole, J. (2001): Corporate Governance, *Econometrica* 69, 1–39.
Zingales, L. (1998): Corporate Governance, in: P. Newman (Hrsg.): *The New Palgrave Dictionary of Economics and the Law*, Vol. 1, London: MacMillan, 497–503.

Zusammenfassung

Die Umwandlung von „Fußballvereinen" in als Kapitalgesellschaften verfasste „Fußballunternehmen" wirft die Frage auf, wer im Fußballunternehmen die residualen Entscheidungs- und Verfügungsrechte haben sollte, wessen Interessen zu berücksichtigen sind und welche Mechanismen zum Schutz und zur Durchsetzung dieser Interessen notwendig sind. Ausgehend von der als Corporate Governance bezeichneten ökonomischen Literatur zur Ausgestaltung und Verteilung von residualen Entscheidungs- und Verfügungsrechten in Wirtschaftsunternehmen beschäftigt sich der Beitrag mit diesen Fragen.

Summary

The transformation of professional football "clubs" into football "corporations" begs the question of *who* are the residual claimants of the football corporation, whose interests matter, and what mechanisms need to be implemented for the protection and enforcement of stakeholders' interests. Motivated by the recent theoretical literature on the governance of corporations, the present article takes an economic perspective to discuss the design and allocation of residual control rights in the football corporation.

10: Allgemeine Fragen der Unternehmenstheorie (JEL M10/M20)

Zentralvermarktung der Fernsehrechte an der Fußball-Bundesliga

Von Jörn Kruse und Jörn Quitzau

Überblick

- Die Fernsehrechte an den Spielen der Fußball-Bundesliga werden seit Bestehen der Liga vom DFB zentral vermarktet. Aus ökonomischer Sicht handelt es sich dabei um ein institutionell verfestigtes Verkaufskartell, d.h. ein Syndikat. Dessen Monopol führt gegenüber einer wettbewerblichen Rechtevergabe zu überhöhten Preisen und verringerten Mengen und damit zu volkswirtschaftlichen Wohlfahrtsverlusten.
- Die zur Rechtfertigung der Zentralvermarktung vorgetragene Argumentationskette, eine Einzelvermarktung durch die jeweiligen Heimvereine führe über zunehmende finanzielle Unterschiede zwischen den Clubs zu einer Einschränkung des sportlichen Wettbewerbs, zu einer Minderung der Attraktivität für die Zuschauer und zu einem Absinken der Erlöse der Vereine, kann aus einer ganzen Reihe von Gründen nicht überzeugen.
- Zwar hat die Organisation des Fußballs in einer Liga wirtschaftliche Vorteile gegenüber einzelnen Fußballspielen, insbesondere aufgrund des größeren Interesses beim Publikum. Dies macht zwar eine Ligainstitution zur Festlegung von Regeln und Terminen erforderlich, rechtfertigt jedoch nicht die Monopolisierung der Vermarktung.

Eingegangen: 6. März 2002

Professor Dr. Jörn Kruse, Universität der Bundeswehr Hamburg, Institut für Wirtschaftspolitik, Holstenhofweg 85, 22043 Hamburg
Dr. Jörn Quitzau, Deutsche Bank Research, Wirtschafts- und Europapolitik, 60272 Frankfurt. (Die im Folgenden vertretene Position ist die des Autors und nicht die der Deutschen Bank.)

ZfB
ZEITSCHRIFT FÜR BETRIEBSWIRTSCHAFT

A. Einleitung

In einer Marktwirtschaft ist es üblich, dass die Anbieter von Waren und Dienstleistungen diese eigenständig vermarkten und dabei in Konkurrenz zu Anbietern gleicher oder ähnlicher Produkte stehen. Vor allem ist dies in ökonomischer Betrachtung in der Regel auch die beste Methode, ökonomische Effizienz zu erreichen, das heißt auch die höchstmögliche Erfüllung der Konsumentenwünsche zu realisieren. Außerdem gewährleistet es die unternehmerische Handlungsfreiheit für alle Beteiligten.

Im Gegensatz dazu werden die Fernsehrechte an den Spielen der Fußballbundesliga seit Anbeginn zentral vom DFB (Deutscher Fußballbund) bzw. jetzt von der DFL (Deutsche Fußball Liga GmbH) vermarktet. Das heißt, die Anbieter bilden ein stabiles Kartell in Form eines Syndikats, dessen Monopol die Nachfrager gegenüber stehen. Dies bringt eine Reihe von ökonomischen Folgen und Problemen mit sich. Zur Rechtfertigung werden verschiedene Argumente „zum Wohle des deutschen Fußballs" angeführt.

Diese Praxis ist kontrovers diskutiert worden und Gegenstand gerichtlicher und gesetzgeberischer Entscheidungen gewesen, ohne dass bisher eine befriedigende Lösung erreicht worden wäre, die als stabil angesehen werden könnte.

Im Folgenden steht die Analyse der wirtschaftlichen Folgen einer Zentralvermarktung im Mittelpunkt. Dazu wird zunächst in Abschnitt B das Problemfeld beschrieben. In Abschnitt C wird der Fernsehrechtemarkt mikroökonomisch betrachtet, was hier etwas komplizierter ist als üblicherweise. Dann werden in den Abschnitten D und E die Argumente Pro-Zentralvermarktung erörtert, nämlich das der sportlichen Ausgeglichenheit mittels Erlösumverteilung, sowie die Funktionen der Liga.

B. Background

Die Frage der Einzel- oder Zentralvermarktung der Fernsehrechte ist sehr kontrovers diskutiert worden.[1] Sollte jeder Verein die Fernsehrechte seiner Heimspiele selbst vergeben oder kann es der Liga oder einem Verband gestattet werden, den wirtschaftlichen Wettbewerb auszuschalten und die Rechte über ein Syndikat[2] zentral zu vermarkten?

Für die deutsche Fußballbundesliga hat der DFB seit ihrem Start die Fernsehrechte zentral verkauft. Die medialen Vermarktungsrechte sind nach der Gründung der Deutschen Fußball Liga GmbH (DFL) vor der Saison 2001/2002 vom DFB auf die DFL übergegangen.[3] Die DFL wurde auf Initiative der „großen" Bundesligavereine gegründet, um mehr Einfluss bei der Durchsetzung der eigenen Interessen zu erlangen. Es ist zu erwarten, dass die Vermarktungspraxis durch den Übergang auf die DFL kaum geändert und die Monopolstellung bei künftigen Verhandlungen auch weiterhin gewinnmaximierend ausgenutzt wird. Als sichtbares Zeichen dafür ist der Einstellungswandel bei den nachdrücklichsten Befürwortern der Einzelvermarktung – Bayern München und Bayer Leverkusen – zu werten. Wurde die Zentralvermarktung noch vor kurzem vehement bekämpft,[4] setzt sich z.B. das Präsidium des FC Bayern[5] nun mit ähnlicher Vehemenz **für** die Zentralvermarktung ein. Offenkundig ist die Kollektivvermarktung auch für die großen Vereine verlockend, wenn diese mehr Einfluss bekommen und stärker an den Monopolgewinnen beteiligt werden. Für die Einführung der Einzelvermarktung votiert von den Bundesligavereinen derzeit nur Borussia Dortmund.[6]

Neben den Fernsehübertragungsrechten liegen auch die Internet- und Hörfunkrechte bei der DFL, die damit die gesamte audiovisuelle Verwertung kontrolliert. Dass dies in der Praxis tatsächlich strategisch genutzt wird, zeigte sich schon, als zu Beginn der Saison 2001/2002 mit der Verlegung der SAT1-Sendung „ran" in das Abendprogramm (auch mit Blick auf die Förderung des Pay-TV) eine neue Sendezeit etabliert werden sollte.[7]

Die zentrale Rechtevergabe war unter Wettbewerbsgesichtspunkten immer kritisch zu beurteilen. Nachdem der Bundesgerichtshof die zentrale Vermarktung der Europapokalheimspiele deutscher Fußballvereine durch den DFB untersagt hatte,[8] wurde erwartet, dass auch die Zentralvermarktung der Bundesliga untersagt würde. Daraufhin wurde auf Drängen des DFB kurzfristig der Vorschlag eingebracht, in das aus ganz anderen Gründen zufällig in der 6. Novellierung befindliche Gesetz gegen Wettbewerbsbeschränkungen (GWB) einen neuen Ausnahmebereich Sport aufzunehmen, der den DFB vom allgemeinen Kartellverbot des § 1 GWB freistellt.

Ausnahmebereiche sind grundsätzlich Fremdkörper in einer marktwirtschaftlichen Ordnung und werden aus guten Gründen in anderen Sektoren (insb. in Verkehrs-, Versorgungs- und Kommunikationsbranchen) mehr oder minder zügig abgebaut. Dass ausgerechnet beim Sport ein neuer Ausnahmebereich eingeführt wurde, der den Wettbewerb ausschließt, ist allgemein mit Kopfschütteln aufgenommen worden.[9] Damit wird das faktisch bereits bestehende Kollektivmonopol für die Fernsehvermarktung der Bundesliga auch noch rechtlich abgesichert. Allerdings steht die Entscheidung der EU-Kommission noch aus.[10]

C. Mikroökonomische Analyse

I. Marktabgrenzungen und Veranstaltereigenschaft

Der Markt, um den es im Folgenden geht, ist der Markt für die Fernsehrechte an den Spielen der Fußballbundesliga. Dies schließt die Rechte für Liveübertragungen grundsätzlich ebenso ein wie die für nachträgliche Zusammenfassungen, für Erst- ebenso wie für Zweitverwertungen etc.

Die Anbieter auf diesem Markt sind die jeweiligen Sportveranstalter. Der Veranstalter ist nach ökonomischem und juristischem Verständnis derjenige, der die wirtschaftlich relevanten Entscheidungen trifft und das wirtschaftliche Risiko trägt.[11] Das sind hier die jeweiligen Bundesligavereine für Ihre Heimspiele, die die Kosten der Veranstaltung im engeren (Stadionkosten etc.) und im weiteren Sinne (Kosten für die Mannschaft, Betreuer, Vertrieb, Marketing etc.) tragen, die anderen Erlöse (Stadioneintrittskarten, Sponsorengelder, Werbung, Merchandising etc.) vereinnahmen und das wirtschaftliche Risiko sowohl für das einzelne Spiel als auch für die ganze Saison und darüberhinaus tragen. Dies vernachlässigt keineswegs die Tatsache, dass für den Bundesligaspielbetrieb Terminpläne und Regeln erforderlich sind, die für alle verbindlich sind, und nicht dezentral erstellt werden können.

Die Nachfrager auf dem Markt für Fernsehrechte sind entweder die Fernsehprogramme selbst oder Rechtehändler, die die entsprechenden Verwertungsrechte – möglicherweise in aufgeteilter oder gebündelter Form – an die Fernsehprogramme weiterverkaufen. Letzteres soll im Folgenden aus Vereinfachungsgründen nicht gesondert betrachtet werden.

In einem weiteren Sinne sind darüberhinaus noch andere Märkte in den Blick zu nehmen, die die Entscheidungen der Akteure wesentlich beeinflussen. Dies betrifft in erster Linie die Märkte der einzelnen Bundesligavereine für Eintrittskarten, Werbung, Merchandising etc., deren Erlöse vom Umfang der TV-Coverage (überwiegend positiv) beeinflusst werden. Erst die Summe aller ihrer Erlöse bestimmt für jeden einzelnen Verein mittelfristig das verfügbare Kostenbudget.

In zweiter Linie betrifft es die entsprechenden Märkte für andere Sportveranstaltungen, auf denen einige der Bundesligavereine mit den gleichen Mannschaften auftreten (z.B. Champions League, UEFA-Pokal, DFB-Pokal). Diese verursachen in einem bestimmten Umfang inkrementelle Kosten, vor allem aber bewirken sie wesentliche zusätzliche Erlöse, und zwar sowohl direkt aus diesen anderen Wettbewerben als auch indirekt (aufgrund der höheren Attraktivität) auf den Märkten der Fußballbundesliga.

II. Zentralvermarktung: Monopol statt Wettbewerb

Bei einer Einzelvermarktung verhandelt jeder Verein über die Fernsehrechte an seinen Heimspielen selbst. Es steht ihm frei, ob er Liveübertragungsrechte an seinen Heimspielen anbietet und ob er dies im Free- oder im Pay-TV tut.

Diese Alternative ist für die Liveübertragung eines einzelnen Spieles in Abb. 1 veranschaulicht. Dort zeigt N_P die Nachfragefunktion der Zuschauer nach diesem Spiel im Pay-TV. Hierfür ist ein Preis P angenommen, so dass Z_P Zuschauer das Spiel sehen. N_F repräsentiert die hypothetische Nachfragefunktion bei Übertragung im Free-TV, wobei jedoch nur der Punkt Z_F relevant ist, das heißt die Zahl der Zuschauer bei „Gratiskonsum“. Der Differenz beider Kurven liegt die Annahme zugrunde, dass eine Free-TV-Übertragung mit Werbeunterbrechungen verbunden ist, die den Konsumwert und die Zahlungsbereitschaft mindern. Wenn dies jedoch nicht relevant ist (z.B. bei einer werbefreien Übertragung in einem öffentlich-rechtlichen Programm), fallen beide Nachfragekurven zusammen.

Das Folgende beschränkt sich auf einen Vergleich der Erlöse eines Vereins aus beiden Vermarktungsformen. Dabei wird davon ausgegangen, dass sowohl die Kosten für den Veranstalter (Bundesligaverein) als auch die Produktionskosten des Fernsehens davon nicht wesentlich beeinflusst werden. Dies gilt selbst für die alternative Möglichkeit, dass von dem Spiel im Fernsehen nur Ausschnitte gezeigt werden. Außerdem werden die sonstigen Kosten und Deckungsbeitragskalküle der Fernsehprogramme vereinfachend außer Betracht gelassen.

Wenn das Spiel im werbefinanzierten Fernsehen Z_F Zuschauer anzieht und die Tausendkontaktpreise für die Werbespots als gegeben (Strecke $0A_1$) unterstellt werden, repräsentiert E_F (Fläche $0Z_FC_1A_1$) das direkte Erlöspotential des Vereins aus dem Verkauf des Übertragungsrechtes an diesem Spiel. Dies bezeichnen wir vereinfachend als Erlös aus dem Fernsehrecht.

Außerdem kann man davon ausgehen, dass die Einnahmen des Vereins aus Sponsoring und Werbung höher sind, wenn das Spiel im Fernsehen übertragen wird, und zwar abhängig von der Zahl der Zuschauer. I_{SF} (Fläche $A_1C_1C_2A_2$) veranschaulicht diese zusätzlichen (inkrementellen) Sponsorerlöse des Vereins. Das Gleiche ist grundsätzlich ebenso relevant für zusätzliche Erlöse aus Merchandising I_{MF} (Fläche $A_2C_2C_3A_3$) und Eintrittskartenverkauf I_{TF} (Fläche $A_3C_3C_4A_4$). Letzteres könnte allerdings ambivalent sein. Falls die Übertragung eines Bundesligaspiels im Free-TV im Einzelfall den Stadionbesuch dieses Spiels reduzieren sollte, wäre I_{TF} negativ.

Wenn das betreffende Bundesligaspiel stattdessen im Pay-TV übertragen wird, sind die analogen Fernsehrechteerlöse E_P (Fläche $0Z_PB_PA_P$). Die zusätzlichen, fernsehinduzierten Erlöse des Vereins aus Sponsorwerbung I_{SP} (Fläche $A_1B_1B_2A_2$), Merchandising I_{MP} (Fläche $A_2B_2B_3A_3$) und Eintrittskarten I_{TP} (Fläche $A_3B_3B_4A_4$) sind aufgrund der geringeren Zuschauerzahl kleiner als vorher.

Wenn man nun die für den Verein relevanten Erlöseffekte beider Fernsehformen in der Summe miteinander vergleicht, lässt sich keine generelle Aussage über die Vorteilhaftigkeit machen. Dies hängt von einer Reihe von Faktoren ab. Dazu gehören unter anderem die Attraktivität der jeweiligen Heim- und Gastmannschaft, der Spieltermin, regionale Aspekte, die spezifische Konkurrenz zu anderen Fußballübertragungen etc.

Jeder Verein entscheidet bei Einzelvermarktung nicht nur über die Art der TV-Coverage, sondern gegebenenfalls auch über das betreffende Programm (z.B. bundesweit oder regional, werbefinanziert oder werbefrei), in welcher Form zusätzlich (oder ausschließlich) Rechte für Zweitverwertungen oder nachträgliche Berichterstattungen in Aus-

Abb. 1: Bundesliga im Free-TV oder Pay-TV

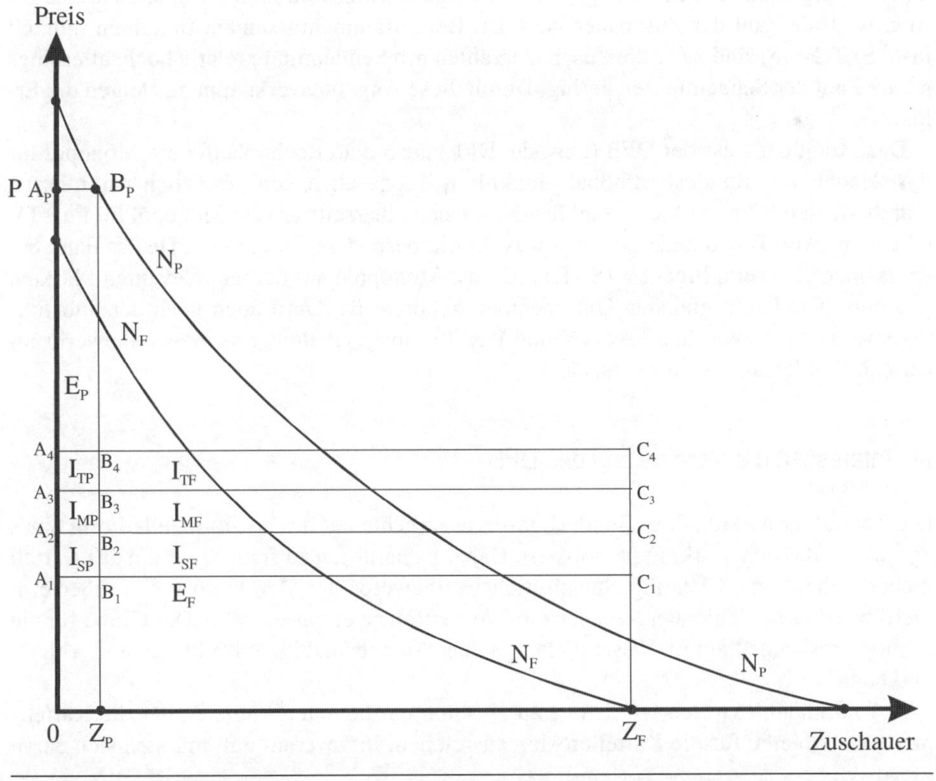

schnitten (Zusammenfassungen der Highlights der Spiele eines Spieltages) vergeben werden etc. und über welche Zeiträume und sonstige Konditionen verhandelt wird. Ein Verein könnte z.B. einen mehrjährigen Kooperationsvertrag mit einem bestimmten Programm oder Werbepartner abschließen, jedes einzelne Spiel an den Meistbietenden vergeben oder eine andere kommerzielle Form der Vergabe wählen.

Grundsätzlich kann man davon ausgehen, dass jeder Verein ein relativ großes Interesse an TV-Coverage haben wird, erstens wegen der direkten Erlöse aus den Rechten und zweitens wegen der dadurch induzierten Erhöhung anderer Erlöse. Allerdings stehen die Erlösinteressen der einzelnen Vereine (wie auf anderen Märkten der Volkswirtschaft) in Konkurrenz zueinander.[12]

Diese Konkurrenz der Anbieter untereinander auszuschalten ist grundsätzlich das zentrale Element eines Kartells. Das Motiv besteht in erster Linie darin, dass die Gewinne höher sind als unter Wettbewerbsbedingungen. Die klassischen Folgen bestehen darin, dass die Preise höher und die Mengen geringer sind als bei Konkurrenz der Anbieter.[13] Dieses Ergebnis ist in unserem Fall der Zentralvermarktung jedoch etwas weniger offensichtlich, solange die Mengendimension nicht adäquat definiert wird. Die relevante Menge ist die Anzahl an Bundesliga-Fernsehminuten, die alle Zuschauer in der Summe in einer bestimmte Periode (z.B. ein Jahr) konsumieren.[14]

Die entscheidende Stellgröße des DFB-Angebotsmonopols zur Mengenreduzierung ist die möglichst weitgehende Verhinderung von Liveübertragungen im Free-TV. Bei Live-Übertragungen im Pay-TV ist dagegen die Menge an Konsumminuten vergleichsweise gering, weil die Zahl der Zuschauer klein ist. Bei zusammenfassenden Berichten (zurzeit insb. SAT-1-ran) sind zwar die Zuschauerzahlen pro Sendeminute relativ hoch, allerdings ist die Zahl der Sendeminuten gering. Durch diese Angebotsverknappung steigen die Erlöse.

Dazu trägt bei, dass der DFB (bzw. die DFL) auch dem Rechtekäufer ein Monopol für das Senden von Bundesligafußball garantiert,[15] abgesehen von gesetzlich garantierten Kurzberichten.[16] Im konkreten Fall handelt es sich einerseits um ein Monopol für Pay-TV (Premiere World) und andererseits – was für die besondere Situation in Deutschland bedeutsamer ist – beim Free-TV (SAT.1). Da die Monopole auf beiden relevanten Märkten in Deutschland zum gleichen Unternehmen gehören, ist damit auch noch der Substitutionswettbewerb zwischen Free-TV und Pay-TV ausgeschaltet, was die wettbewerbspolitische Problematik weiter verschärft.

III. Interessen der Vereine und des DFB

Die Zentralvermarktung der Bundesliga-Fernsehrechte hat die institutionelle Form eines Syndikats, das den Markt monopolisiert. Dabei ist natürlich zu fragen, warum das Kartell nicht durch internes Cheating, Substitutionswettbewerb oder Markteintritt von außen erodiert, wie dies bei fehlender Resistenz im Normalfall zu erwarten wäre. Der Grund für die Monopolresistenz liegt im Wesentlichen in den verbandsmäßigen Strukturen und Abhängigkeiten.

Auf normalen Märkten würde eventuell schon ein potenter Anbieter, der die Kartellpreise unterbietet, für die Kartellerosion ausreichen. In unserem Fall müssten sich daran so viele Bundesligavereine beteiligen, wie erforderlich wären, eine konkurrierende Liga, die nachhaltig erfolgreich wäre, auf mindestens gleichem Niveau zu installieren. Dies erscheint aufgrund der zahlreichen Abhängigkeiten der Vereine von der gewachsenen Verbandsstruktur äußerst unwahrscheinlich.

Ein solcher Markteintritt ist nicht einmal mit einem sportlich deutlich besseren Produkt gelungen, wie es in dem Projekt einer Europaliga der besten europäischen Vereine geplant war.[17] Dies hatten einige europäische Spitzenclubs (aus Deutschland z.B. Bayern München) im Jahre 1998 initiiert. Dadurch wäre der Bundesliga, je nach Beteiligung deutscher Vereine und je nach Spielterminen etc., eine qualitativ überlegene Konkurrenz entstanden. Der Versuch endete damit, dass die nationalen Verbände über die UEFA (in Form einer neuen Gestaltung der Champions League)[18] ihren Spitzenclub solche finanziellen Zugeständnisse gemacht haben, dass es für diese nicht mehr hinreichend attraktiv war, das Risiko einer eigenen Liga (in Gegnerschaft zu den nationalen Verbänden und deren zahlreichen Einflussmöglichen) einzugehen.

Grundsätzlich könnte es Substitutions-Konkurrenz durch andere Fußballangebote im Fernsehen geben. Allerdings ist die Qualität von Zweitliga- und Amateurspielen im Allgemeinen deutlich geringer. Bei ausländischem Fußball fehlt den meisten Zuschauern der persönliche Bezug, die Kenntnis der Akteure sowie andere konsumbestimmende Elemente (z.B. konsumtive Netzeffekte), so dass die Einschaltquoten wesentlich geringer sind, obwohl es sich um erstklassigen Sport handeln kann. Diese Nachteile könnten in dem Maße an Bedeutung verlieren, wie die betreffenden Mannschaften auch gegen deutsche Vereine spielen. Gegenwärtig gibt es also keine relevante Substitutionskonkurrenz für die Fußballbundesliga.

Wir können festhalten, dass die Verbandsstrukturen und andere Bedingungen eine hohe Resistenz bewirken, die Markteintritt von außen und internes Cheating nahezu ausschliessen, und damit das ordnungspolitische Problem der Zentralvermarktung verschärfen.

Im Anschluss daran stellt sich die Frage, inwieweit die Interessen des DFB und der Bundesligavereine übereinstimmen. Grundsätzlich kann man davon ausgehen, dass die Vereine an einer Maximierung der Erlöse interessiert sind, da diese die Budgets bestimmen, die für Spielereinkäufe und -gehälter (Prestigemaximierung der Vereinsführungen) ausgegeben werden können.[19] Es wird häufig davon ausgegangen, dass die Spitzenvereine bei Einzelvermarktung höhere Erlöse hätten und die anderen geringere. Dass Letzteres zutrifft, ist jedoch nicht selbstverständlich. Jedenfalls kann man nicht für alle anderen Vereine verminderte Erlöse unterstellen, da dazu alle relevanten Erlösarten und deren Interdependenzen betrachtet werden müssten.

Der entscheidende, mengenmäßige Unterschied zwischen Einzel- und Zentralvermarktung bezieht sich auf die Liveminuten, die von den Bundesligaspielen insgesamt gesehen werden.[20] Diesbezüglich haben die Vereine jedoch nicht nur das Interesse an den direkten Fernsehrechteerlösen, sondern auch an den zusätzlichen Umsätzen aus Sponsoring, Werbung, Merchandising etc. (vgl. Abb. 1), die in hohem Maße davon abhängen, wie oft und wie lange die betreffenden Markennamen und werberelevanten Akteure im Fernsehen zu sehen sind. Bezüglich der Eintrittskartenerlöse könnte es zwar bei einzelnen Fußballinteressierten Substitutionseffekte geben. Quantitativ dürfe dies jedoch von der Werbewirkung der Fernseh-Coverage („was im Fernsehen gezeigt wird, ist wichtig“) für den

Stadionbesuch, der ein grundsätzlich anderes Konsumerlebnis darstellt, überkompensiert werden.[21] Grundsätzlich kann man davon ausgehen, dass die Vereine an umfangreicher Fernsehpräsenz interessiert sind.

Beim DFB spielen dagegen auch Überlegungen eine Rolle, unterklassige Ligen und den Amateurspielbetrieb vor „zu viel Fußball im Fernsehen“ zu schützen. Insofern hätte die vorher genannte Mengendimension des Fernsehkonsums einen negativen Einfluss auf die Zielsetzung, wobei wir hier offen lassen wollen, ob derartige Zusammenhänge überhaupt empirisch relevant sind oder nicht. Obwohl das Motiv gemeinwohlorientiert klingt, stellt die Maßnahme dennoch eine illegitime Protektion dar.

Von wesentlicher Bedeutung dürfte das Funktionärsinteresse des Verbandes sein. Traditionell sind Sportverbände von amateurbasierten Strukturen und ehrenamtlichen Funktionären geprägt, die stark prestigeorientiert motiviert waren. Mit der zunehmenden Professionalisierung einiger Sportarten hat sich dies laufend verändert, und zwar nicht nur bei den Sportlern selbst, sondern auch bei den dispositiven Funktionen (Organisation, Management). Allerdings sind solche Funktionen überwiegend in den Vereinen erforderlich und nicht im Verband. Letzterer erleidet damit tendenziell einen Bedeutungsverlust. Die Zentralvermarktung kann insofern auch als eine Methode der Verbandsfunktionäre interpretiert werden, durch den Einfluss auf die Fernseherlöse den Machtverlust zu begrenzen. Allerdings dürfte dies bei der weiter voranschreitenden Kommerzialisierung des Sports nur temporär gelingen.

D. Zentralvermarktung, finanzielle Differenzierung und Attraktivität der Liga

I. Vorbemerkungen

Die zentrale Argumentation zur Begründung einer Zentralvermarktung geht davon aus, dass andernfalls unter den Vereinen eine finanzielle Ungleichverteilung entsteht, die in der Folge den sportlichen Wettbewerb beeinträchtigen und damit das Zuschauerinteresse an der Liga reduzieren könnte. Dies impliziert, dass die folgenden drei Zusammenhänge gelten.

1. Die Einzelvermarktung führt zu unterschiedlichen Erlösen und damit zu noch höherer finanzieller Ungleichheit unter den Bundesligavereinen. Die reichsten Vereine können dann jeweils die besten Spieler unter Vertrag nehmen.
2. Wegen der stärker differierenden Finanzkraft werden die sportlichen Leistungsunterschiede zwischen den Teams größer. Damit sind die Meisterschaften und die einzelnen Spiele weniger spannend.
3. Als Folge sinken das Interesse des Publikums sowie die Umsätze der Bundesligavereine und die qualitative Effizienz des Angebots. Das heißt, die sportliche Ausgeglichenheit und die Erlöse der Liga sind positiv korreliert.

Für die Argumentation im Kontext der Zentralvermarktung ist erstens zu prüfen, ob die drei Schritte inhaltlich zutreffend sind und – wenn das der Fall sein sollte – ob zweitens die Zentralvermarktung zur Vermeidung der befürchteten Effekte am besten geeignet ist oder ob andere Instrumente zur finanziellen Nivellierung verfügbar sind.

II. Einzelvermarktung und Finanzkraft der Vereine

Mehrere Gründe sprechen dafür, dass sich die Fernseherlöse bei Einzelvermarktung weniger stark auf bestimmte Vereine konzentrieren würden, als häufig unterstellt. In der Bundesliga hat jeder Verein im Laufe der Saison jede andere Mannschaft (also auch jede Spitzenmannschaft) einmal zu Gast und kann bei Einzelvermarktung deren Auftritt vermarkten. Die Spitzenmannschaften lösen damit einen positiven Effekt aus, der den kleineren Vereinen finanziell zugute kommt. Mit „kleineren Vereinen" sind im Folgenden alle gemeint, die nicht zu den vier bis sechs Spitzenclubs gehören.

Die Auswertung von Fernsehübertragungen in der Saison 1999/2000 (als noch fünf der 306 Spiele live im Free-TV gezeigt wurden) lässt erkennen, dass Vereine mit vergleichsweise geringem Fanpotential bei einer Begegnung mit einer Spitzenmannschaft von deren Popularität profitieren.[22] Insgesamt fanden vier der fünf live ausgestrahlten Partien unter Beteiligung des FC Bayern München statt, d.h. dem Verein mit dem größten Fanpotential. Im Durchschnitt verfolgten 6,85 Mio. Zuschauer diese Begegnungen. Dabei hatte das einzige Heimspiel der Bayern (das Spiel der beiden Spitzenclubs Bayern München und Borussia Dortmund) mit 6,22 Mio. weniger Zuschauer als ihre Auswärtsspiele im Durchschnitt.[23]

Die These, die Spiele der Spitzenvereine könnten weitgehend die Fernsehnachfrage determinieren und diese Vereine damit nahezu die gesamten Erlöse absorbieren, basiert auf der Annahme, die Fernsehzuschauer seien im Wesentlichen an den qualitativ hochwertigsten Fußballspielen interessiert – sofern diese ex ante überhaupt identifizierbar sind. Diese Annahme erfasst lediglich eine Teilmenge der Fußballkonsumenten. Ein Großteil des Fußballinteresses in Deutschland ist stark vereinsbezogen, d.h. zahlreiche Fans sind hauptsächlich an den Spielen ihres Lieblingsvereins interessiert.

Bei den Konsumenten ist nicht immer das – in seiner Erwartung – technisch und taktisch hochwertigste Spiel gefragt. Zahlreiche Faktoren wie z.B. das Fanpotential der beteiligten Mannschaften, regionale oder sportliche Brisanz eines Spieles oder ein besonders ungleiches Duell mit der Aussicht auf viele Tore können die Konsumentscheidung zu Gunsten eines vermeintlich weniger interessanten Spieles beeinflussen.

Daraus folgt, dass sich die Nachfrage stärker auf die Gesamtheit der im Fernsehen ausgestrahlten Partien eines Spieltages verteilen würde als die Ausgangsthese nahe legt.[24] Die Einschaltquoten der Saison 1999/2000 belegen, dass keineswegs nur die Spiele eingeschaltet werden, die auf höchstem erwarteten Qualitätsniveau oder mit der meisten sportlichen Brisanz stattfinden. Vielmehr stoßen selbst Zweitligaspiele gelegentlich auf ein größeres Zuschauerinteresse als Europapokalspiele.[25]

Es ist also nicht zu erwarten, dass sich das Konsumenteninteresse und die Gesamterlöse auf wenige Clubs konzentrieren werden. Gleichwohl kann man vermutlich davon ausgehen, dass die Gesamterlöse etwas stärker differieren werden als bei einer Zentralvermarktung mit Erlösgleichverteilung, da das Fanpotential der Vereine unterschiedlich groß ist.

Das Argument verliert jedoch zunehmend an Gewicht, weil mit Beginn der Saison 2001/2002 der Verteilungsschlüssel der Fernseherlöse aus der Zentralvermarktung geändert wurde.[26] Wurden die Fernsehgelder bisher weitgehend gleichmäßig aufgeteilt, ist jetzt eine leistungsabhängige Komponente eingeführt worden. Jeder Verein erhält pro Spieltag einen von der aktuellen Platzierung abhängigen Betrag, wobei der erfolgreichste Verein den höchsten Betrag erhält. Die DFL stellt damit selbst einen direkten Bezug zwischen finanziellem und sportlichem Erfolg her und rückt somit vom Prinzip des vollständigen finanziellen Ausgleichs bei den Fernsehgeldern ab.

Bezüglich der Finanzkraft der Vereine ist zu berücksichtigen, dass die Einnahmen aus TV-Rechten nur einen Teil der Erlöse darstellen. Ein anderer wesentlicher Anteil entsteht durch Eintrittskartenverkäufe. Diese haben schon in der Vergangenheit stark differiert, und zwar typischerweise zum Vorteil von Bundesligateams aus großen Städten.[27] Ähnliches dürfte für Werbeerlöse und Merchandising gelten. Außerdem haben die Vereine, die in europäischen Wettbewerben (besonders ausgeprägt in der Champions League) vertreten waren und erfolgreich gespielt haben, beträchtliche Mehrerlöse erwirtschaftet. Auch unter der Zentralvermarktung hatten die Vereine bereits stark unterschiedliche Budgets.

III. Einzelvermarktung und Ausgeglichenheit der Liga

Angenommen, man würde ex post feststellen, dass die Saisonplatzierungen der einzelnen Vereine nach einer Einzelvermarktung stabiler geworden sind.[28] Dies bedeutete jedoch noch lange nicht, dass damit die einzelnen Bundesligaspiele ihre Ergebnisoffenheit und Spannung verlieren. Der Ausgang eines Fußballspiels ist nämlich von mehreren Faktoren abhängig. Dazu gehört erstens die Qualität bzw. das Potenzial der einzelnen Spieler, zweitens das mannschaftliche Zusammenwirken als Team, drittens die Tagesform und -motivation, und viertens das Glück.

Die Zentralvermarktungsbegründung beschränkt sich im Wesentlichen auf den ersten Faktor. Tatsächlich kann das Spielerpotenzial eines Vereins durch die Verpflichtung von Topspielern anderer Vereine (aus dem In- und Ausland) gesteigert werden. Dies führt aber nicht automatisch dazu, dass die Mannschaft erfolgreicher spielt, da die Übertragung von Humankapital von einem Verein zum anderen im Profifußball mit großen Unwägbarkeiten verbunden ist. Es gibt viele Beispiele dafür, dass ein eingekaufter Fußballstar im neuen Verein nicht so gut spielt wie im alten. Eine Ansammlung von Stars resultiert außerdem nicht unbedingt in einer guten Mannschaft, wie zahlreiche Nationalmannschaften offenbaren.

Bei der Prognose der Effekte eines Übergangs zur Einzelvermarktung ist zu berücksichtigen, dass schon während der Zentralvermarktung in den letzten zehn Jahren z.B. der FC Bayern München finanziell in der Lage gewesen ist, praktisch jeden Spitzenspieler zu verpflichten.

Die Tagesform und vor allem die aktuelle Motivation und Einsatzbereitschaft sind beim Fußball von herausragender Bedeutung für das Ergebnis eines Spiels. Die Spieler kleinerer Vereine sind häufig gegen die Spitzenmannschaften besonders motiviert und haben damit nicht selten auch relevante zählbare Erfolge (Punkte für die Bundesligatabelle). Auf der anderen Seite scheint die Motivation und die Einsatzbereitschaft durch die Starrolle und deren Begleiterscheinungen eher geschwächt zu werden.[29]

Darüber hinaus werden Fußballspiele in der Regel durch eine geringe Zahl an Toren entschieden. Da diese in der Realität eine erhebliche Zufallskomponente aufweisen, spielt das Glück für den Spielausgang und die Punkteverteilung eine bedeutende Rolle.[30]

Aus diesen Gründen sind Niederlagen von Spitzenclubs (bzw. von Vereinen mit besonders hohen Budgets) gegen kleinere Vereine durchaus keine seltene Ausnahme.

Seit Beginn der Bundesliga ist es trotz immer schon ungleicher finanzieller Möglichkeiten der Vereine nicht zu einer Situation gekommen, in der die reicheren Vereine dauerhaft eine stabile Spitzengruppe gebildet und quasi den Meistertitel unter sich ausgespielt hätten. Außerdem ist es mit Ausnahme des FC Bayern München keinem Verein gelungen, dauerhaft (d.h. über etliche Jahre/Jahrzehnte) einen Platz in der Spitzengruppe der Liga einzunehmen. Es ist offenkundig schwierig, die finanziellen Erfolge in weitere sportliche Erfolge umzumünzen und sich damit praktisch den sportlichen Erfolg längerfristig „zu kaufen". Es zeigt sich auch, dass es Vereinen mit kleineren Budgets immer wieder einmal gelingt, sich „weit über ihren Verhältnissen" zu platzieren.[31]

IV. Spitzenclubs und Mittelmaß

Das dritte notwendige Element der Zentralvermarktungsbegründung beinhaltet die These eines positiven Zusammenhangs zwischen der sportlichen Ausgeglichenheit der Bundesligamannschaften und der Attraktivität für die Zuschauer, was in den Gesamterlösen zum Ausdruck kommt. Die Spannungsgeladenheit wird als marketingstrategisches Argument für die Zentralvermarktung angeführt.[32]

Ob eine große Ausgeglichenheit der Liga die Attraktivität für das Publikum und damit die Gesamterlöse der Liga immer erhöht, ist allerdings zweifelhaft, mindestens jedoch ambivalent. Die Hypothese ist insoweit zutreffend, als die einzelnen Bundesligaspiele einen Teil ihres Reizes verlieren würden, wenn man den Spielausgang relativ sicher prognostizieren könnte. Dies müsste sich dann in hohen Trefferzahlen bei Sportwetten (Toto) und entsprechend geringen Gewinnquoten niederschlagen.[33] Die Ergebnisoffenheit der einzelnen Begegnungen ist einer der Faktoren, die die Nachfrage nach Ligaspielen positiv beeinflussen.[34] Andere sind z.B. regionale und emotionale Elemente (Identifikation), attraktive Spielweise, Renommee der Gastmannschaft, Derby-Rivalität, kritischer Tabellenstand etc.

Eine weitere wichtige Gruppe von Nachfragefaktoren bezieht sich auf die großen Namen von Spitzenclubs und deren kürzliche oder frühere Erfolge (insb. auf internationaler Ebene), auf die Mitwirkung bekannter Stars und den Glamour ihrer Medienpräsenz.[35] Der Bekanntheitsgrad von Spitzenclubs, der eine positive Nachfragewirkung (insb. bei Auswärtsspielen) erzeugt, entsteht nur bei einer gewissen Herausgehobenheit und Prominenz über einige Zeit. Eine qualitative Gleichverteilung des Spielerpotentials über alle Vereine würde eine solche nicht entstehen lassen. „Gleich gut" bedeutet auch Mittelmaß für alle.

Ein bedeutsamer Effekt bezieht sich auf die europäische Ebene. In fast allen Sportarten haben internationale Erfolge eigener Sportler bekanntermaßen auch im Inland einen starken Nachfrageeffekt.[36] Für die Fußball-Bundesliga entsteht dies durch ein gutes Abschneiden der deutschen Vereine in den europäischen Pokalwettbewerben (Champions League, UEFA-Pokal). Wenn deutsche Mannschaften erfolgreich sind, steigert dies auch das Zuschauerinteresse an der Bundesliga. Dabei ist auch der internationale Inputmarkt für Fußballspieler zu berücksichtigen. Da Spitzenspieler positionale Güter sind,[37] erreichen deren Ablösesummen und Gehälter extreme Höhen.[38] Die deutschen Spitzenclubs sind nur dann in der Lage, in Konkurrenz z.B. zu finanzstarken italienischen, spanischen und englischen Clubs auf dem internationalen Spielermarkt erstklassige Spieler zu verpflichten, wenn sie entsprechende Erlöse erwirtschaften können. Dies erhöht nicht nur die Konkurrenzfähigkeit bei internationalen Wettbewerben, sondern erzeugt auch einen Glamour-Effekt für die Spiele der Bundesliga, was jedes für sich eine positive Erlöswirkung hat. Es ist mithin sehr fraglich, ob eine gleiche Spielstärke aller Vereine (d.h. im Extremfall: 18 graue Mäuse) wirklich die Attraktivität der Bundesliga erhöht oder ob nicht gerade die Ungleichheit und der Starcharakter einiger Akteure auch für steigende Nachfrage sorgt.

Insgesamt zeigt sich, dass alle drei postulierten Zusammenhänge problematisch sind. Für die Zentralvermarktung bedeutet dies, dass die behauptete negative Wirkung von Erlösunterschieden bei Einzelvermarktung auf die Attraktivität der Fußballbundesliga äußerst fragwürdig ist. Nach unserer Auffassung ist die Argumentation unzutreffend.

V. Umverteilung zwischen den Vereinen

Nehmen wir einmal an, die Argumentation der negativen Erlösspirale würde zutreffen und könnte auf die finanzielle Ungleichheit der Vereine zurückgeführt werden, was grundsätzlich alle Erlösarten (d.h. nicht nur aus den Fernsehrechten) betrifft. Unterstellen wir zusätzlich, dass die Vermeidung der finanziellen Ungleichheit als Ziel akzeptiert wird, obwohl damit Anreizwirkungen verloren gehen. Dann stellt sich immer noch die Frage, ob dafür eine Zentralvermarktung geeignet ist.

Wenn man die finanzielle Ungleichheit zwischen den Vereinen reduzieren will, gibt es die Möglichkeit einer obligatorischen Umverteilung innerhalb der Liga.[39] Unmittelbar naheliegend wäre es, aus einem bestimmten Anteil der Fernseherlöse einen Fonds einzurichten, der zur Minderung der Erlösvarianz unter den Vereinen genutzt wird. Dies sollte wegen offensichtlicher Free-Rider-Anreize nicht auf freiwilliger Basis erfolgen, sondern für alle Ligamitglieder verbindlich sein. Es könnte von Wirtschaftsprüfern kontrolliert und testiert werden. Dass hierfür bei den Fernseherlösen angesetzt wird, hat seine Berechtigung nicht so sehr in der Sache selbst, da auch andere Erlösarten differieren und somit „spiralenverdächtig" sind, sondern in der relativ einfachen Überprüfbarkeit. Ein solcher Fonds erreicht die Verteilungsziele mit geringeren Effizienzverlusten und ohne den Wettbewerb und die Vertragsfreiheit der Vereine einzuschränken.

Insgesamt kann man also sagen, dass selbst dann, wenn bei Einzelvermarktung aufgrund unterschiedlicher Einnahmen negative Spiraleneffekte zu erwarten wären, mit der Fondslösung eine bessere Methode der partiellen finanziellen Angleichung zur Verfügung steht. Die Zentralvermarktung durch das DFB-Syndikat hat also auch von daher keine Rechtfertigung.

E. Institution der Liga

Von einigen Autoren wird die Zentralvermarktung institutionenökonomisch begründet.[40] Dazu gehört auch die Argumentation, dass die Transaktionskosten geringer sind, wenn der

Verband für alle Vereine die Verhandlungen und Vertragsabschlüsse mit den Fernsehprogrammen erledigt.

Bei den Bundesliga-Fernsehrechten kann man allerdings davon ausgehen, dass die Transaktionskosten in Relation zum Umsatzvolumen verschwindend gering sind. Aber selbst wenn die Transaktionskosten quantitativ relevant wären, könnte man die komplizierteren Sachverhalte in einem Rahmen- oder Mustervertrag erfassen. Es wäre dann nur noch über wenige Parameter zu entscheiden, insbesondere über die Art der Fernsehcoverage (z.B. Pay- oder Free-TV) und über den Preis. Vertragspartner und Preis könnten im einfachsten Fall durch eine Auktion bestimmt werden. Im Regelfall werden die einzelnen Vereine jedoch gern bereit sein, die erforderlichen Transaktionskosten aufzuwenden, um zu Verträgen zu gelangen, die ihren speziellen Gegebenheiten und Interessen bestmöglich entsprechen.

Wenn man nur die Kosten (und nicht auch die Nutzen) betrachtet, ist möglicherweise eine Zentralvermarktung ebenso transaktionskostenmindernd wie jedes andere stabile Kartell oder wie eine staatliche Preisfixierung. Mit diesem Argument könnte man auch die Vertragsfreiheit insgesamt abschaffen. Die Transaktionskosten liefern jedenfalls keine Begründung für eine Zentralvermarktung.

Bedeutsamer ist eine institutionenökonomische Ligaerklärung in evolutorischer Sicht. In einer ganzen Reihe von Team-Sportarten haben sich für den normalen Spielbetrieb (sowohl im Amateur- als auch im Profibereich) Ligen herausgebildet. Der Positionswettbewerb, der bei den Ligen mit ihrer internen (Tabellenplatz) und externen (Hierarchie der Ligen) Rangordnung besonders gut sichtbar ist und damit die jeweilige sportliche Qualität der Akteure signalisiert, verleiht den Punktspielen eine höhere Attraktivität beim Publikum, als wenn es sich um separate Spiele handeln würde.[41]

Es ist unbestritten, dass sich für die Mitglieder der Liga die Aufgabe stellt, Regularien für den sportlichen und organisatorischen Ablauf festzulegen. Die Vermutung liegt nahe, dass es unter Transaktionskostengesichtspunkten vorteilhaft wäre, diese Funktionen an einen Agenten zu delegieren. Wir nennen diesen hier Ligabüro. Dies könnte z.B. ein intern gewähltes Gremium oder ein Dritter sein, der die generellen Beschlüsse der Ligamitglieder in konkrete Entscheidungen umsetzt und für die organisatorischen Einzelheiten sorgt.

Über die genannten organisatorischen Funktionen hinaus, die eine institutionelle Form des Ligamanagements erfordern, ist mit der Rolle von Verbänden für die Entstehung und Qualitätssicherung des Produktes argumentiert worden.[42] Danach schaffen die Sportverbände die jeweiligen Ligen als marktgängige Produkte. Sie könnten daher als Franchise-Geber bezeichnet werden, während die beteiligten Vereine Franchise-Nehmer sind. Die Verbände schränken dabei analog zu anderen Franchisegebern zum Zweck der Qualitätssicherung die wirtschaftliche Freiheit der Vereine ein.

Die Rolle des Verbandes bei der Ligaorganisation ist historisch zu erklären, weil sich der professionelle Fußball als kommerzielles Produkt schrittweise aus dem Amateurfußball entwickelt hat. Da die Institution einer Liga aus den genannten Nachfrage-Gründen (Vorteile des Positionswettbewerbs) im Eigeninteresse der Vereine als wirtschaftliche Veranstalter liegt, hätte sich diese auch ganz ohne Verbandsexistenz herausgebildet, wie z.B. auch die Entwicklung der Champions League und der Teamsportligen in den USA zeigen.[43] Die Beispiele zeigen jedoch vor allem, dass die Ligen auch ohne Verbandseinfluß eine monopolistische Tendenz zur Zentralvermarktung aufweisen.

Die entscheidende Frage ist deshalb nicht, ob eine Liga ökonomische Vorteile hat (was zweifellos der Fall ist), sondern ob diese eine Zentralvermarktung und damit die Kartellierung mehrerer wichtiger Parameter des betreffenden Marktes rechtfertigen. Grundsätzlich reicht eine solche Legitimation allenfalls so weit, wie kollektive bzw. zentrale Funktionen zur Angebotserstellung und zur Sicherung der Qualität erforderlich sind. Dies gilt jedoch nicht für Preise und Mengen.

Auch in anderen Sektoren wird den Anbietern eventuell zugestanden, bestimmte Qualitäts- oder Kompatibilitätsstandards, Qualifikationsbarrieren oder Gütesiegel gemeinsam zu definieren und als Marketingargument zu verwenden, ohne dass damit ein Preiskartell akzeptiert werden könnte. Die organisatorische Rolle eines Ligabüros rechtfertigt deshalb in keiner Weise den Wettbewerbsausschluß durch eine Zentralvermarktung.

In etwas generellerer Perspektive erscheinen zwei Ausnahmen akzeptabel. Ein besonders großer wirtschaftlicher Vorteil einer zentralen Vermarktung kann für die Veranstalter dann gegeben sein, wenn eine neue Sportveranstaltungsserie geschaffen wird, die sich erst einmal auf dem Markt der Sport- und Unterhaltungsangebote etablieren muss. Ein solcher wettbewerbspolitisch erwünschter Markteintritt würde evtl. durch eine Zentralvermarktung erleichtert. Aber selbst dann lässt sich eine Zentralvermarktung nur für die Anfangsphase rechtfertigen. Danach sollten sich die kartellierten Parameter auf diejenigen beschränken, die zur erfolgreichen Durchführung und Vermarktung erforderlich sind. Dazu gehören insbesondere die Regeln und Termine.

Zweitens kann die Zentralvermarktung einer Menge von Sportveranstaltungen dann unproblematisch sein, wenn es sich um eine zeitlich und räumlich kompakte Einheit handelt, wie das bei Weltmeisterschaften und Olympischen Spielen der Fall ist.

F. Fazit

Die Zentralvermarktung der Fußball-Bundesliga ist aus ökonomischer Sicht eine massive Wettbewerbsbeschränkung. Es handelt sich um ein Syndikat, das ein resistentes Monopol innehat. Das wesentliche Instrument ist dabei die Minimierung von Live-Übertragungen im Free-TV. Daraus entstehen die üblichen Folgen nicht-bestreitbarer Monopole, nämlich höhere Preise, geringere Mengen und höhere Gewinne (bzw. Erlöse) als unter Konkurrenzbedingungen. Eine gravierende Benachteiligung der Nachfrageseite und eine erhebliche Beeinträchtigung der Konsummöglichkeiten des interessierten Publikums sind die Folge.

Eine so gravierende Wettbewerbsbeschränkung erfordert in einer marktwirtschaftlichen Ordnung eine besonders gute Begründung. Es wird unterstellt, dass nur durch die damit verbundene Umverteilung der Fernseherlöse die sportliche Ausgeglichenheit der Liga gewährleistet werden kann, die ihrerseits das Interesse des Publikums und die Erlöse der Vereine wesentlich beeinflusst. Es ist im einzelnen dargelegt worden, dass alle drei für die Argumentation notwendigen Zusammenhänge zweifelhaft sind und in ihrer Gesamtheit nicht überzeugen können. Falls jedoch die finanzielle Angleichung Vorteile haben sollte, wäre dies durch einen Umverteilungsfond zu realisieren, ohne den Wettbewerb ausschließen zu müssen. Insgesamt kann man sagen, dass die Begründungen für eine Zentralvermarktung bei weitem nicht ausreichen, die durch sie erzeugte Monopolisierung zu rechtfertigen. Dabei sind die konzentrativen Effekte auf die Ebene der Fernsehprogramme noch gar nicht berücksichtigt.

In der irrtümlichen Vorstellung, dem Fußballpublikum einen Gefallen zu tun (während tatsächlich eher das Gegenteil zutrifft), haben die Politiker im Wahljahr 1998 einen neuen Ausnahmetatbestand in das Gesetz gegen Wettbewerbsbeschränkungen eingeführt, der die systemwidrige Monopolisierung gesetzlich legitimiert. Die gesamtwirtschaftliche Analyse zeigt jedoch, dass eine wettbewerbsrechtliche Ausnahmestellung des professionellen Fußballs nicht akzeptabel ist. Gegenwärtig bleibt zu hoffen, dass die EU-Kommission auf diesem Feld den Weg zu mehr Wettbewerb und ökonomischer Effizienz ebnet.

Anmerkungen

1 Vgl. Parlasca, Susanne (1993); Parlasca, Susanne (1999), S. 83–118; Schellhaaß, Horst M. und G. Enderle (1998a), S. 294–300; Schellhaaß, Horst M. und G. Enderle (1998b), S. 297–310; Schellhaaß, Horst M. (2000), S. 27–41; Klodt, Henning (1998), S. 108–114; Kruse, Jörn (1998), S. 24ff.; Quitzau, Jörn (2002).

2 Unter einem Syndikat wird in der Ökonomie ein institutionalisiertes Kartell verstanden, das über eine gemeinsame Verkaufsorganisation verfügt.

3 Der § 2, Satz 1 des Gesellschaftsvertrages der Deutschen Fußball Liga GmbH lautet wie folgt: *„Gegenstand des Unternehmens ist die Führung des operativen Geschäfts des Ligaverbands e.V., insbesondere... die exklusive Vermarktung im eigenen Namen der sich aus der vom DFB an den Ligaverband e.V. und von diesem der Gesellschaft zur Nutzung überlassenen Vereinseinrichtungen Bundesliga und 2. Bundesliga – dazu zählen u.a. die abschließende Verhandlung von Verträgen über die Rechtevergabe von Fernseh- und Hörfunkübertragungen von Spielen der Lizenzligen sowie aller Bild- und Tonträger, künftiger technischer Einrichtungen jeder Art und in jeder Programm- und Verwertungsform gegenüber jedem möglichen Vertragspartner, und von Verträgen über vergleichbare Vermarktungsrechte von erheblichem Umfang.“* Nach Ablauf des bestehenden Fernsehvertrages zwischen dem DFB und der Kirch-Gruppe im Jahr 2003 werden die Fernsehstationen – sofern es bei der Zentralvermarktung bleibt – folglich mit der DFL über die Vermarktungsrechte verhandeln müssen.

4 In der Sommerpause 1999 eskalierte der Konflikt über die Form der Fernsehvermarktung. Während der DFB weiterhin die Spiele der nationalen Ligen zentral vermarkten wollte, drohten zwei der in der jüngeren Vergangenheit erfolgreichsten Vereine (Bayern München und Bayer Leverkusen), den Paragraphen 3 des Lizenzspielerstatutes, welcher damals die Vermarktungsrechte dem DFB zusprach, nicht weiter anzuerkennen. Damit wären nicht alle Bedingungen für die Lizenzerteilung erfüllt gewesen. Der DFB erteilte den beiden Vereinen trotzdem die Lizenzen. Vorübergehend kündigte daraufhin der FC Bayern München an, den Fernsehanstalten den Stadionzutritt für die Heimspiele des FC Bayern zu verbieten und so die Fernsehübertragungen der vom DFB zentral vermarkteten Spiele zu verhindern.

5 Die Zentralvermarktung durch den DFB und die damit verbundene Erlösverteilung wurde vom Vize-Präsidenten des FC Bayern, Karl-Heinz Rummenigge, als „totale Gleichmacherei“ und „Sozialismus“ bezeichnet, der dem deutschen Fußball schade. Nachdem die Vermarktungsrechte auf die DFL übergegangen sind, lobte Karl-Heinz Rummenigge die Zentralvermarktung als Instrument der Solidarität, das die Ausgeglichenheit der Liga sichert. Vgl. hierzu die Interviews im Sportmagazin-Kicker vom 27.05.1999 und vom 12.07.2001.

6 Der Präsident von Borussia Dortmund, Gerd Niebaum, vertrat in einer Anhörung im Europäischen Parlament die Auffassung, die zentrale Vermarktung der Fernsehrechte sei rechtswidrig. Vgl. Franzke, Rainer (2001a), S. 42.

7 Es lag die Vermutung nahe, dass einige Konsumenten die zusammenfassende Fernsehberichterstattung teilweise durch Live-Berichte im Radio zu substituieren und damit die TV-Strategie des Liga-Verbandes zu unterlaufen versuchen würden. Die DFL reagierte darauf präventiv mit einer

Klausel in den Hörfunkverträgen, gemäß derer Live-Berichterstattung im Hörfunk lediglich ab der zweiten Halbzeit gestattet sind. Aufgrund massiver Zuschauerproteste musste die DFL von dieser Regelung bereits nach dem ersten Spieltag wieder Abstand nehmen.

8 Vgl. Bundesgerichtshof (1998), S. 163–170; Bundeskartellamt (1995a), S. 160–174 und Bundeskartellamt (1995b), S. 174–178.

9 Bei der Bundestags-Anhörung zur 6. GWB-Novelle haben sich mit Ausnahme des DFB-Vertreters alle Teilnehmer gegen einen neuen Ausnahmebereich ausgesprochen. Vgl. Deutscher Bundestag (1998).

10 Auch die britische Premier League sowie die Champions League werden zentral vermarktet und haben damit ebenfalls das kritische Interesse der EU-Kommission auf sich gezogen. Gegen die Uefa, welche die Fernsehrechte an der Champions League vermarktet, wurde bereits ein Verfahren eröffnet. Vgl. dazu o.V. (2001), S. 5.

11 Vgl. Bundesgerichtshof (1998), Bundeskartellamt (1995), S. 160–174, Hausmann, Friedrich Ludwig (1994), S. 1089–1095.

12 Falls zum Beispiel fünf Spiele zeitgleich übertragen werden, ist zwar die Gesamtzuschauerzahl deutlich höher als bei nur einem Spiel. Aber für jeden einzelnen Veranstalter ist die durchschnittliche Zuschauerzahl geringer, als wenn er für diesen Zeitslot der einzige Fußballanbieter wäre.

13 Vgl. zu den mikroökonomischen Folgen der Zentralvermarktung ausführlicher Erning, Johannes (2000), S. 142ff.

14 Die relevante Menge X ist die Summe aller x_i (Bundesliga-Fernsehkonsum eines einzelnen Zuschauers i), oder anders ausgedrückt, die Zahl aller gesendeten Bundesliga-Fernsehminuten, multipliziert mit der jeweiligen Sehbeteiligung und aufaddiert.

15 Dies bewirkt außerdem zusätzliche Konzentrationseffekte auf dem deutschen Fernsehmarkt, was hier nur am Rande erwähnt werden soll, für die Entscheidung des Bundeskartellamtes aber von großer Bedeutung war.

16 Vgl. dazu Kruse, Jörn (1991).

17 Vgl. hierzu etwa Wild, Karlheinz (1998), S. 2f.

18 Vierzehn große, renommierte europäische Vereine (sog. „G 14") waren bestrebt, ihr finanzielles Risiko (aufgrund hoher Investitionen in den Spielerkader) zu reduzieren. Während bei dem klassischen Europapokalmodus im K. O.-System ein Ausscheiden nach nur zwei Spielen möglich war, wurde durch die zahlenmäßige Aufstockung der Champions League, die erleichterte Qualifikation und die Einführung einer zweiten Vorrunde die Zahl der garantierten Spiele erhöht. Außerdem spielen einige der Tabellendritten im UEFA-Pokal weiter. Zudem wurde der Qualifikationsmodus zu Gunsten der Ligen mit großen heimischen Märkten verändert. Die Meister kleinerer Ligen müssen sich in Relegationsspielen qualifizieren. Dafür können die großen Ligen bis zu vier Mannschaften in der Champions League starten lassen.

19 Zur Diskussion der Maximierungszielgröße von Sportvereinen vgl. Ferguson, D. G., Stewart, K. G., Jones, J. C. H. und A. Le Drassay (1991), S. 297–310 sowie Sloane, Peter J. (1984), S. 126–137.

20 Außerdem kann man vermuten, dass auch der Umfang nachträglicher Berichte bei Einzelvermarktung insgesamt höher wäre.

21 Vgl. Baimbridge Mark; Cameron, S. und P. Dawson (1996). In den neunziger Jahren haben sich die Erlöse aus dem Ticketverkauf und aus dem Verkauf der Fernsehrechte komplementär entwickelt. Die Erlöse aus dem Eintrittskartenverkauf stiegen von knapp 100 Millionen DM (1990/91) auf 250 Millionen DM (1999/2000). Die Erlöse aus der Fernsehvermarktung stiegen im gleichen Zeitraum von 23 auf 166 Millionen DM. Vgl. dazu Hußmann, Boris; Nickel, L.; Selbach, R.; Süßmilch, I. und A. Thyll (2001), S. 67 und Institut der deutschen Wirtschaft (1997), S. 8.

22 So erzielte die Begegnung Eintracht Frankfurt – Bayern München eine Einschaltquote von 5,85 Mio. Zuschauern, während die Partie Borussia Dortmund – Hertha BSC Berlin von lediglich 5,14 Mio. Zuschauern verfolgt wurde. Gemessen am Fanpotential der Heimmannschaften hätten die Einschaltquoten deutlich zu Gunsten der Partie des Spitzenclubs Borussia Dortmund ausfallen müssen. In der UFA-Fußballstudie 2000 werden die 10 deutschen Vereine mit den meisten Fans aufgelistet. Demnach verfügt der FC Bayern München mit 6,8 Mio. über die meisten Fans, Borussia Dortmund über 4,1 Mio. und Hertha BSC Berlin über 1,6 Mio. Fans. Eintracht Frankfurt gehört nicht zu den Top Ten des deutschen Fußballs und hat damit weniger Fans als der Zehnt-

plazierte der UFA-Studie (Karlsruher SC, 1,4 Mio.). Die Zahlen zeigen, dass die Heimvereine von der Popularität des FC Bayern profitieren. Vgl. UFA Sports GmbH (2000a), S. 74.

23 Selbst das DFB-Pokalspiel zwischen dem Zweitligisten Waldhof Mannheim und Bayern München hatte 6,16 Mio. Zuschauer.

24 Vgl. dazu UFA Sports GmbH (2000a), S. 54ff., insbesondere S. 74f.

25 So verfolgten 2,45 Mio. Zuschauer die Zweitligapartie 1. FC Köln – Borussia Mönchengladbach. Kaum mehr Zuschauer erreichte die Champions League-Begegnung von Hertha BSC Berlin gegen den spanischen Renommierclub FC Barcelona mit diversen Weltstars (2,89 bzw. 2,76 Mio. Zuschauer). Mit weniger Zuschauern als das besagte Zweitligaspiel mussten sich die UEFA-Cup-Partien Werder Bremen – Olympique Lyon (1,61 Mio.) und Atletico Madrid – VfL Wolfsburg (2,18 Mio.) zufrieden geben. Vgl. UFA Sports GmbH (2000b).

26 Zum aktuellen Verteilungsschlüssel vgl. Franzke, Rainer (2001b), S. 12f.

27 Bei Einzelvermarktung sind die Fernseheinnahmen stärker durch andere Faktoren (z.B. das überregionale Fanpotential, die sportliche Leistung, das attraktive Spiel etc.) beeinflusst. Damit haben auch Teams aus kleineren Städten die Chance auf hohe Einnahmen.

28 Vgl. zur Rangstabilität Klodt, Henning (1998), S. 108–114.

29 Dabei muss man berücksichtigen, dass das primäre wirtschaftliche Ziel eines Fußballprofis nicht der sportliche Sieg ist, sondern vor allem ein gut dotierter Vertrag. Danach könnte seine Motivation dadurch geringer werden, dass sein Einkommen nur zu einem geringen Teil vom aktuellen sportlichen Erfolg der Mannschaft abhängig ist.

30 Zur Prognostizierbarkeit von einzelnen Fußballspielen vgl. Niermann, S. (2001). Für einzelne Spiele und Saisonabschlusstabellen vgl. Quitzau, Jörn (2002), Abschnitt 7.4.

31 Exemplarisch seien hier die zahlreichen Meisterschaften von Werder Bremen, Borussia Mönchengladbach und dem 1. FC Kaiserslautern genannt. Diese Mannschaften stammen nicht aus Ballungsgebieten und verfügen über geringe Stadionkapazitäten. Die Beispiele wiegen besonders stark, weil die Titelgewinne überwiegend in die 70er und 80er fallen, als die Erlöse aus dem Kartenverkauf die deutlich dominierende Einnahmequelle waren.

32 Vgl. Schellhaaß, Horst-M. (2000), S. 31ff.

33 Für empirische Befunde vgl. Quitzau, Jörn (2002), Abschnitt 7.4.

34 Vgl. Jennet, Nicholas (1984), S. 176–198; Peel, D. A. und D. A. Thomas (1992), S. 323–331; Frick, Bernd (1997); Czarnitzki, Dirk und G. Stadtmann (1999), S. 99–46.

35 Vgl. Kruse, Jörn (2001), S. 65–81.

36 Z. B. der deutsche Tennis-Boom durch Boris Becker, das gestiegene Formel 1-Interesse durch Michael Schumacher oder am Radsport nach Jan Ulrichs Tour de France-Sieg.

37 Vgl. dazu Kruse, Jörn (2001), S. 65–81.

38 Vgl. Franck, Egon (2001), S. 41–57; Frick, Bernd (2001), S. 75–97; Lehmann, Erik (2000); Lehmann, Erik und J. Weigand (1999), S. 381–409.

39 Vgl. dazu grundlegend Parlasca, Susanne (1999), S. 83–118; Prinz, Alois und A. Vogel (2001), S. 237–270; Erning, Johannes (2000), S. 149ff.; Quitzau, Jörn (2002), Kapitel 8. In den USA werden dazu häufig Kartellierungen und andere Restriktionen auf den Arbeitsmärkten praktiziert. Vgl. allgemeiner El-Hodiri, Mohamed und J. Quirk (1971), S. 1302–1319; Fort, Rodney und J. Quirk (1995), S. 1265–1299.

40 Vgl. allgemein für institutionenökonomische Analysen des professionellen Teamsports Franck, Egon (1995); Franck, Egon (1998); Schellhaaß, Horst M. und G. Enderle (1998a), S. 294–300; Frick, Bernd und G. Wagner (1998), S. 328–343. Vgl. auch Franck, Egon und H. Dietl (2000).

41 Vgl. Neale, Walter C. (1964), S. 1–14; Jennet, Nicholas (1984), S. 176–198; Franck, Egon (1995); Frick, Bernd (1997).

42 Vgl. Schellhaaß, Horst M. (2000), S. 31ff.

43 In den USA sind in mehreren Teamsportarten Ligen entstanden, ohne dass es Verbandsstrukturen im europäischen Sinne gegeben hätte. Allerdings existieren auch dort Formen einer Zentralvermarktung, die ebenfalls wettbewerbspolitisch sehr umstritten sind. Vgl. z.B. Cairns, J.; Jennet, N. und P. J. Sloane (1986), S. 3–80. Die Strukturen der europäischen Champions League im Fußball sind aus den Interessen der Vereine auf höhere Erlöse und bessere Absicherung ihrer Investitionen in Spielerkader (gegen frühzeitiges Ausscheiden in Pokalwettbewerben) entstanden. Vgl. auch Abschnitte C und C.III.

Literatur

Baimbridge, Mark; S. Cameron und P. Dawson (1996), Satellite Television and the Demand for Football: A Whole New Ball Game?, in: Scottish Journal of Political Economy, Vol. 43, No. 3, August 1996, S. 317–333.

Bundesgerichtshof (1998), Originäre Veranstalterrechte, Beschluss vom 11. Dezember 1997, KVR 7/96 – Europapokalheimspiele, in: Wirtschaft und Wettbewerb, 2, S. 163–170.

Bundeskartellamt (1995a), Untersagung der zentralen Vergabe der Fernsehübertragungsrechte an Europapokalheimspielen durch den DFB, Beschluss des Bundeskartellamtes vom 2.9.1994, in: Wirtschaft und Wettbewerb, 2, S. 160–174.

Bundeskartellamt (1995b), Keine Erlaubnis für ein Rationalisierungskartell zur zentralen Vergabe der Fernsehrechte durch den DFB, Beschluss des Bundeskartellamtes vom 2.9.1994, in: Wirtschaft und Wettbewerb, 2, S. 174–178.

Cairns, J.; N. Jennet und P. J. Sloane (1986), The Economics of Professional Team Sports: A Survey of Theory and Evidence, in: Journal of Economic Studies, 13, S. 3–80.

Czarnitzki, Dirk und G. Stadtmann (1999), Uncertainty of Outcome Versus Reputation: Empirical Evidence for the First German Football Division, ZEW Discussion Papers 99–46.

Deutscher Bundestag (1998), Ausschuss für Wirtschaft, Anhörung zur 6. Kartellnovelle am 30. März 1998 in Bonn, Wortprotokoll der öffentlichen Anhörung.

El-Hodiri, Mohamed und J. Quirk (1971), An Economic Model of a Professional Sports League, in: Journal of Political Economy, 79, S. 1302–1319.

Enderle, Gregor (2000), Vermarktung von Fernsehübertragungsrechten im professionellen Ligasport, Schriften zur Rundfunkökonomie 7, Berlin (Vistas).

Erning, Johannes (2000), Professioneller Fußball in Deutschland. Eine wettbewerbspolitische und unternehmensstrategische Analyse, Essen (Verlag für Wirtschaftskommunikation).

Ferguson, D. G., K. G. Stewart, J. C. H. Jones und A. Le Drassay (1991), The Pricing of Sports Events: Do Teams Maximize Profit?, in: The Journal of Industrial Economics, 39, S. 297–310

Fort, Rodney und J. Quirk (1995), Cross-Subsidization, Incentives, and Outcomes in Professional Team Sports Leagues, in: Journal of Economic Literature, 38, S. 1265–1299.

Franck, Egon (1995), Die ökonomischen Institutionen der Teamsportindustrie, Wiesbaden (Gabler)

Franck, Egon (1998), Zur Organisation von Sportligen – Übersehene ökonomische Argumente jenseits von Marktmacht und Kollusion, Freiberger Arbeitspapiere 98/4 (überarbeiteter Nachdruck) TU Freiberg.

Franck, Egon (2001), Das Starphänomen – Drei Erklärungsansätze und ihre Anwendung auf verschiedene Segmente des Unterhaltungsmarktes, in: M. Gaitanides und J. Kruse (Hrsg.), Stars in Film und Sport, Ökonomische Analyse des Starphänomens, HFM-Schriftenreihe Bd. 3, München (Reinhard Fischer), S. 41–57.

Franck, Egon und H. Dietl (2000), Efficiency Interpretations for „Anticompetitive" Practices in Professional Team Sports Leagues, Vortrag auf dem Symposium "The Economics of Professional Soccer", 2./3. Juni 2000 in Berlin.

Franzke, Rainer (2001a), Gerd Niebaum tritt eine Lawine los, in: Sportmagazin Kicker vom 04.06.2001, S. 42.

Franzke, Rainer (2001b), Die Zwei-Klassen-Gesellschaft, in: Sportmagazin Kicker vom 15.11.2001, S. 12f.

Frick, Bernd (1997), Kollektivgutproblematik und externe Effekte im professionellen Team-Sport: „Spannungsgrad" und Zuschauerentwicklung im bezahlten Fußball, Diskussionspapier 2/97, Universität Greifswald.

Frick, Bernd (2001), Einkommensstrukturen im professionellen Teamsport: Eine ökonomische Analyse der Gehälter von „Superstars" und „Wasserträgern", in: M. Gaitanides und J. Kruse (Hrsg.), Stars in Film und Sport, Ökonomische Analyse des Starphänomens, HFM-Schriftenreihe Bd. 3, München (Reinhard Fischer), S. 75–97.

Frick, Bernd und G. Wagner (1998), Sport als Forschungsgegenstand der Institutionen-Ökonomik, in: Sportwissenschaft, 28, S. 328–343.

Hausmann, Friedrich Ludwig (1994), Der Deutsche Fußball Bund (DFB) – Ein Kartell für „Fernsehrechte"?, in: Betriebs-Berater, 16, S. 1089–1095

Hübl, Lothar; H. H. Peters und D. Swieter (Hrsg.) (2002), Ligasport aus ökonomischer Sicht, Aachen (Meyer & Meyer).
Hußmann, Boris; L. Nickel, R. Selbach, I. Süßmilch und A. Thyll (2001), FC €uro AG – Börsengänge europäischer Fußballunternehmen – Chancen für den deutschen Bundesligafußball, WGZ-Bank-Studie, 2. Auflage, S. 61 ff.
Institut der deutschen Wirtschaft (1999), Geschäfte rund um den Ball, in: iwd-Nachrichten, 31, S. 8
Jennet, Nicholas (1984), Attendance, Uncertainty of Outcome and Policy in Scottish League Football, in: Scottisch Journal of Political Economy, Vol. 31, S. 176–198.
Klodt, Henning (1998), Bundesliga ohne Wettbewerb?, in: Die Weltwirtschaft, S. 108–114.
Kruse, Jörn (1991), Wirtschaftliche Wirkungen einer unentgeltlichen Sport-Kurzberichterstattung im Fernsehen", Baden-Baden (Nomos).
Kruse, Jörn (1998), Fußballvermarktung keine Ausnahme: Auch ohne ein Monopol des DFB können kleine Klubs überleben, in: Frankfurter Allgemeine Zeitung vom 7.4.1998, Nr. 82, S. 39.
Kruse, Jörn (2001), Stars als Produkte der Medien, in: M. Gaitanides und J. Kruse (Hrsg.), Stars in Film und Sport, HFM-Schriftenreihe Bd. 3, München (Reinhard Fischer), S. 65–81.
Kruse, Jörn und J. Quitzau (2001), Mehr Wettbewerb bei Fußballrechten, in: Financial Times Deutschland, vom 15.8.2001.
Lehmann, Erik (2000), Verdienen Fußballspieler was sie verdienen? in: Schellhaaß, Horst-Manfred (Hrsg.), Sportveranstaltungen zwischen Liga- und Medien Interessen. Schorndorf (Hofmann).
Lehmann, Erik und J. Weigand (1999), Money Makes the Ball Go Round. Fußball als ökonomisches Phänomen, in: Ifo-Studien – Zeitschrift für empirische Wirtschaftsforschung, 43, S. 381–409.
Neale, Walter C. (1964), The Peculiar Economics of Professional Sports, in: The Quarterly Journal of Economics, 78, S. 1–14.
Niermann, S. (2001), Die Prognose von Spielausgängen in der Fußball-Bundesliga, Diskussionspapier Nr. 247, Institut für Quantitative Wirtschaftsforschung, Universität Hannover.
O. V. (2001), EU kontrolliert Briten-Fußball, in: Financial Times Deutschland vom 30.10.2001, S. 5
Parlasca, Susanne (1993), Kartelle im Profisport, Ludwigsburg.
Parlasca, Susanne (1999), Wirkungen von Sportkartellen: Das Beispiel zentraler Vermarktung von TV-Rechten, in: G. Trosien und M. Dinkel (Hrsg.), Verkaufen die Medien die Sportwirklichkeit, S. 83–118.
Peel, D. A. und D. A. Thomas (1992), The Demand für Football: Some Evidence on Outcome Uncertainty, in: Empirical Economics, 17, S. 323–331.
Prinz, Alois und A. Vogel (2001), Ligastruktur und Finanzausgleich: Einfluss auf Spielstärke und Ausgeglichenheit in der Fußball-Bundesliga, in: A. Prinz, A. Steenge und A. Vogel (Hrsg), Neue Institutionenökonomik: Anwendung auf Religion, Banken und Fußball, S. 237–270.
Quitzau, Jörn (2002), Die Vergabe der Fernsehrechte an der Fußball-Bundesliga, Wohlfahrtsökonomische, wettbewerbspolitische und sportökonomische Aspekte der Zentralvermarktung, Frankfurt (Peter Lang).
Schellhaaß, Horst M. (2000), Die zentrale Vermarktung von Europapokalspielen – Ausbeutung von Marktmacht oder Sicherung des sportlichen Wettbewerbs, in: M.-P. Büch (Hrsg.), Märkte und Organisationen im Sport – Institutionenökonomische Ansätze, Schorndorf (Hofmann), S. 27–41.
Schellhaaß, Horst M. und G. Enderle (1998a), Die zentrale Vermarktung von Europapokalspielen aus ökonomischer Sicht, in: Wirtschaftsdienst, 5, S. 294–300.
Schellhaaß, Horst M. und G. Enderle (1998b), Sportlicher versus ökonomischer Wettbewerb. Zum Verbot der zentralen Vermarktung von Europapokal-Spielen im Fußball, in: Sportwissenschaft, 3–4, S. 297–310.
Sloane, Peter J. (1984), Die Ziele des Sportvereins, in: K. Heinemann (Hrsg.): Texte zur Ökonomie des Sports, Schorndorf (Hofmann), S. 126–137.
UFA Sports GmbH (2000a), UFA-Fußballstudie 2000.
UFA Sports GmbH (2000b), Fußball im Fernsehen (UFA-Fußballposter).
Wild, Karlheinz (1998), Wirbel um die Europaliga, in: Sportmagazin-Kicker vom 23.07.1998, S. 2–3.

Zusammenfassung

Die Zentralvermarktung der Fernsehrechte an der Fußballbundesliga stellt eine gravierende Wettbewerbsbeschränkung dar. Bei einer Einzelvermarktung der Spiele durch den jeweiligen Heimverein würden wesentlich mehr Spiele live in Free-TV gezeigt, als das jetzt der Fall ist. Der Grund liegt nicht nur in dem direkten Interesse der Vereine an den Fernseheinnahmen, sondern auch in den indirekten Wirkungen hoher Fernsehpräsenz, insbesondere den damit einhergehenden höheren Erlösen aus Werbung, Merchandising und Eintrittskartenverkäufen.

Die Vermutung, dass die Liga über eine eventuell zunehmende Differenzierung der Finanzkraft der Vereine ihre sportliche Spannung verlieren und damit die Einnahmen der Liga sinken würden, ist nicht gerechtfertigt. Die Organisation des professionellen Fußballs in einer Liga macht die Spiele für das Publikum zwar attraktiver, rechtfertigt jedoch keine Kartellierung und Monopolisierung auf den Outputmärkten.

Summary

The television rights for professional soccer in Germany have always been sold on a monopolistic basis. This is a severe offence against competition principles and antitrust rules. It infers the well-known efficiency problems of monopolies, i.e. higher prices and reduced quantities, if compared to the competitive market solution where teams conclude individual contracts with broadcasting companies.

It is not convincing to argue that league outcomes would become predictable, if financial differences among the teams would increase as a result of individual contracting. Nor would the product be less attractive to the consumers or the clubs' revenues be reduced. Sports leagues certainly have economic advantages and require institutions setting up and enforcing rules and schedules. This, however, is not a sufficient condition for a monopolization of the output market.

60: Allgemeine Fragen des Absatzes (JEL M30)
014: Volkswirtschaftlicher Rahmen (JEL P00)

When the whole is less than the sum of the parts: The negative effects of central marketing of football television rights on fans, media concentration and small clubs

By Susanne Parlasca and Stefan Szymanski

Overview

- The central marketing of television rights to football matches by an association or league organisation seems quite widely accepted by the public. They are regarded "good monopolists" offering broad TV coverage of football matches and enabling sharing of TV revenue for maintaining a competitive balance among members of a league. This perception contrasts with the intervention of national and European competition authorities against this mode of marketing on the basis of the cartel laws.
- While league organisers suggest that there is only room for additional coverage on pay or pay per view TV the fact that live coverage of German 2. Bundesliga matches are regularly the most popular programme on the free TV channel DSF (1.18 million viewers on average) indicate that there is a considerable unsatisfied demand on free TV.
- By analysing TV coverage and ratings this papers examines the effects of collective selling on fans, small clubs and TV markets which have so far been widely neglected in the public debate. Furthermore, it tests the arguments given in favour of an exemption under competition law.

Received: 31. Januar 2002

Dr. Susanne Parlasca, Bundeskartellamt, Kaiser-Friedrich-Straße 16, 53113 Bonn, Tel.: (49) 228 94 99 485,
e-mail: susanne.parlasca@bundeskartellamt.bund.de. The views expressed are those of the author.
Stefan Szymanski, Imperial College Management School, 53 Prince's Gate, Exhibition Road, London SW7 2PG, UK. Tel : (44) 20 7594 9107, Fax: (44) 20 7823 7685, e-mail: szy@ic.ac.uk

ZfB
ZEITSCHRIFT FÜR BETRIEBSWIRTSCHAFT

A. Introduction

After receiving 65 informal complaints by broadcasters, clubs and national authorities[1], in July 2001 the European Commission sent a statement of objections to the European Football Association (UEFA) challenging the collective selling of television rights to the Champions League under Article 81 (1) EC Treaty. The Commission fears that the current system may increase media concentration, hamper competition between broadcasters and reduce consumer choice.[2] This assessment corresponds with the decisions of several national competition authorities. The German Bundeskartellamt (BKartA), for example, prohibited the central marketing of television rights to European Cup matches by the Deutsche Fußball-Bund (DFB) in 1994.[3] In 1996 the English Office of Fair Trading (OFT) referred to the Restrictive Practices Court three agreements entered into between the FA Premier League (FAPL) and its member clubs, British Sky Broadcasting (BSkyB) and the BBC resulting in joint selling. The court, however, ruled that the restrictions as a whole operated in the "public interest".[4]

Collective selling has an impact on both broadcast markets (by creating a monopoly over the broadcast of matches and, when rights are sold exclusively, limiting competition among broadcasters) and the market for the services of football clubs (and possibly national associations). The usual justification for collective action in sports markets is that it permits an efficient redistribution of resources among teams to maintain a competitive balance. This argument appears widely accepted by the public[5]. Unfortunately this neglects the crucial importance of competition in broadcast markets. Almost the only criticism of the decision by German legislators to exempt sports from competition law came from economists and competition lawyers.[6]

In this paper we set out first to describe the relevant elements of the supply and demand sides, analysing the relevance of the peculiar economics of team sports for collective selling and the importance of football rights to TV companies (2). We then explain the rationale for competition authority intervention in collective selling by considering its negative impacts on fans, the TV landscape and small clubs (3 and 4). Thereafter, we discuss whether collective selling is indispensable for attaining its supposed benefits (5). Section 6 concludes.

B. The supply and demand of football television rights

I. Relevance of the peculiarities of team sports for the assessment of the mode of selling TV rights to league matches

In contrast to any other industry there is no incentive for sports enterprises in team sports (e.g. football clubs) to gain a monopoly position[7] and production can only take place through cooperation between clubs.[8] The forms of *necessary* cooperation required involve agreement upon the sporting rules and their enforcement, championship format and scheduling. This creates a marketable product: "the match" (league or cup).[9] Members of the league share an interest in the existence and viability of their competitors.

It is sometimes argued that the cooperation between members of a league is so close that the league itself forms an integrated company thus making competition law not applicable to the economic rules set between its members[10]. This "single entity" doctrine has enjoyed little success in the courts, even in the US where the doctrine was created.[11] In Europe where teams compete simultaneously in several different competitions this doctrine seems even less apt.[12] Moreover, it is also widely believed that the integrity of championship races requires matches between independent undertakings[13]. Governing bodies in Europe have prohibited cross ownership arrangements among participants in European football competitions.[14]

When independent entities enter into agreements to establish a league competition a key question is where the ownership of the rights to exploit the matches reside. This question is always to be determined on the basis of the relevant national civil law taking into account the fundamental elements of the league in question.[15] In the case of sports leagues the conventional rule has been that home teams enjoy all of the revenue streams from matches staged at their home ground. This principle was straightforward enough when these revenues consisted only of local residents coming to watch a match, but the arrival of broadcasting technologies raised the question of rights ownership anew.

Under German civil law the organiser of an event, that is the entity bearing the organisational and in particular the economic risk of an event, is the owner of the commercial rights to the respective event. In the case of European Cup and league matches it is the home club staging the event. The economic rationale is that the home team bears the economic costs and risks: it rents (or owns) the stadium and bears the organisational costs at the venue.[16] The visiting team does not take part in the event "for free". Its cost are covered by its right to be organiser of the return match. The organisational contribution of the relevant governing body (e.g. UEFA, DFB or FAPL) are not associated with taking any economic risk. All organisational tasks carried out by associations or league organisations result from powers ultimately delegated by the individual clubs. The members of the league pay for these organisational services either directly (e.g. referee cost) or by their contributions. This position has been widely accepted, notably in the United States and the Netherlands[17] where the issue has come to court. However, another legal assignment has been made in France. Under French sports law the organising sports association has the monopoly right to market the events.[18] Commercial rights to home matches of French clubs in European Cup competitions, however seem to have always been attributed to the French home club. In Greece the amended sports law assigned the rights to the home club so that individual selling started from season 2001/2002.[19] In Spain the national authorities have recognised the interest of the visiting team in the broadcast rights of each match. In England, apart from the arena right there is no other evident legal rule establishing the ownership of broadcast rights. Thus it was possible to conduct a lengthy court case about collective selling of FAPL matches while the court remained silent on the issue of who actually owned the rights in question. As far as Champions League matches are concerned, a Swiss court decision in 1994 (based on Swiss cartel law) confirmed that ownership of the original commercial rights of these matches resided with the clubs.[20]

II. Football television rights form a key element for the market success of TV companies

Football is by far the most popular television sport in Germany and the United Kingdom. In 1998 sports rights expenditure in the UK (Germany) was estimated to be $ 793 m ($ 841 m) of which 52% (42%) was spent on football.[21] Football forms a key element in the competition for viewers among television companies. The live coverage and highlight programmes of Bundesliga and Premier League matches, European or national Cup matches are regularly among the Top Ten of the highest rated TV programmes (see table 1).

League matches provide a constant flow of programme (championship series) attracting particularly men in the critical 14–49 age bracket who are consistently targeted by advertisers (brewers, car manufacturers and other sellers of consumer goods). Hence alternative forms of programming, such as movies, soaps or quiz shows represent relatively poor substitutes. Moreover, the situation in Europe is in marked contrast to the United States where four team sports vie for television coverage and at least three (American football (NFL), baseball (MLB) and basketball (NBA)) attract a roughly equivalent degree of interest. In Europe football has virtually no rivals for a significant fraction of potential viewers.

This has created a situation where football matches are of considerable strategic value for TV companies. Rupert Murdoch famously described soccer as the "battering ram" by which pay TV services would penetrate TV markets. Due to the continuous audience interest in televised football TV companies can call the viewers' attention to new forms of television (e.g. pay TV, pay per view TV) or to the programme of new suppliers (newcomers). In 1992 BSkyB concluded its first contract with the FAPL giving BSkyB the exclusive right to live broadcasts of FAPL matches on pay TV over five years, contracts which have been renewed in 1996 and 2000.[22] Similarly, the German premium pay TV channel "Premiere" started with live broadcasts of Bundesliga matches and extended it from 1 match per round via two matches from February 1996 to three Bundesliga matches from 1998/99 season. In 1999 tm 3 acquired the Champions League rights to give its programme a boost. Since the 2000/2001 season the Kirch group tries to push through pay per view TV by offering all Bundesliga matches live.

III. Why does collective selling of broadcast rights constitute a cartel?

Ordinary tickets to watch football matches of the Bundesliga and the Premier League are sold individually by the clubs. By contrast "virtual tickets" to watch football matches on television, together with television rights are almost all marketed centrally[23]. Until the 1990s this monopoly power was counterbalanced by monopsony power on the broadcasting side which was controlled by public monopolies. Even where some broadcasting competition existed competition authorities sanctioned collusion[24]. This meant that any adverse impact of collective selling was not manifested in high prices for rights[25].

When the German and the UK television sector were liberalized strong competition between TV companies for football television rights arose on the demand side. This was manifested in the escalating price of rights. For example, the Football League broadcasting contract signed in 1985 valued live rights at only £ 3.1m per season, but in 1988 a satellite broadcaster entered to the bidding for the first time, and although the terrestrial broadcaster ITV won the rights, they now paid £11m per season. When BskyB won the broadcast rights to the new FAPL in 1992 the price had risen to £49m per season.

While competition emerged among the broadcasters, the restriction of competition among the owners of the television rights (individual teams) persisted. Thus companies competing to acquire TV rights (TV companies or intermediate sports rights agencies) face a single supplier (Deutscher Fußball-Bund (DFB), FAPL or UEFA) that holds all TV rights of the respective league in its hand (see figure 1).[26] As a "hard-core" cartel, the sellers of rights prevent any competition on price or "quality" of TV rights among the clubs as members of the cartel. The cartel agreement specifies that the participants have no right to consider alternative arrangements or to defect from the cartel. Unilateral defectors face the threat of expulsion from the League. It would appear, prima facie, that joint selling clearly infringes the national and European prohibition on cartels, requiring investigation by the competition authorities.[27]

Most cartels operate simply through an agreement to restrict supply of a more or less homogeneous product to the market. Prices are driven up as a result of the limit on supply and profits increased. Football matches are a fairly heterogeneous product and it is not always obvious that it is the restriction of supply that is the object of the cartel. In many cases the league is willing to sell all its matches, but will use its market power to extract rents from the broadcaster. However, this does not mean that collective selling is without any detriments. If television rights were sold individually a multitude of clubs, instead of one cartel organisation, would shape the conditions for using television rights to their matches and set the prices. TV contracts for league matches would no longer look completely alike but would be likely to vary according to the conditions of televising the match and/or covering parts of it. In contrast to homogenous products, which are prone to collusive behaviour, in the case of television rights it is not only quantity (e.g. defined as number of matches televised[28]) that matters but also conditions of coverage as fixed in television contracts. In other words, the quality of the product is crucial for the assessment of television contracts since they are heterogeneous products with enormous variations in price (e.g. live coverage vs. short reports). For example, the relevant quality attributes that determine the value of TV contracts between clubs or their sports rights agency and TV companies may include[29]:

- extent of television coverage (live coverage; duration of reports (15 minutes, 90 seconds), goals only)
- time of coverage (same or next day, not before 10 p.m. the same day)
- number of coverage (once per day, unlimited)[30]
- surrounding programme (news programmes, sports magazines)
- exclusive or non-exclusive coverage (live broadcasts always exclusive, reports may be exclusive or not)
- mode of television (free TV, pay-TV, pay per view-TV).

It is important to bear in mind that a cartel may damage consumer interests not simply by deliberately seeking out to raise prices by restricting choice. Cartel arrangements mimic monopoly, but they seldom do so efficiently since cartels require agreements among its members. If members fail to agree efficient contracts, then consumers are the victims[31].

Fig. 1: Example of cartelised selling of football rights after liberalisation of the TV sector

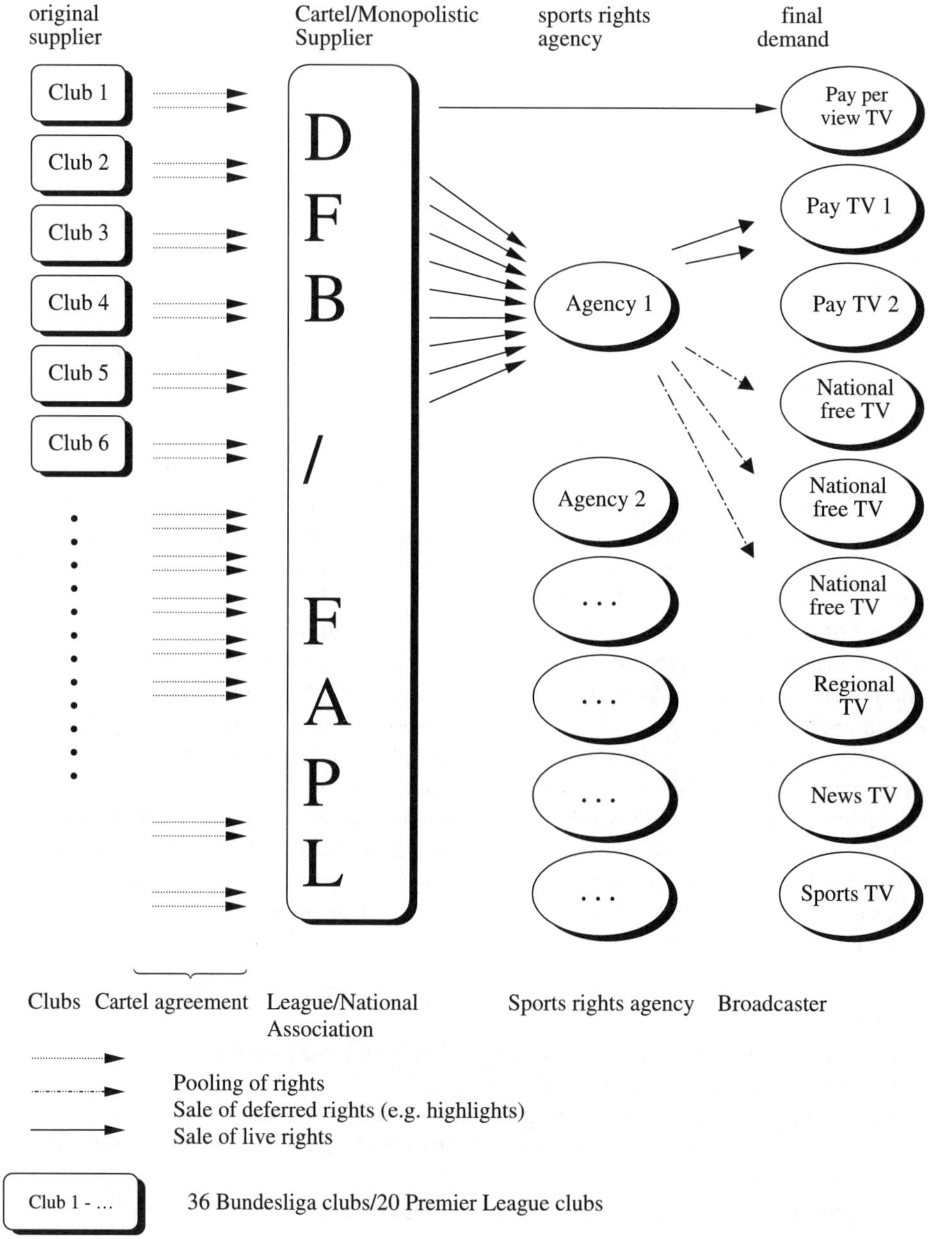

C. Negative effects of central marketing on fans, TV landscape and small clubs

I. Detrimental effects of central marketing on the fans

In practice collective selling in Germany and the UK has led to the restriction of output in terms of the number of matches shown, in the typical fashion of a cartel. Although every minute of a match is filmed and although there is – in contrast to the non-liberalised television era – sufficient room on regional and national television programmes to transmit these highly attractive matches, fans often cannot watch the match they are most interested in. Until the 2000/2001 season 102 out of 306 Bundesliga matches and only 60 out of 380 FAPL matches were transmitted live and only on national pay TV. Since 2000/2001 all Bundesliga matches are shown on pay TV but none on free TV. The size of the loss of consumer surplus can be inferred from the fact that prior to 2000 there were generally five Bundesliga matches transmitted on free TV (Sat 1), attracting the highest weekly audience of Sat1 and typically ranking among the Top 10 programmes of *all* German TV (see table 1).[32] On 23 April 2000, for instance, Borussia Dortmund – Bayern München was the highest ranked programme on Sat 1 and the second highest ranked programme of all German programmes of that week.[33]

In England the restriction on live broadcasting means that even a club such as Manchester United does not have all of its matches broadcast (in a normal season Manchester United would have about a dozen league matches shown live compared to the 38 matches they play). Given that United's home games are sold out every week, they would at least sell all 19 of these games. Other leading clubs such as Liverpool, Arsenal, Leeds, Chelsea and Newcastle are in a similar position. Indeed, in recent years more than 80 % of league matches have been sold out, suggesting that if the clubs were free to sell their own rights individually they would be willing to have many more of their matches shown live on TV.

Similarly UEFA restricts the broadcasting of matches to the Champions League by setting identical kick-off times for all matches (20.45 MESZ). At the same time UEFA excludes to a great extent competition by any other football match (UEFA Cup, national leagues, national Cup competitions etc.) by not allowing any other (inter)national match taking place on those Wednesdays or on Tuesdays after 8 p.m.[36]

As a result of the artificially reduced supply of live TV rights to top division matches TV companies have resorted to friendly matches and tournaments of top division clubs or to live coverage of foreign clubs. Accordingly German viewers could watch on free TV DSF friendly matches such as Hertha BSC – Union Berlin or Middlesbrough – Dortmund or even matches between Bundesliga clubs (Hertha BSC – Hamburger SV) at an Austrian tournament in Zell am See. On Sky Sport football fans are offered live coverage of the Spanish First Division instead of additional FAPL matches.

In a world of individual selling, it seems hard to believe that clubs would not sell more of their live games each season and not sell some of them to free TV providers. These examples suggest that central marketing considerably reduces consumer choice. As a result both the Bundeskartellamt and the OFT have argued that consumers should be able to de-

Tab. 1: Ratings and ranking of football coverage

Football match / highlights programme	Viewers[36] in million	Day	Broad-caster / ranking
Hannover 96 – Eintracht Braunschweig (third division live)	0,7	1997	N3
VfL Osnabrück – VfB Lübeck (third division live)	0,41	1997	N3
FSV Frankfurt–Viktoria Aschaffenburg (fourth division live)	0,22	11.03.98	H3
VfB Stuttgart – Rotterdam (UEFA-Cup first round, first leg live)	2,21	15.09.98	DSF 1
Udinese – Leverkusen (UEFA-Cup, first round, first leg live)	1,21	15.09.98	Eurosport 1
Bayern München – Dynamo Kiew (Champions League live)	8,16	07.12.99	tm3 1 / D[37]
Porto – Hertha BSC Berlin (Champions League (Ch.L.) live)	6,54	08.12.99	tm3 2 / D3
Cottbus – Oberhausen (2. Bundesliga live)	1,31	21.02.00	DSF 1
Borussia Dortmund – Bayern München (Bundesliga live)	7,73	23.04.00	Sat1 1 / D2
Germany – Switzerland (U21-international match)	1,03	25.04.00	DSF 1
Bayern München – Real Madrid (Champ. L., semi-final live)	10,92	09.05.00	tm3 1 / D1
Hertha Berlin – Hamburger SV (friendly tournament, Zell am See)	0,58	20.07.00	DSF 2
Middlesbrough – Borussia Dortmund (friendly)	0,32	06.08.00	DSF 3
Darmstadt 98 – Schweinfurt 05 (third division live)		30.10.00	H3
St. Pauli – Mainz 05 (2. Bundesliga live)	1,19	27.11.00	DSF 1
Schalke – Borussia Dortmund (DFB-Cup, 1/8-final live)	7,79	29.11.00	ZDF 1 / D4
Spartak Moskau – Bayern München (Ch.L. 2nd round live)	6,55	21.02.01	RTL 4 / D5
Darmstadt 98 – VfR Mannheim (third division live)		03.04.01	H3
Bayern München – Hertha BSC Berlin (Liga-Cup, semi-final)	6,64	18.07.01	ZDF 6 / D1
Hertha BSC Berlin – 1.FC Union Berlin (friendly live)	0,32	22.07.01	DSF 4
SC Paderborn – Bayern München (DFB-Cup, first round)	5,33	27.08.01	ARD 9
Dortmund – Dynamo Kiew (Ch.L. first round, match day 5 live)	5,99	24.10.01	RTL 6
Ran (Bundesliga highlights programme)	4,93	27.10.01	Sat1 2

Source: Own overview based on 1998–2001 data published in: „Kabel und Satellit" and „Der Kontakter"

cide, as in other broadcast markets (e.g. films), which matches to watch in which mode in a market where football clubs compete to supply the most attractive products (free TV and/or pay TV and/or pay-per-view TV, live or deferred coverage, long or short reports).[37]

Reduced consumer choice is accompanied by very high advertising prices and/or very high subscriber fees for pay TV and pay per view TV. Either the association (DFB/UEFA), or the league organisation (FAPL) or the sport rights agency that acquires the live rights can bundle, divide or withhold television rights (by not using them) to maximize revenue. In the case of free TV the cartel organisation or its commercial partner can make spectators watch the advertising during transmission and avoid the fragmentation of the audience that would result if transmissions of football partially or completely overlapped. Few Northern and Eastern German people, for instance, would like to watch Bayern München – Dortmund live on pay TV if there were an overlapping live coverage of Hertha BSC Berlin – Hansa Rostock on free TV. Similarly, fewer viewers would like to subscribe to BSkyB's sports channels if they could watch all the home matches of Arsenal and Leeds United live on free TV.

Regarding pay per view TV consumer choice is not completely restricted when all games are transmitted. However, since the pay per view rights were sold to one and the same pay TV company (Kirch group in Germany, BSkyB in UK) subscribers have to pay monopoly prices for watching Bundesliga or FAPL matches. The effect on viewership is substantial: Between 1988 and 1992 an average of 7m viewers watched live English league football on terrestrial TV, while since 1992 the audience for live Sky matches has been around 1m. Presumably the remaining 6m were priced out of the market. If different matches were shown on different pay TV-channels two or more TV companies would have to compete on price to sell their football package. The fact that Kirch group's Bundesliga packages have so far not attracted many new subscribers does not put this assessment into question. It rather indicates that Kirch group has fixed a monopoly price for the season 2001/2002 that is too high to attract an ever larger number of football viewers.[38]

II. Detrimental effects of central marketing on TV landscape

The central marketing of football TV rights does not only lead to excessive prices and reductions of consumer choice but it also considerably impedes market access of small TV companies and sport rights agencies since these companies face only few large suppliers: DFB/FAPL and UEFA (see figure 1). Small sports rights agencies and TV companies are not able to acquire a huge capital-intensive rights package (e.g. live rights to all FAPL matches over 4 years). Furthermore small TV companies are hardly able to pay excessive prices, since they have to calculate strictly economically. In contrast, financially strong broadcasters can easily absorb excessive prices over their total programme and pass it on to their customers.

In Germany, where the television sector is dominated by two television companies (RTL group of Bertelsmann and Kirch group) and – regarding the audience share – two public television companies (ARD, ZDF), central marketing has fostered concentration.[39] Whereas in the United States regional television suppliers were able to grow by purchasing TV rights from local clubs neither national nor regional TV companies have been able to buy football television rights to matches of German or English teams of regional importance. In Germany small TV companies such as TV.Berlin became sooner or later part of Kirch group. This development lead the former chairman of the German Monopoly Commission[40], Carl Christian von Weizsäcker (1998), to the conclusion:

> „Only large media concerns will have the financial power to buy transmission rights en bloc from the Deutscher Fußball-Bund (DFB). Anyone who has media power can consolidate and extend this power in a cartel with the heads of the associations of popular sports. Outsiders to the media business can be kept out."

In 1999 the German free TV provider "tm3", with strong financial backing of its (co-)owner News Corporation, won a 4-year-contract to the Champions League rights which had previously been held by RTL group (free TV rights) and Kirch group (pay TV rights). The deal aimed at substantially increasing the market share of less than 2 % of this small broadcaster (a maximum of less than 2 million viewers regarding the most successful programmes). Several comments in the print and electronic media of Bertelsmann and Kirch group as well as reporters, who had commented on the matches before, suggested that the newcomer was likely to provide low quality coverage of the Champions League. 43 The technical reach of tm 3 (81 %) was also criticized although it was higher than RTL´s technical reach (78 %) when RTL first acquired the TV rights to the Champions League.[42]

After one season, however, the TV rights returned to RTL/Premiere because for Rupert Murdoch of News Corporation a stake in Kirch´s pay TV activities was a better value than taking on considerable losses to build up tm3 (now: "Neun live"). Surprisingly, the reduction of live broadcasts on free TV from one popular match each on Tuesday and Wednesday during the tm3-period to just one Wednesday match under the new RTL/Premiere-coverage was not much criticised in the press although it does not seem to be in the interest of Dortmund, Leverkusen or Schalke fans to miss on free TV Dortmund playing in Porto or Schalke playing in Mallorca or Bayer playing in Barcelona and watch Bayern München – Spartak Moskau instead as was the case on 16 and 17 October 2001 respectively.

The NCAA case in the United States is an example of the positive effects of prohibiting collective selling. In 1984 the Supreme Court prohibited the central marketing of television rights to American football College matches by the National Collegiate Athletic Association (NCAA) which is the umbrella organisation of college sport. The NCAA had claimed that collective selling was necessary to protect live attendance at the matches of weaker teams. The Supreme Court rejected this defence. Prices of college TV rights declined and in the event interest in college football at all levels has expanded significantly since 1984.[43]

The decision in this case is in sharp contrast to the antitrust exemption granted by Congressional lawmakers to professional team sports in the 1961 Sports Broadcasting Act.[44] However, this exemption is widely held not to apply to collective selling to pay TV, effectively preventing the kind of migration from terrestrial to pay TV that we have witnessed in Europe[45]. The greater homogeneity of the American market compared to Europe may also have limited the relative attractiveness of pay TV- the potential advertising market for a national telecast in the US is greater than for most national league matches in Europe. The fact that UEFA has elected to keep at least part of the Champions League broadcasting on terrestrial channels may suggest that they are benefiting from a similar kind of effect. However, the greater susceptibility of national league matches to migration may suggest that an exemption modelled on the Sports Broadcasting Act would represent an improvement on the current highly restrictive arrangements in Germany and the UK.[46]

III. Detrimental effects of central marketing on small clubs

Central marketing may reinforce the popularity of well-known clubs and restricts opportunities for small clubs to win additional fans. As a result of the restriction of output by joint selling only big clubs such as Manchester United, Bayern München or Dortmund regularly appear on television (FAPL or Bundesliga matches, national cup competitions, Champions League).[47] Individual selling of TV rights would lead to a considerable increase in the coverage of small and medium-sized teams that enabled these clubs to gain fans from other regions thus offsetting locational disadvantages (small stadium, small catchment area etc.).[48] Small clubs (e.g. SC Freiburg, Bolton Wanderers) introducing new star players or an exciting style of play can only attract fans outside their home area if they received broad coverage on a regular basis. Press reports and brief highlights are unlikely to create a lasting interest. With individual selling the advertising effect of broader TV coverage can lead to higher ticket revenues and sponsor receipts.[49] In such a world small teams might no longer have to rely on financial solidarity schemes but could to some extent strengthen their financial position themselves. While many people argue that the current system defends the small teams by preventing the big teams from growing stronger, it may in fact be preventing the small teams from competing by focusing all the attention on the established teams[50].

There is no doubt that matches of smaller clubs would be broadcast since there is considerable demand by television companies for those rights. Home matches of small clubs playing big clubs make particularly attractive programming, since the chance of the small team winning is much greater than at the return fixture, and the uncertainty of the match is high. This assessment is confirmed by the audience figures of 2. Bundesliga and Regionalliga matches. The weekly live broadcast of a 2. Bundesliga match by DSF attracts 1.18 million viewers on average.[51] Apart from European Cup matches no other sports programme of DSF draws a higher audience. Even if this audience figure would be divided into three as a result of additional live broadcasts leading to the division of the audience according to their preferences these three programmes would still range among the Top 5 programmes of DSF. Even third division matches can draw more than 400.000 viewers of regional programmes thus making the acquisition of television rights of clubs of lower leagues attractive for regional or small national television programmes (see table 1).[52]

IV. No detrimental effects of broad coverage on football interest or attendance

Clearly if more matches are shown the ratings for the most popular matches may fall, since it is likely that an increased viewership will be spread over a much larger number of matches. Of course such a decline would not provide evidence that viewers have lost interest in televised football. This can be shown using a simple example. Formerly, live coverage of a Bundesliga match on Sat 1 drew an audience of about 10 million spectators (usually a match involving Bayern München, the most popular club in Germany). If there had been a parallel transmission of a second Bundesliga match less than 10 million viewers would have watched the top match because some of them would prefer an alternative match. Furthermore, the alternative match would have attracted additional viewers, i.e. those who are *only* interested in the alternative match because they are neither interested in Bayern München nor its opponent. As a result the ratings per Bundesliga match would drop but the aggregated number of viewers would increase.[53] As in the case of popular TV movies there is no reason why a viewer should refrain from watching football because he or she has a choice.

There is also no evidence that TV coverage of a football match negatively effects its attendance. To the contrary, in accordance with the experience in the UK and the USA increasing broadcasts of 1. and 2. Bundesliga matches have resulted in increasing attendance figures thus confirming the advertising effect of TV coverage.[54] The main reasons why television coverage of league matches does not negatively affect their attendance are:[55]

- only a small fraction of TV viewers, those living within the catchment area of the stadium, can choose between stadium seat and TV chair,
- the atmosphere in the stadium and the opportunity to support the home team are important determinants of ticket demand that cannot be realised by watching a football match on TV which might even not include the home team,
- in the rare case of a conflict of interest for the consumers (following the favourite club vs. the decisive match for the championship race) different kick off-times are possible,
- the stadium may be sold out anyway.

Last but not least, it is up to the club to decide whether or not and to what extent it refrains from selling television rights to protect its stadium attendance and to what extent it reduces ticket prices to maximize total revenue (tickets, TV rights, sponsor receipts, fan articles).

D. Joint selling does not qualify for an exemption under European competition law

I. Criteria for an exemption under Article 81 (3) of the EC Treaty

The Commission can grant an exemption for restrictive agreements under Article 81 (3) of the EC Treaty[56] if they fulfil all of the following four conditions:

(1) The agreement contributes to improving the production or distribution of goods or to promoting technical or economic progress
(2) while allowing consumers a fair share of the resulting benefit.
(3) The restrictions must be indispensable to the attainment of these objectives.
(4) The undertakings must not have the possibility of eliminating competition in respect of a substantial part of the products in question.

There is neither room nor need for a detailed legal analysis in this economic journal. Therefore we will sum up the assessment of possible benefits. The arguments presented so far indicate that joint selling is to the detriment of consumers (reduced choice at higher prices, foreclosure effect on TV markets). The benefits attributed to joint selling are mainly based on the redistribution of TV revenues between league members, between the top league and lower divisions, between the professional leagues and young players. To qualify for an exemption under Article 81 (3) EC Treaty, however, these redistributions have not only to be valid, but the restrictions must be indispensable for their accomplishment. The English Football Task Force argued that if the OFT won its case "there is a strong chance that it would spell the end of re-distribution of income within football."

II. Central marketing not indispensable for revenue sharing among members of the league or other supposed benefits

The main argument for collective selling is that it is indispensable for revenue sharing[57] and thus maintains competitive balance among the teams. Competition authorities have accepted the need for some revenue sharing[58], although there is no evidence that the dominance of European soccer leagues by a small number of (changing) teams has undermined demand (or even that revenue redistribution helps to promote balance, since shared revenues may be pocketed by the owners).

In practice smaller clubs could realize high television revenues for their home matches under individual selling:

- Sporting success creates nationwide interest
- Every home team plays attractive opponents
- Almost every match is of significance (championship, qualification for European competition, relegation, derby, star players)
- Income alone does not determine league standing, a team may have a chance to qualify for European competition or a promotion place by hiring and developing young players, by building a cohesive team, by better training and management, or even by pure luck
- A club may have a strong backing in its region (e.g. Kaiserslautern or Sunderland)

While large revenue teams tend to dominate, it may be that there is sufficient turnover in league standings from year to year to maintain competitive edge, particularly with more than 10 % of teams relegated each season (i.e. 3 out of 18 or 20) even if there were no revenue sharing at all.

A reasonable degree of revenue sharing to promote competitive balance can be realized without collective selling. Revenue sharing arrangements can easily be integrated in the general rules governing the league´s operation with sanctions against teams that refuse to contribute, although the self interest of professional teams (insurance effect, need for competitors) should in any event make them agree to some form of revenue distribution. The fact that Italian Serie A clubs or German clubs qualified for European Cup matches agreed on the redistribution of individually sold television rights underlines the willingness of professional clubs to share revenue.[59] Under FAPL rules a redistribution scheme would require the support of only 13 clubs to become compulsory. In the UK FAPL case the clubs claimed that in the absence of collective they would fail to reach agreement on means to redistribute income- but restraints cannot be accepted simply because the clubs declare they will refuse to agree alternatives. Similarly, some institutional economists point out that joint selling allows for a reduction of transaction cost. However, this defence would be applicable to any cartel and would not normally be considered to outweigh the social costs of cartel behaviour.[60]

Another justification sometimes advanced for collective selling is that it promotes investment- either in facilities[61] or in playing talent. These arguments have little basis in economics. As far as investment in facilities is concerned, it is clearly not appropriate to cross subsidise one activity (selling tickets to live matches) out of monopoly profits from another. If consumers want better facilities then they will be willing to pay for them and stadium investments will be self funding. If they do not, then this is simply an inefficient diversion of economic resources. As far as investment in players is concerned, one should first consider whether the money is just attracting players from other regional football markets- in which case Peter is being robbed to pay Paul to abandon his loyal fan Paolo. If the money is spent to develop new talent, there is little evidence that young athletes were formerly backing away from a career in football because the rewards were too low, while investment in training facilities has always lagged behind the dissipation of rents in the transfer market.

Another argument presented is that collective selling is required to enable the members of a league to put together an attractive bundle of games for a potential broadcaster. According to this story, clubs would be unable to co-ordinate any package in a world of individual selling. But that is much too sweeping a statement. Other forms of coordination between economically competing clubs will be subject to antitrust scrutiny, but might be permitted if they can be shown to be strictly necessary to providing an attractive package of matches without distorting competition in broadcast markets.

Organizers of the less popular team sports, such as handball, are worried that individual selling for football would imply individual selling for them as well. While there seems little to be gained by exempting sports from antitrust laws, it must be clear that any small sport that can sign an exclusive contract with a broadcaster to promote its sport on TV could well offer consumers more choice than enforced individual selling that might not attract any broadcaster. In such a case the competition authorities would have to distinguish whether an agreement was likely to increase or restrict competition and consumer choice.[62]

E. Conclusions

In this paper we have argued that collective selling of TV rights to football competitions such as the Bundesliga, FAPL and the Champions League represents a substantial restriction on consumer choice and has considerable negative effects on the broadcast markets and on small clubs. Central marketing of television rights means that fans cannot choose which matches they view or have to pay monopoly prices (or both). In contrast, individual selling would ensure that the matches shown and the extent and mode of their coverage is determined by the consumers, not by a cartel.

Collective selling of football TV rights has fostered media concentration in Germany, backed up media concentration in England and restricted the growth of small and medium-sized clubs. There is considerable unsatisfied demand for live coverage on pay and free TV.

The arguments given for an exemption of collective selling under Article 81 (3) EC Treaty are not valid, since forming a hard core cartel (exclusion of any competition on price and conditions) is not indispensable, neither for the purposes of revenue redistribution nor the development of young players. Clubs can and should compete on the sale of "virtual tickets" (television rights) as they already do on ordinary tickets. Numerous examples have shown that the peculiar economics of team sports will always keep professional clubs willing to share revenue, even if this avenue is blocked off.

In the UK and Germany the competition authorities have already challenged collective selling in the courts. In the German case the competition authority won, but the German parliament subsequently issued an antitrust exemption. In the UK the competition authority lost its challenge- although this took place under the old competition law which was not harmonized with EU law- now that that harmonization has taken place the result of a new challenge might be more in line with the German decision. Collective selling, particularly for Champions League rights is currently under challenge by the European Commission. The final decision in this case will have significant implications for the welfare of clubs, broadcasters, and above all consumers.

Endnotes

1 See o.V. (2001).
2 See European Commission (2001a, 2001b).
3 BGH WuW/E DE-R 17, WuW/E OLG 5565, WuW/E BKartA 2682. The decisions concern the central marketing by the DFB of TV rights to UEFA-Cup matches and the qualifying matches for the Champions League.
4 For an analysis of the ruling of the UK Restrictive Practices Court (1999) see Szymanski (2000).
5 Even though collective selling of match tickets would not be tolerated.
6 See Kruse (2000), Klodt (1998), Monopolkommission (1998) and von Weizsäcker (1998). At the hearing for the overall amendment of the German competition law apart from the DFB no other participant argued in favour of an exemption for sport. See Deutscher Bundestag (1998).
7 See Neale (1964).
8 See Frick (1997).
9 For a detailed analysis see Parlasca (1993), pp. 5–14.
10 See e.g. Roberts (1984), pp. 286–87
11 See Fikentscher (1995) and Fleischer (1996), pp. 477 ff. Heermann (1997) tried to establish the single entity-doctrine on the basis of the German law governing groups of companies. His approach was rejected by the Bundesgerichtshof (= German Supreme Court, BGH) in the DFB case. See BGH WuW/E DE-R 17.
12 Hoehn/Szymanski (1999) review the differences between North American and European team sports.
13 For examples of leagues that failed because the participating teams were not independent undertakings see Scully (1989), p. 4 and Noll (1991), pp. 22–23. Recently some small leagues (in economic terms), such as Major League Soccer, NFL Europe League and XFL have adopted a single entity structure. None of these have been very successful. XFL failed after one season. See Knop (2000) and Kazda (2001).
14 See § 16c DFB-Satzung. Kipker (2000) discusses the influence of media enterprises and sports rights agencies on clubs. UEFA modified its rules when three clubs, in which the English investor Enic held a stake, had qualified for the European Cup Winners´ Cup in 1997/98. See Franck/Müller (1998), p. 134. In 1999 UEFA made a request for negative clearance or for exemption pusuant to Article 81 (3) of the EC Treaty for its rule on the integrity of the UEFA club competitions and the independence of clubs. See OJ C 363 of 17 December 1999, pp. 2–4.
15 See European Commission (1998).
16 See also Hausmann (1994), p. 1091.
17 The 18 Dutch first division clubs have applied for an exemption under the Dutch competition law whose provisions are similar to Article 81 of the EC Treaty.
17 See Röthel (2001), p. 91.
19 See Ikonomu (2001). Currently TV rights to first division matches are also individually sold in Spain, Italy (pay TV) and Mexico.
20 See Richteramt III Bern, decision of 23 September 1994. The Swiss sports rights agency CWL

Telesport, that had acquired the TV rights to European Cup matches from Steaua Bukarest, filed a court case against UEFA's central marketing of the commercial rights to the Champions League matches. CWL won the case. After few weeks the parties settled the case. See Sport-Informationsdienst (1994a) and Sport-Informationsdienst (1994b).

21 See Kagan's European Media Sports Rights (1999).

22 See e.g. Cave and Crandall (2001).

23 Exceptions include UEFA Cup matches, qualifying matches for the Champions League, the old European Cup Winners' Cup matches, the old European Champions' Cup and friendlies. For an overview over the developments of European Cup competitions see Kipker/Parensen (1999).

24 In 1978 the UK's Office of Fair Trading upheld the right of the BBC and ITV to negotiate jointly with the Football League, thus eliminating competition.

25 However, there were probably other detriments, such as a refusal of the League to extend live broadcasting or develop innovative services, which served no collective interest but might have occurred in a competitive environment to the benefit of consumers.

26 There is some competition in the form of friendlies, qualifying matches for the European Championships and World Cup and the matches in the Finals of these competitions. However, these are too irregular and infrequent to constitute an adequate substitute.

27 Article 81 (1) of the EC Treaty prohibits agreements between undertakings and decisions by associations of undertakings which have as their object or effect the prevention, restriction or distortion of competition. The Gesetz gegen Wettbewerbsbeschränkungen (GWB) and the UK Competition Act contain similar provisions.

28 By concentrating exclusively on quantity aspects Schellhaaß/Enderle (1998, p. 298) are unable take into consideration any negative effects of joint selling on the quality of TV contracts.

29 For a comprehensive overview of the relevant elements of TV contracts see Parlasca (1999), pp. 89–90.

30 In 1997/98 the public broadcaster ARD paid 18.4 million DM (9.4 million Euro) for the following TV rights to Bundesliga matches to be used in its news programme „Tagesschau" at 8.00 p.m.: Maximum coverage of 4 minutes in total for three matches with the coverage of each of these matches not exceeding 90 seconds. See Sport-Informationsdienst (1997b).

31 Hence the old joke „Q. What is worse than a monopolist? A. A group of monopolists". Ross and Szymanski (2000) discuss an example from the FAPL case: The League claimed that they restricted the number of matches shown live to 60 out of the 380 played principally because they believed that more broadcasting would adversely affect attendance. However, after a great deal of statistical evidence was laid before the court, it concluded that no weight could be attached to this argument. But it was accepted on all sides that broadcasters would pay extra money to broadcast live matches; hence it would appear that the League as a cartel were failing to reach an agreement that was interest of all.

32 For further examples of the restrictions on the supply of live matches by the DFB see Parlasca (1999), p. 91.

33 Similarly DFB Cup matches as well as Liga Cup matches broadcast live on free TV are ranked among the most popular German programmes in the respective week. See the examples of Schalke-Dortmund on 29 November 2000 (DFB Cup) and Bayern München – Hertha BSC Berlin on 18 July 2001 (Liga Cup).

34 Viewers from 3 years

35 Highest rating of tm3 in that week (tm3 1), second highest rating of all German programmes of that week (D2)

36 See Sander (1999). The restriction of kick off-times is to the detriment of small and medium-sized clubs. In one week of November 2000, for instance, five German clubs had to squeeze their UEFA Cup matches in on a single Thursday (16th). See Zorn (2000).

37 See Bundeskartellamt (1998), p. 2

38 In September 2001 subscriber fees for German pay TV were reduced after the attempt to strengthen pay TV by reducing alternatives (limitation of radio live coverage to 40 minutes, presenting highlights at 5.30 p.m. on pay TV while postponing free TV highlights from 6.30 p.m. in 2000/2001 to 8.15 p.m. in 2001/2002) had failed: Due to the postponement of the Bundesliga highlight programme viewer interest dramatically dropped from 4.98 million viewers on aver-

age in 2000/2001 to less than 2 million at the beginning of 2001/2002 season. See UFA Sports GmbH (2001) and Huber (2001).

29 The market leaders Bertelsmann and Kirch continuously increased their share on the market for television advertising to 85.2% (Kirch group 48.8%, RTL group 36.4%, ARD and ZDF 8.4%, others 6.4%). See Monopolkommission (2000), Chapter V. RTL group comprises: RTL, RTL2, Super RTL, Vox, Kirch group comprises: Sat1, Pro Sieben, Kabel 1, DSF, TV.Berlin, tv.münchen, Hamburg 1, N24, Premiere.

40 The German Monopoly Commission is an independent advising body on competition issues.

41 In addition, media power to some extent accompanied by considerable financial compensation made well-established commentators and football experts not to change from the market leaders to tm 3.

42 See Zorn (1999) and Magenheim-Hörmann (1999).

43 See Leepson (1984), pp. 661 ff. and Ross (1998).

44 The Sports Broadcasting Act 1961 applies only to free TV rights ("sponsored telecasting"), and its principal beneficiaries are the four professional leagues: National Football League (NFL), Major League Baseball (MLB), National Basketball League (NBA) and National Hockey League (NHL).

45 While the NFL-Commissioner stated in a Hearing the "sponsored telecasting" does not include pay TV (see Anderson 1995), p. 954, footnote 79) today it is sometimes argued that other forms of exploitation of television rights are included in this term.

46 Prices for TV rights to NFL- and MLB-matches exploded as a result of the first league covering contract. TV revenue per NFL-team increased from 1963 to 1964 from $ 383.000 to $ 1.061.000. The TV revenues of Major League Baseball stemming from national TV rights tripled by rising from $ 1.7 million in 1964 to $ 5.9 million in 1965. See Horowitz (1974), pp. 287–288.

47 See Parlasca 1999, pp. 96–97 for examples showing that high ratings of the coverage of leading league clubs and Bundesliga clubs were assured by restricting the coverage of small clubs (e.g. Kaiserslautern) and minor league clubs (e.g. Eintracht Trier) respectively.

48 See Kruse (1998)

49 In many cases it can even make sense economically for small teams or less popular sports to offer their TV rights for free or absorb some of the TV production cost if this helps to 306,775 Euro production cost to enable live coverage of the table tennis Bundesliga matches. See Sport-Informationsdienst (1997a).

50 In fact, under the 1988–92 broadcasting contract of the English Football League there was a secret agreement between ITV and the big five clubs of the time (Manchester United, Liverpool, Arsenal, Tottenham and Everton) that at least one of these teams would be covered every week.

51 See UFA Sports GmbH (2001).

52 In 1997 the 3rd league matches of Hannover 96-Eintracht Braunschweig and VfL Osnabrück-VfB Lübeck attracted 700,000 and 410,000 viewers of N3 (= regional programme of Northern Bundesländer) respectively. In 1998 the Oberliga match of FSV Frankfurt – Viktoria Aschaffenburg (4th division clubs) attracted as much as 220,000 viewers on H3 (= regional programme of Hesse). In 2000 and 2001 H3 broadcast live some third division matches (e.g. Darmstadt 98 – Schweinfurt and Darmstadt – VfR Mannheim).

53 Empirical evidence provides the 1st round of the UEFA Cup 1998/99. The aggregate number of viewers of the parallel transmission of Stuttgart – Feyenoord Rotterdam on DSF and Udinese – Leverkusen on Eurosport exceeded the numbers of the return match Udinese – Leverkusen with no parallel live coverage of the sensational win of Stuttgart in Rotterdam. Only after 11 p.m. could Stuttgart fans enjoy a report of "their" match.

54 On the UK and German experience see Baimbridge et al (1996) and Lehmann/Weigand, p. 115 respectively. For a detailed analysis of the advertising effect see Kruse (1991, 2000).

55 For a comprehensive analysis see Parlasca (1993), pp. 61–63 and 151–153.

56 §§ 2–8 GWB and the UK Competition Act contain similar provisions.

57 Franzke (2001) describes the complex redistribution formula of the TV revenues of Bundesliga matches that will amount to 900 million DM (460 Euro) in the season 2003/2004.

58 See the report of the BKartA's former president Wolf (2000), BKartA (1998) and EG-Kommission (1998).

59 The Serie A clubs agreed on pay TV and ticket revenue sharing between the home and away club of 82%-18%. As a result of the BGH-decision German clubs had to sell their television rights to UEFA Cup home matches and Champions League qualifying rounds individually and not via the DFB. They agreed on paying 30% of their TV revenue to a pool that was to be redistributed between Bundesliga and 2. Bundesliga teams not taking part in an European competition. As the Champions League grew to four participants the fund was reduced since it would have been to the detriment to small and medium-sized clubs participating in the UEFA Cup. See Capone (1998), Franzke (1998, 1999).
60 See Kruse (2001), pp.27–28 and the literature given there.
61 See e.g. UK Restrictive Practices Court Judgment (1999).
62 See also Hannamann / Vieweg (1997), p. 69.

References

Anderson, D. L. (1995): The Sports Broadcasting Act: Calling It What It Is – Special Interest Legislation, in: Entertainment Law Journal, 17, pp. 945–959.

Baimbridge M., Cameron S. and Dawson P. (1996) "Satellite Television and the Demand for Football: A Whole New Ball Game?" Scottish Journal of Political Economy, 317–333

Bundeskartellamt (1998): Hintergrundinformation zur Diskussion um einen Ausnahmebereich „Sport" im Kartellrecht, Berlin, Februar.

Capone, A. (1998): Nasce lo stadio virtuale, in: Gazetta dello Sport, 9 April.

Cave, M. and Crandall, R. (2001): Sports Rights and the Broadcasting Industry, in: Economic Journal, 111, pp. F4–24.

Deutscher Bundestag (1998): Ausschuss für Wirtschaft. Anhörung zur 6. Kartellnovelle am 30. März 1998 in Bonn. Wortprotokoll der öffentlichen Anhörung.

EG-Kommission (1998): Stellungnahme zur Öffentlichen Anhörung zur 6. Kartellnovelle am 30. März, in: Deutscher Bundestag (1998), pp. 305 ff.

European Commission (1998): Broadcasting of Sports Events and Competition Law, in: Competition Policy News Letter, 2 June, pp. 18–28.

European Commission (2001a): Commission opens proceedings against UEFA's selling of TV rights to UEFA Champions League, press release IP/01/1043, 20 July

European Commission (2001b): The UEFA Champions League Background Note, MEMO/01/271, 20 July

Fikentscher, A. (1995), Kartellrecht im Sport – Ökonomische und rechtsvergleichende Betrachtungen, in: Sport und Recht, 4, pp. 149 ff.

Fleischer, H. (1996): Absprachen im Profisport und Art. 85 EGV, in: Wirtschaft und Wettbewerb, 6, pp. 473–485.

Franck, E. and Müller, J. C. (1998): Kapitalgesellschaften im bezahlten Fußball, in: Zeitschrift für Betriebswirtschaft, Ergänzungsheft 2, pp. 121–140.

Franzke, R. (1998): 30% für den Liga-Pool, in: Kicker, 22 May.

Franzke, R. (1999): Hoher Solidaritätsbeitrag der Europacup-Teilnehmer, in: Frankfurter Allgemeine Zeitung, 15 July, p. 45

Franzke, R. (2001): Der Erste kassiert ab, in: Kicker, 8 February, p. 21.

Frick, B. (1997): Kollektivgutproblematik und externe Effekte im professionellen Team-Sport: "Spannungsgrad" und Zuschauerentwicklung im bezahlten Fußball, Diskussionspapier 2/97 der Ernst-Moritz-Arndt-Universität Greifswald, Greifswald.

Gilbert, R. and Flynn, M. (2001): An Analysis of Professional Sports Leagues as Joint Ventures, in: Economic Journal, 111, F27-F46.

Hannamann, I. and Vieweg, K. (1997): Soziale und wirtschaftliche Machtpositionen im Sport – Rechtstatsächliche Situation und (kartell)rechtliche Grenzen, in: Württembergischer Fußballverband (Hrsg.), Sport, Kommerz und Wettbewerb, Schriftenreihe Nr. 40, Wangen/Allgäu, pp. 49–83.

Hausmann, F. L. (1994): Der Deutsche Fußball Bund (DFB) – Ein Kartell für „Fernsehrechte"?, in: Betriebs-Berater, 16, pp. 1089–1095.
Heermann, P. W. (1997): Der Deutsche Fußballbund (DFB) im Spannungsfeld von Kartell- und Konzernrecht, in: Zeitschrift für Handels- und Wirtschaftsrecht, 161, pp. 665–714.
Hoehn, T. and Szymanski, S. (1999): The Americanization of European Football, in: Economic Policy 28, pp. 205–240.
Horowitz, I. (1974): Sports Broadcasting, in: Noll, R:G., Government and the Sports Business, Washington, pp. 275–323.
Huber, J. (2001): "Ran" wieder an der Tabellenspitze, in: Der Tagesspiegel, 6 November.
Ikonomu, N. (2001): Panathinaikos jagt Olympiakos, in: Kicker, 20 September, p. 28.
Kazda, L. (2001): Das Wanderarbeitssystem im Football, in: Frankfurter Allgemeine Zeitung, 11 June, p. 45.
Kagan's European Media Sports Rights (1999): Kagan World Media Ltd: London.
Kipker, I. (2000): Die Beziehung von Sport und Medienkonzernen – Eine ökonomische Analyse der deutschen Fußball-Bundesliga, in: Schellhaaß, H. M. (ed.): Sportveranstaltungen zwischen Liga- und Medieninteressen, Schorndorf, pp. 41–62.
Kipker, I. and Parensen, A. (1999): Strukturierungsprobleme europäischer Fußballwettbewerbe am Beispiel der Champions League und der European Super League, in: Betriebswirtschaftliche Forschung und Praxis, Heft 2, pp. 136–150.
Klodt, H. (1998): Bundesliga ohne Wettbewerb?, in: Die Weltwirtschaft 1, pp. 108–114.
Knop, C. (2000): Wrestling-Liga will American Football zur großen Schau machen, in: Frankfurter Allgemeine Zeitung, 4 December, p. 24.
Kruse, J. (1991): Wirtschaftliche Wirkungen einer unentgeltlichen Sport-Kurzberichterstattung im Fernsehen, Baden-Baden.
Kruse, J. (1998): Stellungnahme zur 6. GWB-Novelle, 30 March, in: Deutscher Bundestag, pp. 251 ff.
Kruse, J. (2000): Sportveranstaltungen als Fernsehware, in: Schellhaaß, H. M. (ed.): Sportveranstaltungen zwischen Liga- und Medieninteressen, Schorndorf, pp. 15–39.
Leepson, M. (1984): New Era in TV Sports, in: Editorial Research Reports, pp. 655–672.
Lehmann, E. and Weigand, J. (1998), Wieviel Phantasie braucht die Fußballaktie?, in: Zeitschrift für Betriebswirtschaft, Ergänzungsheft 2/98, pp. 101–120.
Magenheim-Hörmann (1999): Enorm hohe Ablösesumme, in: Der Tagesspiegel, 5 May.
Monopolkommission (2000): Wettbewerbspolitik in Netzstrukturen, 13. Hauptgutachten 1998/99, Bonn.
Neale, W. C. (1964): The Peculiar Economics of Professional Sports, in: Quarterly Journal of Economics, 78, pp. 1–14.
Noll, R. G. (1991): Professional Basketball: Economic and Business Perspectives, in: Staudohar, P. D. and Mangan, J. A. (eds.), The Business of Professional Sports, Urbana and Chicago, pp. 18–47.
o.V. (2001): Monti geht gegen UEFA vor, in: Financial Times Deutschland, 23 July.
Parlasca, S. (1993): Kartelle im Profisport, Ludwigsburg und Berlin 1993.
Parlasca, S. (1999): Wirkungen von Sportkartellen: Das Beispiel zentraler Vermarktung von TV-Rechten, in: Trosien, G. and Dinkel, M. (eds.): Verkaufen Medien die Sportwirklichkeit?, Aachen, pp. 83–118.
Parlasca, S. (2000): Eine wettbewerbspolitische Analyse der zentralen Vermarktung von Sportrechten, Korreferat zu Gregor Enderle, in: Schellhaaß, H. M. (ed.): Sportveranstaltungen zwischen Liga- und Medieninteressen, Schorndorf, pp. 89–95.
Roberts, G. R. (1984): Sports Leagues and the Sherman Act: the Use and Abuse of Section 1 to Regulate Restraints on Intraleague Rivalry, in: UCLA Law Review, 32, pp. 219–301.
Röthel, A. (2001): Das Recht der französischen Sportvereine und Sportverbände, in: Zeitschrift für Sport und Recht, pp. 89–92.
Ross, S. (1998): Verbot der zentralen Vermarktung bringt nur Vorteile, in: Frankfurter Allgemeine Zeitung, 3 January, p. 19.
Ross, S. and Szymanski, S. (2000): Necessary Restraints and Inefficient Monopoly Sports Leagues, in: International Sports Law Review, 1, pp. 27–28

Sander, R. (1999): Champions League am Dienstag und Mittwoch, in: Kicker, 26 April.
Schellhaass, H.-M. and Enderle, G. (1998): Die zentrale Vermarktung von Europapokalspielen aus ökonomischer Sicht, in: Wirtschaftsdienst, pp. 294–300.
Scully, G. W. (1989): The Business of Major League Baseball, Chicago and London.
Sport-Informationsdienst (1997a): Tischtennis-Bundesliga zahlt für Fernsehübertragungen, in: Frankfurter Allgemeine Zeitung, 3 November, p. 40.
Sport-Informationsdienst (1997b): DFB kassiert von ARD und ZDF 42,4 Mio. DM, in: Die Welt, 13 November.
Sport-Informationsdienst (1998a): Nach dem Berner Urteil: Champions League in Not, in: Frankfurter Allgemeine Zeitung, 19 November.
Sport-Informationsdienst (1998b): Streit um Vermarktung der Champions League beigelegt, in: Frankfurter Allgemeine Zeitung, 16 December.
Szymanski, S. (2000): Hearts, Minds and the Restrictive Practices Court, in: S. Hamil, Michie, J., Oughton, C. and Warby, S. (eds.): Football in the Digital Age, Mainstream.
Szymanski, Stefan (2001): Competitive Balance and Income Redistribution in Team Sports, Imperial College Management School discussion paper, London.
UK Restrictive Practices Court (1999) "In The Matter Of An Agreement Between The Football Association Premier League Limited And The Football Association Limited And The Football League Limited And Their Respective Member Clubs" 1996, No.1 (E&W). Judgement handed down on 28th July 1999.
UFA SPORTS GmbH (2001): Poster Fußball im Fernsehen – Events, Reichweiten, Zielgruppenstruktur, Hamburg.
Von Weizsäcker, C. C. (1998): Keine Medienmacht für den Fußballbund, in: Frankfurter Allgemeine Zeitung, 18 February, p. 17.
Wolf, D. (2000): Zentrale Vermarktung oder Einzelvermarktung von Mannschaftssport im Fernsehen? Die Sicht des deutschen und europäischen Kartellrechts, Arbeitspapiere des Instituts für Rundfunkökonomie an der Universität zu Köln 125, Köln (www.rrz.uni-koeln.de/wisofak/rundfunk).
Zorn, R. (1999): Die Champions League als Seh-Hilfe für TM 3 – Eine Sportredaktion wird noch gesucht, in: Frankfurter Allgemeine Zeitung, 5 May.
Zorn, R. (2000): Ausnahmsweise drei Spiele am Sonntag, in: Frankfurter Allgemeine Zeitung, 16 November, p. 46

Summary

The collective selling of TV rights to Bundesliga, Premier League and Champions League matches constitutes a hard core cartel leading to a substantial restriction of consumer choice and negatively affecting small clubs. Moreover, since football rights are a key factor for attracting viewers to a programme joint selling considerably distorts competition on broadcast markets to the benefit of few large TV companies thus also negatively affecting viewers not at all interested in sports.

With individual selling of football rights consumers would decide – as they do in other broadcast markets (e.g. films) – which matches to watch in which mode in a market where football clubs compete to supply the most attractive products (free TV and/or pay TV and/or pay-per-view TV, live and/or deferred coverage, long and/or short reports).

Last but not least the arguments given for an exemption of collective selling under European cartel law have proved to be not valid. Forming a cartel to sell "virtual tickets" is not indispensable for the functioning and viability of football leagues, neither for achieving reasonable revenue distribution among the members of a league nor for the development of young players.

Zusammenfasssung

Bei der zentralen Vermarktung von Fernsehrechten an Bundesliga-, Premier League- und Champions League-Spielen handelt es sich um ein "hard core"-Kartell, das die Konsumentenfreiheit beträchtlich einschränkt und zum Nachteil kleiner Clubs wirkt. Aufgrund der magnetischen Wirkung von Fußball im Fernsehen und der damit verbundenen hohen Einschaltquoten verzerrt die Zentralvermarktung den Wettbewerb auf den TV-Märkten zugunsten einzelner großer TV-Unternehmen, so dass letztlich auch am Sport nicht interessierte Zuschauer beeinträchtigt werden.

Bei einer individuellen Vermarktung der Fernsehrechte durch die Clubs würden die Konsumenten – wie in anderen Programmbereichen (z.B. Spielfilme) – entscheiden, welches Spiel in welcher Form übertragen wird (free TV und/oder pay TV und/oder pay per view TV, Live- oder zeitversetzte Berichterstattung, lange oder kurze Berichte).

Die Argumente, die für eine Freistellung der Zentralvermarktung vom Kartellverbot vorgetragen werden, vermögen nicht zu überzeugen: Zum einen ist die Bildung eines Kartells zum Verkauf „virtueller Eintrittskarten" für die Funktions- und Lebensfähigkeit von Fußball-Ligen keineswegs unerlässlich. Zum anderen lässt sich sowohl ein angemessener Erlösausgleich zwischen den Ligamitgliedern als auch die Entwicklung von Nachwuchsspielern ohne schwerwiegende Wettbewerbsbeschränkungen realisieren.

60: Allgemeine Fragen des Marketings (JEL M30)
014: Volkswirtschaftlicher Rahmen (JEL P00)

Der Spielemarkt in der Fußball-Bundesliga

Von Lothar Hübl und Detlef Swieter

Überblick

- In dem vorliegenden Beitrag werden die Auswirkungen des Bosman-Urteils auf den professionellen Fußball aus theoretischer und empirischer Sicht analysiert sowie Determinanten der Spielergehälter untersucht.
- Anhand eines Datensatzes, der Angaben über Spielergehälter von 731 Profifußballern aus 27 Bundesligavereinen enthält und sich über den Zeitraum 1994 bis 2000 erstreckt, werden theoretisch abgeleitete Hypothesen über die Auswirkungen institutioneller Eingriffe auf dem Spielermarkt empirisch überprüft.
- Es zeigt sich, dass die mit dem Bosman-Urteil verbundene Verschiebung der Verfügungsrechte zu Gunsten der Profis zu dem theoretisch erwarteten Anstieg der Gehälter und Vertragslaufzeiten geführt hat.

Eingegangen: 14. März 2002

Professor Dr. Lothar Hübl, Universität Hannover, Institut für Volkswirtschaftslehre, Konjunktur- und Strukturpolitik, Königsworther Platz 1, 30167 Hannover

Dr. Detlef Swieter, Universität Hannover, Institut für Volkswirtschaftslehre, Konjunktur- und Strukturpolitik, Königsworther Platz 1, 30167 Hannover

ZfB
ZEITSCHRIFT FÜR BETRIEBSWIRTSCHAFT

A. Einleitung

Seit einigen Jahren nimmt in der Berichterstattung über die Fußball-Bundesliga der Anteil der Artikel über die wirtschaftliche Entwicklung der Liga und der Profivereine deutlich zu. Die Vereine erzielen immer höhere Einnahmen, nicht zuletzt aufgrund der rapide steigenden Preise für die Fernseh-Übertragungsrechte. Der Großteil dieser Erlöse wird in Form von Ablösesummen und Spielergehältern an den entscheidenden Produktionsfaktor im professionellen Teamsport weitergegeben. Das Bosman-Urteil im Jahre 1995 sorgte für umfassende Veränderungen auf dem Spielermarkt. Insbesondere wurde die verfügungsrechtliche Stellung der Profifußballer gegenüber den Vereinen als Arbeitgeber gestärkt.

In dem vorliegenden Beitrag soll nach einer einführenden Darstellung der wirtschaftlichen Entwicklung der Fußball-Bundesliga der Spielermarkt in der Fußball-Bundesliga empirisch analysiert werden. Im Mittelpunkt steht dabei die Untersuchung der Auswirkungen des Bosman-Urteils auf die Spielergehälter und Vertragslaufzeiten. Des Weiteren werden die Determinanten der Spielergehälter mit Hilfe ökonometrischer Schätzverfahren untersucht.

B. Die wirtschaftliche Tätigkeit der Bundesligavereine

Das Sportinteresse konzentriert sich in Deutschland eindeutig auf den Fußball. Der Deutsche Fußball-Bund (DFB) ist mit mehr als sechs Millionen Mitgliedern einer der größten Sportverbände der Welt. Als fußballinteressiert bezeichnen sich laut einer Umfrage der UFA mehr als 34 Millionen Bundesbürger über 14 Jahre (vgl. UFA 2000: 11).

Die zunehmende Kommerzialisierung und Professionalisierung des Fußballs führt zu einer vermehrten Ausschöpfung der vorhandenen Marktpotenziale. Im Zeitraum 1989/90 bis 1999/00 haben sich die Umsätze in der ersten Fußball-Bundesliga mehr als verzehnfacht (vgl. Abb. 1). Für die Saison 2000/01 liegen noch nicht sämtliche Umsatzzahlen vor,

Abb. 1: Umsatzentwicklung der 1. Fußball-Bundesliga (in Mio. DM)

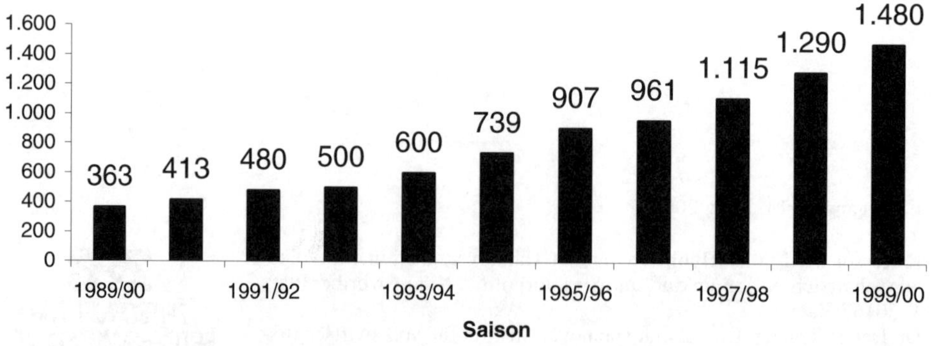

Quelle: diverse Ausgaben des „kicker-sportmagazins“

jedoch erwarten die 18 Vereine eine weitere Steigerung des Umsatzes auf rund 1,7 Milliarden DM (vgl. HANDELSBLATT 2001).

Den Vereinen stehen mehrere Erlösquellen zur Verfügung (vgl. ausführlich SWIETER 2002). Zunächst kann die Nachfrage direkt durch den Verkauf von Eintrittskarten für die 306 Bundesligaspiele befriedigt werden. In der Saison 1999/00 besuchten durchschnittlich rund 28900 Zuschauer die Spiele. Dies sicherte den Vereinen Erlöse von rd. 236 Millionen DM.

Für das Umsatzwachstum der Branche sind aber vor allem die stark steigenden Erlöse aus dem Verkauf der Übertragungsrechte verantwortlich. Diese Rechte werden seit Gründung der Bundesliga durch den DFB zentral vermarktet. Die Zentralvermarktung und die damit verbundene Verteilung der Fernsehgelder wird als Finanzausgleichsystem angesehen, welches einen ausgeglichenen wirtschaftlichen und sportlichen Wettbewerb zwischen den Vereinen ermöglichen soll (vgl. STRAUB 2001: 106ff.). In der Saison 2000/01 erhielten die Profivereine 695 Millionen DM von der Kirch-Gruppe, die die Rechte bis 2003/04 für insgesamt 3 Milliarden DM erworben hat. In den folgenden Spielzeiten erhöhen sich die Zahlungen auf zunächst 700, dann 705 und schließlich 900 Millionen DM. Jeder Erstligaverein erhält einen Grundbetrag, in der Saison 2000/01 sind dies 11,65 Millionen DM, welcher leistungsabhängig aufgestockt wird. Zusätzliche Einnahmen aus Fernsehgeldern erzielen die Vereine durch Spiele in den europäischen Vereinswettbewerben (Champions-League, UEFA-Pokal) sowie im DFB-Pokal. Außerdem erwarten die Profiteams zusammen rund 100 Millionen DM pro Jahr durch Übertragungen in Pay-per-View-Programmen.

Eine dritte wichtige Einnahmequelle der Vereine stellt das Sponsoring dar. Unternehmen nutzen die starke Medienpräsenz der Bundesligateams, um die Bekanntheit und das Image ihrer Produkte zu verbessern. Dies geschieht im Wesentlichen durch die sogenannte Trikotwerbung oder durch das Anmieten von Werbebanden im Stadion. Der Großteil der Einnahmen der Bundesligavereine entfällt dabei auf das Trikotsponsoring. Die jährlichen Erlöse der Erstligateams sind seit der offiziellen Zulassung durch den DFB zur Saison 1973/74 von 300.000 DM auf rund 140 Millionen DM[2] in der Spielzeit 2000/01 angewachsen.

Zusätzlich lässt sich das Produkt Bundesliga-Fußball auch in Form von Fan-Artikeln, die mit dem Vereinsnamen und Vereinswappen versehen sind, vermarkten. Dabei tritt der Verein zum einen nicht selber als Produzent von Fan-Artikeln auf, sondern veräußert die Rechte zur Vermarktung gegen Lizenzgebühren vollständig oder partiell, sodass der Verein weder Herstellung noch Vertrieb mitgestaltet. Zum anderen können die Teams Fan-Artikel bei spezialisierten Produzenten herstellen lassen und diese dann über Fankataloge oder Fanshops selbst vertreiben. Über die Einnahmen der Clubs aus dem Verkauf von Fan-Artikeln liegen widersprüchliche Angaben vor.[3]

Offizielle Auskünfte über die tatsächlichen Erträge aus dem Fan-Artikelhandel wurden auf Anfrage nur von zwei Vereinen zur Verfügung gestellt (vgl. Tabelle 1). Die Zahlen deuten darauf hin, dass dem Merchandising noch nicht die Bedeutung zukommt, wie sie in einigen Studien unterstellt wird.

Im Laufe der Jahre hat sich die Bedeutung der unterschiedlichen Einnahmekategorien verschoben. Setzt man die Einnahmen ins Verhältnis zum Umsatz der Bundesligavereine so ist der Anteil der Fernsehgelder seit der Spielzeit 1989/90 von 12 v.H. auf 41 v.H. in

Tab. 1: Merchandisingeinnahmen ausgewählter Vereine

Verein	Spielzeit	Umsatz in Mio. DM	Anteil am Umsatz in v.H.
Borussia Dortmund	1997/98 1998/99 1999/00	18,6 25,6 19,9	13,6 15,1 10,5
Schalke 04	1997/98 1998/99	14,9 11,4	18,9 14,4

Quelle: Jahresabschlüsse Borussia Dortmund und Schalke 04

der Saison 2000/01 angestiegen. Im gleichen Zeitraum stieg der Anteil der Einnahmen aus dem Trikotsponsoring von 4,5 v.H. auf 8 v.H., während der Anteil der Zuschauereinnahmen am Umsatz von 26 v.H. auf 14 v.H. zurückging.

Da die Bundesligavereine nicht der Publizitätspflicht unterliegen, ist es schwierig, zuverlässige Angaben über die Gewinne und Verbindlichkeiten der Vereine zu erhalten. Nach einer Befragung aller Vereine der 1. Bundesliga durch das „Handelsblatt" belaufen sich die Gesamtverbindlichkeiten der Bundesligavereine auf rund 440 Millionen DM. Insgesamt wurde die Spielzeit 1999/00 über alle Clubs mit einem Verlust von rund 20 Millionen DM abgeschlossen, wobei acht Vereine einen Gewinn ausweisen konnten[4] (vgl. HANDELSBLATT 2001).

Der Großteil der Kosten der Bundesligavereine wird für den Einsatz des Produktionsfaktors Arbeit aufgewendet. In der Saison 1999/00 wurden insgesamt rund 990 Millionen DM für Gehälter und Ablösesummen ausgegeben. Dies entspricht rund 67 v.H. des Gesamtumsatzes der Vereine (vgl. Abschnitt 4). Das Durchschnittsgehalt eines Profifußballers liegt mit rund 1,2 Millionen DM deutlich über dem Arbeitseinkommen sonstiger Arbeitnehmer (vgl. SWIETER 2002).

Für die Anbieter des Produktes Bundesliga-Fußball stellt das Humankapital den entscheidenden Produktionsfaktor dar. Der einzelne Verein muss über Arbeitskraft in ausreichender Menge und Qualität verfügen. Im Rahmen dieses Entscheidungsprozesses stehen grundsätzlich zwei Strategien der Spielerrekrutierung zur Verfügung. Zum einen kann der Verein Spieler im Jugend- und Amateurbereich ausbilden, um sie später im Profibereich einzusetzen. Zum anderen kann er auf dem Spielermarkt den Produktionsfaktor Arbeit von anderen Fußballunternehmen einkaufen. Die Bundesligaklubs verfolgen in der Regel beide Strategien parallel, da die Alternative „Ausbildung im Jugendbereich" aufgrund der Lizenzierungsauflagen nicht aufgegeben werden kann. Zusätzlich hat sich ein Spielermarkt herausgebildet, auf dem die Vereine als Anbieter und Nachfrager von Spielern auftreten. Dieser Markt umfasst letztendlich Arbeitskräfte aller Qualifikationsniveaus ohne regionale Begrenzungen. Die Bundesligateams akquirieren die Spieler sowohl von Ligakonkurrenten als auch von Klubs aus der zweiten Liga, dem Amateurbereich oder von ausländischen Vereinen.

C. Regulierungen auf dem Spielermarkt

Der Spielermarkt im professionellen Fußball weist einige Besonderheiten auf, die in dieser Form auf anderen Arbeitsmärkten nicht anzutreffen sind (vgl. EILERS 1996: 1ff.).

Die Bundesligavereine schließen mit den Profispielern ausschließlich befristete Arbeitsverträge ab, für die ein ordentliches Kündigungsrecht ausgeschlossen ist. Die Befristung und der Abschluss aufeinanderfolgender Arbeitsverträge (Kettenarbeitsverträge) gilt im Profifußball als juristisch unbedenklich, da der geforderte sachliche Befristungsgrund gegeben ist (vgl. RYBAK 1999: 196ff.). Die Beendigung eines Vertragsverhältnisses vor Vertragsablauf und ein damit verbundener Vereinswechsel ist allerdings jederzeit möglich, wenn die Vertragspartner einverstanden sind.[5]

Ein Vereinswechsel im Profifußball ist jedoch grundsätzlich an die Zahlung einer Ablösesumme gebunden. Bis zur Umsetzung des Bosman-Urteils (s.u.) galt dies sowohl bei einem Vereinswechsel aus einem laufenden Vertrag als auch nach Ablauf des Vertrages. Unerheblich war, ob der abgebende Verein überhaupt noch ein Interesse an der Weiterbeschäftigung des Spielers besaß oder nicht. Der aufnehmende und der abgebende Verein handelten die Höhe der Ablösesumme frei aus.[6] Zusätzlich galt in Übereinstimmung mit den Regeln des Weltfußballverbandes FIFA die Bestimmung, dass maximal drei Spieler ausländischer Herkunft in den Profimannschaften gleichzeitig eingesetzt werden durften.[7]

Der institutionelle Aufbau des Transfersystems blieb in seinen Grundzügen für die Bundesliga und auch für die meisten anderen europäischen Profiligen über Jahrzehnte unverändert. Allerdings bestanden erhebliche juristische Bedenken gegen die Rechtmäßigkeit des Transfersystems. Bereits 1979 entschied das LAG Berlin, dass die Pflicht zur Zahlung einer Transferentschädigung nicht mit dem Recht auf freie Wahl des Arbeitsplatzes nach Art. 12 Abs. 1 GG vereinbar sei (vgl. LAG Berlin 1979: 2582ff.).

Der belgische Fußballprofi Jean Marc Bosman ging zu Beginn der 90er Jahre ebenfalls mit juristischen Schritten gegen das bestehende Transfersystem vor.[8] Dem Spieler wurde 1990 von seinem Arbeitgeber, dem belgischen Club RC Lüttich eine Verlängerung seines auslaufenden Vertrages für ein Jahr zu einem deutlich reduzierten monatlichen Grundgehalt von ca. 1500 DM angeboten. Bosman lehnte den vorliegenden Vertrag ab, wurde auf die Transferliste gesetzt und von seinem Verein gesperrt. Ein Wechsel scheiterte an den Ablöseforderungen seines alten Vereins. Bosman verklagte daraufhin seinen Arbeitgeber vor den belgischen Zivilgerichten auf Schadensersatz. Im Zuge des Verfahrens wurde der EuGH zur Vorabentscheidung nach § 177 EGV (jetzt § 234 in der Fassung des EGV vom 10.02.1997) bezüglich der Vereinbarkeit von Art 48 (jetzt Art. 39) (Freizügigkeit der Arbeitnehmer) und der Wettbewerbsregeln in Art. 85 (jetzt Art. 81) und 86 (jetzt Art. 82) EGV mit

- der Verpflichtung zur Zahlung von Ablösesummen nach Vertragsablauf
- der Zugangsbeschränkung von ausländischen Spielern aus der europäischen Gemeinschaft (Ausländerklauseln)

beauftragt. Schließlich verkündete der Europäische Gerichtshof am 15.12.1995, dass das Transfersystem und die bestehenden Ausländerregelungen nicht mit dem Gemeinschaftsrecht vereinbar sind (vgl. EuGH 1995, I-5040ff.).

Für die Umsetzung des Urteils wurde vom EuGH keine Übergangsfrist eingeräumt. Die Aufhebung der Ausländerbeschränkung und der Wegfall der Ablösesummen nach Vertragsablauf für die vom Urteil betroffenen Spielergruppen war sofort wirksam. Allerdings trat die Wirkung hinsichtlich der Ablösesummen erst ex nunc ein, sodass bereits gezahlte Ablösesummen oder schon geschuldete Ablösesummen für abgeschlossene Spielerwechsel nicht betroffen waren (vgl. TROMMER 1998: 76).

Nach einer Übergangsphase wurde die Ausländerbeschränkung im deutschen Profifußball ab der Spielzeit 1996/97 durch den DFB weitgehend aufgehoben. Es dürfen seitdem beliebig viele Spieler eingesetzt werden, die einem Mitgliedsstaat der UEFA angehören. Weiterhin können maximal drei ausländische Spieler aus „Nicht-UEFA-Staaten" gleichzeitig eingesetzt werden (vgl. § 20, Nr. 8 DFB-Lizenzspielerstatut 2001). Mit Beginn der Spielzeit 2001/02 wurde diese Obergrenze auf fünf Spieler angehoben.

Die Umsetzung des Urteilsspruchs auf den Bereich der Ablösesummen gestaltete sich komplizierter. Das Verbot der Forderung einer Ablösesumme betrifft nicht den Wechsel eines Profifußballers vor Ablauf seines Vertrages (vgl. TROMMER 1999: 79). Die Zahlung einer Ablösesumme gilt in diesen Fällen als juristisch unbedenklich (vgl. KLINGMÜLLER/WICHERT 2001: 3ff.) und ökonomisch begründbar (vgl. PFISTER 1998: 158, PARLASCA 1993: 186). Für die Einwilligung zur vorzeitigen Vertragsauflösung kann der Verein eine Entschädigung verlangen, die an die entgangenen Erlöse aufgrund des vorzeitigen Spielerwechsels angelehnt ist. Auch gegen diese Regelung wurde von Seiten der EU-Kommission juristische Bedenken vorgebracht, sodass seit dem 01.09.2001 ein reformiertes Transfersystem in Kraft ist (s.u.).

Weiterhin erstreckt sich die Urteilswirkung nur auf grenzüberschreitende Wechsel von Berufsfußballern, die die Staatsangehörigkeit eines EU-Mitgliedsstaates oder eines EWR-Staates besitzen[9] (vgl. RYBAK 1999: 217). Grundsätzlich konnten daher für Vereinswechsel nach Vertragsablauf innerhalb eines Mitgliedslandes und bei einem Wechsel ins oder vom Nicht-EU-Ausland Ablösesummen verlangt werden. In dieser Form hätte die Umsetzung des Bosman-Urteils eine Inländerdiskriminierung gegenüber EU-Ausländern zur Folge gehabt (vgl. DINKELMEIER 1999: 129).

Dieses Problem wurde jedoch durch die Abschaffung sämtlicher Transferzahlungen bei Vereinswechseln innerhalb Deutschlands nach Vertragsende zur Saison 1996/97 umgangen. Eine Fortführung der alten Regelung hätte juristisch auch keinen Bestand gehabt, wie das Urteil des Bundesarbeitsgerichtes vom 20.11.1996 zeigt, in dem eine Ablösesummenpflicht nach Vertragsablauf für Vereinswechsel innerhalb Deutschlands als sittenwidrige, gegen Art. 12 Abs. 1 GG verstoßende Beschränkung der Berufsfreiheit, angesehen wurde. Dem Urteil lag eine Klage des deutschen Eishockeyprofis Kienass zu Grunde (vgl. ARENS 1997: 126ff.).

Weiterhin war durch den Richterspruch des EuGH nicht der grenzüberschreitende Wechsel von Spielern, die keinem EU/EWR-Staat angehörten, erfasst. Durch eine Entscheidung der FIFA wurden ab dem 01.04.1999 auch die Vereinswechsel nach Vertragsablauf dieser Spielergruppe von der Ablösepflicht befreit, wenn sie von einem EU/EWR-Mitgliedsstaat in einen anderen EU/EWR-Mitgliedsstaat wechseln.

Die EU-Kommission sah die Freizügigkeit der Berufsfußballer auch nach Umsetzung der Änderungen in Folge des Urteilsspruchs des EuGH durch die immens steigenden Ablösesummen bei Vereinswechseln vor Vertragsablauf und die Tendenz zum Abschluss langfristiger Spielerverträge gefährdet. Daher wurde am 6. März 2001 ein gemeinsamer Kompromiss der FIFA, UEFA und EU-Kommission zur Reform des Transfersystems vorgelegt (vgl. FIFA 2001a). Das künftige System ermöglicht die Forderung von Ablösesummen für Spieler bis zum 23. Lebensjahr, auch wenn ein Vertrag ausgelaufen ist. Die Transfersumme soll auf alle Vereine aufgeteilt werden, die an der Ausbildung des Spielers beteiligt waren, und sich an den Kosten für Ausbildung und Training orientieren. Weiterhin wird die Vertragslaufzeit auf ein bis maximal fünf Jahre begrenzt. Außerdem wurde ein eingeschränktes Recht zur ordentlichen Kündigung für beide Vertragsseiten implementiert. Dies sieht vor, dass bei Spielern bis zum 28. Lebensjahr Verträge drei Jahre (bei älteren Spielern zwei Jahre) nicht einseitig gekündigt werden dürfen, es sei denn, es liegt ein „triftiger Grund" oder ein „triftiger sportlicher Grund" vor (vgl. FIFA 2001a, Absatz 3.1). Im Anschluss sind diese Verträge zum Saisonende ordentlich kündbar, allerdings soll bei einseitiger Kündigung ein finanzieller Ausgleich gezahlt werden.

D. Entwicklung der Personalkosten und Vertragslaufzeiten

Die Spielergehälter und Ablösesummen bilden den weitaus größten Ausgabeposten der Bundesligavereine. Die durchschnittlichen Personalkosten der Teams sind in Tabelle 2 dargestellt. Die Werte enthalten die Gesamtvergütungen für Spieler, Trainer und Manager, die sich aus den Grundgehältern und leistungsabhängigen Prämien zusammensetzen.

Eine Hypothese über die ökonomischen Folgen des Bosman-Urteils war die Erwartung stark steigender Spielergehälter. Durch den Wegfall der Ablösesummenpflicht bei Vereinswechseln nach Vertragsablauf hat sich die Verhandlungsmacht der Spieler zu ihren Gunsten verändert (vgl. LEHMANN/WEIGAND 1999: 125ff.). Die erwarteten Erträge eines Spielers aus der Sicht eines Vereins müssen nicht nur die Kosten in Form des Spielergehaltes, sondern auch die zu entrichtende Ablösesummenzahlung decken. Besteht

Tab. 2: Personalausgaben in der Bundesliga

Saison	Gehaltsausgaben je Verein in DM	Steigerung in%
1992/93	10,5 Millionen	–
1993/94	11,9 Millionen	+21,79
1994/95	15,0 Millionen	+24,25
1995/96	18,9 Millionen	+26,38
1996/97	22,3 Millionen	+ 7,00
1997/98	28,3 Millionen	+13,33
1998/99	32,1 Millionen	+13,42
1999/00	39,8 Millionen	+23,98
2000/01	47,5 Millionen	+19,34

Quelle: Die Daten basieren im Wesentlichen auf internen Papieren des DFB, die im „kicker-sportmagazin" veröffentlicht wurden (u.a. 16.12.1996, 25.02.1999 21.12.2000 und 30.07.2001) sowie auf Informationen der WGZ Bank (1999, 2001).

keine Ablösesummenpflicht, können diese Zahlungen in die Spielergehälter fließen, sodass dem Spieler schließlich ein Gehalt in Höhe seines individuellen Wertgrenzproduktes ausgezahlt werden kann (vgl. grundlegend BÜCH/SCHELLHAASS 1978).

Die Darstellung der Personalausgaben lässt jedoch keinen Strukturbruch nach dem Bosman-Urteil erkennen. Die höchsten Steigerungsraten der Personalkosten wurden in den Spielzeiten 1994/95 und 1995/96 erreicht. Das Bosman-Urteil konnte seine volle Wirksamkeit jedoch erst ab der Spielzeit 1996/97 entfalten.

Dieser überraschende Befund soll daher anhand eines Individualdatensatzes (vgl. ausführlich SWIETER 2002) überprüft werden. Der Datensatz enthält u.a. Angaben über Spielergehälter von 731 Profifußballern aus 27 Bundesligavereinen und erstreckt sich über den Zeitraum 1994 bis 2000. Die gesammelten Informationen stammen im Wesentlichen aus der Fußball-Fachpresse sowie aus überregionalen Tageszeitungen und dem Internet.[10]

Es ist zu beachten, dass ausschließlich Spielergehälter aufgenommen sind, die vor Saisonbeginn oder in der Winterpause bei Vereinswechseln oder Vertragsverlängerungen neu ausgehandelt wurden. Auf diese Weise kann die Entwicklung der Spielergehälter im weiteren Verlauf der Analyse zu der individuellen Spielerleistung oder zu den institutionellen Rahmenbedingungen zum Abschlusszeitpunkt in Bezug gesetzt werden. Bei einer Betrachtung aller Spielergehälter zu einem Zeitpunkt ist dies nicht gewährleistet, da Spielerverträge und damit das Gehalt üblicherweise über mehrere Jahre abgeschlossen werden (vgl. Tabelle 6). Die Entwicklung der Spielergehälter ist in Tabelle 3 wiedergegeben.

Allerdings müssen einige Interpretationsprobleme der Spielergehälter im aufgestellten Datensatz berücksichtigt werden. Die Gehälter oder Vertragslaufzeiten sind erst nach dem Bosman-Urteil vermehrt in den Blickpunkt der Öffentlichkeit gerückt. Daher sind für die Spielzeiten 1994/95 sowie 1995/96 deutlich weniger Angaben verfügbar als für die folgenden Jahre.

Zusätzlich muss beachtet werden, dass die gewonnenen Daten nur aus der Grundgesamtheit aller neu ausgehandelten Spielergehälter stammen, sodass die Entwicklung der

Tab. 3: Entwicklung der Spielergehälter auf Individualdatenbasis

Saison	**Fälle**[1]	**MW**[2]	**Median**	**SA**[3]	**Min.**	**Max.**
1994/95	54 (26,0 v.H.)	609.814	410.000	431.760	170.000	2.000.000
1995/96	43 (20,8 v.H.)	757.441	450.000	554.969	280.000	2.500.000
1996/97	98 (42,0 v.H.)	1.089.286	800.000	1.007.369	100.000	6.000.000
1997/98	157 (62,5 v.H.)	894.076	650.000	782.409	100.000	4.500.000
1998/99	195 (82,6 v.H.)	830.564	550.000	852.794	80.000	6.500.000
1999/00	184 (78,9 v.H.)	1.119.511	800.000	1.103.833	100.000	5.500.000
Gesamt	731 (53,4 v.H.)	929.519	650.000	903.859	80.000	6.500.000

[1] Hier wird die Anzahl der ermittelten Spielergehälter angegeben. Der Klammerausdruck informiert über den Anteil der erfassten Gehälter an den tatsächlich neu abgeschlossenen Verträgen in der jeweiligen Spielzeit.

[2] Mittelwert, [3] Standardabweichung

Quelle: Eigene Untersuchungen

Tab. 4: Entwicklung der Spielergehälter auf Individualdatenbasis für deutsche Spieler mit mindestens 34 Bundesligaspielen

Saison	Fälle[1]	MW[2]	Median	SA[3]	Min.	Max.
1994/95	30	714.666	505.000	511.621	170.000	2.000.000
1995/96	23	694.347	400.000	518.089	280.000	2.100.000
1996/97	48	1.355.000	800.000	1.237.602	250.000	6.000.000
1997/98	68	1.113.676	875.000	855.768	300.000	4.500.000
1998/99	70	1.238.429	900.000	1.108.891	200.000	6.500.000
1999/00	68	1.603.382	1.200.000	1.223.276	100.000	5.500.000

[1] Mittelwert, [2] Standardabweichung

Quelle: Eigene Untersuchungen

durchschnittlichen Gehaltshöhe in der Stichprobe nicht der tatsächlichen Entwicklung des Durchschnittsgehalts in der Bundesliga entsprechen kann. Die Gehälter von Liganeulingen aus unteren Spielklassen oder dem Jugendbereich sind für die Öffentlichkeit kaum von Interesse. Zwar konnten gerade für die Spielzeiten 1997/98–1999/00 auch zahlreiche Gehälter von Nachwuchsspielern ermittelt werden, insgesamt jedoch sind derartige Gehaltsinformationen in dem Datensatz unterrepräsentiert.

Daher wird die Entwicklung der Spielergehälter ebenfalls anhand eines Teilsamples dargestellt, in dem die erfassten Fälle größere Ähnlichkeiten aufweisen. In diesem Sample befinden sich nur deutsche Spieler, die mindestens 34 Bundesligaspiele absolviert haben (vgl. Tabelle 4).

Wie aus den beiden Tabellen eindeutig hervorgeht, erfolgte in der Spielzeit 1996/97, d.h. nach der Umsetzung der Änderungen im Transfersystem, ein Gehaltsprung in den Spielerverträgen. Dies steht nicht im Widerspruch mit den Ergebnissen in Tabelle 2, da in den Tabellen 3 und 4 nur die neu ausgehandelten Verträge enthalten sind. Offenbar hat sich die verbesserte Verhandlungsposition der Spieler in den Gehältern niedergeschlagen. Dies wird durch den Befund bestätigt, dass der Anteil der Personalkosten am Gesamtumsatz der Vereine ab der Saison 1996/97 einen deutlichen Zuwachs erfuhr (vgl. Tabelle 5).

Dieser außergewöhnliche Anstieg der Spielergehälter in der Spielzeit 1996/97 sowie die allgemeine Entwicklung und Höhe der Spielerentlohnung lassen sich aus ökonomischer Sicht leicht nachvollziehen.

Grundsätzlich entspricht die Entlohnung der Arbeitskräfte in gewinnorientierten Unternehmen auf vollkommenen Märkten dem Wertgrenzprodukt, d.h. den zusätzlichen Erlösen, die diese Arbeitskräfte erwirtschaften. Selbst wenn die Zielfunktion von Bundesligavereinen nicht eindeutig als gewinnmaximierend identifizierbar ist und aufgrund von Mobilitätsbarrieren oder Informationsasymmetrien kein vollkommener Spielermarkt vorliegt, ist zu erwarten, dass bei der Festlegung von individuellen Gehaltszahlungen ein Bezug zum erwarteten individuellen ökonomischen Beitrag der Spieler besteht. Die sportliche Leistung der Spieler determiniert den sportlichen Erfolg im Meisterschaftsrennen und dieser bestimmt wiederum den wirtschaftlichen Erfolg der Vereine. Berücksichtigt man

Tab. 5: Anteil der Personalkosten am Gesamtumsatz der Vereine

Saison	Umsatz Bundesliga in Mio. DM	Gehaltsumme in Mio. DM	Anteil Personalkosten am Umsatz in v.H.
1992/93	500	189	37,8
1993/94	600	214,2	35,7
1994/95	739	270	36,5
1995/96	907	340,2	37,5
1996/97	961	401,4	41,7
1997/98	1115	509,4	45,6
1998/99	1290	577,8	44,7
1999/00	1480	716,4	48,4
2000/01	1700[1]	855	50,2

[1] Der Jahresumsatz entspricht den Schätzungen der Vereine im Frühjahr 2001

Quelle: Eigene Berechnungen

nun, dass der Produktionsfaktor Arbeit der mit Abstand wichtigste Einsatzfaktor in einem Bundesligaverein ist und dieser weder durch Kapital substituiert noch über eine bestimmte Einsatzmenge ausgedehnt werden kann[11] und die Spieler in ihrer relativ kurzen Laufbahn einem hohen Risiko ausgesetzt sind, ihre Karriere aufgrund von Verletzungen vorzeitig beenden zu müssen (vgl. LEHMANN/WEIGAND 1999: 127), sind die hohen Gehälter der Profifußballer durch die Entwicklung der Branchenerlöse erklärbar.

Der Anstieg der Spielergehälter im vergangenen Jahrzehnt ist daher zum Teil auf die gestiegenen Einnahmen der Bundesligavereine zurückzuführen. Im Zeitraum von 1992/93 bis 2000/01 erhöhten sich die Umsätze der Klubs um rund 240 v.H. Im gleichen Zeitraum stiegen die Personalkosten um rund 280 v.H. Für den Anstieg des Personalkostenanteils kann – wie geschildert – der Einfluss des Bosman-Urteils auf die Verhandlungsposition der Spieler verantwortlich gemacht werden.

In dem Individualdatensatz sind neben den Gehältern der Profis auch die Laufzeiten der neu abgeschlossenen Verträge enthalten. Damit ist es erstmalig möglich, die Vertragsdauer der Spieler in eine ökonomische Analyse des professionellen Fußballs einzubeziehen.[12] Insgesamt konnte die Laufzeit von 969 neu abgeschlossenen Profiverträgen ermittelt werden. Im Hinblick auf die Auswirkungen des Bosman-Urteils wurde die Hypothese entwickelt, dass sich die Laufzeiten der Spielerverträge erhöhen werden (vgl. KÉSENNE 1999: 127; PARENSEN 1998: 137; TROMMER 1999: 90). Auf diese Weise können die Vereine die Gefahr verringern, getätigte Investitionen in das Humankapital der Profis bei einem ablösefreien Wechsel zu verlieren (vgl. SIMMONS 1997: 18). Die Auswertung des Spielerdatensatzes bestätigt diese Hypothese. Die Laufzeiten der Spielerverträge sind in Folge des Bosman-Urteils deutlich angestiegen.

Tab. 6. Entwicklung der Vertragslaufzeiten der Bundesligaspieler

Saison	Fälle[1]	MW[2]	SA[3]	Min.	Max.	Median
1994/95	109 (52,6 v.H.)	2,403	0,877	1	6	2
1995/96	115 (55,8 v.H.)	2,456	0,940	1	5	2
1996/97	145 (62,2 v.H.)	3,086	1,206	1	7	3
1997/98	223 (92,8 v.H.)	2,926	0,946	1	5,5	3
1998/99	199 (84,3 v.H.)	2,962	0,905	1	6	3
1999/00	184 (78,9 v.H.)	2,861	0,960	1	6	3
Summe	969 (70,8 v.H.)					

[1] In Klammern ist der Anteil der neu abgeschlossenen Verträge angegeben, für die die Vertragslaufzeiten ermittelt werden konnten.
[2] Mittelwert, [3] Standardabweichung

Quelle: Eigene Untersuchung

Der Sprung in den Vertragslaufzeiten findet sich wiederum in der Saison 1996/97 mit einem Anstieg der durchschnittlichen Laufzeit um 26 v.H. auf durchschnittlich knapp über drei Jahre.

Im Rahmen der Entscheidung über die Laufzeit eines Vertrages sind unterschiedliche Anreizwirkungen für die beteiligten Vertragspartner zu beachten (vgl. FRANCK 1995: 192ff., FRICK/PRINZ 2000: 134ff.; FRICK 2001). Aus Sicht des Vereins kann ein langfristiger Vertrag die Aneignung von Erträgen aus Humankapitalinvestitionen in den Spieler sichern. Auf der anderen Seite tragen die Klubs beim Abschluss von langfristigen Verträgen ein erhöhtes Risiko bezüglich des tatsächlichen Humankapitals des Spielers. Dieses kann aufgrund von Formschwankungen oder Verletzungen deutlich vom unterstellten Humankapital zum Abschlusszeitpunkt abweichen. Weiterhin kommt bei Bundesliganeulingen das Risiko hinzu, dass diese Spieler nicht genügend Humankapital heranbilden können, um sich in der Liga zu behaupten. Die Allokation dieser Risiken auf die Vereine ist effizient, da die Klubs das Risiko poolen und risikoaverse Spieler eine höhere Nutzenposition erzielen können (vgl. SZYMANSKI 1999: 147).

Zusätzlich besteht für den Klub bei langfristigen Verträgen das Risiko von nachvertraglichem Opportunismus durch die Spieler. Garantierte Gehaltszahlungen über mehrere Jahre könnten die Anreize der Spieler vermindern, ihre volle Leistungsfähigkeit zur Verfügung zu stellen. Gegen dieses sogenannte shirking können sich die Vereine u.a. durch die Vereinbarung von Leistungsentlohnungskomponenten in den Spielerverträgen absichern.

Empirische Überprüfungen über die Anreizwirkungen von langfristigen Spielerverträgen in den nordamerikanischen Profiligen konnten allerdings keinen signifikant negativen Einfluss der Vertragsdauer auf die Leistungsbereitschaft nachweisen. FRICK (2001) präsentiert neben einem Überblick über die bislang vorliegenden Studien den Nachweis eines signifikant positiven Einflusses der Vertragslaufzeit auf die Leistungen der Spieler in der NBA.

E. Determinanten der Spielergehälter

Im folgenden soll anhand der Spielerdatenbank eine empirische Überprüfung der Gehaltsdeterminanten durchgeführt werden. Zusätzlich kann untersucht werden, welcher Zusammenhang zwischen dem Spielergehalt und der Vertragslaufzeit besteht. Es ist zu klären, ob sich die Spieler einen garantierten langfristigen Vertrag durch Gehaltsabschläge erkaufen oder ob die Profis nur bei einem Gehaltsaufschlag bereit sind, sich für einen längeren Zeitraum zu binden (vgl. WEBER 1996: 287).

Gehaltsregressionen im professionellen Teamsport stammen im Wesentlichen aus den nordamerikanischen Profiligen.[13] Über die Gehaltsdeterminanten der Bundesligaprofis liegen zwei Studien von LEHMANN/WEIGAND (1999) und LEHMANN (2000) vor, die auf Daten für die Spielzeiten 1998/99 und 1999/00 beruhen. Im Unterschied zu diesen Studien wird im Folgenden zum einen ein längerer Zeitraum (1994/95 bis 1999/00) betrachtet, zum anderen werden ausschließlich Gehaltsinformationen für neu abgeschlossene Spielerverträge verwendet. Auf diese Weise soll ein enger Zusammenhang zwischen den vereins- bzw. spielerspezifischen Größen und dem Gehalt hergestellt werden, da sich der Großteil der vereins- und spielerspezifischen Variablen ebenfalls auf den Stand zum Saisonbeginn oder auf die unmittelbare Saison vorher beziehen.

Grundsätzlich kann eine ökonometrische Analyse für jede Spielzeit getrennt durchgeführt werden. Da aber insbesondere für die ersten einbezogenen Spielzeiten 1994/95 und 1995/96 nur wenige Informationen über Spielergehälter und Vertragsdauern vorliegen, bietet es sich an, die Datensätze für die einzelnen Spielzeiten zusammenzufügen, um durch die vergrößerte Fallzahl aussagekräftigere Ergebnisse zu erhalten. Vereinfacht ausgedrückt wird unterstellt, dass ein Querschnittsdatensatz vorliegt. Der Einfluss der institutionellen Unterschiede zwischen den Spielzeiten kann durch die Aufnahme von Dummyvariablen für die einzelnen Spielzeiten berücksichtigt werden. Allerdings bleibt das Problem bestehen, dass einfache Regressionsanalysen (OLS) mit dem gepoolten Datensatz von der Unabhängigkeit aller Beobachtungen eines Falls (Spieler) zu unterschiedlichen Beobachtungszeitpunkten ausgehen. Realistischer ist die Annahme, dass nicht beobachtbare spielerspezifischen Einflüsse auf die Entlohnung vorhanden sind, sodass die Beobachtungen eines Falls zu unterschiedlichen Zeitpunkten Ähnlichkeiten aufweisen. Diese Tatsache kann über die Verwendung eines Random-Effect-Modells (REM) (vgl. MÁTYÁS 1992) für Paneldaten berücksichtigt werden.[14] Mit Hilfe eines Lagrange-Multiplikator (LM) Tests (vgl. BREUSCH/PAGAN 1980) kann überprüft werden, ob spielerspezifische Individualeffekte vorliegen und daher das REM gegenüber dem OLS-Modell vorzuziehen ist. Eine alternative Schätzung von Fixed-Effects-Modellen (FEM) ist aufgrund der vorliegenden zeitinvarianten Regressoren nicht durchführbar.

Tab. 7: Variablenübersicht

Variable		Fälle	MW[1]	SA[2]	Min.	Max.
AGE	Alter des Spielers	574	26.39	3.99	17	36
BLS	Anzahl absolvierter Bundesligaspiele	574	79.55	98.63	0	429
VD	Vertragslaufzeit in Jahren	574	2.99	0.98	1	7
LNSPO	Höhe der Trikotsponsoringeinnahmen des Vereins (logarithmiert)	574	5.03	3.42	1	20
GER	Nationalität: Deutsch	351				
EU	Nationalität: Westeuropa	81				
OST	Nationalität: Osteuropa	76				
AL	Nationalität: Andere Länder	66				
ABW	Position: Abwehrspieler	131				
MIT	Position: Mittelfeldspieler	241				
ST	Position: Stürmer	144				
TW	Position: Torhüter	58				
VW	Spieler ist Vereinswechsler	318				
VERL	Spieler ist Vertragsverlängerer	256				
NAT	Spieler ist oder war Nationalspieler	260				
EC	Die Mannschaft des Spielers ist für den Europapokal qualifiziert	239				
SQAGE	Alter quadriert	574				
SQBLS	Bundesligaspiele quadriert	574				

[1] Mittelwert, [2] Standardabweichung

Quelle: Eigene Berechnungen

In den Datensatz wurden unterschiedliche Informationen aufgenommen, die das Gehalt der Bundesligaprofis beeinflussen können. Die vereinsspezifischen Variablen erfassen die finanzielle Situation und den sportlichen Erfolg der Mannschaften. Es sollen die Einflüsse ermittelt werden, die das Verhalten der Vereine zum Zeitpunkt eines Vertragsabschlusses oder einer Spielerverpflichtung mit geprägt haben. Daher wurden die Höhe der Trikotsponsoringeinnahmen oder die Qualifikation für einen internationalen Wettbewerb zum jeweiligen Saisonbeginn aufgenommen.

Die spielerspezifischen Variablen im vorliegenden Datensatz sollen dazu dienen, die Leistung bzw. das Humankapital des Profifußballers zu erfassen. Dies geschieht über das Alter, die Anzahl der absolvierten Bundesligaspiele, die Nationalität, die Spielposition sowie die Berücksichtigung bereits absolvierter Länderspiele. Weiterhin wurden in den Datensatz Variablen zur Charakterisierung des Vertragsabschlusses, wie die Laufzeit und die Tatsache, ob es sich um Vertragsverlängerungen oder Vereinswechsel handelt, aufgenommen. Außerdem wurden Dummyvariablen für die einzelnen Vereine gebildet. Insgesamt sind im Datensatz für 574 Bundesligaspieler Informationen über das Gehalt und die Vertragsdauer enthalten. Einen Überblick über die verwendeten Variablen liefert Tabelle 7.

Zunächst wurde mit dem Gesamtdatensatz sowohl ein OLS- als auch ein Random-Effect-Modell geschätzt (vgl. Tabelle 8). Die abhängige Variable ist das logarithmierte Spielergehalt. In beiden Spezifikationen weisen die gewählten Einflussgrößen mit einer Ausnahme (ABW) die gleichen Einflussrichtungen und Signifikanzniveaus auf. Das Ergebnis des Breusch/Pagan-Tests deutet darauf hin, dass das Random-Effect-Modell vorzuziehen ist. Es treten demnach spielerspezifische Einflüsse auf die Gehaltshöhe auf.

Es ergibt sich sowohl ein konkaver Zusammenhang zwischen dem Alter und dem Einkommen als auch zwischen den absolvierten Bundesligaspielen und dem Gehalt eines Bundesligaprofis. Dies wird durch die negativen Vorzeichen für die Variablen SQAGE und SQBLS angezeigt. Es ist davon auszugehen, dass die Bundesligaspieler im Laufe ihrer Karriere Berufserfahrung sammeln und Humankapital aufbauen, sodass ältere Spieler bzw. Spieler mit einer größeren Anzahl an Bundesligaeinsätzen ein höheres Gehalt erhalten. Mit zunehmendem Alter sinkt die Restlaufzeit der Karriere und die physische Leistungsfähigkeit nimmt ab. Daher ergibt sich insgesamt ein konkaver Verlauf. Dieses Ergebnis deutet darauf hin, dass sich die Entlohnung der Spieler am Humankapital orientiert. Bestätigt wird dies durch den deutlich positiven Einfluss der Dummyvariable NAT. Spieler, die aktuell oder in der Vergangenheit zum Auswahlteam der nationalen Verbände gehörten, weisen c.p. ein höheres Humankapital auf, als Spieler, die nicht ins Nationalteam berufen worden sind und erhalten dementsprechend ein höheres Gehalt.

Einen eindeutigen Einfluss auf die Gehaltshöhe besitzt ebenfalls die Nationalität eines Spielers.[15] Gegenüber osteuropäischen Spielern verdienen Spieler aus EU Staaten sowie aus anderen Ländern deutlich mehr. Dies kann zum einen auf das höhere Humankapital dieser Spieler zurückgeführt werden. Sowohl Spieler aus Südamerika als auch solche aus Westeuropa gelten gegenüber Profifußballern aus Osteuropa als spielstärker. Zum anderen kann den osteuropäischen Spielern ein geringerer Reservationslohnsatz unterstellt werden, sodass eine niedrigere Entlohnung zu erwarten ist. Der Entlohnungsunterschied zwischen deutschen und osteuropäischen Spielern weist in drei der vier Schätzungen ein negatives (insignifikantes) Vorzeichen auf. Es muss allerdings beachtet werden, dass in dem Datensatz deutsche Nachwuchsspieler enthalten sind, die von Amateurvereinen oder aus Jugendmannschaften in die Bundesliga wechseln, während die Bundesligavereine bei der Verpflichtung ausländischer Spieler im wesentlichen auf besonders leistungsstarke Akteure zurückgreifen.

Auch die Spielposition besitzt einen signifikanten Einfluss auf die Gehaltshöhe eines Bundesligaprofis.[16] In allen Modellen verdienen Mittelfeldspieler und Stürmer signifikant mehr als Torhüter. In den OLS-Modellen trifft dies ebenfalls auf Abwehrspieler zu, während dieser Einfluss im REM nicht gesichert ist. In allen Modellen besitzen die Stürmer einen Gehaltsvorsprung gegenüber den Mittelfeld- und Abwehrspielern. Das relativ niedrigere Gehalt der Torhüter gegenüber den Feldspielern lässt sich ebenfalls auf humankapitaltheoretische Argumente zurückführen, da Torhüter den höchsten Spezialisierungsgrad aufweisen (vgl. LEHMANN/WEIGAND 1999: 128). Die Feldspieler lassen sich oftmals auf mehreren Positionen einsetzen. Humankapitaltheoretisch ist weiter zu erwarten, dass Mittelfeldspieler c.p. einen Gehaltsvorsprung gegenüber den anderen Positionen aufweisen, da sie über die höchste Spielflexibilität verfügen müssen. Dies wird allerdings durch die Ergebnisse nicht bestätigt. Es zeigt sich vielmehr, dass Stürmer einen Gehaltsvorsprung realisieren können. Dies kann auf Knappheitsprobleme hindeuten, da torgefährliche Angreifer relativ selten verfügbar sind.

Die vereinsspezifischen Variablen EC und LNSPO approximieren die Finanzkraft des Vereins, bei dem der Spieler den neuen Vertrag unterzeichnet. Die Werte in den Modellschätzungen weisen eindeutig aus, dass finanzkräftige Vereine höhere Gehälter zahlen.

Tab. 8: Determinanten der Spielergehälter (abhängige Variable: logarithmiertes Spielergehalt)

	OLS (I)		OLS (II)		REM		2 SLS	
	Koeffizient	(t-Wert)	Koeffizient	(t-Wert)	Koeffizient	(z-Wert)	Koeffizient	(t-Wert)
AGE	0.14***	(3.22)	0.15***	(3.62)	0.15***	(3.35)	0.138***	(3.08)
SQAGE	–0.0017**	(–2.05)	–0.0019**	(–2.40)	–0.0019**	(–2.18)	–0.0015*	(–1.78)
GER	–0.023	(–0.29)	0.023	(0.30)	–0.084	(–0.95)	–0.022	(–0.26)
EU	0.282***	(3.08)	0.328***	(3.71)	0.273***	(2.78)	0.279***	(3.00)
AL	0.244**	(2.51)	0.262***	(2.77)	0.257**	(2.43)	0.242**	(2.44)
ABW	0.149*	(1.65)	0.195**	(2.23)	0.161	(1.58)	0.175*	(1.89)
MIT	0.313***	(3.67)	0.322***	(3.91)	0.304***	(3.31)	0.320***	(3.70)
ST	0.342***	(3.71)	0.403***	(4.52)	0.347***	(3.33)	0.360***	(3.83)
BLS	0.005***	(6.87)	0.005***	(6.86)	0.005***	(6.60)	0.005***	(6.16)
SQBLS	–0.00001***	(–5.54)	–0.00001***	(–5.47)	–0.00001***	(–5.05)	–0.00001***	(–4.75)
VW	0.150***	(3.02)	0.137***	(2.83)	0.130***	(3.04)	0.147***	(2.91)
VD	0.160***	(6.26)	0.188***	(7.25)	0.154***	(6.29)	0.263***	(4.29)
EC	0.133**	(2.33)	–		0.109**	(2.13)	0.115**	(1.96)
LNSPO	0.385***	(6.37)	–		0.353***	(6.14)	0.367***	(5.91)
NAT	0.381***	(6.37)	0.349***	(6.02)	0.318***	(4.96)	0.366***	(5.97)
Konst.	9.18***	(15.40)	10.235***	(17.80)	9.14***	(14.84)	8.88***	(14.23)
Saisondummies	Ja[1]		Ja[2]		Ja[4]		Ja[5]	
Vereinsdummies	–		Ja[3]		–		–	
Beobachtungen	574		574		574		574	
R^2 (korrigiert)	0.542		0.586		0.555		0.529	
Test des Gesamtmodells	34.98***		21.36***		674.73***		33.01***	
Breusch/Pagan-Test					19.16***			
Hausman-Test							3.50*	

*, ** bzw. *** zeigt Signifikanz auf einem Niveau von $\alpha = 0.10, 0.05$ bzw. 0.01.

1 Referenzkategorie ist die Spielzeit 1999/00, zwei Saisondummies sind signifikant von Null verschieden.

2 Referenzkategorie ist die Spielzeit 1999/00, alle Saisondummies weisen einen signifikanten Einfluss auf.

3 Referenzkategorie ist Bayern München, 18 Vereinsdummies weisen einen signifikanten Einfluss auf. Es wird die Vermutung bestätigt, dass Bayern München als umsatzstärkster Verein auch signifikant höhere Gehälter zahlt als die anderen Vereine.

4 Referenzkategorie ist 1999/00, insgesamt weisen zwei Saisondummies einen signifikanten Einfluss aus.

5 Referenzkategorie ist die Spielzeit 1999/00, zwei Saisondummies sind signifikant von Null verschieden.

Quelle: Eigene Berechnungen

Die Spieler erwirtschaften bei diesen Vereinen ein höheres Wertgrenzprodukt und erhalten folglich höhere Zuwendungen. Die Ergebnisse der Schätzungen weisen weiterhin aus, dass Vereinswechsler ein signifikant höheres Gehalt erzielen als Spieler, die ihren Vertrag bei dem bisherigen Verein verlängern.[17]

Interessant ist der signifikant positive Einfluss der Vertragsdauer auf das Spielergehalt, der sich in allen Schätzungen einstellt (vgl. auch Tabelle 9). Damit scheinen sich die Spieler eine mit der Unterzeichnung eines langfristigen Vertrags verbundene Aufgabe ihrer Mobilität durch einen Gehaltsaufschlag vergüten zu lassen. Im REM beträgt dieser immerhin 15 v.H. je zusätzlichem Jahr Vertragslaufzeit. Die Hypothese, dass sich die risikoaversen Fußballprofis einen langfristigen Vertrag durch einen gewissen Gehaltsverzicht erkaufen, trifft offenbar nicht zu.

Allerdings ist zu beachten, dass bei den Vertragsverhandlungen sowohl ein Einfluss der Vertragsdauer auf das Gehalt als auch von der Gehaltshöhe auf die Vertragsdauer ausgehen kann, da beide Größen vermutlich nicht unabhängig voneinander festgelegt werden. Daher werden die Ergebnisse mit Hilfe eines zweistufigen Schätzverfahrens (2SLS) überprüft (vgl. BALTAGI 1998: 275 ff.). Die Vertragsdauer wird dabei instrumentiert. Als zusätzliche Instrumentiervariablen wurden die Vereinsdummies sowie Dummyvariablen für die Liga, aus der der Spieler wechselt, verwendet.[18] Diese Variablen bilden zum einen den bisherigen Status des Spielers ab, der seine Verhandlungsmacht bzw. die Risikoaversion approximieren kann. Zum anderen können vereinsspezifische Besonderheiten bei der Gestaltung der Vertragslaufzeit berücksichtigt werden. Die Ergebnisse aus den ersten Schätzverfahren werden auch in dieser Modellspezifikation bestätigt (vgl. Tabelle 8, Spalte 5). Der Hausman-Test (vgl. HAUSMAN 1978: 1251 ff.) weist zudem aus, dass das 2SLS-Modell einer OLS-Schätzung vorzuziehen ist. Die Ergebnisse unterstützen damit die Erkenntnisse von FRICK/PRINZ (2001), die einen positiven Zusammenhang zwischen der Vertragslaufzeit und den Spielergehältern in der NBA ermitteln konnten.

In allen Modellspezifikationen liegt das korrigierte R^2 zwischen 0,52 und 0,58. Damit kann mehr als 50 v.H. der Varianz der Spielergehälter durch das Modell erklärt werden. Problematisch ist allerdings, dass in den vorgestellten Schätzungen keine Variablen enthalten sind, die die aktuelle Leistung der Spieler erfassen. An anderer Stelle (vgl. SWIETER 2002) wurde die halbjährliche Bewertung der Bundesligaprofis durch das „kicker-sportmagazin" in die Analyse aufgenommen. Die Variable erwies sich als hochsignifikant und ließ den Anteil der erklärten Varianz auf rund 70 v.H. ansteigen.

Tab. 9: Durchschnittsgehalt der Bundesligaprofis in Abhängigkeit von der Vertragslaufzeit

Vertragslaufzeit in Jahren	Fallzahl	Durchschnittliches Gehalt in DM
1–2	165	764.909
2.5[1]–4	368	1.095.027
4.5–6	93	1.403.846

[1] Da auch Vereinswechsel oder Vertragsverlängerungen in der Winterpause berücksichtigt wurden, sind die Vertragslaufzeiten in Halbjahresintervalle aufgeteilt.

F. Fazit

Die Fußball-Bundesliga-Branche zeichnet sich durch hohe Wachstumsraten und eine damit verbundene zunehmende Professionalisierung aus. Allerdings weisen die Verbindlichkeiten der Vereine auf Strukturprobleme hin. Die Analyse hat verdeutlicht, dass die Teams zusätzliche Einnahmen direkt an die Spieler weiterleiten und dass der Anteil der Personalkosten aufgrund des Bosman-Urteils nochmals angestiegen ist. Für Eingriffe zur Sicherung der wirtschaftlichen Basis der Vereine bietet sich daher der Spielermarkt an, in Verbindung mit der bereits angelaufenen Reform der Rechtsform der Bundesligavereine.

Die empirische Analyse des Spielermarktes kann die ökonomischen Auswirkungen von institutionellen Eingriffen auf dem Spielermarkt aufzeigen. Nach dem Bosman-Urteil stiegen die Spielergehälter und Vertragslaufzeiten deutlich an, wobei Regressionsanalysen einen positiven Zusammenhang zwischen der Vertragslaufzeit und den Gehältern der Bundesligaprofis ermitteln. Weiterhin zeigt sich eine Orientierung der Spielerentlohnung am individuellen Humankapital.

Anmerkungen

1 Universität Hannover, Institut für Volkswirtschaftslehre, Konjunktur- und Strukturpolitik, Königsworther Platz 1, 30167 Hannover

2 Dabei sind in den 140 Millionen DM erfolgsabhängige Komponenten enthalten, d.h. das dieser Betrag die maximal erreichbaren Zahlungen ausdrückt. Die garantierten Einnahmen liegen bei ca. 120 Millionen DM.

3 Die WGZ Bank weist dem Merchandising in der Saison 1997/98 einen Anteil von 22 v.H. am Gesamtumsatz zu (vgl. WGZ Bank 1999: 11). Zacharias (1999: 164) ermittelt einen Anteil von 25 v.H.

4 Nach Berechnungen des „kicker-sportmagazins" auf Basis der Gewinn- und Verlustrechnungen der Bundesligaklubs belief sich der Verlust in der Spielzeit 1999/00 sogar auf rund 80 Millionen DM. Die Gesamtverbindlichkeiten aller 36 Profivereine sollen über 1 Milliarde DM betragen (vgl. FRANZKE 2001: 19).

5 Um die Spielberechtigung für einen anderen Verein zu erhalten, ist die Einhaltung der Vorschriften des § 20 Lizenzspielerstatut zu beachten. Grundsätzlich ist ein Vereinswechsel während der Saison nur einmal möglich. Findet der Wechsel im Zeitraum vom 1.7.–15.1. eines Jahres statt, ist der Spieler sofort für den aufnehmenden Verein spielberechtigt. Bei einem Vertragsabschluss im Zeitraum vom 16.01. bis 30.06. wird der Wechsel zum 1.7. des Jahres wirksam. Außerdem muss der Spieler laut § 28 Lizenzspielerstatut in die Transferliste des DFB aufgenommen worden sein (vgl. DFB-Lizenzspielerstatut 2001).

6 Bei Streitigkeiten über die Wechselmodalitäten konnte ein Schiedsgutachter des DFB angerufen werden (vgl. EILERS 1996: 22ff.). Bei einem Wechsel auf internationaler Ebene entscheidet eine Sonderkommission der FIFA bei Nichteinigung der Vereine (vgl. FIFA 2001, Art. 16, Abs. 6).

7 Eine Ausnahme gilt für sogenannte Fußball-Deutsche, die in den letzten fünf Jahren, davon mindestens drei Jahre als Juniorenspieler, ununterbrochen für deutsche Vereine spielberechtigt waren. Diese können unbeschränkt verpflichtet werden (vgl. § 20 DFB-Lizenzspielerstatut 2001).

8 Zum Hintergrund des Bosman-Urteils vgl. u.a. WERTENBRUCH (1996) sowie BLANPAIN (1996).

9 Staaten des EWR sind zurzeit Island, Liechtenstein und Norwegen.

10 Eine Datenerhebung mit Hilfe der Primärquellen, d.h. den Arbeitsverträgen der Lizenzspieler oder den Jahresabschlüssen der Profivereine war nicht möglich, da die Vereine der Fußballbundesligen auf eine diesbezügliche Anfrage ablehnend antworteten. Allerdings konnte im Rahmen

von Gesprächen mit Verantwortlichen dreier Erstligavereine (ein Manager, ein Präsident sowie ein Aufsichtsratsvorsitzender) eine grundsätzliche Prüfung der Daten erfolgen. Die aus der Fachpresse entnommenen Daten erwiesen sich dabei als zuverlässig. Außerdem wurden unklare und widersprüchliche Gehaltsangaben und Vertragslaufzeiten nicht in den Datensatz aufgenommen.

11 Die Vereine haben zwar die Kadergröße in den vergangenen Spielzeiten aufgrund von hohen Einnahmen und einer größeren Anzahl internationaler Spiele von ca. 21 Spielern zu Beginn der 90er Jahre auf durchschnittlich 27–28 Spieler angehoben. Eine weitere Ausdehnung ist jedoch kaum zu erwarten, da eine drei- oder vierfache Besetzung jeder Position wenig Sinn macht.

12 Nach Kenntnis der Verfasser liegen bislang noch keine Studien für den professionellen Fußball in Deutschland oder anderen europäischen Ländern vor, welche die Vertragslaufzeiten der Profis zum Untersuchungsgegenstand haben.

13 Untersuchungen mit Daten aus dem US Amerikanischen Teamsport liefern u.a.: FRICK (1998); HOGLIN, und VELLEMANN (1995); HAMILTON (1995); BODVARSSON und BRASTOW (1998); HOLBROOK und SCHULTZ (1996); GUSTAFSON und HADLEY (1995); MARBURGER (1994); GIUS und HYLAN (1996) sowie HYLAN, LAGE und TREGLIA (1999).

14 Zur grundsätzlichen Vorgehensweise bei der Analyse von Paneldaten vgl. BALTAGI (1995: 9 ff.).

15 Die Einflüsse werden in den Modellschätzungen über Dummyvariablen erfasst, die Referenzkategorie ist OST.

16 Die Einflüsse werden in den Modellschätzungen über Dummyvariablen erfasst, die Referenzkategorie ist TW.

17 Die Einflüsse werden in den Modellschätzungen über Dummyvariablen erfasst, die Referenzkategorie ist VERL.

18 Es konnte zwischen einem Wechsel aus der eigenen Jugend eines Bundesligavereins, von einem Amateurverein, von einem Zweitligisten, von einem Erstligisten oder aus dem Ausland unterschieden werden.

Literatur

Arens, W. 1997; „Der deutsche Bosman"; in: Sport und Recht, Heft 4/1997, S. 126–128.

Baltagi, B. H. 1995; Econometric Analysis of Panel Data; Chichester: Wiley.

Baltagi, B. H. 1998; Econometrics; Berlin, Heidelberg, New York: Springer.

Blainpain, R. 1996; Geschichte und Hintergründe des Bosman-Urteils; in: Arbeit und Recht, Heft 5/1996, S. 161–167.

Bodvarsson, Ö.B.; Brastow, R. T. 1998; Do Employers Pay for Consistent Performance? Evidence from the NBA; in: Economic Inquiry, Heft 1/1998, S. 145–160.

Breusch, T.; Pagan, A. 1980; The LM Test and its Applications to Model Specification in Econometrics; in Review of Economic Studies, Heft 1/1980, S. 239–254.

Büch, M.-P.; Schellhaaß, H.-M. 1978; Ökonomische Aspekte der Transferentschädigung im bezahlten Mannschaftssport; in: Jahrbuch für Sozialwissenschaften, Heft 3/1978, S. 255–274.

DFB-Lizenzspielerstatut 2001; Frankfurt am Main.

Dinkelmeier, B. 1999; Das "Bosman"-Urteil des EuGH und seine Auswirkungen auf den Profifußball in Europa; Dissertation, Universität Würzburg.

Eilers, G. 1996: Transferbestimmungen im Fußballsport, Verbandsrechtliche Regelungen des DFB, der UEFA und der FIFA; in: EILERS, G. (Hrsg.) Transferbestimmungen im Fußballsport; Recht und Sport, Band 15; Heidelberg: Müller Verlag, S. 1–41.

EuGH 1995; Sammlung der Rechtsprechung des Gerichtshofes und des Gerichts erster Instanz, Teil I Gerichtshof; Urteil des Gerichtshofes in der Rechtssache C-415/93, I-5040–5082.

FIFA 2001; Principles for the amendment of FIFA rules regarding international transfers.

FIFA 2001a; Grundsätze für die Änderung des FIFA-Regelments betreffend internationale Transfers, 6.2.2001.

Franck, E. 1995; Die ökonomischen Institutionen der Teamsportindustrie; Wiesbaden: Gabler.

Franzke, R. 2001; Die Milliarden-Liga; in: kicker-sportmagazin; Nr. 62, 30.07.2001, S. 19–21.

Frick, B. 1998; Management Abilities, Player Salaries and Team Performance; in: European Journal for Sport Management, Heft 5/1998, S. 6–22.

Frick, B. 2001; Funktionsweise und Dynamik des Arbeitsmarktes im professionellen Team-Sport: Empirische Evidenz aus der „National Basketball Association"; in: HÜBL, L.; PETERS, H.-H.; SWIETER, D. (Hrsg.): Ligasport aus ökonomischer Sicht; Aachen: Meyer & Meyer, S. 211–245.

Frick, B.; Prinz, J. 2000; Die Entlohnung professioneller Mannschaftssportler: Gibt es einen Trade-Off zwischen Entgelten und Vertragslaufzeiten?; in: BACKES-GELLNER, U. et al (Hrsg.), Flexibilisierungstendenzen in der betrieblichen Personalpolitik: Anreize, Arbeitszeiten und Qualifikation; München: Hampp, S. 129–154.

Gius, M. R.; Hylan, T. R. 1996; An Interperiod Analysis of the Salary Impact of Structural Changes in Major League Baseball: Evidence from Panel Data; in: FIZEL, J.; GUSTAFSON, E.; HADLEY, L. (Hrsg.): Baseball Economics; Westport: Praeger Publishers, S.77–84.

Gustafson, E.; Hadley, L. 1995; Arbitration and Salary Gaps in Major League Baseball; in: Quarterly Journal of Business and Economics, Heft 3/1995, S. 32–46.

Hamilton, J. C. 1995; Salary Determination in Professional Sport, unpublished Dissertation, University of California; Berkeley.

Handelsblatt 2001; Serie: „Finanzcheck – wenn Fußballvereine zu Unternehmen werden"; verschiedene Ausgaben 2001.

Hausman, J. A. 1978; Specification Tests in Econometrics; in: Econometrica, Heft 6/1978, S. 1251–1272.

Hoglin, C.; Vellemann, P. F. 1995; A Critical Look at Some Analyses of Major League Baseball Salaries; in: The American Statistician, Heft 3/1995, S. 277–285.

Holbrook, M.; Schultz, C. J. 1996; An updating model of salary adjustments in Major League Baseball: How much is a home run worth?; in: Journal of Sport Management, Heft 2/1996, S. 131–148.

Hylan, T. R.; Lage, M. J.; Treglia, M. 1999; Did Collusion Adversely Affect Outcomes in the Baseball Player's Labor Market?: A Panel Study of Salary Determination from 1986 to 1992; in: FIZEL, J.; GUSTAFSON, E.; HADLEY, L. (Hrsg.): Sports Economics – Current Research; Westport: Praeger Publishers, S. 175–189.

Késenne, S. 1999; Player Market Regulations and Competitive Balance in a Win Maximizing Scenario; in: JEANRENAUD, C.; KÉSENNE, S. (Hrsg): Competition Policy in Professional Sports – Europe after the Bosman Case; Antwerpen: Standaard Editions, S. 117–131.

kicker-sportmagazin, diverse Jahrgänge, Nürnberg: Olympia Verlag.

Klingmüller, A.; Wichert, J. 2001; Die Zulässigkeit von Ablösesummen für vertraglich gebundene Profifußballspieler; in: Sport und Recht, Heft 1/2001; S. 1–4.

LAG Berlin 1979; Urteil vom 21.06.1979–4 Sa 127/78; in: Neue Juristische Wochenschrift, Heft 50, 1979, S. 2582–2584.

Lehmann, E. 2000; Verdienen Fußballspieler was sie verdienen? in: Schellhaaß, H. M. (Hrsg.): Sportveranstaltungen zwischen Liga- und Medieninteressen, Schorndorf: Hofmann, S. 97–122.

Lehmann, E.; Weigand, J. 1999; Determinanten der Entlohnung von Profifußballspielern – Eine empirische Analyse für die deutsche Bundesliga; in: Betriebswirtschaftliche Forschung und Praxis, Heft 2/1999, S. 124–135.

Marburger, D. R. 1994; Bargaining Power and the Structure of Salaries in Major League Baseball; in: Managerial and Decision Economics, Heft 5/1994; S. 433–441.

Mátyás, L. 1992; Error Components Models; in: MÁTYÁS, L.; SEVESTRE, P. (Hrsg.): The Economics of Panel Data; Dordrecht: Kluwer, S. 46–71.

Parensen, A. 1998; Die Fußball-Bundesliga und das Bosman Urteil; in: TOKARSKI, W. (Hrsg.): EU-Recht und Sport, Edition Sport und Freizeit, Band 2; Aachen: Meyer & Meyer, S. 70–150.

Parlasca, S. 1993; Kartelle im Profisport: Die wettbewerbspolitische Problematik der Mannschaftssportligen Major League Baseball, National Football League und Fußball-Bundesliga; Schriftenreihe Wirtschafts-und Sozialwissenschaften, Band 20; Ludwigsburg: Wissenschaft & Praxis.

Pfister, B. 1998; Das Bosman-Urteil des EuGH und das Kienass-Urteil des BAG; in: TROSIEN, G.; DINKEL, M. (Hrsg.): Verkaufen Medien die Sportwirklichkeit? Aachen: Meyer & Meyer, S. 151–171.

Rybak, F. 1999; Das Rechtsverhältnis zwischen dem Lizenzfußballspieler und seinem Verein; Frankfurt am Main, Berlin, Bern, New York, Paris, Wien: Lang.

Simmons, R. 1997; Implications of the Bosman Ruling for Football Transfer Markets; in: Economic Affairs, Heft 3/1997, S. 13–18.

Straub, W. 2001; Zentralvermarktung, Umwandlung von Vereinen der Fußball-Bundesliga – Konsequenzen für den Deutschen Fußball-Bund und die Bundesligen?; in: TROSIEN, G.; HAASE, H.; MUSSLER, D. (Hrsg.): Huckepackfinanzierung des Sports: Sportsponsoring unter der Lupe; Schorndorf: Hofmann, S. 105–125.

Swieter, D. 2002; Eine ökonomische Analyse der Fußball-Bundesliga; Dissertation am Fachbereich Wirtschaftswissenschaften der Universität Hannover, erscheint 2002.

Szymanski, S. 1999; The market for Soccer Players in England after Bosman: Winners and Losers; in: JEANRENAUD, C.; KÉSENNE, S. (Hrsg): Competition Policy in Professional Sports – Europe after the Bosman Case; Antwerpen: Standaard Editions, S. 133–160.

Trommer, H.-R. 1999; Die Transferregelungen im Profisport im Lichte des „Bosman-Urteils" im Vergleich zu den Mechanismen im bezahlten amerikanischen Sport; Beiträge zum Sportrecht, Band 4; Berlin: Duncker & Humblot.

UFA 2000; UFA Fußballstudie; Hamburg

Weber, M. 1996; Ökonomie der Arbeitsverfassung; Duisburger Volkswirtschaftliche Schriften, Band 22; Hamburg: Steuer- und Wirtschaftsverlag.

Wertenbruch, J. 1996; Anmerkungen zu: EuGH: Freizügigkeit von Berufsfußballspielern, in: Europäische Zeitschrift für Wirtschaftsrecht, Heft 3/1996, S. 82–92.

WGZ Bank 1999; FC Euro AG, Erfahrungen aus Börsengängen europäischer Fußballunternehmen und Chancen für den deutschen Bundesligafußball; Düsseldorf.

WGZ Bank 2001; FC Euro AG, Börsengänge europäischer Fußballunternehmen – Chancen für den deutschen Bundesligafußball, 2. Auflage; Düsseldorf.

Zacharias, E. 1999; Going Public einer Fußball-Kapitalgesellschaft; Bielefeld: Erich Schmidt Verlag.

Zusammenfassung

In diesem Beitrag wird der Spielermarkt der Fußball-Bundesliga ökonomisch analysiert. Nach einer einführenden Darstellung der Entwicklung der Einnahmen und Ausgaben der Bundesligavereine werden die Auswirkungen des sogenannten „Bosman-Urteils" auf den Spielermarkt im Profifußball theoretisch und empirisch untersucht.

Die theoretisch erwarteten Auswirkungen des Anstiegs der Verhandlungsmacht der Profispieler nach dem genannten institutionellen Eingriff lassen sich empirisch bestätigen. Es ist sowohl ein Anstieg der Spielergehälter als auch eine Erhöhung der Vertragslaufzeiten zu beobachten. Weiterhin zeigen ökonometrische Überprüfungen der Determinanten von Spielergehältern einen erheblichen Einfluss humankapitaltheoretisch abgeleiteter Bestimmungsfaktoren.

Der aus Untersuchungen des nordamerikanischen Teamsports bekannte positive Einfluss der Vertragslaufzeiten auf die Spielergehälter konnte auch für die Fußball-Bundesliga festgestellt werden.

Summary

This paper provides an economic analysis of the market for soccer players in Germany. The first section summarizes trends in the club' revenues and expenditures, accounting for major sales and purchase activities. Section two discusses the impact of the so-called "Bosman-judgement" on player transactions from a theoretical and empirical perspective.

From a theoretical point of view, the judgement has increased the bargaining power of professional players. In fact, our empirical analysis shows that two measures for the negotiating position of players, the level of compensation and the duration of newly signed contracts, have both increased following the Bosman decision. In addition, we estimate earnings functions for professional soccer players in Germany. Our results confirm that factors related to players' human capital significantly influence their earnings. In particular, the findings for Germany's professional soccer league corroborate evidence for professional team sport leagues in North America on the positive impact of contract lengths on the earnings of players.

31: Entlohnung und Erfolgsbeteiligung (JEL J33)

Die neuen FIFA-Regeln zur Transferentschädigung

Von Horst M. Schellhaaß und Frank C. May

Überblick

- Nach dem neuen FIFA-Reglement sind pauschalierte Ausbildungsentschädigungen für junge Spieler bis zum Alter von 23 Jahren auch nach Ablauf ihres bisherigen Vertrages wieder zulässig. Für ältere Spieler bleibt es dagegen – im Einklang mit der Rechtsprechung des EuGH – beim Verbot von Transferentschädigungen nach dem Auslaufen ihres Vertrages.
- In diesem Beitrag wird gezeigt, dass mit der Neuregelung der Transferbedingungen im Vergleich zu einem System frei verhandelbarer Transferentschädigungen weder eine Verbesserung der Spielerfreizügigkeit noch eine Verschlechterung der Spielqualität in den Profiligen aufgrund verringerter Ausbildungsanreize einhergeht.
- Statt dessen ändert sich die Rekrutierungspolitik der Vereine dahingehend, dass sie ihre Kader in zunehmendem Maße mit erfahrenen ausländischen Spielern besetzen. Als die wahren Verlierer der Neuregelung sind unmittelbar die europäischen Nachwuchsspieler und mittelbar die europäischen Nationalmannschaften auszumachen.

Eingegangen: 29. Januar 2002

Professor Dr. Horst M. Schellhaaß, Institut für Rundfunkökonomie an der Universität zu Köln, Albertus-Magnus-Platz, 50923 Köln.
Diplom-Volkswirt Frank C. May, Staatswissenschaftliches Seminar, Universität zu Köln, Albertus-Magnus-Platz, 50923 Köln.

ZfB
ZEITSCHRIFT FÜR BETRIEBSWIRTSCHAFT

A. Problemstellung

Am 15. Dezember 1995 hat der Europäische Gerichtshof (EuGH) die Rahmenbedingungen auf den Märkten für professionellen Mannschaftssport fundamental geändert. Das Bosman-Urteil selbst hat mit Verweis auf die durch Artikel 39 EU-Vertrag garantierte Freizügigkeit der Arbeitnehmer nur die Zahlung einer Transferentschädigung beim Wechsel eines Profispielers *nach* Ablauf seines Vertrages untersagt. Die EU-Kommission hat jedoch das Urteil zum Anlaß genommen, die Rechtsgrundlagen für den Vereinswechsel von Profispielern grundsätzlich neu zu ordnen: Am 1. September 2001 sind die neuen Regeln der Fédération Internationale de Football Association (FIFA) zum Transfer von Spielern und zur Zulässigkeit von Transferentschädigungen in Kraft getreten. Sie binden unmittelbar die FIFA für die internationalen Transfers und mittelbar die Union des Associations Européennes de Football (UEFA) für die europäischen sowie den Deutschen Fußball-Bund (DFB) für die nationalen Transfers. Dabei wurde ein Ausgleich zwischen der verfassungsrechtlich verankerten Freizügigkeit von Arbeitnehmern und dem für die Funktionsfähigkeit von Märkten erforderlichen Schutz der Quasirenten aus Humankapitalinvestitionen vor Enteignung angestrebt.

Nach der herrschenden juristischen Lehre soll die Einbindung eines Dritten mit eigenen Finanzinteressen, nämlich des alten Vereins, in die Modalitäten des Wechsels den Abschluss eines Vertrages zwischen dem Spieler und dem neuen Verein erschweren oder sogar verhindern, wie der Fall Bosman gezeigt habe (vgl. stellv. Hannamann, 2001, S. 281ff und 422ff). Da der EuGH der Freizügigkeit – als einer der vier Grundfreiheiten des Vertrags von Amsterdam – absolute Priorität einräumt, hat er konsequenterweise das bis dahin geltende System der Zahlung von Transferentschädigungen nach Ablauf des Arbeitsvertrages untersagt.

Die Folgen einer eingeschränkten Mobilität sind unstrittig, strittig zwischen Ökonomen und Juristen ist die Vorfrage, ob eine Transferentschädigung überhaupt die Mobilität von Profispielern beeinträchtigt. Der Europäische Gerichtshof unterstellt dies als eine offensichtliche Tatsache, während nach ökonomischen Analysen Transferentschädigungen keinen Einfluss auf die Vereinswahl von Profispielern haben (vgl. Demsetz, 1972, S. 16). Im ersten Teil des Beitrages soll deshalb untersucht werden, in welchen Fällen Transferregelungen die Freizügigkeit von Profispielern einschränken.

Aus ökonomischer Perspektive sind Marktschranken nicht per se wohlfahrtsmindernd; man denke etwa an das Patentsystem. Grundsätzlich sollte der Kuchen zuerst maximiert werden, bevor er verteilt wird. Während die Freizügigkeit für eine marktgerechte Verteilung der Wertschöpfung von Sportwettbewerben sorgt, dienen Marktschranken zur Steigerung der Effizienz des Ligawettbewerbs. Unabdingbare Vorleistung für wirtschaftliche Erfolge im Sport ist eine Ausbildung auf internationalem Spitzenniveau. Zwei Besonderheiten charakterisieren die Ausbildung im Mannschaftssport: Zum einen finanziert der Arbeitgeber die allgemeinen Humankapitalinvestitionen in die Spieler, so dass er sich bei Freizügigkeit einem hohen Enteignungsrisiko der Quasirenten gegenübersieht. Zum anderen handelt es sich bei der Vervollkommnung der spielerischen Fähigkeiten um ein »joint product«, das sowohl die Produktivität in der laufenden Bundesligasaison als auch die zukünftige Produktivität in möglicherweise konkurrierenden Teams erhöht. Die neuen FIFA-Regelungen beinhalten gegenüber der Zeit vor Bosman einen stark geminderten

Schutz für die Quasirenten der ausbildenden Vereine. Wir wollen deshalb im zweiten Teil dieses Beitrags mit Hilfe eines Institutionenvergleichs analysieren, inwieweit dadurch die Ausbildungsbereitschaft und die Rekrutierungspolitik der Vereine beeinflusst wird.

B. Beeinträchtigt die Transferentschädigung die Freizügigkeit der Spieler?

Wie vielen bahnbrechenden Urteilen liegt auch dem Bosman-Fall eine recht ungewöhnliche Vorgeschichte zugrunde. In der Saison 1989/90 hatte Jean-Marc Bosman einen Vertrag mit dem RC Lüttich. Die ihm – zu stark verringerten Konditionen – angebotene Vertragsverlängerung lehnte er ab, so dass sein Arbeitsvertrag mit dem RC Lüttich am 30. Juni 1990 auslief. Versuche, sich einem anderen belgischen Erstligisten anzuschließen, schlugen fehl. Erst Ende Juli konnte er einen Einjahresvertrag – mit einer Option auf eine endgültige Übernahme – mit dem französischen Zweitligaverein US Dünkirchen unterzeichnen. Die beiden Vereine RC Lüttich und US Dünkirchen einigten sich am 27. Juli 1990 über den Transfer von Bosman für die Dauer eines Jahres gegen die Zahlung einer Transferentschädigung von 1,2 Mio. BFR.[1] Allerdings standen die beiden Verträge unter der aufschiebenden Bedingung, dass dem französischen Fußballverband der Freigabeschein rechtzeitig vor dem ersten Saisonspiel, das für den 2. August 1990 angesetzt war, zugestellt werden sollte. Aufgrund von Zweifeln an der Zahlungsfähigkeit des US Dünkirchen stellte der RC Lüttich keinen Antrag auf Übermittlung des internationalen Freigabescheins, so dass die beiden Verträge hinfällig wurden. Der Spieler wurde gesperrt und konnte während der Saison 1990/91 seinen Beruf als Profispieler nicht ausüben.

Aus diesem Sachverhalt ein Verfahren über die generelle Zulässigkeit von Transferentschädigungen zu machen, ist ungewöhnlich. Ungeachtet der Interdependenz zwischen den beiden Verträgen einigen sich in der weitaus überwiegenden Mehrzahl aller Fälle der Spieler und der neue Verein über den Inhalt des Arbeitsvertrages sowie der alte und der neue Verein über die Höhe der Transferentschädigung geräuschlos – so auch im Bosman-Fall. Selbst wenn sich die beiden Vereine über die Höhe der Transferentschädigung nicht einigen können, verhindert dies in der Regel nicht den geplanten Wechsel des Spielers, sondern die fehlende Einigung der Vereine wird durch den verbindlichen Spruch eines Schiedsgerichts ersetzt. Unstrittig ist, dass der Transfer von Bosman *nicht* aufgrund einer fehlenden Einigung über den Inhalt des Arbeitsvertrages oder über die Höhe der Transferentschädigung unterblieben ist.

Tatsächlich scheiterte der Transfer von Bosman an Maßnahmen, die der Absicherung der Geldforderungen des abgebenden Vereins dienen. Ein internationaler Transfer setzte zu jener Zeit voraus, dass der abgebende Nationalverband durch den Freigabeschein bestätigte, dass alle finanziellen Verpflichtungen, einschließlich der anfallenden Ablösesumme, erfüllt waren. Die Verweigerung des internationalen Freigabescheins war das Faustpfand, mit dem der alte Verein seine Geldforderungen gegenüber dem neuen Verein durchsetzen konnte. Hierin ist in der Tat eine Beeinträchtigung der Freizügigkeit von Profispielern zu sehen.

Um die Freizügigkeit nach Artikel 39 EU-Vertrag zu gewährleisten, genügt es, die Ausstellung des Freigabescheins von der Überweisung der Transferentschädigung abzukoppeln. Dies ist in der Zwischenzeit durch die FIFA und UEFA geschehen. Nach wie vor ist nach Artikel 6 des FIFA-Reglements der Spieler für den aufnehmenden Verein erst spielberechtigt, wenn der neue Verband im Besitz des internationalen Freigabescheins ist. Aber der bisherige Nationalverband klärt mit dem Spieler und seinem alten Verein nur, ob (i) der Vertrag abgelaufen ist, (ii) im gegenseitigen Einverständnis vorzeitig aufgelöst worden ist oder (iii) eine Vertragsstreitigkeit vorliegt (vgl. FIFA-Zirkular Nr. 769, S. 16). In den ersten beiden Fällen stellt der Verband innerhalb von sieben Tagen den internationalen Freigabeschein aus, der nach Artikel 8 des FIFA-Reglements an keinerlei Bedingungen geknüpft werden darf.

Die Ausstellung des Freigabescheins darf nur verweigert werden, wenn durch den Vereinswechsel des Spielers eine Vertragsstreitigkeit entstanden ist, das heißt wenn der Vertrag noch nicht ausgelaufen ist und keine Einigung über eine vorzeitige Vertragsauflösung erzielt werden konnte (Art 6 Abs 5 FIFA-Reglement). Insofern haftet der Spieler nicht mehr für unbeglichene Verpflichtungen seines neuen Arbeitgebers, sondern nur noch für eigene Vertragsverletzungen. Sollte der neue Verein die Transferentschädigung nicht oder nicht rechtzeitig überweisen, richten sich die Disziplinarmaßnahmen in Form von Geldstrafen, Punktabzügen oder gar eines Ausschlusses vom Wettbewerb direkt gegen diesen Verein (vgl. Art 9 der FIFA-Ausführungsbestimmungen). Insofern waren schon vor dem EuGH-Urteil die den Fall »Bosman« auslösenden Satzungsbestimmungen in eine rechtlich einwandfreie Form gebracht worden.

Im Bosman-Fall ist der Transfer an dem fehlenden Freigabeschein gescheitert; er wäre aber auch gescheitert, wenn die Transferentschädigung nach den Satzungsbestimmungen des belgischen Fußballverbandes festgesetzt worden wäre. Grundsätzlich wird die Transferentschädigung zwischen dem abgebenden und dem aufnehmenden Verein frei ausgehandelt, allerdings »in the shadow of the law«, nämlich unter Umgehung der Verfahrensvorschriften für den Schiedsgutachter. Tatsächlich hat Bosman in der Periode, in der die satzungsgemäße Transferentschädigung von 11.743.000 BFR zur Anwendung gekommen wäre, keinen neuen Verein gefunden.[2] In der anschließenden Periode freier Verhandlungen haben sich Dünkirchen und Lüttich auf eine Ablösesumme von nur 6 Mio. BFR für die endgültige Übernahme von Bosman verständigt.[3] Insofern ist nicht auszuschließen, dass die Satzungsbestimmungen über die Berechnung der Transferentschädigung in Streitfällen indirekt die Freizügigkeit von Arbeitnehmern beeinträchtigen können. Da der EuGH diesen Sachverhalt nicht als Problem erkannt hat, sind die Satzungsvorgaben für die Schiedsgutachter rechtlich nicht beanstandet worden.

Nach den Richtlinien für die Festsetzung von Transferentschädigungen des Ligaausschusses des DFB vom 1.7.1993 errechnet sich die Transferentschädigung aus der Multiplikation eines Basiswertes mit einem Faktor, der sowohl von der Wirtschaftskraft des aufnehmenden Vereins als auch vom Alter des Spielers determiniert wird. Nach Ziffer 3 der Richtlinien ergibt sich der Basiswert aus dem arithmetischen Mittel der drei vom Schiedsgutachter festgestellten Eckwerte. „Als Eckwerte zur Ermittlung der Transferentschädigung werden die Bezüge des Spielers im letzten Jahr der vertraglichen Bindung beim abgebenden Lizenzverein, das Angebot auf Abschluss eines neuen Vertrages beim abgebenden Lizenzverein und das Angebot des aufnehmenden Vereins zugrunde gelegt" (Ziffer 2).

Im Regelfall einer wechselbedingt steigenden Wertschöpfung gibt es bei rationalem Verhalten keine Mobilitätshemmnisse, weil sowohl der abgebende und der aufnehmende

Verein als auch der Spieler von dem Wechsel profitieren (vgl. Schellhaaß, 1984). Koordinationsschwierigkeiten können auftreten, wenn die Leistungsfähigkeit des Spielers im Zeitablauf nachlässt.[4] Dieser Sachverhalt soll in Tab. 1 anhand eines Zahlenbeispiels verdeutlicht werden. Aus volkswirtschaftlicher Sicht sollte der Spieler zum neuen Verein wechseln, da er hier die höchste Wertschöpfung erbringt. Er selbst hat ebenfalls ein Einkommensinteresse an diesem Vereinswechsel, jedoch würde der Transfer bei Anwendung der deutschen Schiedsgerichtsformel scheitern. Ursache ist die Einbeziehung des Gehalts der vergangenen Saison in die Eckwerte. Auf wettbewerblichen Märkten zählen nicht die Verdienste vergangener Spielzeiten, sondern nur die erwarteten Leistungen in der Zukunft. Bei einer nach der Formel des DFB festgesetzten Transferentschädigung von 4.983.900 DM würde der neue Verein dem Spieler kein Angebot in Höhe von 900.000 DM unterbreiten, denn die Jahreskosten als Summe aus Spielergehalt und Annuität der Transferentschädigung (498.390 DM) würden die erwartete Wertschöpfung von 1,3 Mio. DM übersteigen.

Noch stärker mobilitätshemmend wirken die Regeln des belgischen Schiedsgerichts, weil sie zur Berechnung des Basiswertes nur das alte und neue Gehalt mit einem Gewicht von je 50% berücksichtigen. Im Vergleich zur Berechnungsformel des belgischen Fußballverbandes stellt die Formel des DFB einen Fortschritt dar, weil sie auch das Gehaltsangebot des alten Vereins für die neue Saison einschließt. Dadurch sinkt das Gewicht des Gehalts der vergangenen Saison auf ein Drittel, was die Zahl der möglichen Konfliktfälle reduziert, aber nicht völlig ausschließt. Insofern hatten die Satzungen der europäischen Fußballverbände in der Zeit vor dem Bosman-Urteil Berechnungsmodalitäten für die Transferentschädigungen festgeschrieben, die durchaus mit der Freizügigkeit von Arbeitnehmern kollidieren konnten.

Tab. 1: Interdependenz von Gehalt und Transferentschädigung

	alter Verein vergangene Saison DM	alter Verein neue Saison DM	neuer Verein neue Saison DM
Wertschöpfung des Spielers	2.500,000	1.200.000	1.300.000
Gehalt des Spielers	1.600.000	830.000	900.000
Deckungsbeitrag des Vereins		370.000	400.000
TE nach belgischer Satzung[a)]		5.612.500	
Annuität nach belgischer Satzung		561.250	
TE nach deutscher Satzung[b)]		4.983.900	
Annuität nach deutscher Satzung		498.390	
TE nach Marktregeln		3.883.850	
Annuität nach Marktregeln		388.385	

[a)] Unterstellt wird ein Spieler im Alter von 24 Jahren (Altersstaffelung +0,29), der zu einem Verein mit mittlerer Wirtschaftskraft wechseln will (Ertragswertziffer 4,2), so dass sich ein Multiplikator von 4,49 ergibt. Zur Berechnung der Annuität wird die Transferentschädigung ohne Diskontierung auf zehn Jahre umgelegt.

[b)] TE = Transferentschädigung.

Einer sowohl mit dem Schutz der Humankapitalinvestitionen durch die Zahlung einer Transferentschädigung als auch mit der Gewährleistung der Freizügigkeit kompatiblen Lösung dürfen nur die beiden Gehaltsangebote für die neue Saison zugrunde gelegt werden. In diesem Falle würde sich die Transferentschädigung auf 3.883.850 DM belaufen, wodurch der neue Verein einen positiven Gewinnanreiz hätte, den Spieler zu verpflichten, denn einer jährlichen Belastung von 1.288.385 DM stünde eine Wertschöpfung von 1,3 Mio. DM gegenüber. Gleichzeitig hätte der alte Verein einen Gewinnanreiz, den Spieler abzugeben, weil der Ertrag aus der Transferentschädigung in Höhe von jährlich 388.385 DM höher ist als die bei einem Verbleib des Spielers zu erzielende Wertschöpfung in Höhe von 370.000 DM. Darüber hinaus führt auch das Einkommensinteresse den Spieler dazu, den Arbeitsvertrag mit dem neuen Verein abzuschließen. Dies ist genau die Konstellation wirtschaftlicher Anreize, bei der alle Beteiligten den volkswirtschaftlich wünschenswerten Transfer unterstützen.

Stets müssen zwei Bedingungen gleichzeitig erfüllt sein, damit es unter dem Regime der Transferentschädigung zu einem problemlosen Arbeitsplatzwechsel kommt. Das Gehalt beim aufnehmenden Verein muss mindestens so hoch sein wie das Gehaltsangebot des alten Vereins für die neue Saison, und die Transferentschädigung muss mindestens so hoch sein wie der dem alten Verein zufließende Anteil an der zukünftigen Wertschöpfung des Spielers. Demnach ist ein Vereinswechsel sinnvoll, wenn der Spieler im neuen Verein eine höhere Wertschöpfung als im alten Verein erzielt, was genau der Bedingung für einen unter wohlfahrtstheoretischen Aspekten gewünschten Arbeitsplatzwechsel entspricht. Insofern wird unter dem Regime der Transferentschädigung das eigennützige Ziel der Spieler, ihr Einkommen zu maximieren, vom Gewinnmaximierungskalkül der Vereine nicht etwa unterminiert, sondern sogar noch gefördert. Dies führt zu dem Fazit, dass die Freizügigkeit durch eine marktkonforme Transferentschädigung nicht eingeschränkt wird (vgl. Schellhaaß, 1984).

Marktkonforme Lösungen sind gegenüber strategischem Verhalten anfällig. Wenn ein Spieler glaubwürdig erklärt, dass er den Verein – etwa wegen eines Zerwürfnisses mit dem Trainer – unter allen Umständen verlassen will, kann dieser seine Position bei der gutachterlichen Bestimmung der Transferentschädigung durch ein günstiges Angebot zur Vertragsverlängerung verbessern. Ein solches Verhalten ist in gleicher Weise wie die Berücksichtigung des Gehalts der vergangenen Saison dazu angetan, den Transfer zu verhindern. Aus diesem Grunde kann der Schiedsgutachter einen angemessenen Abschlag vom Vertragsangebot vornehmen, wenn die bei einer Vertragsverlängerung angebotenen Bezüge ohne ersichtlichen Grund erheblich über den bisherigen Konditionen des Arbeitsvertrages liegen (Ziffer 4.6 der Richtlinien). Satzungsbestimmungen zur Verhinderung strategischen Verhaltens – in diesem Fall die Korrektur eines nicht ernst gemeinten Vertragsangebotes – verbessern deshalb die Funktionsfähigkeit von Märkten.

Eine Modifikation der bisherigen Ergebnisse ist auch dann nicht erforderlich, wenn der Spieler nicht sein monetäres Einkommen, sondern seinen Nutzen maximieren möchte. Nehmen wir an, dass der Spieler bei Borussia Dortmund angestellt ist, aber aus persönlichen Gründen lieber in Cottbus spielen möchte. Dort sei seine Wertschöpfung um 500.000 DM pro Jahr geringer als in Dortmund. Unter dem Regime der Transferentschädigung fordert Borussia Dortmund die Untergrenze der Transferentschädigung, das heißt den durch den Weggang des Spielers entgehenden zukünftigen Deckungsbeitrag. Energie Cottbus bietet die Obergrenze der Transferentschädigung, verzichtet also auf einen eigenen Gewinn bei einer Verpflichtung des Spielers. Zu einer Einigung kann es jedoch erst dann kommen, wenn der Spieler seine Gehaltsforderung um 500.000 DM pro Jahr ermäßigt, da erst dann die von Cottbus angebotene Obergrenze der von Dortmund geforderten Untergrenze der Transferentschädigung entspricht. Dies bedeutet, dass der Spieler vollständig die wirtschaftlichen Verluste seiner Standortpräferenzen tragen muss. Aus ökonomischer Sicht ist dies eine verursachergerechte Verteilung der Anpassungslasten.

In der Arbeitsgerichtsbarkeit dürfte diese Lösung nicht auf ungeteilte Zustimmung stoßen. Analysieren wir deshalb diesen Fall unter dem Regime ohne Transferentschädigung. Dann erhalten die Spieler in jedem Verein jeweils ein Gehalt in Höhe ihrer Nettowertschöpfung. Da sich diese um 500.000 DM pro Jahr unterscheidet, kommt es zu einem Wechsel von Dortmund nach Cottbus nur, wenn der Spieler mit einer Gehaltsminderung um 500.000 DM einverstanden ist. In beiden Transfersystemen hängt es deshalb allein vom Verhalten des Spielers ab, ob es zu einem Transfer kommt oder nicht. Eine Einschränkung der Freizügigkeit der Arbeitnehmer aufgrund des Erfordernisses einer Einigung über die Höhe der Transferentschädigung ist selbst in diesem komplizierten Fall nicht gegeben.

Unsere Analyse konnte die in der Rechtswissenschaft weit verbreitete Ansicht, dass die Transferentschädigung die Freizügigkeit von Arbeitnehmern beeinträchtige, nicht bestätigen. Im Regelfall ist eine marktkonforme Transferentschädigung mit einer einkommensmaximierenden Vereinswahl des Spielers kompatibel. Eine Beeinträchtigung der Freizügigkeit von Arbeitnehmern kann nur bei strategischem Verhalten des abgebenden Vereins eintreten. Das dem Schiedsgutachter in den Richtlinien des DFB und in den neuen Regeln der FIFA eingeräumte freie Ermessen ist ein geeignetes Mittel, um strategisches Verhalten bei der Festsetzung der Transferentschädigung auszuschließen.

Der Nachweis, dass die Transferentschädigung die Freizügigkeit von Arbeitnehmern nicht beeinträchtigt, ist hinreichend, um den Spruch des EuGH im Fall »Bosman« als Fehlurteil zu charakterisieren. Er ist jedoch nicht hinreichend, um die Wiedereinführung der Transferentschädigung zu befürworten, denn ein positives Votum setzt Effizienzgewinne durch das System von Transferentschädigungen voraus. Dieser Aspekt soll im folgenden Abschnitt untersucht werden.

C. Beeinträchtigt das Verbot der Transferentschädigung die Ausbildungsinvestitionen?

Aus ökonomischer Sicht handelt es sich bei der Transferentschädigung im bezahlten Mannschaftssport um eine »innere« Institution des Marktsystems (vgl. Lachmann, 1963). Innere Institutionen entstehen im Marktprozess als Antwort auf spezifische Koordinationsprobleme und sind – im Gegensatz zu den externen Institutionen der Rechtsordnung – selbst der Marktselektion unterworfen. Nach dem Ansatz des »survival of the fittest« hat die Transferentschädigung zunächst einmal eine Effizienzvermutung für sich.

In der ökonomischen Diskussion wird die spezifische Funktion der Transferentschädigung in der Erhaltung der Ausbildungsbereitschaft der Vereine gesehen. Dies gilt sowohl für die Analysen der bis 1996 gültigen Transfermodalitäten in Büch/Schellhaaß (1978) und Schellhaaß (1984) als auch für die Untersuchung des nach-Bosman-Systems in Feess/Muehlheusser (2000, 2002).[5] Kritischer zeigen sich Antonioni/Cubbin (2000), die einen signifikanten Einfluss des Bosman-Urteils auf die Investitionsentscheidungen der Vereine ausschließen, so lange Vereinswechsel innerhalb der Vertragslaufzeit erlaubt seien.[6] Frick/Wagner (1996) verweisen auf die durch das Bosman-Urteil induzierte Tendenz zu längeren Vertragslaufzeiten. Die Hoffnung auf steigende Ablösesummen könnte dann eine Intensivierung der Jugendarbeit induzieren[7].

Auch der EuGH konzediert in seinem Bosman-Urteil, „dass die Aussicht auf die Erlangung von Transfer-, Förderungs- oder Ausbildungsentschädigungen tatsächlich geeignet ist, die Fußballvereine zu ermutigen, nach Talenten zu suchen und für die Ausbildung der jungen Spieler zu sorgen." (Rand-Nr. 108) Es sei jedoch zu berücksichtigen, dass sich die sportliche Zukunft junger Spieler niemals mit Sicherheit vorhersehen lasse und nur einer begrenzten Anzahl dieser Spieler der Sprung ins Profilager gelinge. Transferentschädigungen seien daher „durch ihren Eventualitäts- und Zufallscharakter gekennzeichnet und auf jeden Fall unabhängig von den tatsächlichen Kosten, die den Vereinen bei der Ausbildung sowohl der künftigen Berufsspieler als auch derjenigen, die nie Berufsspieler werden, entstehen. *Unter diesen Umständen kann die Aussicht auf die Erlangung solcher Entschädigungen weder ein ausschlaggebender Faktor sein, um zur Einstellung und Ausbildung junger Spieler zu ermutigen, noch ein geeignetes Mittel, um diese Tätigkeiten, insbesondere im Fall der kleinen Vereine, zu finanzieren"* (Rand-Nr. 109, unsere Hervorhebung). Dies bedeutet, dass nach Meinung der Brüsseler Richter die Anreizwirkungen der Transferentschädigung im Hinblick auf die Bildung von Humankapital bei Spielern vernachlässigbar gering sind.

Die neuen FIFA-Regeln (2001) stellen einen Kompromiss zwischen den ökonomischen Anreizwirkungen und den juristischen Restriktionen dar, wobei die EU-Kommission – über das Bosman-Urteil hinausgehend – die Transferentschädigungen vollständig verbieten wollte. Das Reglement unterscheidet drei Abschnitte im Leben eines Fußballprofis, in denen jeweils unterschiedliche Grundsätze für Transferentschädigungen gelten:

- erstens, die Phase der Ausbildung, die maximal vom 12. bis zum 23. Lebensjahr dauert; hier ist bei einem Wechsel zu einem anderen Amateurverein keine Transferentschädigung zulässig.
- zweitens, den Übergang vom Amateur- in den Nicht-Amateur-Status, der frühestens nach dem 18. Geburtstag erfolgen darf. In diesem Falle wird eine pauschalierte Ausbildungsentschädigung fällig, die auf die früheren Vereine des Spielers aufgeteilt wird; das Gleiche gilt für alle weiteren Vereinswechsel bis zum 23. Geburtstag des Spielers – und zwar unabhängig von einem bestehenden Arbeitsverhältnis (vgl. Art 14 und 15 FIFA-Reglement).
- drittens, die Phase als ausgebildeter Profisportler, die nach dem 23. Geburtstag beginnt. Hier sind keine Transferentschädigungen nach Ablauf des Arbeitsvertrages mehr zulässig, jedoch können für einen »Herauskauf« aus einem laufenden Vertrag Transferentschädigungen in nahezu der gleichen Weise wie bisher vereinbart werden.

I. Die Ausbildungsanreize im Amateurbereich

Im Gegensatz zum Paradigma des Humankapitalansatzes (vgl. Becker, 1962) finden wir im professionellen Fußball das Phänomen, dass der Arbeitgeber die Kosten der allgemeinen Ausbildung seiner Spieler trägt. Wenn wir – gemäß der Standard-Argumentation – die im Rahmen des Mannschaftstrainings erworbene spielerische Qualifikation als ein Investitionsgut betrachten, setzt dies eine intertemporale Verknüpfung zwischen der kostenintensiven Ausbildungsperiode und der ertragbringenden Nutzungszeit voraus. Um den ausbildenden Verein vor Kapitalverlusten zu schützen, muss der aufnehmende Verein eine Transferentschädigung zahlen. Durch ein solches institutionelles Arrangement lassen sich Freizügigkeit der Spieler und Ausbildung des Nachwuchses auf Kosten des Vereins – und nicht wie sonst üblich auf Kosten des Individuums – gleichzeitig realisieren.

Eine Modifikation verlangt der Standardansatz, weil der Erwerb von Humankapital im Sport – im Gegensatz zu nahezu allen anderen Berufen – weitgehend »on the job« erfolgt. Fußballspieler spielen wegen des hierarchischen Aufbaus von Sportligen von Kindesbeinen an in einer altersgerechten Mannschaft. Insofern werden die als Kapitalgut zu interpretierende spielerische Ausbildung der Teammitglieder und die Vorbereitung der Mannschaft auf das nächste Pflichtspiel als »Kuppelprodukte« erbracht. Angesichts des dominierenden Ziels einer möglichst guten Platzierung in der laufenden Saison verliert die Nebenwirkung, die darin besteht, dass mit der vom Verein finanzierten Spielausbildung auch externe Erträge für zukünftige Vereine anfallen, an Relevanz. Aus ökonomischer Sicht wird dadurch der *investive* Charakter der Ausbildung gegenüber dem *konsumtiven* Einsatz in der laufenden Produktion zurückgedrängt.

Kann unter diesen Umständen die Zahlung einer Transferentschädigung die Ausbildungsbereitschaft der Amateurvereine erhöhen? Der EuGH verneint dies mit Verweis auf den „Eventualitäts- und Zufallscharakter" der Ausbildungsentschädigung (vgl. Rand-Nr. 109 des Bosman-Urteils). In der Tat muss einem kleinen Amateurverein der Zufluss einer anteiligen Ausbildungsentschädigung – unabhängig von deren Höhe – wie ein Lotteriegewinn vorkommen. Da dieses Ereignis nicht antizipierbar ist, sind die Anreizwirkungen der Transferentschädigung bei der gegenwärtigen Struktur der Ausbildung im Amateurbereich tatsächlich geringer als dies üblicherweise in ökonomischen Analysen unterstellt wird.

Das gleiche Phänomen kennen wir aus der Innovationstheorie. Ursprünglich sah man die Wirkung des Patentsystems darin, dass hohe Gewinnaussichten die schöpferische Aktivität der Erfinder anregen sollten. Inzwischen weiß man es besser: Als Ansporn zu schöpferischer Tätigkeit treten monetäre Erwägungen gegenüber anderen – außerökonomischen – Motiven in den Hintergrund. Analog können wir für die Trainingsaktivitäten von Amateurvereinen konstatieren, dass der laufende Einsatz der Nachwuchsspieler in den verschiedenen Ligawettbewerben einen hinreichenden Anreiz für die spielerische Grundausbildung des Nachwuchses abgibt.

Die Einsicht in die Tatsache, dass Patenten nur eine geringe Rolle bei der Stimulierung von Inventionen zukommt, führt jedoch keinen Wettbewerbsjuristen oder -ökonomen dazu, die volkswirtschaftliche Vorteilhaftigkeit des Patentsystems in Frage zu stellen. Die eigentliche Aufgabe von Patenten besteht darin, die Transformation einer technischen Invention in eine marktreife Innovation gegen Imitationskonkurrenz abzusichern. Unternehmen sind nur dann bereit, die hohen Kosten der Entwicklung zur Marktreife auf sich zu nehmen, wenn ihnen die spätere Kostendeckung nicht sogleich durch eine Imitation zunichte gemacht wird. Ähnliches gilt im Mannschaftssport: Nicht die für den Einsatz in den Schüler-, Jugend- und Amateurmannschaften erforderliche Grundausbildung, sondern die Entwicklung zur Bundesligareife soll durch finanzielle Anreize gefördert werden.

Angesichts der niedrigen Ausbildungsentschädigung von 100.000 DM für die Verpflichtung eines Amateurspielers durch einen Bundesligaverein gab es bisher keine Gewinnanreize für eine Investition in die Produktion eines bundesligareifen Nachwuchsspielers. Dies dürfte sich nach dem neuen FIFA-Reglement ändern, denn die Ausbildungsentschädigung entspricht nunmehr den durchschnittlichen Ausbildungskosten für einen Bundesligaspieler einschließlich der Kosten für die erfolglosen Kandidaten. Für die Teilnehmer der Lizenzligen hat der DFB – in Anlehnung an das französische Beispiel – am 30. April 2001 Richtlinien für die Errichtung und Unterhaltung von Leistungszentren erlassen. Sie sollen die Qualität der Ausbildung in den oberen Altersgruppen optimieren. Für die darunter liegenden Altersklassen fehlt es bislang an einer vergleichbaren Förderung der Talente. Eine Anbindung der Talentförderung an einzelne Vereine ist wegen des Zufälligkeitscharakters des Erfolgs nicht zweckmäßig. Dagegen wachsen auf der Ebene der Landesverbände die Spitzentalente mit einer gewissen Regelmäßigkeit heran. Würde man einen Teil der Ausbildungsentschädigungen zweckbestimmt an die Landesverbände ausschütten, wäre der vom EuGH monierte Eventualitäts- und Zufallscharakter der Transferentschädigung ausgeräumt. Noch bedeutsamer ist allerdings die Koordinierungsleistung der ökonomischen Institution »Transferentschädigung« an der Schnittstelle zwischen Amateur- und Profibereich.

II. Der Übergang vom Amateur- in den Profibereich

Ein Bundesligaverein steht vor dem unternehmerischen Entscheidungsproblem, einen freien Kaderplatz entweder mit einem erfahrenen Profispieler oder einem viel versprechenden Amateur zu besetzen. Entscheidungsrelevant ist dabei vor allem die Tatsache, dass die mangelnde Spielerfahrung eines Nachwuchstalents zwangsläufig das Risiko, Begegnungen zu verlieren, erhöht. Ein Blick auf die Punkteabstände in der Abschlusstabelle der Bundesliga macht deutlich, dass bereits der Verlust von wenigen Meisterschaftsspielen unmittelbar einnahmewirksam wird. Ein Spitzenverein verspielt damit unter Umständen die Meisterschaft oder die Qualifikation für die Champions League. Für einen wettbewerbsschwachen Verein kann der Einsatz eines unerfahrenen Nachwuchsspielers gar den Absturz in die Zweitklassigkeit bedeuten.

Diese Anfangsverluste würden einen Profiverein von der Verpflichtung eines Nachwuchsspielers nicht abschrecken, wenn die Möglichkeit eines späteren Verlustausgleichs bestehen würde. Frick/Wagner (1996) empfehlen den Abschluss langfristiger Arbeitsverträge zur Absicherung der Investitionserträge, was nach Art. 4 FIFA-Reglement nur noch für maximal fünf Jahre zulässig ist. Die Tatsache, dass Nachwuchsspieler auch früher keine langfristigen Verträge erhalten haben, zeigt, dass bei ihnen das Risiko des beruflichen Misserfolgs sehr hoch ist. Die Vereine wollen dann nicht über die versunkenen Kosten hinaus auch noch langfristig an Gehaltszahlungen gebunden sein. Nur eine Transferentschädigung gewährleistet einen ausreichenden Schutz der Innovationstätigkeit. Sie erst versetzt den Verein, der einen Amateurspieler zur Bundesligareife geführt hat, in die Lage, den Ertrag seiner Innovationsleistung einzufahren – und zwar auch dann, wenn er das ausgebildete Talent an einen anderen Verein verliert.

Die Europäische Kommission steht einem solchen *nachfrageorientierten* Preis für eine Innovationsleistung skeptisch gegenüber. In der Interpretation der für Sport zuständigen EU-Kommissarin würden durch ein System frei ausgehandelter Transferentschädigungen insbesondere junge Spieler zu „Spekulationsobjekten“ degradiert (vgl. Reding, 2000, S. 2). Entsprechend sehen die neuen Transferregelungen der FIFA eine *kostenorientierte* Ausbildungsentschädigung vor. Dabei stützt sich die Berechnung der pauschalierten Ausbildungsentschädigung auf einen »durchschnittlichen Spielerfaktor«, der durch das Verhältnis zwischen der Anzahl auszubildender Spieler und den Fußballern, die den Durchbruch ins Profilager schaffen, bestimmt wird (vgl. FIFA-Zirkular Nr. 769, S. 5).[8] Dieser kostenorientierte Ansatz verhindert, dass die Anfangsverluste auf die Amateurvereine zurückgewälzt werden.

Nach dem neuen FIFA-Reglement bleibt den Vereinen nur die Möglichkeit, die Anfangsverluste bei der Entwicklung zur Bundesligareife auf die Spieler vorzuwälzen. Der Nachwuchsspieler trägt seine Kosten, indem er einen Lohn erhält, der um die seinem Einsatz zurechenbare Minderung der Teamproduktivität niedriger ist als derjenige eines durchschnittlichen Profispielers. Vermutlich dürfte ein solcher »Lohn« negativ sein, das heißt der Amateur müsste für seinen Einsatz in der Bundesliga zunächst ein beträchtliches »Lehrgeld« zahlen. Die Kosten des »Markttests« sind echte Transaktionskosten, da sie erstens aufgewendet werden müssen, um erst die relevante Information über die Bundesligatauglichkeit zu generieren und zweitens unabhängig vom tatsächlichen Erreichen der »Marktreife« versunken sind. Somit trägt der Nachwuchsspieler das Marktrisiko.

Eine andere Alternative, auf die Frick/Wagner (1996, S. 614) verweisen, besteht darin, dass deutsche Nachwuchstalente ihre Profikarriere im Ausland beginnen, also nach ihrer spielerischen Ausbildung in den Amateurligen in ein Land transferiert werden, dessen oberste Spielklasse um »geringere Einsätze« als die deutsche Bundesliga spielt. Nachdem sie dort die nötige Erfahrung gesammelt haben, könnten sie in die Bundesliga wechseln. Für diesen Zweck kommen nur ausländische Mannschaften ohne internationale Auftritte als Arbeitgeber für deutsche Nachwuchsspieler in Frage. In diesem Falle läuft der junge Spieler Gefahr, im Ausland trotz guter Leistungen »vergessen« zu werden.

Eine intensive Suche der Bundesligaklubs nach deutschen Nachwuchstalenten in ausländischen Provinzmannschaften lohnt sich nicht, da ihnen das Bosman-Urteil einen zuvor verschlossenen Weg eröffnet hat, um sich jederzeit mit erfahrenen und preiswerten Spielern aus anderen Ländern zu verstärken. Nachdem der EuGH die Ausländerklausel, gemäß welcher in einer Mannschaft nicht mehr als drei Ausländer gleichzeitig eingesetzt werden durften, für EU-Ausländer aufgehoben hatte, haben viele Sportverbände – als Reaktion auf den starken Anstieg der Gehälter für europäische Spieler – auch die Beschränkungen für den Einsatz von Nicht-EU-Ausländern liberalisiert. Aus ökonomischer Sicht haben sie damit die Elastizität des Angebots an erfahrenen Profispielern erhöht, was den Anteil der ausländischen Spieler in der Bundesliga von 19% in der Saison 1995/96 auf 47% in der Saison 2001/02 ansteigen ließ.

Dieses elastische Angebot an erfahrenen Profispielern ist die eigentliche Marktschranke für die deutschen Nachwuchsspieler. Das neue FIFA-Reglement hat – durch die Rechtsprechung gezwungen – die Marktschranken für junge Nachwuchsspieler sogar noch erhöht, denn der Wegfall der Transferentschädigung für ältere Spieler hat deren Wettbewerbsvorteile gegenüber den Nachwuchsspielern beträchtlich verstärkt. Die Transferentschädigung für ältere Spieler könnte die volkswirtschaftliche Koordinationsfunktion übernehmen, Chancengerechtigkeit zwischen den verschiedenen Spielerkategorien herzustellen.

III. Der Vereinswechsel älterer Spieler

Nach dem neuen FIFA-Reglement entfällt die Transferentschädigung beim Wechsel von Spielern über 23 Jahre ersatzlos – es sei denn, ein Spieler wird aus einem laufenden Vertrag herausgekauft. Dieser Regelung liegt die Vorstellung zugrunde, dass die spieltechnische und konditionelle Ausbildung bis zu diesem Alter abgeschlossen ist. Die Kosten für die nach wie vor erfolgende Vervollkommnung der spielerischen Fähigkeiten sollen vollständig der laufenden Saison angelastet werden. Die Vernachlässigung der investiven Komponente in der Rechtsprechung bedeutet jedoch nicht, dass sie auch im realen Leben ihre Bedeutung verliert.

Relevanz erhält dieser Aspekt im Hinblick auf die Beschäftigungschancen deutscher Nachwuchsspieler. Die Kosten für das Kollektivgut »Training« sind unabhängig, der Mannschaftserfolg ist jedoch abhängig davon, ob ein junger oder ein erfahrener Spieler eingestellt wird. Infolgedessen erzielt ein Verein mit erfahrenen Spielern eine positive Quasirente zur Deckung seiner Trainingsaufwendungen. Wird stattdessen ein junger Nachwuchsspieler eingestellt, entfällt der positive Deckungsbeitrag in der Regel selbst in den Fällen, in denen signifikante Gehaltsunterschiede einen Teil der Wertschöpfungsunterschiede auffangen. In einem System ohne Transferentschädigung gibt es aus diesem Grunde eine starke Präferenz für die Verpflichtung erfahrener Spieler.

Um die Funktionsfähigkeit von Sportmärkten zu gewährleisten, darf die investive Komponente der Aus- und Fortbildung nicht als kostenloser externer Ertrag an andere Vereine weitergegeben werden. Externalitäten schwächen bekanntlich den Marktmechanismus. Die Transferentschädigung für erfahrene Spieler ist ein bewährtes Instrument zur Internalisierung dieser externen Effekte. Ihre volkswirtschaftliche Funktion besteht darin, in den Mannschaftssportarten, in denen das Humankapital nur etwa zehn Jahre genutzt werden kann, Gewinnanreize für die kontinuierliche Integration der deutschen Nachwuchsspieler in die Bundesligamannschaften zu schaffen, indem die Transferentschädigung den durch den investiven Teil der Ausbildung generierten Wettbewerbsvorteil der erfahrenen Spieler neutralisiert.

Die volkswirtschaftlichen Kosten des Bosman-Urteils und des neuen FIFA-Reglements bestehen in den stark geminderten Chancen der europäischen Nachwuchsspieler, von einem Profiteam verpflichtet zu werden: Sie werden durch erfahrene ausländische Spieler substituiert. Da die Zuschauer auf die Änderung der Mannschaftszusammensetzung nicht negativ reagiert haben, war es aus Sicht der Profivereine rational, sich mit den Folgewirkungen des Bosman-Urteils zu arrangieren. Die Option, den Mangel an heimischen Talenten durch den Rückgriff auf das weltweite Angebot an Spitzenspielern zu kompensieren, steht den europäischen Nationalmannschaften nicht zur Verfügung. Da immer mehr der besten Spieler der früher »kleinen« Fußballnationen in den stärksten europäischen Ligen spielen, steigt die Spielstärke ihrer Nationalmannschaften. Infolgedessen werden die europäischen Nationalmannschaften bei den internationalen Turnieren immer seltener erfolgreich sein. Sie zählen zu den Hauptverlierern des neuen Transfersystems.

D. Schluss

Aus der Sicht des »property rights-Ansatzes« hat das neue FIFA-Reglement die Verfügungsrechte der Profivereine gegenüber der früheren Marktlösung verdünnt. Die resultierenden Allokationswirkungen widersprechen sowohl den in der Rechtswissenschaft vorherrschenden Bedenken im Hinblick auf die Freizügigkeit von Arbeitnehmern als auch der ökonomischen Diagnose einer nachlassenden Investitionsbereitschaft der Vereine.

Die die juristische Diskussion beherrschende These, dass die Transferentschädigung die Freizügigkeit von Fußballspielern beeinträchtige, war zwar zu Zeiten Bosmans teilweise berechtigt, jedoch haben die Fußballverbände in der Zwischenzeit die notwendigen Anpassungen ihrer Satzungen vorgenommen. Insofern ist im Hinblick auf die Gewährleistung der Freizügigkeit von Arbeitnehmern weder das Verbot einer nachvertraglichen Transferentschädigung im Bosman-Urteil noch die Begrenzung der Ausbildungsentschädigung auf die durchschnittlichen Kosten im FIFA-Reglement notwendig.

Entgegen den Vorhersagen ökonomischer Studien (z.B. Feess/Muehlheusser, 2000 und 2002), reagieren die Profivereine nicht durch eine Verminderung ihrer Humankapitalinvestitionen, sondern durch eine Änderung ihrer Rekrutierungspolitik. Aufgrund der Aufhebung der Ausländerklauseln ist das weltweite Angebot an erfahrenen Spitzenspielern sehr elastisch geworden; zugleich gibt es aufgrund des Wohlstandsgefälles hohe Einkommensanreize, in den europäischen Ligen zu spielen. Diese Konstellation führt dazu, dass die europäischen Profivereine als Folge des Bosman-Urteils und der Vorgaben der EU-Kommission ihre Kader hauptsächlich mit ausländischen Spitzenspielern auffüllen – zu Lasten des inländischen Nachwuchses.

Das Bosman-Urteil und die nachfolgende Anpassung der Satzungen der Fußballverbände liegt voll im Trend des Arbeitsrechts: Stets geht es darum, die Arbeitsbedingungen für die Insider zu verbessern, indem die Marktzutrittsschranken für die Outsider erhöht werden. Die Abschaffung der Transferentschädigung für ältere Spieler hat die Marktzutrittschancen für europäische Nachwuchsspieler vermindert mit der Folge, dass erfahrene Spieler eine höhere Arbeitsplatzsicherheit haben und höhere Gehälter aushandeln können. Aufgrund dieser Wirkungen stellt das neue FIFA-Reglement keinen Beitrag zur Herstellung funktionsfähiger Arbeitsmärkte dar, wobei die Sportverbände die geringste Schuld an dieser Entwicklung trifft.

Anmerkungen

1 Bosman ist zunächst für die Dauer eines Jahres an den US Dünkirchen „ausgeliehen" worden. Nach Art. 10 des FIFA-Reglements gilt das Ausleihen eines Spielers an einen anderen Verein ebenfalls als ein Transfer. Die Transferentschädigung von 1,2 Mio. BFR ist deshalb die Kompensatin für die Nutzung der spielerischen Fähigkeiten von Bosmann während der Saison 1990/91.
2 Die Transferentschädigung von 11.743.000 BFR ist die Summe, die nach der Berechnungsformel des belgischen Schiedsgerichts für die endgültige Übernahme von Bosman durch US Dünkirchen oder einen anderen Verein fällig geworden wäre.
3 Die nach der Berechnungsformel des Schiedsgerichts festgelegte Transferentschädigung gilt nur während der ersten vier Wochen der Transferperiode. Zu einem späteren Zeitpunkt stattfindende Transferverhandlungen bewegen sich insofern nicht mehr »in the shadow of the law«, als bei einer Nichteinigung der Vereine kein verbindlicher Spruch des Schiedsgerichts mehr greift. Die marktkonforme Transferentschädigung von 6 Mio. BFR, welche die Einschätzungen über Bosmans tatsächliche Produktivität widerspiegelt, liegt deutlich unter der satzungsgemäßen Transferentschädigung von 11,7 Mio. BFR, der eine durchschnittliche Produktivität zugrunde liegt.
4 Dabei spielt es keine Rolle, ob die Leistungsfähigkeit des Spielers in einer Welt unvollkommener Information zunächst überschätzt und jetzt richtig eingestuft wird oder ob in einer Welt mit vollkommener Information ein unstrittiger Leistungsabfall eingetreten ist.
5 In Feess/Muehlheusser (2001) wird den mit festgeschriebenenTransferentschädigungen einhergehenden Investitionsanreizen der Vereine ein negativer Effekt auf das Anstrengungsniveau der Spieler entgegengestellt. Dieser »trade off« könnte unter den von den Autoren getroffenen Annahmen im Bosman-System am besten austariert werden.
6 „However, since the Bosman ruling does not affect players who are currently under contract, the club always has the option of trading in a player whose value has increased but whose contract has not yet elapsed." (Antonioni/ Cubbin, 2000, S. 160).
7 „Dieser Umstand wird sehr bald dazu führen, dass insbesondere die finanzschwachen Vereine ihre Jugendarbeit intensivieren, um den hoffnungsvollsten Talenten langfristige Verträge anzubieten – in der Hoffnung, den einen oder anderen zu einem erheblich höheren Preis verkaufen zu können, als er unter den derzeitigen Bedingungen realisierbar wäre" (Frick/Wagner, 1996, S. 612).
8 Die FIFA begibt sich damit in einen Gegensatz zur herrschenden juristischen Meinung, wie sie auch durch den BGH vertreten wird. 1999 hatte der Zweite Senat des Bundesgerichtshofes die in den Satzungen der Regionalverbände in der Vergangenheit vorgesehene »Ausbildungs- und Förderungsentschädigung« für Amateure unter anderem deshalb für sittenwidrig erklärt, weil sie sich nicht „konkret auf die dem betroffenen Spieler zuteil gewordene Ausbildung und Förderung" beziehe, m.a.W. also nicht die *individuellen* Trainingskosten widerspiegele und insofern allein „wirtschaftlichen Zwecken" diene (vgl. BGH, II ZR 305/98, insbes. Abschnitt II.2.b.ee).

Literatur

Antonioni, P./J. Cubbin: The Bosman Ruling and the Emergence of a Single Market in Soccer Talent. European Journal of Law and Economics 9 (2000), S. 157–173.
Becker, G. S.: Investment in Human Capital: A Theoretical Analysis. Journal of Political Economy 70 (1962), Supplement, S. 9–49.
Büch, M. P./H. M. Schellhaaß: Ökonomische Aspekte der Transferentschädigung im bezahlten Mannschaftssport. Jahrbuch für Sozialwissenschaft 29 (1978), S. 255–274.
Bundesgerichtshof (BGH): Urteil vom 27.09.1999, II ZR 305/98.
Demsetz, H.: When Does the Rule of Liability Matter? The Journal of Legal Studies 1 (1972), S. 13–28.
Deutscher Fußball-Bund (DFB): Richtlinien für die Festsetzung von Transferentschädigungen. Frankfurt 1993.
Europäischer Gerichtshof (EuGH): Urteil vom 15.12.1995 (Bosman), C-415/93.

Fédération Internationale de Football Association (FIFA): FIFA-Reglement bezüglich Status und Transfer von Spielern. Buenos Aires / Zürich, 5. Juli 2001.

Fédération Internationale de Football Association (FIFA): Ausführungsbestimmungen zum FIFA-Reglement bezüglich Status und Transfer von Spielern. Buenos Aires / Zürich, 5. Juli 2001.

Fédération Internationale de Football Association (FIFA): FIFA-Zirkular Nr. 769. Zürich, 24. August 2001.

Feess, E./G. Muehlheusser: The Impact of the Transfer Fee System on Wages, Profits and Investment Incentives in Professional Football: An Analysis of the European Commission's New Suggestion. 2000 (mimeo).

Feess, E./G. Muehlheusser: Transfer Fee Regulations in European Football. 2001 (mimeo).

Feess, E./G. Muehlheusser: Economic Consequences of the Transfer Fee Regulations in European Football. European Journal of Law and Economics 13 (2002), im Erscheinen.

Frick, B./G. Wagner: Bosman und die Folgen – Das Fußballurteil des Europäischen Gerichtshofes aus ökonomischer Sicht. Wirtschaftswissenschaftliches Studium 25 (1996), S. 611–615.

Hannamann, I.: Kartellverbot und Verhaltenskoordinationen im Sport. Beiträge zum Sportrecht 8, Berlin 2001.

Lachmann, L. M.: Wirtschaftsordnung und wirtschaftliche Institutionen. ORDO 14 (1963), S. 63–77.

Reding, V.: Commission's Investigation into FIFA's Transfer Rules. Statement to European Parliament. Strasbourg, 7 September 2000. Speech/00/290.

Schellhaaß, H. M.: Die Funktion der Transferentschädigung im Fußballsport. Recht der Arbeit 37 (1984), S. 218–223.

Schellhaaß, H. M.: Das Europäische Arbeitsrecht aus ökonomischer Perspektive. In: Grundmann, S.: Systembildung und Systemlücken in Kerngebieten des Europäischen Privatrechts. Tübingen 2000, S. 401–419.

Schellhaaß, H. M.: Überleben die Nationalmannschaften die Professionalisierung des Sports? In: Büch, M. P. (Hrsg.): Verschwinden nationale Auswahlmannschaften in einer »offenen« Gesellschaft? Köln 2002, im Druck.

Zusammenfassung

Als Reaktion auf das Bosman-Urteil des EuGH und das anschließende Vorgehen der EU-Kommission hat die FIFA im Juli 2001 ein neues Transfer-Reglement vorgelegt, in welchem sie einen Ausgleich zwischen der Freizügigkeit von Arbeitnehmern und den ökonomischen Anreizen zu Humankapitalinvestitionen seitens der Vereine anstrebt. In einem ersten Schritt weisen wir nach, dass der EuGH im Bosman-Urteil mit den falschen Argumenten den früheren Transferregelungen eine mobilitätshemmende Wirkung zugeschrieben hat. Lediglich einige – zwischenzeitlich modifizierte – Einzelbestimmungen haben die Freizügigkeit von Spielern beeinträchtigt. Die generelle Untersagung von Transferentschädigungen durch den EuGH ist als Fehlurteil zu charakterisieren.

In einem zweiten Schritt weisen wir nach, dass – entgegen der Befürchtung von Ökonomen – aufgrund des »joint product«-Charakters von investiver Humankapitalbildung und konsumtiver Vorbereitung auf das nächste Ligaspiel eine Verringerung der Trainingsaktivitäten in Mannschaftssportarten nicht zu erwarten ist. Indes werden die Vereine ihre Kader in zunehmendem Maße mit erfahrenen ausländischen Spitzenspielern besetzen. Als die wahren Verlierer der Neuregelung sind unmittelbar die europäischen Nachwuchsspieler sowie mittelbar die europäischen Nationalmannschaften auszumachen.

Summary

Reacting to the »Bosman Judgement« and the subsequent investigations of the European Commission, the FIFA has revised its rules regarding international transfers. The regulations on the transfer of players have been amended as to conciliate the conflicting aims of ensuring the free movement of workers and providing clubs with appropriate economic incentives to invest in the training of players. As for the hampering effect transfer fees are alleged to produce on the mobility of professionals, we show that the European Court of Justice has started from the wrong premises, so that its verdict in the »Bosman«-case has to be considered a misjudgement. In a second step it can be shown that – contrary to the predictions of economic models – a reduction in the training efforts of soccer clubs cannot be expected. This is due to the »joint product«-properties of human capital-acquisition (as the »investment«-component of training) on the one hand and the »consumptive« preparation of the team for the next match on the other. Instead, clubs will react by changing their recruitment policy, increasingly substituting foreign football professionals for unexperienced native amateurs. Accordingly, young European talents as well as European national teams can be identified as the main losers of the current change in the transfer fee regime.

40: Beschaffung (JEL M11)

Auswirkungen des neuen Transfersystems auf den Europäischen Fußball: Eine mikroökonomische Analyse

Von Eberhard Feess und Gerd Mühlheußer*

Überblick

- In der Diskussion um die Auswirkungen des Bosman-Urteils sowie der aktuellen Änderungen des Transfersystems für Profifußballer wird meist interessengeleitet und oft oberflächlich argumentiert. Der vorliegende Aufsatz versucht, durch die Verwendung eines vertragstheoretischen Modells zu einer sachlicheren Einschätzung beizutragen.
- Wir unterstellen, dass Transfersysteme und Kontraktlaufzeiten keinen direkten Einfluss auf die Allokation der Spieler haben, weil das Ausmaß asymmetrischer Information bei Profifußballern gering ist. Daher sind Vereinswechsel unabhängig von Eigentumsrechten (Coase-Theorem).
- Beim Abschluss eines Kontraktes haben ein Talent und der Club einen Anreiz, die Rückverhandlungsmacht des neuen Clubs durch langfristige Kontrakte zu reduzieren. Zwar erhält der Spieler dann ebenfalls einen geringeren Anteil im Rückverhandlungsspiel, doch wird er dafür durch einen höheren Lohn im ursprünglichen Kontrakt überkompensiert.
- Die Verminderung der Rückverhandlungsmacht des neuen Clubs ist effizient, weil dieser sonst in Form eines positiven externen Effektes von der Ausbildung durch den ursprünglichen Club profitiert. Der Investitionsanreiz des ursprünglichen Clubs ist daher umso niedriger, je höher der Anteil des neuen Clubs am Rückverhandlungsspiel. Der zentrale Nachteil des Verbots langfristiger Kontrakte im neuen System ist daher die Aushöhlung von Investitionsanreizen.
- Daneben gibt es aber auch negative Effekte langfristiger Kontrakte, wie die Verminderung des Leistungsanreizes von Spielern. Werden diese berücksichtigt, so werden die Ergebnisse weniger eindeutig. Wir vertreten jedoch die Meinung, dass der Investitionsaspekt überwiegt.

Eingegangen: 31. Januar 2002

Professor Dr. Eberhard Feess, RWTH Aachen, Fachbereich Wirtschaftswissenschaften, Templergraben 64, D-52062 Aachen.
feess@rwth-aachen.de
Dipl.-Vw. Gerd Mühlheußer, Rheinische Friedrich-Wilhelms Universität Bonn, Wirtschaftspolitische Abteilung, Adenauerallee 24–42, D-53113 Bonn. gerd.muehlheusser@wiwi.uni-bonn.de

ZfB
ZEITSCHRIFT FÜR BETRIEBSWIRTSCHAFT

A. Einleitung

Der vorliegende Aufsatz untersucht aus mikroökonomischer Sicht die Auswirkungen beim Übergang vom derzeitigen Transfersystem im europäischen Fußball zu dem Transfersystem, auf das sich die Europäische Kommission, FIFA und UEFA im März 2001 geeinigt haben. Dabei betrachten wir die Anreize, in die Ausbildung junger Talente zu investieren, die Vertragsgestaltung, die Auszahlungen von Vereinen und Spielern und die soziale Wohlfahrt.

Neben der Verteilung von Vermarktungsrechten steht die Frage nach den Konsequenzen unterschiedlicher Transfersysteme seit dem Bosman-Urteil von 1995 im Mittelpunkt sportpolitischer Auseinandersetzungen. Ausgehend von einer Klage des belgischen Profifußballers Jean-Marc Bosman wurden in diesem Urteil Ablösesummen für Spieler ohne gültige Verträge für unzulässig erklärt.[1] Zuvor erhielt ein abgebender Verein für einen wechselnden Spieler auch dann eine Transfersumme, wenn dessen Vertrag bereits ausgelaufen war. Die fällige Ablösesumme hing dabei neben der Verweildauer im Verein und dem Gehalt auch von der Leistungsfähigkeit des abgebenden und des aufnehmenden Vereins ab. Ein Ziel dieses Systems war es, leistungsschwache Vereine indirekt zu subventionieren und dadurch die Ausgeglichenheit der Liga zu stabilisieren.[2]

Während das Bosman-Urteil nur die Ablösesummen für ausgelaufene Verträge betraf, erklärte der Europäische Wettbewerbskommissar Mario Monti im Jahr 2000 auch die gültige Regel für noch laufende Verträge für unvereinbar mit den allgemeinen Regeln der freien Arbeitsplatzwahl in Europa. Nach dem derzeitig noch gültigen System, das wir im Folgenden als Bosman-System bezeichnen, können Verträge mit beliebiger Laufzeit und beliebiger Ablösesumme für die Dauer der Laufzeit geschlossen werden. Dies bedeutet, dass bei Abschluss eines entsprechenden Vertrages ein Vereinswechsel nur möglich ist, wenn der abgebende Verein die Ablösesumme akzeptiert; andernfalls kann der Verein auf Vertragserfüllung bestehen. Monti forderte, Fußballspielern wie gewöhnlichen Arbeitnehmern das Recht einzuräumen, unter Einhaltung gesetzlicher Kündigungsfristen ihren Club auch aus einem laufenden Vertrag heraus zu verlassen. Vor diesem Hintergrund wurde im März diesen Jahres ein Kompromiss mit den internationalen Fußballverbänden FIFA und UEFA ausgehandelt, der unter anderem vorsieht, dass ein Spieler unter Zahlung einer Vertragsstrafe seinen Verein sofort verlassen kann. Ferner wird bei Spielern, die zum Zeitpunkt des Wechsels nicht älter als 23 Jahre sind, eine Kompensationszahlung an den Verein fällig, der den Spieler ausgebildet hatte.[3] Schließlich muss die Vertragslaufzeit zwischen einem und fünf Jahren liegen.

Der Weg vom System vor Bosman über das Bosman-System hin zum neuen System (im Folgenden als Monti-System bezeichnet) kann auf den ersten Blick als schrittweise Erhöhung der „Freiheit" der Spieler interpretiert werden, weil Vereinswechsel nun leichter sind. Diese Sichtweise entspricht der Argumentation der Europäischen Kommission. Auf den zweiten Blick ist jedoch Folgendes zu bedenken: Der Übergang zum Bosman-System im Jahr 1995 bedeutet zunächst eine Erhöhung der Vertragsfreiheit der beteiligten Parteien. Im System vor dem Bosman-Urteil war die Vertragsfreiheit eingeschränkt, weil Vereinswechsel ohne Ablösesummen nicht vereinbart werden konnten. Eine mögliche Begründung für das Bosman-Urteil bestand demnach darin, dass eine Einschränkung der Vertragsfreiheit der beteiligten Parteien nicht gerechtfertigt sei. Das derzeitige Bosman-

System ermöglicht maximale Vertragsfreiheit, weil der Spieler und der Verein alle denkbaren Vertragslängen und Ablösesummen frei aushandeln können, und solche Verträge von den Gerichten auch durchgesetzt werden. Das Monti-System stellt nun eine erneute Beschränkung der Vertragsfreiheit dar, weil es die Höhe vertraglich vereinbarter Ablösesummen nach oben beschränkt – in der gleichen Weise, wie sie vor dem Bosman System nach unten beschränkt waren. Die Frage ist demnach, ob eine derartige Beschränkung der Vertragsfreiheit gerechtfertigt ist. Zunächst scheint die Schlussfolgerung nahe liegend, dass eine rechtliche Beschränkung des Vertragsraumes die soziale Wohlfahrt reduziert. Eine Beschränkung der Vertragsfreiheit mag dann rechtlich dennoch begründbar sein, sofern mit der Ausnutzung der Zwangslagen sozial schwacher oder mit systematisch irrationalem Verhalten gerechnet werden muss. Das erste Argument kann für den Fall hochverdienender Fußballprofis nur mit Ironie vorgebracht werden, und auch das Zweite scheint uns angesichts der Tatsache, dass schon junge Talente erfahrene Spielerberater zu Rate ziehen, kaum haltbar. Ökonomisch ist der entscheidende Punkt somit, ob die Einschränkung der Vertragsfreiheit entgegen einer ersten Intuition die soziale Wohlfahrt erhöhen kann und dadurch begründbar ist. Dies setzt voraus, dass die Vertragsparteien freiwillig sozial ineffiziente Kontrakte wählen.

Ineffizienzen langfristig bindender Verträge und hoher Ablösesummen könnte man dadurch vermuten, dass Spieler nicht bei dem Verein spielen können, in dem sie die höchste Produktivität aufweisen. Dies ist aber nicht plausibel – da das Leistungsniveau von Profisportlern beobachtbar ist und daher nur ein geringes Ausmaß an asymmetrischer Information besteht, sind die Anwendungsbedingungen des Coase-Theorems erfüllt. Es wird somit unabhängig von der Festlegung der Eigentumsrechte zu effizienzerhöhenden Vereinswechseln kommen, weil sich alle Beteiligten dadurch besser stellen können (siehe Coase (1960)). Transfersysteme und Vertragslängen bestimmen demnach zwar die Aufteilung der Verhandlungsgewinne, aber nicht die Allokation der Spieler zwischen den Vereinen. Für diese Auffassung gibt es auch empirische Evidenz – die derzeitig zu beobachtenden Vereinswechsel zeigen, dass prohibitive Ablösesummen lediglich zur Festlegung der Drohpunkte in Rückverhandlungen, aber nicht zur Einhaltung der Verträge dienen.

Es gibt aber zumindest theoretisch gute Argumente, mit denen eine effizienzerhöhende Wirkung der Beschränkung des Vertragsraumes begründet werden kann.[4] Die in verschiedenen Varianten verfeinerte Grundidee ist dabei, dass die ursprünglichen Vertragsparteien die Möglichkeit haben, *durch den Abschluss bindender Verträge die Verhandlungsmacht dritter Parteien zu beschränken*. In unserem Zusammenhang heißt dies einfach, dass der Anteil des neuen Clubs am Verhandlungsgewinn sinkend in der vereinbarten Ablösesumme ist. Ceteris paribus ist der Nutzen der ursprünglichen Vertragsparteien umso höher, je geringer der Nutzen des „Eindringlings" ist. Daher kann es sich lohnen, im ursprünglichen Vertrag die Verhandlungsmacht des neuen Clubs zu reduzieren, und dies geschieht durch hohe Ablösesummen. Da diese Verminderung der Verhandlungsmacht des neuen Clubs der ursprünglichen Vertragsparteien nutzt, sind sie möglicherweise auch bereit, dafür Ineffizienzen in Kauf zu nehmen. Genau mit diesem Argument begründet die mikroökonomische Literatur eine Beschränkung der Vertragsfreiheit.

Daraus folgt, dass der Sinn des Monti-Systems gerade nicht im Schutz der Spieler vor ihren alten Vereinen, sondern im Schutz neuer Vereine vor der Koalition aus dem alten Verein und dem Spieler besteht. Das Monti-System beschränkt die Einschränkung der Verhandlungsmacht neuer Clubs. Ansatzpunkt der Untersuchung ist deshalb, ob diese Beschränkung im vorliegenden Fall ökonomisch sinnvoll ist oder nicht. Dazu gehen wir von folgender Überlegung aus: Da der neue Verein im Rückverhandlungsspiel zur Erreichung der effizienten Lösung benötigt wird, ist seine Verhandlungsmacht in jedem Fall positiv. Dies bedeutet, dass er einen Anteil am sozialen Überschuss erhält, obwohl er nicht in die Ausbildung des Spielers investiert hat. Mit der Ausbildung erzeugen der alte Verein und der Spieler demnach einen positiven externen Effekt für den neuen Verein, der gemäß der üblichen Argumentation beim Vorliegen positiver externer Effekte zu ineffizient niedrigen Investitionsanreizen führt. Je höher die Verhandlungsmacht des neuen Clubs, desto höher der externe Effekt, desto niedriger der Investitionsanreiz. Da das Monti-System der Beschränkung der Verhandlungsmacht des neuen Clubs entgegenwirkt, verschärft es das Unterinvestitionsproblem.[5] Diesen zentralen Nachteil des Monti-Systems formalisieren wir in den Kapiteln 2–5.

In unserem Modell berücksichtigen wir allerdings keine negativen Effekte, die mit einer Beschränkung der Verhandlungsmacht des neuen Clubs verbunden sind. Dies führt zu eindeutigen Resultaten. Zwar halten wir mögliche negative Effekte gegenüber dem Unterinvestitionsproblem für untergeordnet, doch sollten sie auch nicht vernachlässigt werden – denn ohne negative Effekte kann nicht erklärt werden, warum in der Realität unterschiedliche Vertragslaufzeiten beobachtet werden. In Abschnitt 6 diskutieren wir daher Gründe für die Tatsache, dass es kurz- und langfristige Kontrakte gibt. Damit liefern wir gleichzeitig Argumente *für* das Monti-System. Denn wenn langfristige Kontrakte auch Nachteile haben, die wegen der Verminderung der Verhandlungsmacht des „Eindringlings“ in Kauf genommen werden, kann es angemessen sein, die maximale Länge zu reglementieren. In der Darstellung dieser Argumente beschränken wir uns allerdings auf die Intuition, weil die Modellierung recht aufwendig ist. Wir verweisen bezüglich der Beweise an den entsprechenden Stellen daher auf unsere Vorarbeiten.

Für die Einordnung unseres Beitrags in die Literatur sind folgende sportökonomische Beiträge von Interesse: Auf die Bedeutung der Logik des Coase-Theorems für den Sport haben bereits Rottenberg (1956) und Demsetz (1972) jeweils bezugnehmend auf die „reserve clause“ in der amerikanischen Baseball-Liga hingewiesen (für den Kontext des europäischen Fußballs siehe Késenne (1999)). Da das neue System erst im März 2001 verabschiedet wurde, sind uns keine akademischen Arbeiten bekannt, die seine Auswirkungen untersuchen. Jedoch gibt es eine Reihe von Arbeiten, die die Auswirkungen des Bosman-Urteils untersuchen: So kommen Frick und Wagner (1996), Simmons (1997) und Antonioni und Cubbin (2000) jeweils zu dem Ergebnis, dass die durchschnittliche Vertragsdauer zunehmen wird, weil es für Vereine so weiterhin möglich ist, ihre Investitionen in die Ausbildung der Spieler zu „schützen“ und bei einem Wechsel des Spielers eine Ablösesumme zu erhalten.[6] Frick und Wagner (1996) weisen explizit auf mögliche Informationsprobleme hin, die durch langfristige Verträge entstehen können. Dass eine Flexibilisierung des Arbeitsmarktes zu längeren Vertragslaufzeiten führt, wird auch empirisch von Kahn (1993) für den Fall der amerikanischen Baseball-Liga nachgewiesen. Analog zu unserem Ansatz unterscheidet Szymanski (1999) zwischen kurz- und langfristigen Konsequenzen des Bosman-Urteils und kommt ebenfalls zu dem Ergebnis, dass Spieler und neue Clubs kurzfristig profitieren, während sich abgebende Clubs verschlechtern. Acemoglu (1997) betrachtet Investitionsanreize von Firmen in das Humankapital ihrer Beschäftigten, wenn dieses Humankapital auch anderen Firmen zugute kommen kann, sodass es sich um ein theoretisch verwandtes Problem handelt. Schließlich untersuchen Burguet, Caminal und Matutes (2001), warum in manchen Arbeitsmärkten (wie bsw. im Fußball) hohe Ablösesummen vereinbart werden und in anderen nicht. Ein Hauptresultat der Analyse ist, dass hohe Ablösesummen genau dann geeignet sind, Gewinne potentieller zukünftiger Arbeitgeber zu extrahieren, wenn keine asymmetrische Information bezüglich der Produktivität des Arbeiters besteht.

B. Annahmen des Modells

Die in der Einleitung skizzierten Argumente werden nun in einem einfachen Modell mit einem Talent und zwei ex ante identischen Clubs hergeleitet. Alle Parteien werden als risikoneutral angenommen. Das Spiel beginnt zum Zeitpunkt –2, wenn das Talent einen Vertrag mit einem der beiden Clubs schließt. Dieser Vertrag regelt die Ausbildung sowie die Bezahlung des Talents, sofern die Ausbildung in dem Sinne erfolgreich ist, dass das Talent Profifußballer wird. Wir bezeichnen den Club, mit dem der Ausbildungsvertrag geschlossen wird, als „ursprünglichen Club" und indizieren ihn mit u. Der Club, bei dem der Spieler nicht ausgebildet wird, heißt „neuer Club" und trägt den Index n.

Der Ausbildungsvertrag $\Omega = (t, I, W)$ enthält die Vertragslaufzeit t mit $0 \leq t \leq 1$, das Investitionsniveau I in die Ausbildung des Spielers und den Lohn W. Die Investitionen I bestimmen die Wahrscheinlichkeit p(I), mit der aus dem Talent ein Profifußballer wird. Wir unterstellen $p' > 0$, $p'' < 0$ sowie die Inada-Bedingungen $\lim_{I \to \infty} p'(I) = 0$ und $\lim_{I \to 0} p'(I) = \infty$. Bei erfolgreicher Ausbildung erreicht der Spieler eine maximale Produktivität h *pro Zeiteinheit*, wobei ex ante unbekannt ist, in welchem Club diese maximale Produktivität erreicht wird (siehe unten).

Die Kosten der Ausbildung seien $C(I) = I$. Dabei nehmen wir vereinfachend an, dass I vertraglich fixiert werden kann. Dies hat zwei Vorteile: Erstens vermeidet sie die Komplikationen unvollständiger Verträge, welche die Analyse erschweren würden, ohne die Resultate qualitativ zu verändern. Zweitens macht sie deutlich, dass die untersuchten Ineffizienzen nicht auf ein Problem unvollständiger Verträge zwischen dem Talent und Club u, sondern auf externe Effekte zwischen den beiden Clubs zurückzuführen sind.

Bezüglich W nehmen wir an, dass es sich um ein fixes Gehalt handelt, welches gezahlt wird, sofern das Talent ein Profispieler wird. Diese Vereinfachung vermeidet eine Fülle von Komplikationen, die daraus entstehen, dass intertemporale Gehaltsschemata zumindest teilweise als Substitute für Vertragsstrafen – und damit auch für das Transfersystem – fungieren könnten.[7]

Nachdem der Vertrag in $t = -2$ geschlossen wurde, werden zum Zeitpunkt –1 die im Vertrag festgeschriebenen Investitionen getätigt. Falls die Ausbildung erfolgreich ist, beginnt zum Zeitpunkt 0 die Karriere des Spielers mit einem Produktivitätsvektor $a = (a_u, a_n)$. Unter Produktivität verstehen wir dabei alles, was zu einem (monetären) Überschuss führt, der zwischen den beteiligten Parteien aufgeteilt werden kann. Dabei gehen wir, wie innerhalb der Sportökonomie üblich, von einer symmetrischen Informationsverteilung aus.[8] Daraus folgt, dass Rückverhandlungen unabhängig von der Festlegung der Eigentums-

Abb. 1: Spielverlauf

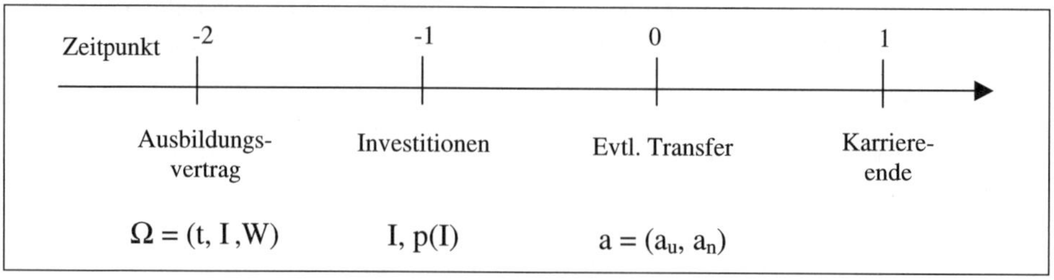

rechte zu einer pareto-effizienten Allokation führen, weil sich andernfalls alle Beteiligten besser stellen könnten. Somit wird der Spieler unabhängig von der Vertragslaufzeit und unabhängig vom Transfersystem immer in dem Verein spielen, in dem er die höchste Produktivität aufweist – das Transfersystem bestimmt die Aufteilung der Verhandlungsgewinne, aber nicht die Allokation.

Wir nehmen an, dass die maximale Produktivität h pro Zeiteinheit in beiden Clubs mit gleicher Wahrscheinlichkeit erreicht wird, sodass $Pr(a_u = h) = Pr(a_n = h) = 0.5$ gilt. Falls $a_u = h$ spielt der Spieler für seinen ursprünglichen Club bis zum Ende seiner Karriere zum Zeitpunkt 1. Falls $a_n = h$, so führen Rückverhandlungen zu einem Wechsel zu Club n, wo er ebenfalls bis zum Ende seiner Karriere spielt.[9] Die Spielstruktur lässt sich in der folgenden Graphik zusammenfassen:

C. Das Rückverhandlungsspiel

Da es sich um ein dynamisches Spiel mit symmetrischer Informationsverteilung handelt, können wir das teilspielperfekte Gleichgewicht als Lösungskonzept verwenden und dieses über Rückwärtsinduktion bestimmen. Wir beginnen daher mit dem Rückverhandlungsspiel für den Fall, dass h in Club n erreicht wird. Dazu müssen wir zunächst die rechtliche Situation formalisieren, um anschließend die Aufteilung der Effizienzgewinne als Funktion von Vertragsdauer und Transfersystem analysieren zu können.

I. Rechtliche Situation

Wir vergleichen das aktuell gültige Transfersystem (indiziert mit B für „Bosman“) mit dem in einem Kompromiss zwischen der Europäischen Kommission und den Fußballverbänden FIFA und UEFA verabschiedeten System (indiziert mit M für „Monti“). Dabei definieren wir r^{lc} als Ablösesumme *pro Zeiteinheit*, bei der Club u einem Wechsel gerade zustimmen *muss*. r^{lc} ist also die Ablösesumme pro Zeiteinheit, bei der Club u nicht für erfolgreiche Verhandlungen benötigt wird. Dabei steht der Index $l = B, M$ für das Transfersystem und $c = V, N$ für die Vertragssituation des Spielers. V (N) bedeutet, dass der Spieler zu einem bestimmten Zeitpunkt einen (keinen) gültigen Vertrag hat. Zwar sind Ablösesummen in der Realität nicht per Zeiteinheit definiert, doch ist die Definition von

r^{lc} als Betrag pro Zeiteinheit analytisch nützlich, weil es die Modellierung der Vertragsdauer als stetige Variable erlaubt. Inhaltlich ändert sich dadurch nichts, da sich die gesamte Ablösesumme Z als Produkt aus Zeit und Betrag pro Zeiteinheit bestimmen lässt. Darüber hinaus garantiert diese Definition, dass die totale Ablösesumme in der verbleibenden Vertragslaufzeit zunimmt, was eine realistische Eigenschaft ist.

Nach Ablauf des Vertrages hat Club u in beiden Transfersystemen keinen Anspruch mehr auf eine Ablösesumme, so dass $r^{lN} = 0$ für alle l = B, M gilt.[10] Die beiden Systeme unterscheiden sich aber bei noch gültigen Verträgen. In diesem Fall kann Club u unter Regime B prinzipiell den Wechsel blockieren, sodass $r^{BV} = \infty$ gilt, d.h. es gibt keine Ablösesumme, der Club u zustimmen *muss*. Zwar wird es dennoch zum Wechsel kommen, doch ist dies wichtig für die Aufteilung des Verhandlungsgewinnes. Dagegen kann der Spieler im System M auch bei einem gültigen Vertrag ohne Zustimmung von Club u wechseln, sofern der neue Club bereit ist, die entsprechende Vertragsstrafe zu bezahlen. Somit gilt $r^{MV} < \infty$.

Die beiden Systeme B und M lassen sich demnach anhand der folgenden Tabelle charakterisieren:

Tab. 1: Ablösesumme, die Club u akzeptieren muss

	Gültiger Vertrag (V)	Ohne Vertrag (N)
Bosman (B)	$r^{BV} = \infty$	$r^{BN} = 0$
Monti (M)	$r^{MV} < \infty$	$r^{MN} = 0$

II. Rückverhandlungen zum Zeitpunkt 0

Sofern der Spieler einen noch gültigen Vertrag hat und seine Produktivität in Club n am höchsten ist, werden alle drei Parteien benötigt, um die beste Allokation zu erreichen. Für derartige Rückverhandlungsspiele mit mehr als zwei Beteiligten gibt es keine theoretisch verbindlichen Modelle. Jedes plausible Rückverhandlungsspiel muss aber zu folgendem Ergebnis führen: bis zu einer bestimmten Ablösesumme $\bar{r}$ sollte der Anteil von Club u am Surplus zunehmen, d.h. Club u profitiert von einer Erhöhung der festgeschriebenen Ablösesumme. Gleichzeitig sinken die Anteile des neuen Clubs und des Spielers. Wird die Grenze $\bar{r}$ allerdings überschritten, so spielt die Höhe der festgeschriebenen Ablösesumme darüber hinaus keine Rolle mehr, weil sie nicht mehr bindend ist. Beispielsweise ist es völlig unerheblich, ob die festgelegte Ablösesumme für einen mittelmäßigen Manndecker 300 oder 800 Millionen Euro beträgt, weil Club u ohnehin einer Ablösesumme unter 300 Millionen Euro zustimmen muss, um den Transfer zu realisieren.

Um diese Resultate formal herzuleiten, folgen wir grundsätzlich dem Ansatz von Burguet, Caminal und Matutes (2001) und nehmen an, dass der Spieler simultan mit beiden Clubs Nash-Verhandlungen führt.[11] Dies erlaubt es, das Spiel in zwei bilaterale Verhandlungen aufzuteilen. Die Verhandlungsmacht aller Beteiligten sei symmetrisch verteilt, sodass in beiden bilateralen Verhandlungen jede beteiligte Partei die Hälfte des Surplus erhält. Die Auszahlungen *pro Zeiteinheit* für Club u, den Spieler und Club n seien jeweils mit $\alpha(r^{lc})$, $\gamma(r^{lc})$ und $\tau(r^{lc})$ bezeichnet. Auf Grundlage dieser Annahmen lässt sich zeigen, dass α

in r^{lc} bis zu einer Grenze $\bar{r}$ zunimmt, während γ und τ bis zu $\bar{r}$ in r^{lc} abnehmen. Die Resultate dieses Rückverhandlungsspiels sind in Resultat 1 zusammengefasst, für eine vollständige Darstellung des Rückverhandlungsprozesses inklusive Beweis verweisen wir auf das dieser Arbeit zugrunde liegende Diskussionspapier (Feess und Mühlheußer (2001b)).

Resultat 1: Angenommen, die festgeschriebene Ablösesumme ist r^{lc} und der Spieler verhandelt simultan mit beiden Clubs. Die Verhandlungsmacht sei symmetrisch verteilt. Dann gilt:

i) falls $r^{lc} > \bar{r} \equiv \frac{1}{3}$, dann ist r^{lc} nicht bindend, und die Auszahlungen pro Zeiteinheit

$$\alpha = \frac{1}{3}(h + 2a_u), \gamma = \frac{1}{3}(h - a_u) \quad \text{und} \quad \tau = \frac{1}{3}(h - a_u)$$

ii) falls $r^{lc} \leq \bar{r} \equiv \frac{1}{3}(h + 2a_u)$, dann ist r^{lc} bindend und die Auszahlungen sind

$$\alpha = r^{lc}, \gamma = \frac{1}{2}(h - r^{lc}) \quad \text{und} \quad \tau = \frac{1}{2}(h - r^{lc}).$$

iii) für alle $r^{lc} \leq$ steigt die Auszahlung von Club u in r^{lc}, während die Auszahlungen des Spielers und des neuen Clubs für alle $r^{lc} \leq \bar{r}$ in r^{lc} sinken.

Das plausible Ergebnis, dass die Ablösesumme ab einer bestimmten Höhe für die Aufteilung des Surplus keine Rolle mehr spielt, ist wichtig für den Vergleich der Systeme B und M. Es bedeutet, dass die beiden Systeme identisch sind, sofern für die administrierte Vertragsstrafe unter System M, $r^{MV} = \bar{r}$ gilt. In beiden Systemen ist dann die administrierte Ablösesumme zu hoch, um einen Transfer zu ermöglichen, sodass sich nach Rückverhandlungen jeweils $z = \frac{1}{3}(h + 2a_u)$ ergibt. Somit wäre die Rechtsänderung für $r^{MV} = \bar{r}$ vollständig bedeutungslos. Die Brisanz der politischen Diskussion legt aber nahe, dass das neue System bei vielen Spielern zu einem r^{MV} deutlich unter r^{BV} führen wird. Daher führen wir die folgende Annahme ein:

Annahme 1: $r^{MV} < \bar{r}$, d.h. r^{MV} ist bindend unter Regime M.

Zur besseren Übersicht sind die Ergebnisse des Rückverhandlungsspiels für beide Regime in der folgenden Tabelle noch einmal zusammengefasst:

Tab. 2: Auszahlungen im Rückverhandlungsspiel

Club u	Spieler	Club n
$\alpha^{BV} = \frac{1}{3}(h + 2a_u)$	$\gamma^{BV} = \frac{1}{3}(h - a_u)$	$\tau^{BV} = \frac{1}{3}(h - a_u)$
$\alpha^{BN} = 0$	$\gamma^{BN} = \frac{1}{2}h$	$\tau^{BN} = \frac{1}{2}h$
$\alpha^{MV} = r^{MV}$	$\gamma^{MV} = \frac{1}{2}(h - r^{MV})$	$\tau^{MV} = \frac{1}{2}(h - r^{MV})$
$\alpha^{MV} = 0$	$\gamma^{MN} = \frac{1}{2}h$	$\tau^{MN} = \frac{1}{2}h$

D. Kurzfristige Effekte einer Änderung des Transfersystems

In diesem Kapitel vergleichen wir die Systeme unter der Annahme, dass der ursprüngliche Vertrag gegeben und aus dem Talent bereits ein Spieler geworden ist. Dies scheint für viele Spieler eine realistische Annahme zu sein, da das neue System recht kurzfristig eingeführt werden wird. Der entscheidende Punkt in Kapitel 4 ist somit die Annahme, dass die Verträge im Glauben abgeschlossen wurden, dass zum Zeitpunkt der Rückverhandlungen System B (und nicht System M) gilt. Es handelt sich daher also um eine Art „Enteignung" der alten Clubs, da deren Anteil am Surplus überraschend abnimmt.

Zur Analyse der kurzfristigen Auswirkungen einer Änderung des Transfersystems verwenden wir eine reduzierte Version unseres Modells, welche zum Zeitpunkt 0 beginnt. Aus dem Talent sei ein Spieler geworden, der seine größte Produktivität in Club n hat. Die vereinbarte Vertragslaufzeit sei t. Damit ist der Nutzen des Spielers unter System l gegeben durch

(1) $$U_u^l = t\gamma^{lV} + (1-t)\,\gamma^{lN}$$

Für den Zeitraum, für den der Spieler einen gültigen Vertrag hat, erhält er γ^{lV}, danach γ^{lN}. Analog gelten

(2) $$\Pi_u^l = t\alpha^{lV} \quad \text{und} \quad \Pi_n^l = t\tau^{lV} + (1-t)\,\tau^{lN}$$

Aus Tabelle 2 folgen daraus unmittelbar die zugehörigen Auszahlungen für den Spieler:

(3) $$U^B = \frac{1}{2}h - \frac{1}{6}th - \frac{1}{3}ta_u \quad \text{und} \quad U^M = \frac{1}{2}h - \frac{1}{2}tr^{MV}$$

Analog ergibt sich für die beiden Vereine

(4) $$\Pi_u^B = \frac{1}{3}t\,(h + 2a_u) \quad \text{und} \quad \Pi_u^M = tr^{MV}$$

bzw.

(5) $$\Pi_n^B = \frac{1}{2}h - \frac{1}{6}th - \frac{1}{3}ta_u \quad \text{und} \quad \Pi_n^M = \frac{1}{2}h - \frac{1}{2}tr^{MV}$$

Dies führt zu

Resultat 2: Kurzfristig profitieren der Spieler und Club n von einer Lockerung des Transfersystems, während sich Club u verschlechtert, d.h. $U^M > U^B$, $\Pi_n^M > \Pi_n^B$ und $\Pi_u^M > \Pi_u^B$.

Resultat 2 bestätigt demnach die Beurteilung in der Fachöffentlichkeit, dass die Spieler und die neuen Vereine kurzfristig von einem Übergang vom derzeitigen System zum neuen System profitieren werden. Dies ist selbstverständlich, weil das Rückverhandlungsspiel zu einer niedrigeren Auszahlung für den alten Club führt, sofern die Ablösesumme nicht immer noch über der bindenden Ablösesumme liegt. Der gleiche Effekt ergab sich nach dem Bosman-Urteil für Spieler, deren Verträge bereits ausgelaufen waren, da deren Ablösesumme in der Übergangszeit reduziert wurde oder die Spieler nach Ablauf einer Übergangsfrist ohne Ablösesumme wechseln konnten.[12]

E. Langfristige Effekte einer Änderung des Transfersystems

Die Fußballverbände betonten bereits beim Bosman-Urteil den im vorhergehenden Kapitel dargestellten Effekt, schienen dabei aber davon auszugehen, dass diese kurzfristigen Effekte auch langfristig Gültigkeit beanspruchen können. Bei langfristigen Auswirkungen ist zu bedenken, dass die Änderungen des Transfersystems bereits bei der ersten Vertragsverhandlung berücksichtigt werden. In unserem Modell bedeutet dies, dass zum Zeitpunkt –2 bekannt ist, welches Transfersystem bei den Rückverhandlungen gültig sein wird.

Ein entscheidender Punkt ist nun, dass der zwischen dem ursprünglichen Club u und dem Talent in t = –2 geschlossene Vertrag ihr *gemeinsames* erwartetes Surplus maximiert, weil symmetrische Information besteht. Daraus folgt, dass der Spieler und der ursprüngliche Verein einen Anreiz haben, den Anteil des neuen Clubs am Rückverhandlungsgewinn zu minimieren. Dabei ist allerdings zu bedenken, dass die Clubs in t = –2 um das Talent konkurrieren. Somit hat jeder Club einen Anreiz zur Überbietung des Vertragsangebots des anderen Clubs, sofern für die erwarteten Gewinne $\Pi_u^l > \Pi_n^l$ gilt. Daraus ergeben sich zwei Anforderungen, denen ein ursprünglicher Kontrakt im Gleichgewicht genügen muss:

1. Der Kontrakt muss das gemeinsame Surplus des ursprünglichen Vereins und des Spielers (also $\Pi_u^l + U^l$) maximieren.
2. Es muss $\Pi_u^l = \Pi_n^l$ gelten.[13]

Beide Bedingungen sind dadurch miteinander vereinbar, dass der gemeinsame Überschuss $\Pi_u^l + \Pi_n^l$ für ein gegebenes Transfersystem l = B, M ausschließlich von der Vertragslänge t und dem Investitionsniveau I abhängt, sodass die Identität der Profite ($\Pi_u^l = \Pi_n^l$) über die Zahlung des Lohnes W^l erreicht werden kann. Diese Überlegung wird dadurch erleichtert, dass wir W^l als fixen Lohn eingeführt haben, welcher das Rückverhandlungsspiel nicht beeinflusst. Der Lohn kann daher zur Lösung der Verteilungsfrage zwischen dem ursprünglichen Club und dem Spieler verwendet werden, ohne das Rückverhandlungsspiel zu „stören".

Zur genaueren Herleitung der Vertragsstruktur betrachten wir zunächst die Auszahlungsfunktionen der Parteien. Die Gewinnfunktion von Club u unter System l lautet

$$\text{(6)} \qquad \Pi_u^l = -I^l + p(I^l)\left[-W^l + \frac{1}{2}(t^l h + (1-t^l)\,\tau^{lN}) + \frac{1}{2}t^l a^{lV}\right]$$

Falls das Talent ein Spieler wird, muss Club u den Lohn W^l zahlen. Mit Wahrscheinlichkeit 0.5 erreicht der Spieler seine maximale Produktivität in Club i (a_u = h), sodass kein Wechsel stattfindet. Club u erhält dann das volle Surplus h für die Vertragslaufzeit und den Anteil $\alpha^{lN} = \tau^{lN}$ für die Zeit danach. Ebenfalls mit Wahrscheinlichkeit 0.5 gilt a_n

= h. In diesem Fall kommt es zum Transfer des Spielers, wobei Club u die Ablösesumme α^{lV} pro Zeiteinheit und damit insgesamt $Z = t^l\alpha^{lV}$ für die Zeit mit Vertrag erhält (und nichts für die Zeit danach, weil der Spieler dann ohnehin ablösefrei wäre). Für den Nutzen des Spielers gilt

$$(7) \qquad U^l = p(I^l)\left[W^l + \frac{1}{2}(1-t^l)\gamma^{lN} + \frac{1}{2}(t^l\gamma^{lV} + (1-t^l)\gamma^{lN})\right]$$

Falls die Ausbildung erfolgreich ist, erhält er den fixen Lohn W^l und keinen variablen Lohn bis zum Ende seines Vertrags, falls er bei Club u bleibt.[14] Im Falle eines Transfers erhält er den Anteil γ^{lV} aus dem Rückverhandlungsspiel mit beiden Clubs. Nach Ablauf seines Vertrags erhält er jeweils γ^{lN} in jedem Club. Schließlich lautet die Gewinnfunktion von Club n:

$$(8) \qquad \Pi_n^l = p(I^l)\frac{1}{2}\left[t^l t^{lV} + (1-t^l)t^{lN}\right]$$

Es ist schon hier zu sehen, dass der Gewinn von Club n sinkend in t^l ist, weil er dann den hohen Anteil $\tau^{lN} > \tau^{lV}$ für alle l = B,M nur für eine kürzere Zeit erhält (siehe Tabelle 2). Der urprüngliche Vertrag maximiert das gemeinsame erwartete Surplus $GS^l \equiv \Pi_u^l + U^l$ von Talent und Club u, was in unserem Fall identisch ist zur Maximierung der Differenz aus sozialer Wohlfahrt $SW^l = -I^l + p(I^l)h$ und Gewinn von Club n:[15]

$$(9) \qquad \max_{t^l, I^l} GS^l = -I^l + p(I^l)\left[h - \frac{1}{2}\left(t^l t^{lV} + (1-t^l)t^{lN}\right)\right]$$

Aus diesen Überlegungen ergeben sich folgende Resultate, wobei Gleichgewichtswerte mit Sternchen (*) gekennzeichnet sind:

Resultat 3: Für den langfristigen Vergleich der Systeme B und M gilt:
i) Unter beiden Transfersystemen wird die maximale Vertragsdauer gewählt, d.h. $t^{B*} = t^{M*} = T = 1$.
ii) System M führt zu niedrigeren Investitionsanreizen, d.h. $I^{B*} > I^{M*}$.
iii) System M reduziert die soziale Wohlfahrt, d.h. $SW^{B*} > SW^{M*}$.
iv) Der Vergleich der Auszahlungen ist nicht eindeutig, d.h. $U^{M*} <> U^{B*}$, $\Pi_u^{M*} <> \Pi_u^{B*}$ und $\Pi_u^{M*} <> \Pi_u^{B*}$.

Teil (i) von Resultat 3 drückt aus, dass unter beiden Systemen die maximale Vertragslaufzeit gewählt wird. Dies liegt daran, dass der Gewinn des neuen Clubs unter beiden Transfersystemen strikt sinkend in der Vertragslänge t ist. Dieses Resultat gilt, sofern mögliche negative Effekte einer maximalen Vertragslaufzeit unberücksichtigt bleiben (siehe hierzu Kapitel 6).

Die Teile (ii) und (iii) von Resultat 3 besagen, dass die soziale Wohlfahrt durch die Änderungen des Transfersystems wegen sinkender Investitionsanreize in die Ausbildung potenzieller Fußballspieler zurückgehen wird. Im Kern handelt es sich dabei um ein Problem externer Effekte: Aufgrund der Verhandlungsmacht im Rückverhandlungsspiel erhält Club n, der sich nicht an der Ausbildung beteiligt hat, einen positiven Anteil am Surplus h. Dies liegt daran, dass der neue Club benötigt wird, um die effiziente Lösung zu erreichen. Je größer dieser Anteil, desto kleiner der Investitionsanreiz. Der Zusammenhang zwischen dem Anteil des neuen Clubs und dem Investitionsanreiz ist aus folgendem Grund eindeutig: Da die Allokation unabhängig von Transfersystem und Vertragsdauer ist, gilt dies auch für die soziale Wohlfahrt, sofern das Talent ein Spieler wird. Für eine gegebene soziale Wohlfahrt aber nimmt der gemeinsame Nutzen von Club u und dem Spieler (definiert als GS^1) eindeutig ab, sofern der Profit des neuen Clubs (Π_n^1) zunimmt. Je höher der positive externe Effekt, desto niedriger GS^1, desto niedriger die Investitionsanreize (im Optimum müsste bei den Investitionen SW^1 statt $GS^1 = SW^1 - \Pi_n^1$ berücksichtigt werden).

Die positive Externalität ist unter System M höher, weil im Rückverhandlungsspiel die Auszahlung des neuen Clubs bei einem gültigen Vertrag höher ist ($\tau^{MV} > \tau^{BV}$). Zwar stimmt das Talent unter beiden Systemen einem Vertrag nur zu, wenn die Verhandlungsmacht des neuen Clubs im Rückverhandlungsspiel möglichst stark beschränkt wird, doch sind dieser Beschränkung im neuen System engere Grenzen gesetzt. Dies vermindert den Investitionsanreiz. Interessant dabei ist, dass nicht nur der Anteil des neuen Clubs, sondern auch der Anteil des Spielers im Rückverhandlungsspiel strikt sinkend in t ist. *Das Talent hat also einen Anreiz, einen Kontrakt zu unterzeichnen, welcher seinen Nutzen aus einem Vereinswechsel minimiert.* Der Grund dafür ist, dass er dafür in seinem ursprünglichen Kontrakt überproportional (über W^1) kompensiert wird, sodass sein erwarteter Gesamtnutzen zum Zeitpunkt –2 zunimmt. In der Tat beobachten wir in der Realität, dass die Unterzeichnung langfristiger Verträge mit erheblichen Gehaltserhöhungen einhergeht, weil der alte Verein den Spieler für seine erwarteten Einnahmen bei einem Vereinswechsel kompensiert. Langfristige Verträge sind daher keineswegs dazu da, eingehalten zu werden, sondern dienen dazu, den alten Verein für seine Investitionen im Rückverhandlungsspiel zu kompensieren.

Teil (iv) von Resultat 3 drückt aus, dass der Vergleich aller Nutzenniveaus zwischen den Transfersystemen uneindeutig ist, obwohl die soziale Wohlfahrt unter System M eindeutig geringer ist. Der Gewinn von Club n ist zwar höher, sofern aus dem Talent ein Spieler wird, weil sein Anteil am Surplus zunimmt ($\tau^{MV} > \tau^{BV}$). Gleichzeitig ist aber durch die geringeren Investitionen auch die Wahrscheinlichkeit geringer, dass aus dem Talent ein Spieler wird ($p(I^{M*}) < p(I^{B*})$). Welcher dieser beiden Effekte überwiegt, kann ohne Vorgaben der einzelnen Modellparameter nicht gesagt werden. Da im Gleichgewicht die Gewinne beider Clubs (über die Bestimmung von W^1) identisch sind, gilt das gleiche Argument auch für Club u. Sofern der erwartete Gewinn beider Clubs stark genug sinkt, kann der Nutzen des Spielers unter Regime M höher sein, obwohl die gesamte erwartete soziale Wohlfahrt unter Regime M kleiner ist. Andernfalls ist sein Nutzen eindeutig niedriger unter Regime M. Allgemein gibt es also keinen Grund zu der Vermutung, dass die Spieler von einer Erleichterung der Transfersysteme profitieren sollten – im Gegenteil würde man im langfristigen Gleichgewicht erwarten, dass die Spieler durch die Beschränkung ihrer Vertragsfreiheit beim Übergang von System B zu System M schlechter gestellt werden. Dass dies in unserem Modell nicht eindeutig ist, liegt an einem allgemeinen Gleichgewichtseffekt: Die Verringerung von Π_n^1 durch die geringeren Investitionsanreize verringert wegen $\Pi_u^1 = \Pi_n^1$ auch den Gewinn des alten Clubs, und von dessen reduzierter Verhandlungsmacht beim Abschluss des ursprünglichen Kontrakt kann das Talent profitieren. Die soziale Wohlfahrt aber ist eine eindeutige Funktion von I und geht daher zurück.

F. Gründe unterschiedlicher Kontraktlängen

Im vorhergehenden Kapitel kamen wir primär zu zwei wesentlichen Ergebnissen: erstens wird unter beiden Systemen die maximale Kontraktlänge gewählt, und zweitens ist die soziale Wohlfahrt wegen der Verminderung der Investitionsanreize im Monti-System niedriger. In den folgenden Abschnitten möchten wir mögliche Gründe für kürzere Kontraktlängen informell diskutieren. Diese führen dazu, dass das neue System nicht mehr nur Nachteile, sondern auch Vorteile aufweist. Dabei beschränken wir uns auf die Darstellung der Prämissen sowie auf informelle Erläuterungen der Ergebnisse, da wir diese anderweitig ausführlich formal hergeleitet haben.

I. Aversion des Spielers gegen langfristige Verträge

In diesem Abschnitt führen wir die ad-hoc-Annahme ein, dass der betrachtete Spieler eine Abneigung gegen langfristige Verträge aufweist. Selbstverständlich ist eine exogen gegebene Aversion *theoretisch* wenig überzeugend, weil sie endogen aus im teilspielperfekten Gleichgewicht auftretenden Nachteilen erklärt werden sollte (siehe hierzu den nachfolgenden Abschnitt 6.2). Allerdings setzt die gesamte bisherige Analyse voraus, dass sich alle Vertragsparteien rational in dem Sinne verhalten, dass sie sich auf einen Transfer einigen, sofern dieser eine Pareto-Verbesserung ermöglicht (Coase-Theorem). Beispiele wie der Bosman-Fall selbst zeigen dagegen, dass Vereine durchaus bereit sind, effizienzerhöhende Wechsel von Spielern zu blockieren und diese stattdessen über einen langen Zeitraum mit einer Produktivität von Null auf die Tribüne zu setzen. Dafür mag es unterschiedliche Gründe geben: man mag dies schlicht als irrational bezeichnen, man kann auf reziproke Präferenzen verweisen („bestrafe Spieler, die dir durch ihre Leistungsverweigerung geschadet haben") oder man kann Reputationseffekte vermuten, weil die Vereine zukünftigen potenziellen Leistungsverweigerungen zeigen, dass sie einen eigenen finanziellen Verlust in Kauf nehmen, um ihnen zu schaden. In jedem Fall liefern diese Verhaltensweisen Gründe, warum Spieler (oder Vereine) vor langfristigen Bindungen zurückschrecken sollten.

Eine einfache Modellierung besteht in der Annahme, dass der Nutzen des Spielers während der Vertragslaufzeit statt $t\gamma^{IV}$ nun $\varphi(t)\gamma^{IV}$ beträgt, wobei $\varphi(t)$ eine sinkende Funktion in t ist. Dies führt dazu, dass eine steigende Vertragslaufzeit gegenläufige Effekte hat: auf der einen Seite führt sie wegen der Investitionsanreize zu einer steigenden sozialen Wohlfahrt, auf der anderen Seite sinkt der Nutzen des Spielers in t. Damit kommt es unter Standardannahmen zu einer inneren Lösung für die optimale Vertragslänge.[16] Im Unterschied zum Grundmodell ist die Vertragslänge dann nicht mehr unter beiden Systemen gleich; vielmehr führt die Änderung des Transfersystems zu einer Abnahme der Vertragslänge ($t^{M*} < t^{B*}$). Dies liegt daran, dass der durch die $\varphi(t)$-Funktion ausgedrückte negative Effekt längerer Verträge unter beiden Systemen gleich ist, während die marginale Verminderung der Verhandlungsmacht des neuen Clubs unter dem Bosman-System höher ist. Da die Grenzkosten somit identisch sind, während der Grenznutzen unter dem Monti-System geringer ist, kommt es zu einer kürzeren Vertragslaufzeit. Dies erhöht ceteris paribus den Nutzen des Spielers beim Übergang von System B zu System M. Auf der anderen Seite sinken die Investitionsanreize, sodass der Wohlfahrtsvergleich nicht eindeutig ist und von den Modellparametern abhängt. Selbstverständlich können auf diese Art unterschiedliche Vertragslaufzeiten für unterschiedliche Spieler leicht modelliert werden, indem unterschiedliche $\varphi(t)$-Funktionen unterstellt werden.

II. Endogene Leistungsniveaus

Im vorhergehenden Abschnitt haben wir alle mit langfristigen Verträgen möglicherweise verbundenen Nachteile unter einer exogen gegebenen $\varphi(t)$-Funktion subsumiert. Eine nahe liegende Kritik daran ist, dass mögliche negative Effekte *gleichzeitig* von der Vertragslänge *und* dem Transfersystem abhängen. Dies liegt daran, dass unsere Argumente im ökonomischen Kern darauf abzielen, dass der Spieler durch eine längere Vertragsdauer stärker an den Verein gebunden ist, und daher auf dessen „Wohlverhalten" im Falle eines Rückverhandlungsspiels angewiesen ist. Die Macht des Vereins im Rückverhandlungsspiel hängt aber nicht nur von der Vertragslänge, sondern auch vom Transfersystem ab. Aus diesem Grund ist es ökonomisch überzeugender, Vertragslaufzeiten von $t < T = 1$ nicht direkt aus den Nachteilen der Vertragslänge zu begründen, sondern diese Nachteile endogen aus den Konsequenzen einer Verminderung der Verhandlungsmacht des Spielers im Rückverhandlungsspiel zu begründen.

Ein Weg zur Formalisierung dieser Überlegung ist, dass das Leistungsniveau eines Spielers auch davon abhängt, welche Vorteile er aus einem hohen Leistungsniveau in einem möglichen Rückverhandlungsspiel hat. Nehmen wir an, ein Spieler erhält im Rückverhandlungsspiel einen niedrigen Anteil am gesamten Surplus h, sodass

$$(10) \qquad u^1 \equiv t^1\gamma^{IV} + (t - t^1)\gamma^{IN}$$

niedrig ist. Nehmen wir ferner an, er kann die Wahrscheinlichkeit des Produktivitätsschocks durch sein Leistungsniveau selbst beeinflussen, weil potenzielle neue Clubs dann eher auf ihn aufmerksam werden. Unter diesen Umständen steigt sein Leistungsanreiz in u^1, also in seinem Anteil am Surplus am Rückverhandlungsspiel.[17] Beispielsweise verkündete Stefan Effenberg in einem Interview zum Ende der Saison 2000/01, sich noch einmal besonders stark anzustrengen, weil sein Vertrag bei Bayern München bald auslaufe und er gerne ein lukratives Angebot aus England erhalten möchte. Der entscheidende Punkt ist dabei, dass das Anstrengungsniveau von der Vertragslänge *und* dem Transfersystem bestimmt wird: u^1 steigt nicht nur in $(1 - t^1)$, sondern auch in γ^{IV}. Erneut ergibt sich somit ein Zielkonflikt, weil strenge Transferregeln und langfristige Verträge den Investitionsanreiz erhöhen, aber auch den Leistungsanreiz vermindern.

Diesen Zielkonflikt berücksichtigen der ursprüngliche Club und das Talent bei Abschluss des ersten Vertrages, weil sie erneut die Differenz zwischen der erwarteten sozialen Wohlfahrt und dem Gewinn des neuen Clubs maximieren.[18] Entscheidend ist dabei, dass die Auszahlungen des Spielers und des *neuen* Clubs im Rückverhandlungsspiel positiv „korreliert" sind – je höher u^1, desto höher auch die Auszahlung von Club n aus dem Rückverhandlungsspiel (beide profitieren von laxen Transferregeln und niedrigen Vertragslaufzeiten). Unter jedem System wählen der ursprügliche Club und das Talent die

Vertragslänge nun derart, dass der Grenznutzen der Erhöhung von u^l (hervorgerufen durch das höhere Leistungsniveau) den Grenzkosten der Erhöhung von u^l (hervorgerufen durch die Erhöhung der Auszahlung von Club n aus dem Rückverhandlungsspiel) entspricht.

Da im Rückverhandlungsspiel die Auszahlungen von Spieler und Club n ceteris paribus beim neuen System wegen $\gamma^{MV} > \gamma^{BV}$ und wegen $\tau^{MV} > \tau^{BV}$ höher sind, verlangt der Ausgleich von Grenzkosten und Grenznutzen beim neuen System einen *längeren* Vertrag. Die endogene Herleitung der negativen Effekte langfristiger Kontrakte über die Rückverhandlungsmacht führt also zu dem *gegenteiligen* Ergebnis wie die ad-hoc-Modellierung im vorhergehenden Abschnitt – dies liegt daran, dass die Rückverhandlungsmacht des Spielers unter dem Monti-System ceteris paribus höher ist, so dass diesem Effekt durch eine höhere Kontraktlänge entgegengewirkt wird. Diese Art der Modellierung halten wir für überzeugender, weil die Bindung zwischen dem alten Club und dem Spieler in der Tat von der Kontraktlänge *und* dem Transfersystem abhängt.

Was ergibt sich unter diesen Umständen für die soziale Wohlfahrt? Sofern der Ausgleich von Grenzkosten und Grenznutzen im ursprünglichen Vertrag in beiden Systemen erreichbar ist, kommt es zu den gleichen Investitionsanreizen und dem gleichen Leistungsniveau, weil die unterschiedlichen Transferregeln im ursprünglichen Kontrakt einfach durch unterschiedliche Kontraktlängen ausgeglichen werden – bei gleichen Kontraktlängen würde sich $u^M > u^B$ ergeben, und t^M und t^B werden dann so gewählt, dass

$$(11) \quad u^B = u^M \Leftrightarrow t^B \gamma^{BV} + (1-t^B)\gamma^{BN} = t^M \gamma^{MV} + (1-t^M)\gamma^{MN}$$

gilt. In diesem Fall unterscheiden sich die Systeme *nur* bezüglich der Kontraktlängen, die soziale Wohlfahrt aber ist identisch.

Nun ist aber zu bedenken, das der Ausgleich von Grenzkosten und Grenznutzen über eine Variation von t im Bosman-System eher erreichbar ist, weil dort die Rückverhandlungsmacht des Spielers für $t = 0$ maximal und für $t = 1$ minimal ist. Beim Monti-System dagegen ist die Rückverhandlungsmacht des Spielers nach unten beschränkt, weil die Transfersumme auch bei einem gültigen Vertrag limitiert ist. Damit ist das aus Sicht des Spielers und des ursprünglichen Vereins optimale u^{opt} (also jenes u, welches GS maximiert) unter Umständen nicht mehr erreichbar, weil für das minimale $u^{M,\,min} \equiv u^M(t = 1)$ bereits $u^{M,\,min} > u^{opt}$ gilt. In diesem Fall kommt es beim Monti-System zu Investitionsanreizen unterhalb denen im Bosman-System. Der Wohlfahrtsvergleich gestaltet sich in diesem Fall schwierig, weil die beiden Vertragsparteien bei der Maximierung von GS^l die positiven Effekte eines höheren Leistungsniveaus für den neuen Club vernachlässigen und daher unter sozialen Wohlfahrtsgesichtspunkten ein zu niedriges u^l wählen. Diese Modellierung ergibt daher ein mögliches, allerdings recht indirektes Argument für die rechtliche Änderung: je stärker das Leistungsniveau eines Spielers von seiner Rückverhandlungsmacht abhängt und je weniger wichtig die Investitionen des Vereins sind, desto eher kann das neue System dem alten System überlegen sein. Umgekehrt führt das neue System zu einer geringeren sozialen Wohlfahrt, wenn das Problem externer Effekte wichtig und das Anreizproblem eher unwichtig ist.

III. Private Information

Abschließend möchten wir private Information als eine zusätzliche Begründung für unterschiedliche Kontraktlängen anführen. Dabei nehmen wir an, dass Talente zum Zeitpunkt der Aushandlung ihrer ersten Verträge bestimmte Eigenschaften (beispielsweise ihr Durchsetzungsvermögen und ihren Ehrgeiz) besser einschätzen können als der Club.[19] In unserem Modellrahmen ließe sich dies folgendermaßen modellieren: Betrachtet wird ein Talent mit zwei möglichen maximalen Leistungsstärken, einer niedrigen $a_1^{max} = h$ mit Wahrscheinichkeit q und einer hohen $a_1^{max} = \theta h$ mit Wahrscheinlichkeit $1 - q$, wobei $\theta > 1$ gilt. Ferner kann das Talent dem ursprünglichen Verein unterschiedliche Kontraktlängen anbieten. Da die besser informierte Partei den ersten Spielzug ausführt, handelt es sich um ein Signalisierungsmodell.

Darüber hinaus treffen wir die plausible Annahme, dass die privaten Eigenschaften eines Talents öffentlich bekannt werden, wenn das Talent ein Spieler geworden ist. Dies bedeutet, dass die Rückverhandlungen unabhängig von der ursprünglichen Kontraktlänge bei vollständiger Information stattfinden. Der Nachteil kurzer Vertragslaufzeiten besteht wie gewohnt in der Zunahme der Verhandlungsmacht des neuen Clubs. Da wir die Nachteile längerer Kontrakte aus den beiden vorhergehenden Abschnitten vernachlässigen, käme es ohne private Information wieder zur maximalen Vertragslänge $t = 1$. Wenn aber beide Arten von Talenten den gleichen Vertrag $t = 1$ anbieten, so kommt es zu einem Poolinggleichgewicht, und der vom Verein akzeptierte Lohn orientiert sich an der erwarteten Produktivität $\bar{a} = qh + (1-q)\theta h$.

Daher stellt sich die Frage, ob der gute Typ eine Möglichkeit hat, diesen durch kürzere Vertragslaufzeiten zu signalisieren. Dies ist dann der Fall, wenn das Anbieten kurzer Verträge für den schlechten Typ teurer ist als für den guten Typ, sodass der Verein aus der Kontraktlänge wirklich eindeutig auf den Typ schließen kann. Der entscheidende Punkt ist, dass Imitation für den schlechten Typ bei kurzen Vertragslängen in der Tat keinen Nutzen mehr stiftet. Stellen wir uns vor, der gute Typ bietet einen Vertrag $t = \varepsilon$ mit ε gegen 0 an, und der schlechte Typ imitiert den guten Typ, indem er den gleichen Kontrakt anbietet. Dann orientiert sich der Lohn im ersten Vertrag am Poolinggleichgewicht mit $\bar{a} = qh + (1-q)\theta h$. Dies ist für den schlechten Typ zwar grundsätzlich günstig, es nützt ihm aber nichts, weil ε gegen 0 geht, und daher ohnehin nur der zweite Kontrakt, der sich aus dem Rückverhandlungsspiel ergibt, von Bedeutung ist. In diesem Rückverhandlungsspiel hat er seinen Typ aber bereits auf dem Spielfeld offenbart, sodass er nur den Anteil γ^{lc} an seiner niedrigen, wirklichen Produktivität h erhält. Imitation hat also keinen Vorteil, weist aber weiterhin den Nachteil auf, dass die Verhandlungsmacht des neuen Clubs größer wird. Daher lohnt sich Imitation nicht, und der gute Typ kann durch Wahl eines hinreichend niedrigen t möglicherweise ein Signalisierungsgleichgewicht erreichen, indem sich auch sein erster Kontrakt schon an seiner wirklichen maximalen Produktivität θh orientiert.

Ob es tatsächlich zum Signalisierungs- bzw. Trennungsgleichgewicht kommt, hängt von den Parametern des Modells und dem Transfersystem ab.[20] Je höher das Ausmaß asymmetrischer Information (also je höher θ) ist, desto größer ist der Imitationsanreiz des schlechten Typs. Der gute Typ müsste dann für ein Trennungsgleichgewicht ein derart geringes t wählen (eben ein $t = \varepsilon$ mit ε gegen 0), dass sich Signalisieren wegen der zu hohen Verhandlungsmacht des neuen Clubs nicht mehr lohnt. Unter diesen Umständen kommt es zum Poolinggleichgewicht, in dem beide Typen t = 1 wählen. Ist θ dagegen niedrig, so wählt der gute Typ das maximale t, welches gerade noch ein Trennungsgleichgewicht ermöglicht. Der schlechte Typ wählt dann die maximale Vertragslänge t = 1, da er per Definition eines Trennungsgleichgewichtes als schlechter Typ enttarnt ist und daher kein Grund für ihn besteht, die mit kürzeren Vertragslaufzeiten verbundenen Nachteile in Kauf zu nehmen. Komplizierter als die Analyse der Auswirkungen von θ gestaltet sich der Systemvergleich. Ceteris paribus würden sowohl der schlechte Typ wegen $\gamma^{MV} > \gamma^{BV}$, als auch der gute Typ von System M profitieren. Zusätzlich ist aber zu berücksichtigen, wie sich die Auszahlungen der Vereine unter Berücksichtigung der Gleichgewichtsbedingung $\Pi_u^1 + \Pi_n^1$ verändern, sodass sich in diesem Fall analog zum Grundmodell aus Abschnitt 5 eindeutige Ergebnisse nur nach genauerer Spezifizierung der Modellparameter bestimmen lassen.

Asymmetrische Information zum Zeitpunkt des Vertragsabschlusses bietet somit in der Tat eine gute Möglichkeit, unterschiedliche Vertragslängen als Signalisierungsspiele zu interpretieren; der Vergleich der beiden untersuchten Systeme führt dann allerdings zu keinen klar interpretierbaren Ergebnissen. Zur Vermeidung von Missverständnissen sei darauf hingewiesen, dass Trennungsgleichgewichte *nicht* bedeuten, dass bessere Spieler kürzere Verträge abschließen. Entscheidend ist keineswegs das *absolute* Leistungsvermögen, sondern die Differenz zwischen dem wirklichen Leistungsvermögen eines Talents und der Markteinschätzung. Diese Differenz kann aber ohne weiteres für einige gute Spieler hoch (dann kommt es zum Poolinggleichgewicht) und für einige schlechte Spieler niedrig sein (dann kommt es zum Trennungsgleichgewicht). Die Schlussfolgerung ist daher „lediglich", dass Spieler längere Kontrakte abschließen, wenn die Differenz zwischen der Markteinschätzung und dem wirklichen Leistungsvermögen hoch ist, weil Signalisieren in diesem Fall zu teuer wird.

Leser/innen mögen sich abschließend fragen, warum wir nicht scheinbar nahe liegendere Nachteile langfristiger Verträge betrachtet haben. Der Grund ist, dass sich scheinbar einfache Begründungen bei genauerer Betrachtung als nicht ohne weiteres tragfähig erweisen. Dies gilt beispielsweise für die Möglichkeit, dass ein Club nach einer bestimmten Zeit feststellt, dass ein Spieler nicht in sein Zukunftskonzept oder in die taktischen Vorstellungen eines neuen Trainers passt, sodass ein langfristiger Kontrakt schädlich wäre. Dieses Argument scheitert aber erneut am Coase-Theorem – der Spieler wird den Verein wechseln, und die Argumentation aus den vorhergehenden Kapiteln bleibt unverändert. Auch mögliche Invaliditätsrisiken können den Verzicht auf langfristige Verträge nicht erklären, weil der *gemeinsame* Nutzen des ursprünglichen Clubs und des Spielers (also GS l) auch in diesem Fall durch langfristige Verträge nicht zurückgeht. Ferner ist davon auszugehen, dass der Grad der Risiko-Aversion seitens des Spielers höher ist, sodass auch die Berücksichtigung von Risiko-Einstellungen wenig zur Klärung des Sachverhalts unterschiedlicher Kontraktlängen beitragen kann – sie würde eher zusätzliche Argumente für langfristige Kontrakte liefern.

Anmerkungen

* Gerd Mühlheußer dankt der Deutschen Forschungsgemeinschaft für finanzielle Unterstützung durch das Graduiertenkolleg „Quantitative Ökonomik" an der Universität Bonn.

1 Des weiteren wurden auch einige sog. „Ausländer-Klauseln" für rechtswidrig erklärt, was aber nicht Gegenstand der vorliegenden Arbeit ist.

2 Ob dieses Ziel jemals erreicht wurde, wird allerdings in der sportökonomischen Literatur stark angezweifelt, vgl. Szymanski (1999, S. 110ff). Ähnlich argumentieren auch Frick und Wagner (1996). Ergebnisse aus den USA deuten ebenfalls darauf hin, dass die (Ablösesysteme in Europa vergleichbaren) „reserve clause"-Regelungen die Ausgeglichenheit in den einzelnen Ligen nicht verbessert haben, siehe bsw. Quirk und Fort (1997).

3 Für den Fall einer sofortigen Kündigung sieht der Kompromiss als Strafe eigentlich eine Spielsperre vor, die sich aber gemäss des Opportunitätskostenprinzips auch als eine „Zahlung" interpretieren lässt.

4 Vgl. hierzu vor allem Aghion und Bolton (1987), Aghion und Hermalin (1990), Chung (1992) und Spier und Whinston (1995).

5 So argumentiert bsw. der Vize-Präsident der Fifa, David H. Will bezüglich des Unterinvestitionsproblems im Zusammenhang mit dem Bosman-Urteil: „Most seriously, clubs at the lower levels are actively considering the abandonment of expensive youth training schedules" (Will (1999, S.10)).

6 Frick und Prinz (2000) argumentieren, dass dieser Effekt bereits deutlich nachzuweisen sei.

7 Das Problem besteht darin, dass zukünftige Löhne in einem Verein Opportunitätskosten sind, sofern der Verein gewechselt wird. Daher beeinflussen sie die Drohpunkte in Rückverhandlungen, was zu erheblichen formalen Komplikationen führt. Diese Substitutionsmöglichkeiten zwischen Gehältern und Vertragsstrafen sind zwar interessant und wichtig, aber nicht Gegenstand dieses Aufsatzes.

8 Asymmetrische Information diskutieren wir in Kapitel 6.

9 In einem etwas anderen Zusammenhang haben wir auch eine Modellstruktur betrachtet, in der der Spieler zu jedem Zeitpunkt mit positiver Wahrscheinlichkeit eine höhere Produktivität in einem anderen Club erreicht, sodass der Wechselzeitpunkt nicht feststeht. Dies führt aber zu keinen qualitativ neuen Einsichten.

10 Dies steht im Unterschied zum System vor dem Bosman-Urteil, in dem der alte Club auch bei abgelaufenen Verträgen eine positive Ablösesumme durchsetzen konnte.

11 Für eine Erläuterung der Nash-Verhandlungslösung siehe Muthoo (1999, Kapitel 2).

12 In der Tat haben die durchnittlichen Lohnkosten der Vereine seit 1995 überproportional zugenommen (siehe bsw. Szymanski und Kuypers (1999, S. 96). Allerdings weisen viele Autoren zurecht darauf hin, dass ein Grossteil dieser Steigerung nicht auf das Bosman-Urteil, sondern auf andere Faktoren wie bzw. die explodierenden Einnahmen aus dem Verkauf der Senderechte zurückzuführen ist (siehe Szymanski und Kuypers 1999, Szymanski 1999, und Késenne 1999).

13 Die Bedingung $\Pi_u^1 = \Pi_n^1$ kann explizit in einem Spiel hergeleitet werden, in dem beide Clubs dem Talent gleichzeitig Vertragsangebote unterbreiten. Diese Angebote führen im Gleichgewicht gleichzeitig dazu, dass $\Pi_u^1 = U^1$ maximiert wird (vgl. Feess und Mühlheußer (2001a)). Da dies jedoch auch intuitiv einsichtig ist, verzichten wir hier auf eine formale Herleitung.

14 Selbstverständlich ist die Annahme nicht realistisch, dass der Spieler in Club u seinen gesamten Lohn als Fixzahlung erhält. Wie erwähnt erleichtert dies aber die Analyse des Rückverhandlungsspiels, ohne die Ergebnisse qualitativ zu verändern.

15 Dies folgt aus unserer Annahme, dass die Investitionen kontrahierbar sind. Für den Fall nicht verifizierbarer Investitionen müsste als zusätzliche Nebenbedingung noch berücksichtigt werden, dass Club u bei der Wahl von I anstatt GSl nur seinen eigenen Gewinn maximiert.

16 Vgl. ausführlicher Feess und Mühlheußer (2000).

17 Frick und Prinz (2000) analysieren den Fall, dass Spieler sich um so mehr anstrengen, je näher der Zeitpunkt der Vertragsverhandlungen rückt.

18 Die formale Herleitung der Ergebnisse findet sich in Feess und Mühlheußer (2001a).

19 Eine alternative Form von asymmetrischer Information wird in Frick und Wagner (1996) erläutert: Hier haben risiko-averse Spieler private Information darüber, ob sie nicht die Leistung verweigern, sobald sie einen langfristigen Vertrag erhalten. Die Vereine können dann „screenen",

indem sie unterschiedliche Arten von Kontrakten anbieten, die unterschiedliche Anteile von Grundgehalt und Prämienzahlung enthalten.

20 Vgl. hierzu die Analyse in Feess und Mühlheußer (2000).

Literatur

Acemoglu, D. (1997), Training and innovation in an imperfect labour market, Review of Economic Studies, 64, 445–464.

Aghion, P. und Bolton, P. (1987), Contracts as a Barrier to Entry, American Economic Review, 77(3), 388–401.

Aghion, P. und Hermalin, B. (1990), Legal Restrictions on Private contracts can Enhance Efficiency, Journal of Law, Economics & Organization, 6(2), 381–409.

Antonioni, P. und Cubbin, J. (2000), The Bosman ruling and the emergence of a single market in soccer talent, European Journal of Law and Economics, 9(2), 157–173.

Burguet, R., Caminal, R. und Matutes, C. (2001), Golden Cages for Showy Birds: Optimal Switching Costs in Labour Markets, European Economic Review, erscheint demnächst.

Chung, T.-Y. (1992), On the Social Optimality of Liquidated Damage Clauses: An Economics Analysis, Journal of Law, Economics & Organization, 8(2), 280–305.

Coase, R. (1960), The Problem of Social Cost, Journal of Law and Economics, 3, 1–44.

Demsetz, H. (1972), When does the rule of liability matter?, Journal of Legal Studies, 1(1), 13–28.

Feess, E. und Mühlheußer, G. (2000), The impact of the transfer fee system on wages, investment incentives and profits in professional football: analyzing the European Commission's New Suggestion, mimeo.

Feess, E. und Mühlheußer, G. (2001a), Transfer fee regulations in European Football, mimeo.

Feess, E. und Mühlheußer, G. (2001b), Auswirkungen des neuen Transfersystems auf den Europäischen Fußball, mimeo.

Frick, B. und Prinz, J. (2000), Die Entlohnung professioneller Mannschaftssportler: Gibt es einen Trade-off zwischen Entgelten und Vertragslaufzeiten?, in: Flexibilisierungstendenzen in der betrieblichen Personalpolitik, Backes-Gellner, Uschi et al (Hsg.), 129–154, München und Mering.

Frick, B. und Wagner, G,. (1996), Bosman und die Folgen, WiSt, Heft 12 (Dezember), 611–615.

Kahn, L. (1993), Free Agency, Long-Term Contracts and Compensation in Major League Baseball: Estimates from Panel Data, Review of Economics and Statistics, 75(1), 157–164.

Késenne, S. (1999), Player Market Regulation and Competitive Balance in a Win Maximizing Scenario, in: Competition Policy in Professional Sports, C. Jeanrenaud and S. Késenne (Hsg.), Neuchatel.

Muthoo, A. (1999), Bargaining Theory with Applications, Cambridge.

Quirk, J. und Fort, R. (1995), Pay Dirt: The Business of Professional Team Sports, Princeton.

Rottenberg, S. (1956), The Baseball Player's Labor Market, Journal of Political Economy, 64, 242–258.

Simmons, R. (1997), Implications of the Bosman Ruling for Football Transfer Markets, Economic Affairs, 17(3), 13–18.

Spier, K. and Whinston, M. (1995), On the efficiency of privately stipulated damages for breach of contract: entry barriers, reliance, and renegotiation, RAND Journal of Economics, 26(2), 180–202.

Szymanski, S. (1999), The Market for Soccer Players in England after Bosman: Winners and Losers, in: Competition Policy in Professional Sports, C. Jeanrenaud and S. Késenne (Hsg.) Neuchatel.

Szymanski, S. und Kuypers, T. (1999), Winners and Losers: The Business Strategy of Football, London.

Will, D. H. (1999), The Federation's Viewpoint of the New Transfer Rules, in: Competition Policy in Professional Sports, C. Jeanrenaud and S. Késenne (Hsg.), Neuchatel.

Zusammenfassung

Der vorliegende Aufsatz untersucht Auswirkungen des neuen Transfersystems im Europäischen Fußball. Die Kernpunkte des neuen Systems sind, dass Ablösesummen für bestehende Kontrakte nicht mehr frei aushandelbar sind und die maximale Vertragsdauer beschränkt wird. Wir zeigen, dass dadurch die Rückverhandlungsmacht neuer Clubs zunimmt. Diese profitieren damit noch stärker als bisher in Form eines positiven externen Effekts von den Investitionen des ursprünglichen Clubs in die Ausbildung von Talenten. Dies führt zu sinkenden Investitionsanreizen und damit auch zu einer sinkenden sozialen Wohlfahrt, sofern keine Nachteile langfristiger Kontrakte berücksichtigt werden. Ein möglicher Nachteil besteht darin, dass Spieler mit langfristigen Kontrakten geringere Leistungsanreize haben. Längere Kontrakte führen damit einerseits zu höheren Investitionsanreizen, andererseits aber auch zu sinkenden Leistungsanreizen. Der Vergleich der beiden Systeme hängt unter diesen Umständen von der Einschätzung der relativen Bedeutung zwischen dem Investitions- und dem Leistungsproblem ab.

Summary

The present paper analyzes the impact of the new transfer system for European Professional Soccer. The main components of this system are that i) transfer fees are no longer freely negotiable in case the player has a valid contract at the date of the transfer and ii) the maximum admissible contract length is restricted. It is shown that this increases the stake of a new club in renegotiations. Therefore, new clubs benefit from a positive externality created through the initial expenses borne by the old club for training young talents even more than under the current system. Although long term contracts are chosen under both regimes, the new system leads to lower investment incentives and thereby also to lower expected social welfare, as long as negative consequences of long term contracts are not considered explicitly. One negative consequence of long term contracts might be that players have lower effort incentives when endowed with a long term contract. This implies that long term contracts lead to higher investment levels but lower effort incentives compared to the current system. The evaluation of the new system in this case depends on the relative importance of these two effects.

13: Ausbildungs- und Berufsfragen (JEL J24)
40: Beschaffung (JEL M11)

Arbeitsmarktregulierung und nachvertraglicher Opportunismus: Die Verhaltensfolgen garantierter Handgeld-zahlungen in der National Football League

Von Bernd Frick, Alexander Dilger und Joachim Prinz

Überblick

- Im Dezember 1995 hat der Europäische Gerichtshof entschieden, dass die jahrzehntelange Praxis, auch dann noch eine Ablösezahlung für einen den Verein verlassenden Spieler zu verlangen, wenn dessen Vertrag ausgelaufen ist, gegen Art. 48 der Römischen Verträge verstößt.
- Seitdem sind die Vereine bei der Verpflichtung ablösefreier Spieler dazu übergegangen, diesen bereits zum Zeitpunkt der Vertragsunterzeichnung ein weitgehend durch ihren individuellen Marktwert determiniertes, aber leistungsunabhängiges „Handgeld" zu zahlen.
- Anhand entsprechender Daten aus der nordamerikanischen „National Football League", in der aufgrund einer spezifischen institutionellen Veränderung der Anteil der Handgelder an den gesamten Gehaltsaufwendungen von weniger als 15 % in den achtziger und frühen neunziger Jahren auf zuletzt rund 45 % zugenommen hat, lässt sich zeigen, dass leistungsunabhängige Entgeltbestandteile unter sonst gleichen Bedingungen der Team-Performance abträglich sind.

Eingegangen: 11. März 2002

Professor Dr. Bernd Frick, Professor für Betriebswirtschaftslehre, Inhaber des Reinhard-Mohn-Lehrstuhls für Unternehmensführung, Fakultät für Wirtschaftswissenschaft, Universität Witten/Herdecke, 58448 Witten. E-Mail: bfrick@uni-wh.de

PD Dr. Alexander Dilger, Vertreter des Lehrstuhls für Betriebswirtschaftslehre, insbesondere Personal- und Organisationsökonomie, Universität Greifswald, 17487 Greifswald. E-Mail: dilger@uni-greifswald.de

M. Sc. Joachim Prinz, Wissenschaftlicher Mitarbeiter am Reinhard-Mohn-Lehrstuhl für Unternehmensführung, Fakultät für Wirtschaftswissenschaft, Universität Witten/Herdecke, 58448 Witten. E-mail: jprinz@uni-wh.de

ZfB
ZEITSCHRIFT FÜR BETRIEBSWIRTSCHAFT

A. Einleitung

Das im Dezember 1995 vom Europäischen Gerichtshof verkündete „Bosman-Urteil“ hat in letzter Konsequenz zu einer erheblichen Umverteilung von Verfügungsrechten – von den Vereinen hin zu den Spielern – geführt: Als Folge davon sind nicht nur die Einkommen z.B. von Fußball-Profis seit der Spielzeit 1996/97 erheblich angestiegen, sondern haben auch die Laufzeiten der seitdem abgeschlossenen Verträge nennenswert zugenommen.[4] Obgleich von dieser Entwicklung primär die vergleichsweise kleine Gruppe der aus der Sicht der Teams kaum zu substituierenden „Superstars“ profitiert hat (vgl. dazu Frick 2001), legen die in der Boulevardpresse regelmäßig zu vernehmenden Klagen über die vermeintliche „Explosion“ der Spielergehälter und die unter den „Millionarios“ angeblich grassierende Unlust, laufende Verträge auch tatsächlich zu erfüllen, den Schluss nahe, dass sämtliche Spieler die ihnen per Gerichtsurteil eingeräumte Verhandlungsposition opportunistisch, d.h. zu Lasten der Vereine, auszunutzen versuchen.

Die Frage, ob diese Einschätzung tatsächlich zutreffend ist oder ob es sich bei den zitierten Verlautbarungen schlicht um die Wiedergabe der Klagen überforderter Vereinsvorsitzender handelt, die Schwierigkeiten mit der Aushandlung und Durchsetzung anreizkompatibler Verträge haben, ist bislang ungeklärt. Wir wollen zwar keineswegs behaupten, dass es nur „fleißige“ Profis gibt – allerdings scheint uns der immer wiederkehrende Verweis auf anekdotische Evidenz wenig geeignet zu sein, die Frage nach den für die Vereine möglicherweise negativen Folgen der Entwicklung von Vertragslaufzeiten und Handgeldzahlungen zu beantworten.

Zur Beantwortung der Frage, ob die konkrete Ausgestaltung der Verträge tatsächlich einen Einfluss auf das (nachvertragliche) Verhalten der Spieler hat, scheint uns aus verschiedenen Gründen eine dezidiert ökonomische Analyse angeraten zu sein: Zum einen besteht eine der Stärken der ökonomischen Perspektive darin, dass sie – vor dem Hintergrund eines vergleichsweise einfachen und mitunter heftig kritisierten Menschenbildes – der Frage nach dem Einfluss von Institutionen bzw. von Änderungen in den institutionellen Rahmenbedingungen auf das Verhalten von Individuen bzw. von Unternehmen nachgehen kann.[5] Wenn sich die Rahmenbedingungen des „Umgangs“ der innerhalb eines Teams interagierenden Parteien (Vereinsvorstand, Trainer und Spieler) aus welchen Gründen auch immer verändern, wird sich das Verhalten der Akteure ebenfalls verändern, und zwar in einer prognostizierbaren Art und Weise. Unter der Annahme, dass die Präferenzen der Akteure gegeben und zeitinvariant sind, d.h. dass sich deren Zielfunktionen („Gewinn- bzw. Nutzenmaximierung“) nicht verändern, kommt der Frage „Do Institutions Matter?“ eine besondere Rolle zu. Zum anderen steht zumindest für einzelne Bereiche des professionellen Team-Sports das für entsprechende empirische Analysen erforderliche Datenmaterial als ein „Abfallprodukt“ der Sportberichterstattung zur Verfügung. So sind für einige der amerikanischen „Major Leagues“ mittlerweile nicht nur die individuellen Vertragslaufzeiten, sondern auch die Spielergehälter und deren Zusammensetzung (fixe und variable Bestandteile) allgemein zugänglich. Während die bislang verfügbaren Untersuchungen ausnahmslos auf die Vertragslaufzeit als die zentrale Variable bei der Analyse opportunistischen Verhaltens abstellen, wählen wir in diesem Beitrag erstmals einen anderen Zugang: In nahezu allen professionell betriebenen Mannschaftssportarten erhalten zumindest die „Spitzenkönner“ bei einem Wechsel des „Arbeitgebers“ ein mehr oder weniger hohes „Handgeld", welches zum Zeitpunkt des Vertragsabschlusses fällig wird. Je höher diese grundsätzlich an der vergangenen – und eben nicht an der zukünftigen – Performance orientierten „Vorabzahlungen" sind, desto größer ist der Anreiz der Spieler, sich nach dem Abschluss des Vertrages opportunistisch zu verhalten. Dies wird umso eher der Fall sein, je größer die Wahrscheinlichkeit ist, dass der Spieler z.B. aufgrund einer Verletzung seine Karriere (vorzeitig) beenden muss und keinen Anschlussvertrag unterzeichnet. Um diese Vermutung testen zu können, verwenden wir umfassendes Längsschnittdatenmaterial aus der nordamerikanischen „National Football League" (NFL), in der aufgrund einer Veränderung in den institutioneller Rahmenbedingungen im Jahr 1994 (der Einführung einer für alle Teams gleichermaßen verbindlichen Gehaltsobergrenze) die Bedeutung von Handgeldern erheblich zugenommen hat. Das von der Spielergewerkschaft (NFLPA) zur Verfügung gestellte Datenmaterial umfasst für alle der zuletzt 30 Teams die pro Saison gezahlten Handgelder, fixen Vergütungen und leistungsabhängigen Entgelte sowie die erforderlichen Angaben zu deren sportlicher Performance.[6]

B. Was lehrt die verfügbare Literatur?

Unter Verwendung entsprechender Informationen über rund 500 Baseballspieler aus dem Jahr 1980 untersucht Lehn (1982) den Einfluss „garantierter" Mehrjahresverträge auf die Verletzungsanfälligkeit professioneller Mannschaftssportler. Er stellt fest, dass eine um ein Jahr längere Vertragsdauer die Verletzungswahrscheinlichkeit c.p. um rund 12% erhöht, und interpretiert dies als ein Indiz dafür, dass Spieler mit langfristigen Verträgen einen geringeren Anreiz haben, sich sorgfältig auf die körperlichen Belastungen einer rund 160 Spiele umfassenden Saison vorzubereiten. Anhand einer Teilstichprobe seines Samples stellt er im Rahmen eines „Vorher-Nachher-Vergleiches" fest, dass die Verletzungen von Spielern, die einen neuen Vertrag mit maximal zweijähriger Laufzeit unterzeichnet hatten, im Durchschnitt erheblich schneller auskuriert waren als die von Athleten mit einer Vertragslaufzeit von mindestens drei Jahren. In einer weiteren Studie geht Lehn (1984) der Frage nach, ob sich Spieler, die einen neuen Vertrag bei ihrem alten Verein unterzeichnen, hinsichtlich ihrer Motivation und Leistungsbereitschaft von solchen Athleten unterscheiden, die von ihrer Wechselmöglichkeit auch tatsächlich Gebrauch machen. Für eine Teilstichprobe von rund 150 Baseballprofis kann er bei einem Vergleich verschiedener Leistungsparameter vor und nach dem Vertragsabschluss jedoch keine statistisch signifikanten Unterschiede feststellen.

Ebenfalls anhand von Daten aus dem Baseball untersucht Krautman (1990) die zeitliche Entwicklung der Performance von Spielern, die in den Jahren 1976–1983 einen Vertrag mit mindestens fünfjähriger Laufzeit unterzeichnet haben, und vergleicht deren Leistungen vor und nach Vertragsabschluss. Er unterstellt zunächst, dass ein Leistungsrückgang nach Abschluss eines langfristigen Vertrages keineswegs Ausdruck von „shirking" sein muss: Ein Vorstand bzw. Team-Eigner werde c.p. dann ein ausgeprägtes Interesse an der langfristigen Bindung eines Spielers haben, wenn dieser eine besonders gute Saison absolviert hat. Da eine überdurchschnittliche Performance nicht jederzeit wiederholbar ist, sei zumindest für die erste Saison nach Vertragsabschluss damit zu rechnen, dass sich die Leistung im Bereich des langjährigen Durchschnittswertes des Spielers einpendeln wird.[7] Dies sollte keineswegs als ein durch den Vertragsabschluss induzierter

Rückgang der Leistungsbereitschaft interpretiert werden, sondern als Ausdruck unvermeidbarer stochastischer Schwankungen der Athleten-Performance. Von den in der Stichprobe enthaltenen 110 Spielern weisen jeweils rund 60 % sowohl im letzten Jahr der Laufzeit des alten als auch im ersten Jahr des neuen Vertrages eine über ihrem eigenen langjährigen Durchschnitt liegende Performance auf, während umgekehrt knapp 40 % eine unterdurchschnittliche Leistung abliefern – ein Befund, den Krautman als kompatibel mit seiner „Zufallshypothese“ ansieht.

Auch Maxcy (1997) verwendet Individualdaten aus dem Baseball, und zwar für die Jahre 1986–1993. Der Umfang der den Modellschätzungen zugrundeliegenden Stichproben beträgt je nach Spezifikation zwischen 900 und 2.300 „Spielerjahren“. Er kommt zu dem Ergebnis, dass der Einfluss eines zunehmenden Lebensalters und des damit einhergehenden Rückgangs der körperlichen Leistungs**fähigkeit** von erheblich größerer Bedeutung für die im Laufe der Jahre rückläufige individuelle Performance ist als eine nachlassende Leistungs**bereitschaft**: Zum einen zeigt sich, dass die individuelle Performance unabhängig von der Vertragslaufzeit bei Angriffsspielern ab dem 27. Lebensjahr, bei Verteidigern ab dem 24. Lebensjahr zurückgeht, und zum anderen hat die „Restvertragslaufzeit“ in lediglich vier der insgesamt 32 Modellschätzungen den postulierten statistisch signifikanten Einfluss auf die Spielerleistung. Maxcy interpretiert seine Ergebnisse als ein Indiz dafür, dass von einer besonderen Motivation angesichts eines in Kürze auslaufenden Vertrages ebenso wenig die Rede sein kann wie von „Shirking“ im Anschluss an die Unterzeichnung eines langfristigen Vertrages.

Unter Verwendung einer Stichprobe von 3.863 Baseballprofis (Erhebungszeitraum 1987–1993) vergleichen Fort und Maxcy (1998) die Performance von Spielern, deren Mehrjahreskontrakte am Ende der Saison auslaufen, mit der ansonsten gleicher Spieler, deren Vertragsende weiter in der Zukunft liegt. Sie stellen fest, dass die beobachtbaren Schwankungen in der individuellen Performance zwischen der jeweils letzten und vorletzten Saison nicht zwischen den beiden Spielergruppen differiert, d.h. dass sich diejenigen, für die Vertragsverhandlungen anstehen, keineswegs „mehr anstrengen“ als diejenigen, die noch über eine Restvertragslaufzeit von mehreren Jahren verfügen. Zugleich weisen sie nach, dass Spieler, die den größten Anreiz haben sollten, sich besonders anzustrengen (solche mit Kurzfristverträgen für lediglich eine Saison), eine rückläufige Performance an den Tag legen. Dieser zunächst kontra-intuitive Befund lässt sich im Wesentlichen mit der bimodalen Altersverteilung der Spieler mit Einjahresverträgen erklären: Ältere Spieler, bei denen der Verein mit einem Nachlassen der physischen Leistungsfähigkeit rechnet, werden ebenso keine längerfristigen Verträge mehr erhalten wie jüngere, bei denen die Ungewissheit über das Potential noch vergleichsweise groß ist. In dem Maße, wie es den Vereinen gelingt, aus dem Pool an Nachwuchsspielern die besonders leistungsfähigen auszuwählen, wird die durchschnittliche Performance der Übrigen sukzessive schlechter werden, d.h. bei der beobachtbaren Performance-Verschlechterung im Teilsample der Spieler mit Kurzfristverträgen handelt es sich um das Ergebnis eines Selektionsprozesses – und eben nicht um eine bewusste und strategisch eingesetzte Variation der individuellen Leistung.

Unter Verwendung von Individualdaten der zwischen 1986 und 1991 von einem der damals 28 Teams der National Football League verpflichteten „Rookies“ (n = 1.873 von insgesamt 2.016) geht Conlin (1999) der Frage nach, ob die Nachwuchsspieler durch den

Zeitpunkt der Unterzeichnung ihres ersten Profivertrages private Informationen hinsichtlich ihrer Leistungsfähigkeit offenbaren: In der NFL darf ein Spieler nur dann an dem der Saison zeitlich vorgelagerten Training des an ihm interessierten Teams teilnehmen, wenn er zuvor einen Vertrag unterzeichnet hat. Zögert er aus strategischen Gründen die Vertragsunterzeichnung hinaus, so verpasst er den Beginn des Trainingslagers, was seine Chancen erheblich mindert, am Ende zu jenen 45 Spielern zu gehören, die in den endgültigen Kader aufgenommen werden. Aus diesem Grund werden nur solche Spieler die Vertragsunterzeichnung hinauszögern, die über „positive" private Informationen verfügen, d.h. die von sich selbst annehmen, auch dann noch zu den letztlich erfolgreichen Athleten zu gehören, wenn sie einen Teil des Trainingslagers versäumen. Anhand entsprechender Modellschätzungen weist Conlin nach, dass Spieler, die erst nach Beginn des offiziellen Trainings zu ihrer Mannschaft stoßen, c.p. mehr verdienen und in den anschließenden Spielzeiten signifikant häufiger in der Startformation auflaufen als jene, die ihre Verträge bereits vor dem offiziellen Beginn des Trainings unterzeichnen. Auch im Hinblick auf das Verhältnis von garantiertem Handgeld und nicht-garantiertem Jahresgehalt unterscheiden sich die „Frühunterzeichner" deutlich von den „Spätunterzeichnern": Für letztere wird von Seiten des Vereins ein signifikant niedrigerer Anteil des Gehaltes garantiert. Auffallend – weil in einem offenkundigen Widerspruch zu den bislang zitierten Ergebnissen – ist allerdings der Befund, dass sich die beiden „Spielertypen" im Hinblick auf die Wahl der Vertragsdauer nicht signifikant voneinander unterscheiden.

Gramm und Schnell (1994, 1997) schließlich verwenden ein gänzlich anders geartetes Performancemaß als die bislang zitierten Untersuchungen, nämlich die Beteiligung am Spielerstreik in der NFL in der Saison 1987/88, bei dem es der zuständigen Gewerkschaft um die Verbesserung der Verhandlungssituation von „Free Agents" ging. Unter Verwendung entsprechender Angaben von 1.106 der vertraglich gebundenen 1.260 Spieler kommen sie zu dem Ergebnis, dass die Bereitschaft zur Teilnahme am Streik c.p. umso geringer gewesen ist, je länger die Laufzeit des individuellen Spielervertrages war. Sie erklären ihren Befund damit, dass Spieler mit mehrjährigen Verträgen aufgrund der im Durchschnitt recht kurzen Karrieren in dieser Sportart[8] damit rechnen mussten, nicht (mehr) in den Genuss der tarifvertraglich vereinbarten Neuerungen zu kommen, und deshalb ein Interesse an einer regulären Durchführung der „Regular Season Games" hatten (bei streikbedingter Absage einer Begegnung erhalten die Spieler grundsätzlich kein Geld; einen gewerkschaftlichen Streikfonds gibt es nicht). Mit anderen Worten: Unter bestimmten Bedingungen werden sich Spieler mit langfristigen Verträgen sogar besonders loyal verhalten, wenn auch aus eher egoistischen Motiven.

Die bislang einzige Untersuchung, die Daten aus einer anderen Sportart als dem Baseball und dem Football verwendet, ist die von Frick und Prinz (2001), die den Einfluss langfristiger Verträge auf die Spielerperformance bzw. deren zeitliche Veränderung anhand entsprechender Daten aus der „National Basketball Association" (NBA, Zeitraum: 1990/91–1999/2000) untersuchen. Die Analyse basiert auf folgenden Annahmen: Wenn „Shirking" überhaupt auftritt, dann mit großer Wahrscheinlichkeit im ersten Jahr der Laufzeit des neuen Vertrages, welches für spätere Verhandlungen vergleichsweise unbedeutend sein dürfte. Umgekehrt müsste im letzten Jahr vor dem Auslaufen eines Vertrages die Performance besonders gut sein, weil der Spieler dann den größten Anreiz hat, seine Verhandlungsposition zu stärken, indem er durch herausragende Leistungen auf sich aufmerksam macht. Wenn aber statt dessen die vergleichsweise guten Kontrollmöglichkeiten seitens des Vereinsmanagements und/oder Reputationsüberlegungen seitens der Spieler nachvertraglichen Opportunismus mehr oder weniger ausschließen, dann sollte der geschätzte Vertragsdauerkoeffizient nicht signifikant von null verschieden sein.

Aufgrund der Überlegung, dass die Spielzeit, die dem Vertragsabschluß unmittelbar vorausgeht, und die, welche ihm folgt, auf die Performance einen erheblich größeren Einfluss ausüben dürften als die übrigen Jahre, ist zudem zu vermuten, dass die individuelle Performance mit abnehmender Restvertragslaufzeit zunimmt. Wie die Modellschätzungen zeigen, ist dies jedoch keineswegs der Fall, denn eine längere Restvertragslaufzeit hat unter sonst gleichen Bedingungen einen die Spielerperformance **steigernden** Einfluss: Bei einer um ein Jahr längeren vertraglichen Bindung liegt die Veränderungsrate der „Scoring-Performance" (die Zahl der pro Minute erzielten Punkte) c.p. um 0,9 Prozentpunkte höher, d.h. das langfristige Verträge offenkundig eine motivationsfördernde Wirkung haben. Zusammen mit dem aus einer Parallelstudie bekannten Befund, dass Entgelte und Vertragslaufzeiten positiv korreliert sind (vgl. Frick und Prinz 2000), deutet dies darauf hin, dass unter bestimmten Bedingungen eine weitgehende Interessenangleichung von Prinzipal und Agent vergleichsweise einfach herzustellen ist. Offenbar wirken im vorliegenden Kontext sowohl die dem Management zur Verfügung stehenden Kontrollmöglichkeiten als auch die Reputationsüberlegungen der Spieler dem systematischen Auftreten opportunistischen Verhaltens entgegen. Nicht zuletzt durch die Wahl geeigneter Laufzeit-Entgelt-Kombinationen können die Vereine sicherstellen, dass die Athleten praktisch durchgehend an der Obergrenze ihrer individuellen Leistungsmöglichkeiten spielen. Damit lässt sich das Principal-Agent-Problem zwar nicht überwinden, aber doch erheblich „entschärfen".

Zusammenfassend bleibt festzuhalten, dass keine der zitierten Untersuchungen einen durch die Vertragslaufzeit bedingten Rückgang in den jeweils untersuchten Performance-Parametern nachweisen kann (von der Zunahme verletzungsbedingter Ausfälle nach dem Abschluss längerfristiger Verträge abgesehen), was zumindest auf den ersten Blick für eine Bestätigung der Vermutung spricht, unter den für den professionellen Team-Sport charakteristischen Bedingungen sei nicht mit einer strategischen Leistungszurückhaltung zu rechnen. Ein solcher Schluss ist jedoch möglicherweise vorschnell, denn die „Fixierung" auf die individuellen Vertragslaufzeiten zur empirischen Analyse von nachvertraglichem Opportunismus ist u.E. nicht ganz unproblematisch: Zum einen stellen die verfügbaren Untersuchungen ausschließlich auf die individuellen Verhaltensfolgen langfristiger Verträge ab, ohne jedoch deren Konsequenzen für die Team-Performance zu thematisieren, und zum anderen ist es ausgesprochen schwierig, im Rahmen des üblicherweise gewählten Untersuchungsdesigns „moral hazard" überhaupt aufdecken zu können:

> „If all who are under contract negotiation act opportunistically at the same time, the result is no net change in performance in equilibrium. Established performers with long-term contracts up for negotiation all bump up their performance levels, but off-set each other in equilibrium. Thus, it would be impossible to capture any such effect in the observed data" (Fort und Maxcy 1998, S. 1).

Aus diesem Grund stehen in der folgenden empirischen Analyse nicht die individuellen Vertragslaufzeiten, sondern die von den Teams vorab an die Spieler gezahlten Handgelder im Mittelpunkt des Interesses. Da die Handgelder über einen möglichst langen Zeitraum hinweg „gestreckt" werden müssen, um die von der Ligaorganisation vorgegebenen und vergleichsweise restriktiven Gehaltsobergrenzen umgehen zu können, begeben sich die Teams in eine „Hold-up-Situation", in der sie mangels entsprechender institutioneller Vorkehrungen durch die Spieler „ausgebeutet" werden können.

C. Die (problematischen) Verhaltensfolgen garantierter „Vorabzahlungen"

Seit der Veröffentlichung der mittlerweile zum „Klassiker" der Sportökonomie avancierten Arbeit von Neale (1964) werden die in allen professionell betriebenen Mannschaftssportarten zu beobachtenden Versuche, den Produkt- wie den Arbeitsmarkt mehr oder weniger umfassend zu regulieren, mit den Spezifika der Branche begründet: Unter der Annahme, dass die relative Spielstärke einer Mannschaft stets ein „Gemeinschaftsprodukt" aller Vereine der jeweiligen Liga ist, komme es im Rahmen des „Meisterschaftsrennens" zu negativen externen Effekten, zu deren Internalisierung die um die Maximierung ihres sportlichen Erfolges bemühten Vereine nicht bereit seien (vgl. dazu u.a. Canes 1974; Daly 1992; Franck 1995, 1999; Franck und Müller 2000; kritisch dazu Fort und Quirk 1995): Je größer die rangabhängigen Erlössprünge bei einer Reduzierung der Ordnungskennziffer des Tabellenplatzes (z.B. aufgrund der Qualifikation für einen internationalen Pokalwettbewerb), desto eher komme es zu einer „Überproduktion" von Spielstärke, die nur durch exogene Eingriffe, z.B. seitens eines entsprechend legitimierten Dachverbandes, zu begrenzen sei. Mit anderen Worten: Das rationale Verhalten der Team-Verantwortlichen begründet ein „Investitionsdilemma", welches letztlich zu einer kollektiven Selbstschädigung führt. Selbst die Einsicht, dass sich alle Wettbewerber besser stellen würden, wenn sie sich in ihrem individuell rationalen Investitionsverhalten beschränkten, stellt noch keineswegs sicher, dass sie dies auch tatsächlich tun werden, denn eine glaubwürdige Selbstbindung, auf Investitionen in Spielstärke zu verzichten, ist ohne eine mit nennenswerten Sanktionsvollmachten ausgestattete Kontrollinstanz nicht zu erwarten.[9] Aus diesem Grund – so die Annahme – sind exogene Eingriffe in die Funktionsweise des Produkt- wie des Arbeitsmarktes erforderlich, um das aus der Ranginterdependenz von Positionswettkämpfen resultierende Problem einer für alle Beteiligten schädlichen „ruinösen Konkurrenz" lösen zu können.[10]

Zu den zum Zweck der Regulierung des Arbeitsmarktes eingesetzten Instrumenten gehören neben der Verteilung des Rechtes, exklusiv mit einem Nachwuchsspieler zu verhandeln („Rookie Draft")[11] und alternativen Regeln der Spielerbindung („Reserve/Option Clauses")[12] sogenannte „Gehaltsobergrenzen" oder „Salary Caps"[13]. Die Festlegung einer solchen Grenze erschwert die Steigerung der Spielstärke bei jenen Teams, die bereits in der Nähe derselben operieren: Zusätzliche Spieler können nur dann verpflichtet werden, wenn zuvor andere Spieler abgegeben wurden, weil jede Neuverpflichtung zunächst die Einsparung der entsprechenden Gehaltssumme voraussetzt. In der NFL haben sich Ligaorganisation, Team-Eigner und Spielergewerkschaft im Herbst 1993 nach langen Verhandlungen auf die Einführung einer verbindlichen Gehaltsobergrenze geeinigt, die mit Beginn der Saison 1994 in Kraft trat und seitdem jährlich angepasst wird. Die Vereinbarung sieht vor, dass maximal 64 % der Bruttoeinnahmen der Liga als Gehälter an die Spieler ausgeschüttet werden dürfen, was wiederum auch die „armen Kleinstadt-Teams“ in die Lage versetzen soll, leistungsstarke Spieler zu verpflichten.[14]

Die Einführung eines wie auch immer gearteten Cap impliziert – ungeachtet anders lautender Beteuerungen – keineswegs, dass diese Regelung tatsächlich im Sinne aller Beteiligten, d.h. auch und gerade der Spieler, ist. Da es sich hierbei um ein funktionales Äquivalent zu den mittlerweile vielfach als unzulässig erklärten Bindungsklauseln handelt, die den Spielern einen für sie attraktiven Vereinswechsel erschweren (sollen), stellen Gehaltsobergrenzen letztlich nur ein Umverteilungsinstrument dar, dass vermutlich weniger der Erreichung der propagierten Ziele dient, sondern stattdessen den Vereinen die Möglichkeit einräumt, die Spieler unterhalb ihrer Wertgrenzprodukte zu entlohnen.[15]

Dessen ungeachtet hat sich in weiten Teilen der einschlägigen Literatur mittlerweile die Einschätzung durchgesetzt, dass

> „. . . an enforceable salary cap is the only one of the cross-subsidization schemes currently in use that can be expected to accomplish this (maintaining financial viability for teams located in weak-drawing markets, d.V.) while improving competitive balance in a league. But there are important enforcement problems with a cap because teams are led to choices that fail to maximize revenues“ (Fort und Quirk 1995, S. 1296).

Dieser Position, der auch und gerade Vereins- und Verbandsvertreter in aller Regel begeistert zustimmen (so hat beispielsweise der Vorsitzende des Deutschen Fußball-Bundes, Gerhard Meyer-Vorfelder, vor kurzem mit einer ähnlichen Begründung europaweite (!) Gehaltsobergrenzen für den Profi-Fußball gefordert), widerspricht beispielsweise Vrooman (2000, S. 374):

> „The imposition of a payroll cap effectively eliminates increasing marginal cost of talent from the profit maximization calculus, and thereby allows the teams of the league to collusively behave as the revenue maximizing firm. As a result, the capping of team payrolls ironically promotes competitive imbalance within the league“.[16]

Vor diesem Hintergrund wollen wir uns im Folgenden auf eine empirische Analyse der Verhaltensfolgen der in der NFL praktizierten Regelung konzentrieren und dabei der Frage nachgehen, inwiefern diese die Anreizstrukturen nicht nur der Teameigner, sondern auch der Spieler beeinflusst.

Im Gegensatz zur NBA, deren Salary Cap aufgrund einer Vielzahl von Ausnahmetatbeständen im Allgemeinen als „weich“ bezeichnet wird, gilt die seit 1994 in der NFL praktizierte Regelung aufgrund einer sehr viel geringeren Zahl an Umgehungsmöglichkeiten als sehr restriktiv. Ob die Einhaltung der Bestimmungen allerdings deshalb eher gewährleistet werden kann, ist fraglich, denn wie auch in der NBA wendet die Mehrzahl (zwischen 16 und 28) der zuletzt 30 Teams erheblich mehr für Spielergehälter auf, als vor dem Hintergrund des Salary Cap zulässig wäre (vgl. Tabelle 1).[14] Im Gegensatz zur NBA, für die keine zuverlässigen Gehaltsangaben für die Zeit vor der Einführung des Cap vorliegen, veröffentlicht die Spielergewerkschaft der NFL-Profis seit 1981 lückenlos die Team-Gehaltssummen sowie deren Verteilung auf Grundgehälter, Handgelder und sonstige Bonuszahlungen, so dass ein Vergleich der Streuung der Team-Gehaltssummen für die Zeit

Tab. 1: Die Entwicklung des Cap und der tatsächlichen Teamgehaltssummen in der NFL (1988–1999)

Saison	Salary Cap in Mio. $	Zunahme (in%)	Tatsächliche Teamgehaltssumme			
			Ø	Min.	Max.	Teams über Cap
1988	–	–	14,6	10,0	20,2	–
1989	–	–	17,1	12,4	21,8	–
1990	–	–	20,2	13,3	30,7	–
1991	–	–	23,8	17,8	30,9	–
1992	–	–	27,8	19,5	35,2	–
1993	–	–	39,3	25,5	58,7	–
1994	34,6	–	36,6	31,1	42,9	18
1995	37,1	7,2	42,6	34,4	61,7	25
1996	40,7	9,7	45,6	36,0	57,5	23
1997	41,5	2,0	43,6	34,4	61,7	16
1998	52,4	26,3	61,4	51,2	79,4	28
1999	57,3	9,4	66,1	50,6	78,0	27

vor und nach dem In-Kraft-Treten des Cap ebenso möglich ist wie eine empirische Analyse etwaiger Veränderungen in der Zusammensetzung der Gehälter (wir konzentrieren uns im Folgenden auf die Daten der Jahre 1988–1999 um unseren Analysen einen gleich langen Zeitraum vor und nach dem In-Kraft-Treten der Regelung zugrundelegen zu können). Wie aus Tabelle 1 hervorgeht, hat der Cap – wie von seinen Befürwortern intendiert – tatsächlich eine Annäherung der Gehaltsaufwendungen der einzelnen Teams bewirkt (der Variationskoeffizient ist von rund 38 % in den Jahren 1988–1993 auf nur noch knapp 25 % in den Spielzeiten 1994–1999 zurückgegangen). Gleichzeitig ist zu beobachten, das die Teams die einzige nennenswerte Möglichkeit, den Cap zu umgehen, in zunehmendem Maße nutzen: Zahlen die Vereine den Spielern zum Zeitpunkt des Vertragsabschlusses ein so genanntes „Handgeld", so wird dieses nur zu einem von der Laufzeit des jeweiligen Vertrages abhängigen Teil auf die jährliche Teamgehaltssumme angerechnet (bei einer Laufzeit von beispielsweise vier Jahren sind dies 25 % des „Signing Bonus"; bei einer Laufzeit von sechs Jahren dementsprechend nur 16,7 % – und das über einen Zeitraum von vier bzw. sechs Jahren).[15]

Tabelle 2 dokumentiert die Verhaltensänderungen auf Seiten der Teams: Betrug der Anteil der Handgelder an den gesamten Gehaltsaufwendungen in den Jahren 1988–1993 noch durchschnittlich 15 %, so stieg dieser Wert 1994 auf zunächst 27 % und ein Jahr später auf 37 % an. Mittlerweile haben die Handgeldzahlungen quantitativ die gleiche Bedeutung erlangt wie die (im Allgemeinen nicht-garantierten) Grundgehälter. Während erstere grundsätzlich gezahlt werden (müssen), erhält ein Spieler nur dann sein vertraglich vereinbartes Grundgehalt, wenn er auch tatsächlich mindestens auf der Ersatzbank sitzt. Im Fall einer Verletzung oder einer Nichtberücksichtigung durch den Trainer hat die überwiegende Mehrheit der Spieler in der NFL keinerlei Anspruch auf Bezahlung.

Vor diesem Hintergrund stellt sich die Frage, ob bzw. inwiefern der (relative) Rückgang der leistungsabhängigen und nicht-garantierten Grundgehälter zugunsten leistungsunab-

Tab. 2: Die Entwicklung der Grundgehälter und Handgelder in der NFL*

Saison	Grundgehälter		Handgelder		Gehälter insgesamt
	in Mio. $	in%	in Mio. $	in%	in Mio. $
1988	341,6	83,7	48,3	11,8	408,2
1989	377,0	78,8	81,9	17,1	478,2
1990	453,8	80,4	82,6	14,6	564,5
1991	532,2	79,8	101,9	15,3	667,3
1992	629,1	81,0	107,4	13,8	777,0
1993	854,4	77,6	183,7	16,7	1.101,3
1994	714,1	69,7	277,3	27,1	1.024,7
1995	752,2	58,9	466,8	36,6	1.276,7
1996	751,3	54,8	553,6	40,4	1.370,8
1997	711,7	54,4	522,0	39,9	1.307,4
1998	910,4	49,4	839,0	45,5	1.843,3
1999	968,2	47,3	952,4	46,5	2.048,7

* Aggregierte Ausgaben aller NFL-Teams. Bis 1994 einschließlich spielte die Liga mit 28 Teams, seit 1995 mit 30. An 100 fehlende Werte entfallen auf weitere (performanceabhängige) Bonuszahlungen.

hängiger und garantierter „Vorabzahlungen" zu aus der Sicht der Vereine nachteiligen Verhaltensänderungen auf Seiten der Spieler geführt hat. Das zu schätzende Modell hat folgende allgemeine Form:[16]

$$SQ = \alpha_0 + \alpha_1 \text{ AHG} + \alpha_2 \text{ ASB} + \alpha_3 \text{ TGS} + \alpha_4 \text{ AES} + \alpha_5 \text{ UMZ} + \alpha_6 \text{ NEU} + \alpha_7 \Sigma\text{TD} + \alpha_8 \Sigma\text{JD} + \varepsilon$$

wobei SQ: Siegquote (Anzahl der gewonnen an den absolvierten „Regular Season Games"),
AHG: Anteil der Handgelder (in % der Team-Gehaltssumme),
ASB: Anteil sonstiger Bonuszahlungen (in % der Team-Gehaltssumme),
TGS: natürlicher Logarithmus der jährlichen Team-Gehaltssumme (in Mio. US$),
AES: Anzahl der im Laufe einer Saison eingesetzten Spieler,
UMZ: Umzug des Teams vor Saisonbeginn in eine andere Stadt (0 = nein; 1 = ja),
NEU: neues Team in den ersten beiden Jahren der Ligazugehörigkeit (0 = nein; 1 = ja),
TD: Vektor von Team-Dummys (Referenz-Team: Atlanta Falcons),
JD: Vektor von Jahres-Dummys.

Tabelle 3 enthält die Ergebnisse einer Fixed Effects-Schätzung des Modells für den gesamten Untersuchungszeitraum sowie getrennt für die beiden Perioden vor und nach der Einführung des Salary Cap.[17] Zunächst wird der aus einer größeren Zahl an empirischen Analysen bekannte Befund bestätigt, dass Gehaltsaufwendungen und sportlicher Erfolg positiv korreliert sind (vgl. u.a. Szymanski 2001 sowie den Beitrag von Forrest und Simmons in diesem Band), d.h. dass die Höhe der Spielergehälter sowohl über den gesamten Untersuchungszeitraum hinweg als auch in den beiden Subperioden einen die Team-Performance steigernden Einfluss hat. Ausweislich unserer Modellschätzungen hatte eine Zunahme der logarithmierten Team-Gehaltssumme um zwei Standardabweichungen in den Jahren 1988–1999 unter sonst gleichen Bedingungen eine Steigerung der Siegquote um rund 8 % zur Folge (was – gegeben die Zahl der in der Hauptsaison zu absolvierenden 16 Pflichtbegegnungen – rechnerisch etwa einem zusätzlich gewonnenen Spielen entspricht). Da ein zusätzlicher Sieg – der definitionsgemäß zu Lasten eines der konkurrierenden Teams geht – für die Mannschaften im Mittelfeld der Liga darüber entscheidet, ob sie sich für die lukrativen „Play-offs" qualifizieren oder nicht, ist eine Steigerung der Team-Gehaltssumme im Einzelfall also durchaus begründbar.[18]

Für die Fragestellung des vorliegenden Beitrags von ungleich größerer Bedeutung sind die Koeffizienten der beiden Anreizvariablen. Während der Anteil der „sonstigen" Bonuszahlungen (ASB) im Hinblick auf die Team-Performance sowohl unter statistischen als auch unter ökonomischen Gesichtspunkten bedeutungslos ist (der entsprechende Koeffizient ist weder in der Schätzung für die Gesamtperiode, noch bei einer differenzierenden Analyse der beiden Teilperioden statistisch gegen null gesichert), hat der Anteil der Handgelder (AHG) einen offenbar entscheidenden Einfluss auf den sportlichen Erfolg – und zwar nicht während des gesamten Untersuchungszeitraumes, sondern erst seit der Einführung des Salary Cap.

Über die gesamte Untersuchungsperiode hinweg betrachtet bewirkt eine Zunahme des Handgeldanteils an den Spielergehältern um 10 Prozentpunkte eine Verschlechterung der Team-Performance um knapp 5 %, d.h. fast eine zusätzliche Niederlage. Während sich dieser Einfluss für die Jahre 1988–1993 (Zeitraum vor der Einführung des Salary Cap) nicht nachweisen lässt (der entsprechende Koeffizient ist nicht signifikant von null verschieden), ist er in den Jahren 1994–1999 sowohl statistisch signifikant als auch ökonomisch relevant: Unter sonst gleichen Bedingungen geht eine Zunahme des Anteils der Handgeldzahlungen um 10 Prozentpunkte mit einer um fast 10 % schlechteren sportlichen Performance (durchschnittlich 1,5 zusätzlichen Niederlagen) einher.

Mit anderen Worten: Um den aus der Sicht der Team-Eigner nachteiligen Einfluss der Handgelder kompensieren zu können, ist es erforderlich, die Aufwendungen für Spielergehälter zu erhöhen. Letzteres wiederum wird oftmals dadurch erschwert, dass die Gesamtsumme bereits nahe an der zulässigen Höchstgrenze ist.

Unter diesen Bedingungen ist eine weitere Steigerung der dem sportlichen Erfolg zuträglichen Team-Gehaltssumme nur dann möglich, wenn die Verantwortlichen dazu übergehen, längerfristige Verträge mit den Spielern abzuschließen, weil der pro Jahr auf die Team-Gehaltssumme anzurechnende Teil des Handgeldes auf diese Art und Weise reduziert werden kann. Dieser Strategie sind allerdings schon allein deshalb Grenzen gesetzt, weil die vergleichsweise hohen Invaliditätsrisiken auf Seiten der Spieler das Interesse der Vereine an Mehrjahresverträgen selbst dann begrenzen dürften, wenn die Gehälter nicht garantiert sind, sondern nur für den Fall gezahlt werden müssen, dass ein Spieler auch tatsächlich zum Einsatz kommt. Außerdem steigt dadurch der Anteil der problematischen Handgelder weiter.

Dass die Team-Eigner die jeweils geltenden Bestimmungen zu umgehen versuchen, wenn sie sich einen Vorteil davon versprechen, ist sicherlich weniger überraschend als die Tatsache, dass die einzige zulässige Umgehungsstrategie mit offenbar nennenswerten Kosten verbunden ist: In dem Bestreben, (weitere) leistungsstarke Spieler zu verpflichten, sieht sich ein mehr oder weniger großer Teil der Team-Eigner zu Beginn einer jeden Saison mit dem Problem konfrontiert, dass die vorgesehenen Gehaltszahlungen die aktuelle Höchstgrenze übersteigen. Zwar lassen sich die einschlägigen Bestimmungen durch die

Tab. 3: Der Einfluss von Handgeldzahlungen auf die Team-Performance in der NFL (abhängige Variable: Siegquote)#

Variable	B	SE B	T	p
		Untersuchungsperiode 1988–1999		
AHG	–0.0048	0.0013	–3,54	***
ASB	–0.0027	0.0039	–0,70	+
TGS	0.4240	0.0784	5,41	***
AES	–0.0202	0.0031	–6,53	***
UMZ	0.0094	0.0557	0,17	+
NEU	–0.1737	0.0982	–1,77	*
Team-Dummys		Ja		
Zeit-Dummys		Ja		
CONST	–2.5928	0.7277	–3,56	***
$R^2 * 100$		33,7		
F-Wert		16,3		
N of Cases		347		
		Untersuchungsperiode 1988–1993		
AHG	0.0019	0.0023	0,82	+
ASB	–0.0008	0.0074	–0,11	+
TGS	0.3236	0.1197	2,70	***
AES	–0.0202	0.0047	–4,26	***
UMZ	0.042	0.0739	0,57	+
NEU	–	–	–	
Team-Dummys		Ja		
Zeit-Dummys		Ja		
CONST	–1.7368	1.1389	–1,52	+
$R^2 * 100$		47,7		
F-Wert		5,3		
N of Cases		168		
		Untersuchungsperiode 1994–1999		
AHG	–0.0096	0.0027	–3,45	***
ASB	0.0043	0.0058	0,74	+
TGS	0.7200	0.2097	3,43	***
AES	–0.0197	0.0042	–4,59	***
UMZ	0.0109	0.0647	0,17	+
NEU	–0.2010	0.1087	–1,85	*
Team-Dummys		Ja		
Zeit-Dummys		Ja		
CONST	–5.7605	2.0618	–2,79	***
$R^2 * 100$		41,8		
F-Wert		5,6		
N of Cases		179		

+ nicht signifikant; * $p < .10$; ** $p < .05$; *** $p < .01$
# robuste T-Werte nach White; Koeffizienten der Team-Dummys auf Anfrage erhältlich.

Zahlung von Handgeldern und den Abschluss längerfristiger Verträge umgehen, doch liefern sich die Vereine damit den Spielern aus – mit den prognostizierbaren Konsequenzen für die individuelle wie die Team-Performance. Die Tatsache, dass die für die Verpflichtung von Spielern verantwortlichen Personen an der grundsätzlich zulässigen Umgehungsstrategie festhalten, obwohl diese im Einzelfall mit durchaus erheblichen Kosten verbunden sein kann, legt den Schluss nahe, dass die Vereine von dem nachweisbaren opportunistischem Verhalten der Spieler nicht nur nicht überrascht sind, sondern dieses offenbar als einen unvermeidbaren Bestandteil der „User Costs of Labor" interpretieren. Sofern langfristige Verträge mit hohen Handgeldzahlungen primär mit erfahrenen bzw. „verdienten" Spielern abgeschlossen werden, deren Performance in der Vergangenheit vergleichsweise geringen Schwankungen unterworfen war, profitiert nicht nur der Spieler, sondern auch der Verein, der mit Hilfe eines derartigen „Risikomanagements" die produktivsten Spielernicht nur langfristig binden, sondern zugleich auch dem Zugriff konkurrierender Teams entziehen kann – was wiederum insbesondere für die finanzkräftigeren Teams durchaus ein Grund sein kann, die negativen Folgen eines vermehrten Einsatzes von Handgeldern hinzunehmen.

D. Fazit und Implikationen

Im Gegensatz zu den bislang vorliegenden Untersuchungen, die sich zur Beantwortung der Frage, ob bei professionellen Mannschaftssportlern nach dem Abschluss längerfristiger Verträge mit opportunistischem Verhalten zu rechnen sei, auf die Analyse von Performanceschwankungen in Abhängigkeit von der Vertragslaufzeit konzentrieren, rückt unsere Analyse die von vielen Teams zum Zeitpunkt des Vertragsabschlusses an die Spieler gezahlten Handgelder in den Mittelpunkt. Angesichts der Tatsache, dass diese „Vorabzahlungen" grundsätzlich an der vergangenen – und eben nicht an der zukünftigen – Performance orientiert sind, ist davon auszugehen, dass der Anreiz eines Spielers, sich nach dem Abschluss eines entsprechenden Vertrages opportunistisch zu verhalten, mit dem Anteil des Handgeldes an der Entlohnung zunehmen wird. Da die Handgelder in dem von uns untersuchten Fall – der nordamerikanischen NFL – zudem über einen möglichst langen Zeitraum hinweg „gestreckt" werden müssen, um die von der Ligaorganisation vorgegebenen und vergleichsweise restriktiven Gehaltsobergrenzen umgehen zu können, begeben sich die Teams in eine „Hold-up-Situation", in der sie mangels entsprechender institutioneller Vorkehrungen durch die Spieler „ausgebeutet" werden können.

Unsere empirische Analyse der Auswirkungen der seit 1994 in der NFL geltenden Gehaltsobergrenze bestätigt unsere Vermutung insofern, als ein zunehmender Handgeldanteil an der Teamgehaltssumme unter sonst gleichen Bedingungen mit einer signifikant schlechteren sportlichen Performance einhergeht. Dieser Befund widerlegt nicht nur die bislang verfügbaren Untersuchungen, die eine wie auch immer geartete strategische Leistungszurückhaltung durch professionelle Mannschaftssportler ausschließen, sondern stützt indirekt zugleich diejenigen, die sich von der Einführung einer Gehaltsobergrenze eine insgesamt ausgeglichenere Liga versprechen. Dies wird jedoch ausweislich der Befunde unserer Modellschätzungen nur dann eintreten, wenn die zuständige Regulierungsinstanz die Zahlung von Handgeldern als legale Umgehungsmöglichkeit des Cap vorsieht.

In diesem Fall ist damit zu rechnen, dass Teams, die mit ihren Gehaltszahlungen knapp unterhalb der zulässigen Höchstgrenze liegen, ihre Siegquote durch eine Erhöhung des Handgeldanteils zu steigern versuchen, was jedoch angesichts der für die Teams nachteiligen Verhaltensänderungen auf Seiten der Spieler höchst unwahrscheinlich ist.

In der NFL wird das Regulierungsziel tatsächlich erreicht – aber gerade nicht, weil die Teameigner die Gehaltsobergrenze als bindend ansehen, sondern weil sie sie zu umgehen versuchen. Es bleibt jedoch zu fragen, ob das erklärte Ziel der Regulierung – die Angleichung der Spielstärke der einzelnen Teams – tatsächlich sinnvoll ist und ob es nicht möglicherweise auf einem anderen Weg effizienter erreicht werden kann. Der durch den erhöhten Handgeldeinsatz provozierte Spieleropportunismus stellt zweifellos eine spezifische Form der Ressourcenverschwendung dar, die durch direkte Umverteilungsmaßnahmen zwischen den Teams oder auch zwischen den Teams und den Spielern vermieden werden könnte.

Anmerkungen

1 Vgl. mit entsprechenden Nachweisen für den Baseball nach dem Verbot der „Reserve Clause“ Kahn (1993); zu den Inhalten und Auswirkungen des „Bosman-Urteils“ vgl. Frick und Wagner (1996). Zu den Spielergehältern und deren Determinanten am Beispiel der Fußball-Bundesliga vgl. Lehmann und Weigand (1999), zu den Laufzeiten der Spielerverträge vgl. den Beitrag von Hübl und Swieter in diesem Band.

2 Unter „Institutionen“ verstehen wir dabei Systeme von formalen und informellen Regeln und Normen einschließlich der Instrumente zu ihrer Durchsetzung (vgl. Richter 1998; Richter und Furubotn 1996).

3 Wir danken Rod Fort (Washington State University at Pullman), der das Datenmaterial aufbereitet und auf seiner Webseite zur Nutzung freigegeben hat (http://user/pullman.com/rodfort/SportsBusiness).

4 Zum grundsätzlichen Gedanken der „Regression to the Mean“ und seiner Formalisierung vgl. Lazear (2001).

5 Diese beträgt nur etwas mehr als vier Spielzeiten; vgl. dazu sowie zu den Determinanten der Karrieredauer Atkinson und Tschirhardt (1986).

6 Die Regulierung des Spielermarktes wird darüber hinaus damit begründet, dass Vereine, die in die Ausbildung von Nachwuchsspielern investierten, für ihre Aufwendungen kompensiert werden müssten (vgl. dazu den Beitrag von Schellhaaß und May in diesem Heft).

7 Maßnahmen zur Regulierung des Produktmarktes sind beispielsweise fixe Schemata zur Aufteilung der Einnahmen aus den jeweiligen Spielen zwischen Heim- und Gastmannschaft sowie die zentrale Vermarktung der Fernsehübertragungsrechte.

8 Vgl. hierzu die Befunde von Grier und Tollison (1994), die für die NFL nachweisen können, dass das „inverse order picking“ tatsächlich zu der beabsichtigten Angleichung der Spielstärke der Teams beiträgt. Die nahe liegende Vermutung, dass dieses Verfahren Anreize zum „strategischen Verlieren“ schafft – die ihrerseits die Integrität des sportlichen Wettbewerbs gefährden können – weisen Taylor und Trogdon (1999) für die NBA nach.

9 Die auf Rottenberg (1956) zurückgehende Überlegung, dass die Spieler unabhängig von der Existenz wie auch immer gearteter Bindungsregeln letztlich stets von den Vereinen verpflichtet werden, bei denen sie ihr maximales Wertgrenzprodukt realisieren (können), ist in einer Vielzahl an empirischen Untersuchungen getestet – und im Allgemeinen bestätigt – worden (vgl. zuletzt Hylan, Lage und Treglia 1996 sowie Cymrot, Dunlevy und Even 2001).

10 Auch der Produktmarkt in der NFL ist – gemessen an den übrigen Major Leagues – weitgehend reguliert (für eine vergleichende Darstellung siehe Vrooman 1995). So werden die Einnahmen aus jedem einzelnen Spiel im Verhältnis 60:40 zwischen Heim- und Gastmannschaft aufgeteilt und die Einnahmen aus der zentralen Vermarktung der Fernsehübertragungsrechte gehen zu glei-

chen Teilen an die einzelnen Teams, die lediglich die Einnahmen aus der Vermarktung der lokalen Übertragungsrechte vollständig einbehalten dürfen. Insgesamt werden rund 90 % der Gesamteinnahmen der Liga paritätisch aufgeteilt.

11 Interessanterweise beträgt der Anteil der Spielergehälter am Umsatz der Ligen nicht nur in den amerikanischen Major Leagues, sondern auch in den Fußball-Ligen in Westeuropa – in denen es keine Gehaltsbegrenzungen gibt – zwischen 58 % und 64 % (vgl. Kipker 2001, S. 178). Dieser Befund wiederum stützt die Vermutung Sheehans (1996, S. 216), dass „the most important determinant of salaries appears to be the league revenues, with players' ability to engage in unfettered salary negotiations a close second. Salaries have escalated when television revenues have increased; salaries have stagnated when television revenues have stagnated. Salaries are largely determined by revenues, and there is a de facto salary cap in all leagues based on the revenue into the league".

12 Ungeachtet der methodischen Schwierigkeiten, das Wertgrenzprodukt einzelner Mannschaftsspieler zu quantifizieren (vgl. erstmals Scully 1974; kritisch dazu MacDonald und Reynolds 1994, Krautman 1999), zeigen entsprechende empirische Untersuchungen beispielsweise für den professionellen Baseball in den USA, wo Spielerwechsel aufgrund der bis 1976 geltenden „Reserve Rule" von der expliziten Zustimmung des alten Vereins abhingen, dass die Spielergehälter Ende der sechziger und Anfang der siebziger Jahre nur zwischen 10 % und 50 % der Wertgrenzprodukte erreichten (vgl. Scully 1974, Medoff 1976). Mit der Einführung des „Free-Agent"-Status nahmen die Gehälter ganz erheblich zu: Während das Durchschnittseinkommen aller Spieler in den Jahren 1972–1976 um lediglich 50 % anstieg, betrug die Zunahme 1976–1980 beinahe 200 %. Bereits im ersten Jahr nach Inkrafttreten der neuen Bestimmungen lagen die Einkommen der zu Verhandlungen berechtigten Spieler – je nach Position auf dem Spielfeld – um 65–80 % höher als die ansonsten gleich produktiver Teamkollegen (vgl. Hill und Spellman 1983).

13 Im Rahmen einer weiteren modelltheoretischen Analyse macht Rascher (1997) deutlich, dass die Auswirkungen eines Salary Cap nicht nur davon abhängen, wie verbindlich dieser ist, sondern auch davon, ob die Teameigner primär an der Maximierung sportlichen oder wirtschaftlichen Erfolges interessiert sind.

14 Die tatsächliche Überschreitung des Cap dürfte sogar noch um einiges höher ausfallen, als es in den nachfolgenden Zahlen zum Ausdruck kommt. Zum einen dürften teilweise nennenswerte Gehaltsbestandteile in nicht-monetärer Form entrichtet und dementsprechend nicht bekannt werden (z.B. durch das Bereitstellen von Luxus-Villen für die Spieler) und zum anderen dürften Fälle wie der des NBA-Teams aus Minnesota, das vor Beginn der Saison 2000/2001 mit einem seiner Spieler gleich fünf Verträge abgeschlossen hatte, von denen es nur einen dem „Commissioner" meldete, sehr viel häufiger vorkommen, als bisher bekannt wurde. Diesen Versuch, den Salary Cap mit illegalen Verträgen zu umgehen, ahndete die Ligaorganisation nicht nur mit einer (für das Team unbedeutenden) Geldstrafe von $ 3,5 Mio., sondern auch mit dem (sehr viel schmerzhafteren) Entzug des Erstrunden-Draftrechtes für die nächsten fünf Spielzeiten. Zur Bedeutung von „Side Payments" und „Unreported Salaries" in den US-Ligen vgl. Zimbalist (2000).

15 Verlässt ein Spieler vorzeitig seine Mannschaft, wird der noch ausstehende Rest an Gehaltszahlungen komplett auf die Teamgehaltssumme der Folgesaison angerechnet (aus diesem Grund werden viele Spieler über den relevanten Stichtag hinaus – den 1.6. eines jeden Jahres – gehalten). Insgesamt erlauben Handgeldzahlungen also kein wirkliches Umgehen des Salary Cap, sondern nur ein Aufschieben der daraus resultierenden Verpflichtungen in die Zukunft. Wir vermuten (und werden dies in einem weiteren Paper empirisch testen), dass seit der Einführung des Cap kurzfristig realisierte Erfolge negativ mit der sportlichen Performance in späteren Spielzeiten korreliert sind, weil eine anfängliche Umgehung des Cap diesen später umso bindender werden lässt.

16 In einer zweiten Schätzung haben wir statt der Siegquote deren logistische Transformation als abhängige Variable verwendet, um dem nahe liegenden Einwand begegnen zu können, unsere Modellschätzungen seien problematisch, weil die abhängige Variable nur innerhalb eines Wertebereiches von 0 und 1 streue. Die auf Anfrage erhältlichen Ergebnisse sind praktisch identisch mit den präsentierten.

17 Ausweislich der LM-Statistik (Breusch/Pagan-Test) ist die FE-Schätzung einer OLS-Schätzung vorzuziehen.

18 Auffallend ist auch, dass die Zahl der im Laufe einer Saison eingesetzten Spieler (AEG) dem sportlichen Erfolg abträglich ist. Wenn – was insbesondere im Football recht häufig vorkommt – Stammspieler aufgrund von Verletzungen vorübergehend ersetzt werden müssen, leidet die sportliche Performance des Teams. Die in diesem Fall kurzfristig in die Mannschaft eingebauten Ersatzspieler harmonieren offenbar weniger gut mit ihren Mitspielern, was insbesondere im Football von besonderer Bedeutung ist, weil hier – im Gegensatz zu anderen Mannschaftssportarten – während des Spiels nicht einzelne Spieler, sondern ganze Angriffs- und Abwehrformationen ein- und ausgewechselt werden.
Der Umstand, dass ein Team vor Saisonbeginn in eine andere Stadt umgezogen ist, hat c.p. ebenso wenig einen Einfluss auf die sportliche Performance wie das Alter des Teams (keiner der geschätzten Koeffizienten ist bei $p < .05$ signifikant von null verschieden).

Literatur

Atkinson, S. E., Tschirhart, J. (1986): Flexible Modelling of Time to Failure in Risky Careers. Review of Economics and Statistics, 68, S. 558–566

Canes, M. E. (1974): The Social Benefits of Restrictions on Team Quality, in: Noll, R. (ed.): Government and the Sports Business, Washington: Brookings, S. 81–113

Conlin, M. (1999): Empirical Test of a Separating Equilibrium in National Football League Contract Negotiations. Rand Journal of Economics, 30, S. 289–304

Cymrot, D. J., Dunley, J. A., Even, W. E. (2001): Who's on First? An Empirical Test of the Coase Theorem in Baseball. Applied Economics, 33, S. 593–603

Daly, G. A. (1992): The Baseball Player's Labor Market Revisited, in: Somers, P. (ed.): Diamonds are Forever: The Business of Baseball, Washington: Brookings, S. 11–28

Fort, R., Maxcy, J. (1998) : Last-Period Problems in Sports, Department of Economics, Washington State University, mimeo

Fort, R., Quirk, J. (1995): Cross-subsidization, Incentives, and Outcomes in Professional Team Sports Leagues. Journal of Economic Literature, 33, S. 1265–1299

Franck, E. (1995): Die ökonomischen Institutionen der Teamsportindustrie: Eine Organisationsbetrachtung, Wiesbaden: Deutscher Universitätsverlag

Franck, E. (1999): Zur Organisation von Sportligen – Übersehene ökonomische Argumente jenseits von Marktmacht und Kollusion. Die Betriebswirtschaft, 59, S. 531–547

Franck, E., Müller, J.-C. (2000): Problemstruktur, Eskalationsvoraussetzungen und eskalationsfördernde Bedingungen so genannter Rattenrennen. Zeitschrift für betriebswirtschaftliche Forschung, 52, S. 3–26

Frick, B. (2001): Die Einkommen von „Superstars" und „Wasserträgern" im professionellen Teamsport: Ökonomische Analyse und empirische Befunde. Zeitschrift für Betriebswirtschaft, 71, S. 701–720

Frick, B., Prinz, J. (2000): Die Entlohnung professioneller Mannschaftssportler: Gibt es einen Trade-off zwischen Entgelten und Vertragslaufzeiten? in: Backes-Gellner, U., Kräkel, M., Schauenberg, B., Steiner, G. (Hg.): Flexibilisierungstendenzen in der betrieblichen Personalpolitik: Anreize, Arbeitszeiten und Qualifikation, München und Mering: Hampp, S. 129–154

Frick, B., Prinz, J. (2001): Spielerallokation und Spielerentlohnung im professionellen Team-Sport: Betriebswirtschaftliche Analysen und Handlungsempfehlungen für das Vereinsmanagement, Greifswald, mimeo

Frick, B., Wagner, G. (1996): Bosman und die Folgen. Das Fußballurteil des Europäischen Gerichtshofes aus ökonomischer Sicht. Wirtschaftswissenschaftliches Studium, 25, S. 611–616

Gramm, C. L., Schnell, J. F. (1994): Difficult Choices: Crossing the Picket Line During the 1987 National Football League Strike. Journal of Labor Economics, 12, S. 41–73

Gramm, C. L., Schnell, J. F. (1997): Following the Leader: Race and Player Behavior in the 1987 NFL Strike. Advances in the Economics of Sports, 2, S. 115–143

Grier, K. B., Tollison, R. D. (1994): The Rookie Draft and Competitive Balance: The Case of Professional Football. Journal of Economic Behavior and Organization, 25, S. 293–298

Hill, J. R., Spellman, W. (1983): Professional Baseball: The Reserve Clause and Salary Structure. Industrial Relations, 22, S. 1–19

Hylan, T., Lage, M., Treglia, M. (1996): The Coase Theorem, Free Agency, and Major League Baseball: A Panel Study of Pitcher Mobility from 1961 to 1992. Southern Economic Journal, 62, S. 1029–1042

Kahn, L. M. (1993): Free Agency, Long-Term Contracts and Compensation in Major League Baseball: Estimates from Panel Data. Review of Economics and Statistics, 75, S. 157–164

Kipker, I. (2001): Die ökonomische Strukturierung von Teamsportwettbewerben, Diss., Greifswald, mimeo

Krautman, A. C. (1990): Shirking or Stochastic Productivity in Major League Baseball? Southern Economic Journal, 56, S. 961–968

Krautman, A. C. (1999): What's Wrong with Scully-Estimates of a Player's Marginal Revenue Product? Economic Inquiry, 37, S. 369–381

Lazear, E. P. (2001): The Peter Principle: Promotions and Declining Productivity, Working Paper 8094, National Bureau of Economic Research, Cambridge, MA

Lehmann, E., Weigand, J. (1999): Determinanten der Entlohnung von Profi-Fußballspielern – Eine empirische Analyse für die deutsche Bundesliga. Betriebswirtschaftliche Forschung und Praxis, 51, S. 124–135

Lehn, K. (1982): Property Rights, Risk Sharing, and Player Disability in Major League Baseball. Journal of Law and Economics, 25, S. 347–366

Lehn, K. (1984): Information Asymmetries in Baseball's Free Agent Market. Economic Inquiry, 22, S. 37–44

MacDonald, D. N., Reynolds, M. O. (1994): Are Baseball Players Paid Their Marginal Products? Managerial and Decision Economics, 15, S. 443–458

Maxcy, J. G. (1997): Do Long-Term Contracts Influence Performance in Major League Baseball? Advances in the Economics of Sport, 2, S. 157–176

Medoff, M. H. (1976): On Monopsonistic Exploitation in Professional Baseball. Quarterly Review of Economics and Business, 16, S. 113–121

Neale, W. C. (1964): The Peculiar Economics of Professional Sports. Quarterly Journal of Economics, 78, S. 1–14

Rascher, D. A. (1997): A Model of a Professional Sports Lague. Advances in the Economics of Sport, 2, S. 27–76

Richter, R. (1998): Neue Institutionenökonomik: Ideen und Möglichkeiten, in: Krause-Junk, G. (Hg.): Steuersysteme der Zukunft, Berlin: Duncker & Humblot, S. 323–355

Richter, R., Furubotn, E. (1996): Neue Institutionenökonomik: Eine Einführung und kritische Würdigung, Tübingen: J. C. B. Mohr

Rottenberg, S. (1956): The Baseball Player's Labor Market. Journal of Political Economy, 64, S. 242–258

Scully, G. S. (1974): Pay and Performance in Major League Baseball. American Economic Review, 64, S. 915–930

Sheehan, R. G. (1996): Keeping Score: The Economics of Big-Time Sports, South Bend, IN: Diamond Communications

Szymanski, S. (2001): The Economic Design of Sporting Contests: A Review, London, Imperial College Management School, mimeo

Taylor, B. A., Trogdon, J. B. (1999): Loosing to Win: Tournament Incentives in the National Basketball Association, Department of Economics, Baylor University, Waco TX, mimeo

Vrooman, J. (1995): A General Theory of Professional Sports Leagues. Southern Economic Journal, 61, S. 971–990

Vrooman, J. (2000): The Economics of American Sports Leagues. Scottish Journal of Political Economy, 47, S. 364–398

Zimbalist, A. (2000): Economic Issues in the 1998–1999 NBA Lockout and the Problem of Competitive Balance in Professional Sports, in: Kern, W. S. (ed.): The Economics of Sports, Kalamazoo: Upjohn Institute, S. 93–114

Zusammenfassung

Arbeitsmarktinstitutionen haben einen prognostizierbaren Einfluss auf das Verhalten von Unternehmen wie Individuen. Wenn sich die institutionellen Rahmenbedingungen ändern, wird sich dementsprechend auch das Verhalten der Arbeitsmarktakteure ändern. Unter Verwendung geeigneter Längsschnittdaten aus der nordamerikanischen „National Football League" untersuchen wir die Auswirkungen der Einführung einer für alle Teams verbindlichen Gehaltsobergrenze im Jahre 1994. Die Bestimmungen lassen sich dadurch zumindest partiell umgehen, dass den Spielern zum Zeitpunkt des Vertragsabschlusses leistungsunabhängige Handgelder gezahlt werden, die nur anteilig (gemessen an der individuellen Vertragslaufzeit) auf die jährliche Team-Gehaltssumme angerechnet werden. Unsere empirische Analyse bestätigt die naheliegende Vermutung, dass derartige „Vorabzahlungen" negative Anreizwirkungen entfalten und die Spieler zu opportunistischem Verhalten veranlassen. Dieses von den Teams nicht intendierte Verhalten wirkt überraschenderweise aufgrund der damit einhergehenden Kosten in die gewünschte, d.h. eine die sportliche Ausgeglichenheit der Liga erhöhende, Richtung.

Summary

Labor market institutions have a predictable influence on the behavior of firms and workers. If the institutional environment is changing, rational actors will immediately adapt to the new circumstances. Using data from the "National Football League", we analyse the influence on team performance of the introduction of a binding cap on team salaries. The only legal way to circumvent or partly avoid the salary cap regulations is by paying signing bonuses to free agents. These bonuses are only partly considered when a team's total wage bill is calculated. However, circumventing the salary cap may not be costless, because guaranteed up-front payments that are not related to actual performance may lead to player opportunism, i.e. reduced effort levels. Consistent with this argument we find that – other things equal – an increasing share of signing bonuses significantly reduces the win percentage of that team. Thus, institutions do indeed matter in this case: The fact that team owners tend to avoid the salary cap restrictions by paying signing bonuses leads – perhaps surprisingly – to a more balanced league.

31: Entlohnungs- und Erfolgsbeteiligung (JEL J33)

Sportlicher Erfolg in der Fußball-Bundesliga: eine Frage der Auf- oder der Einstellung?

Von Jörn Littkemann und Sebastian Kleist*

Überblick

- Der wirtschaftliche Erfolg im professionellen Teamsport hängt stark vom sportlichen Erfolg ab. Dieser Beitrag widmet sich der Identifikation sportlicher Erfolgsfaktoren am Beispiel von Spielen der Fußball-Bundesliga. Unter Verwendung organisations- sowie spieltheoretischer Überlegungen werden die praktizierten Spielsysteme, die in den einzelnen Mannschaftsteilen erbrachten Spielerleistungen sowie system- und spielbezogene Kontextfaktoren analysiert.
- In der Fußball-Bundesliga kommen eine Vielzahl unterschiedlicher Spielsysteme zur Anwendung. Dabei zeigt sich, dass die Wahl des Spielsystems von dem Spielsystem des Gegners sowie von der relativen Spielstärke der beteiligten Mannschaften abhängig ist.
- Punktspielerfolge basieren vordergründig auf den in den einzelnen Mannschaftsteilen erbrachten Leistungen. Dem Spielsystem kommt insofern eine wichtige Rolle zu, als es die Integration der in den einzelnen Mannschaftsteilen vollzogenen Aufgaben unterstützt.
- Anhand von Spielerwechseln durchgeführte Anpassungsprozesse werden vornehmlich erst im letzten Drittel eines Bundesligaspieles vollzogen, ziehen zumeist keine Systemwechsel nach sich und haben keinen nachhaltigen Einfluss auf den Spielerfolg.

Eingegangen: 31. Januar 2002

Dr. Jörn Littkemann, Westfälische Wilhelms-Universität Münster, Lehrstuhl für Betriebswirtschaftslehre, insbesondere Organisation, Personal und Innovation, Universitätsstr. 14–16, D-48143 Münster, Tel.: +49–251–83–22991/-22831, E-Mail: 19joli@wiwi.uni-muenster.de. Bevorzugte Forschungsgebiete: Betriebswirtschaftliche Steuerlehre, Bilanzanalyse und Bilanzpolitik, Innovationscontrolling, Konzerncontrolling, Organisation und Führung, Sportmanagement.

Dipl.-Kfm. Sebastian Kleist, Westfälische Wilhelms-Universität Münster, Lehrstuhl für Betriebswirtschaftslehre, insbesondere Organisation, Personal und Innovation, Universitätsstr. 14–16, D-48143 Münster, Tel.: +49–251–83–25010/-22831, E-Mail: 19sekl@wiwi.uni-muenster.de. Bevorzugte Forschungsgebiete: Interorganisationale Beziehungen, Sportmanagement, Unternehmensführung.

ZfB
ZEITSCHRIFT FÜR BETRIEBSWIRTSCHAFT

A. Problemstellung

In kaum einer Branche ist die Erreichung der Formalziele Rentabilität und finanzielle Sicherheit derart stark mit der Erreichung der Sachziele Güterherstellung und -vertrieb verknüpft wie im professionellen Mannschaftssport.[1] In der Fußball-Bundesliga führt schon ein sportlicher Misserfolg innerhalb einer Spielsaison zu einem (zum Teil schwerwiegenden) wirtschaftlichen Einbruch, wenn nicht in zurückliegenden sportlich erfolgreichen Spielzeiten entsprechende Rücklagen geschaffen wurden.[2] Jedes Wochenende kann der „Kunde“ (Zuschauer, Sponsoren etc.) direkt oder indirekt über die Medien den momentanen Leistungsstand der Bundesligamannschaften beurteilen, was wiederum einen erheblichen Erfolgsdruck für die Spieler und die Trainer der Teams zur Folge hat. Die in den Spielen erzielten Erfolge haben direkte Auswirkungen auf die Höhe der Einnahmen in Form von Eintritts-, Fernseh- und Sponsorengeldern. Damit wird deutlich, dass auch die von einigen Bundesligisten hervorgerufene Eröffnung neuer Geschäftsfelder in Form begleitender Dienstleistungen, wie z. B. Merchandising oder das Betreiben von Reisebüros, einzig und allein vom Erfolg des Kerngeschäftes abhängig ist. Dieses Kerngeschäft ist – trotz der in der jüngsten Vergangenheit vermehrt aufgetretenen Änderungen von jahrelang konstanten Rahmenbedingungen (als Neuerungen seien bspw. das „Bosman-Urteil“ zur Neuregelung der Transferbestimmungen[3] und die Einführung der Champions League zur Neuordnung der internationalen Wettbewerbe genannt) – nach wie vor die Fußball-Bundesliga. Erst der Erfolg in der Bundesliga bedeutet höhere Einnahmen und eröffnet die Chance zur Teilnahme an den wirtschaftlich sehr lukrativen internationalen Pokalwettbewerben für Vereinsmannschaften. Als Konsequenz für *das kaufmännisch orientierte Sportmanagement* ergibt sich daraus, dass das Augenmerk nicht nur auf der Bewältigung primär wirtschaftlicher Aufgaben wie z. B. Organisation, Rechnungswesen und Steuern[4] liegen sollte, sondern es gilt darüber hinaus, die Determinanten sportlichen Erfolges zu identifizieren, um Risiken für zukünftige wirtschaftliche Misserfolge zu minimieren.[5] Dabei ist zu unterscheiden zwischen einer *strategischen Planung*, die sich in der Regel auf die Phase im Vorfeld einer Bundesligasaison erstreckt und deren Inhalt im Wesentlichen die Zusammenstellung des Spielerkaders und die Besetzung der Trainerposition(en) betrifft, und einer *operativen Planung*, die vor jedem Bundesligaspiel zu geschehen hat und die ausschließlich auf den angestrebten Spielerfolg gerichtet ist. Auch wenn die operative Planung vordergründig in den Händen der sportlichen Leitung liegt, zeigen Beispiele aus der Vergangenheit, dass die bewusste Einbeziehung der kaufmännischen Bereiche in die operativen Prozesse und eine wohl koordinierte Zusammenarbeit von sportlicher und kaufmännischer Leitung von (sportlichem und wirtschaftlichem) Erfolg gekrönt ist.[6]

Im Wesentlichen lässt sich der (operative) Erfolg eines Spielgewinns bzw. die Erreichung einer Punkteteilung auf zwei bedeutende Faktoren zurückführen: das *Spielsystem (= Aufstellung)*[7] und die *Spielerleistung (= Einstellung)*[8]. Seit der Einführung der Fußball-Bundesliga im Jahr 1963/64 ist die Frage weitgehend unbeantwortet, welche Art von Spielsystem einen nachhaltig positiven Einfluss auf den Spielausgang ausübt. Wurde in den Anfangsjahren eher mit offensiv ausgerichteten Spielsystemen wie z. B. dem 3-4-3-System agiert, beherrschten in den folgenden Spielzeiten eher defensiv ausgerichtete Systeme wie z. B. das 4-4-2-System das Spielgeschehen. In der jüngsten Vergangenheit greifen allerdings einige Mannschaften wieder zunehmend auf eher offensiv ausgerichtete Systeme zurück. Im Verlauf der in der jüngsten Vergangenheit sowohl von Experten als auch von der interessierten Öffentlichkeit zum Teil recht hitzig geführten Debatte um das „richtige" Spielsystem war es nicht zuletzt Franz Beckenbauer, der in seiner derzeitigen Funktion als Präsident des FC Bayern München des Öfteren darauf aufmerksam machte, dass nicht nur das Spielsystem, sondern auch die – unabhängig vom jeweiligen Spielsystem – erbrachten Leistungen der Spieler maßgeblich für den Spielerfolg seien. Ziel der vorliegenden Untersuchung ist es, einen Beitrag zur Klärung des aufgeworfenen Problems zu leisten, wobei die Beantwortung folgender Forschungsfragen im Vordergrund einer *spielbezogenen Analyse* steht:

(1) *Spielsystem und Spielerleistung:* Welche Spielsystemvarianten finden in Fußball-Bundesligaspielen Anwendung? Hat die Art des gewählten Spielsystems einen Einfluss auf die Spielerleistung? Unter welchen Bedingungen kommt es während eines Spieles zu Anpassungsprozessen im Spielsystem?
(2) *Spielkontext:* Existieren system- bzw. spielbezogene Kontextfaktoren, die das praktizierte Spielsystem und die erzielten Spielerleistungen beeinflussen?
(3) *Spielerfolg:* Haben Varianten von Spielsystemen sowie die vollzogenen Anpassungsprozesse und / oder die von einzelnen Mannschaftsteilen erbrachten Leistungen einen Einfluss auf den Spielerfolg? Sind in diesem Zusammenhang bestimmte Kontextfaktoren von Bedeutung?

B. Theoretischer Bezugsrahmen

Für die vorliegende Untersuchung dient ein einfaches *kontingenztheoretisches Modell* als theoretischer Bezugsrahmen.[9] Aus betriebswirtschaftlicher Perspektive handelt es sich bei der Analyse der aufgeworfenen Problemfelder vornehmlich um ein *organisatorisches Problem.*[10] Der Spielerfolg basiert auf der effizienzorientierten Arbeitsteilung und der anschließenden Koordination der Aktivitäten zwischen den einzelnen Mannschaftsteilen. Es gilt somit, im jeweiligen Bundesligaspiel diejenige Organisationsform (= Spielsystem) zu finden, die die Spieler unter gegebenen Bedingungen zu Höchstleistungen antreibt, um zum angestrebten Spielerfolg zu kommen. Die grundlegenden Abhängigkeitsbeziehungen zwischen den vier Eckpfeilern des theoretischen Bezugsrahmens sind durch die in Abbildung 1 eingezeichneten Pfeile verdeutlicht. Das gewählte Modell soll – nicht zuletzt aufgrund seiner einfachen Struktur – einen Vergleich von Untersuchungen im professionellen Mannschaftssport mit bisher *vorliegenden Erkenntnissen aus traditionellen betriebswirtschaftlichen Bereichen*[11] ermöglichen. Im Folgenden werden die zentralen Eckpfeiler des Untersuchungsmodells näher beschrieben:

(1) *Spielsystem und Spielerleistung:* Das Spielsystem einer Mannschaft kann danach klassifiziert werden, wie die 10 Feldspieler auf die drei relevanten Mannschaftsteile Abwehr, Mittelfeld und Angriff (synonym: Sturm) aufgeteilt werden. So bedeutet z. B. ein 3-5-2-System, dass drei Spieler im Abwehr-, fünf im Mittelfeld- und zwei im Angriffsbereich eingesetzt werden. Die Spielerleistung lässt sich analog ebenfalls getrennt nach einzelnen Mannschaftsteilen erfassen. Bei dem Spielsystem und der Spie-

Abb. 1: Theoretischer Bezugsrahmen zur Analyse des Spielerfolgs

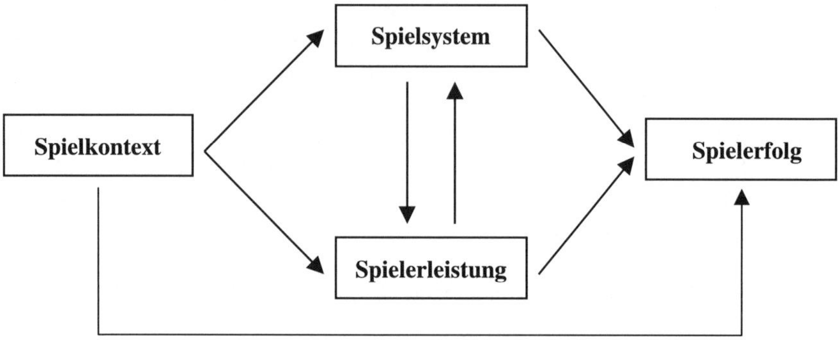

lerleistung handelt es sich allerdings *nicht um zwei voneinander unabhängige Dimensionen.* Da das gewählte Spielsystem den organisatorischen Rahmen für die Spielprozesse darstellt, ist von einem Einfluss auf die Leistungen der Spieler auszugehen. Umgekehrt wird man vermutlich den unterschiedlichen Stärken und Schwächen der Spieler bei der Festlegung des Spielsystems Rechnung tragen. Dies kann mittelfristig zu Umstellungen im Spielsystem führen. Da es sich hierbei allerdings nicht unmittelbar um eine operative Entscheidung handelt, wird die letztgenannte Wirkungsbeziehung im weiteren Untersuchungsverlauf nicht berücksichtigt. Ferner ist zu erwarten, dass eine Mannschaft auch während eines Spieles, z. B. in Abhängigkeit vom Spielverlauf oder vom veränderten Spielsystem des Gegners, Umstellungen im Spielsystem vornimmt. Die statische Analyse ist daher um eine dynamische Analyse zu ergänzen, die die Häufigkeit des Auftretens von *Anpassungsprozessen im Spielsystem* berücksichtigt.

(2) *Spielkontext:* Hierunter sind aus der Perspektive einer Mannschaft sämtliche Aspekte zu subsumieren, die den situativen Kontext beschreiben, in welchem ein Bundesligaspiel stattfindet. Es lässt sich unterscheiden zwischen systembezogenen Variablen, d. h. Variablen, die die konstitutiven Rahmenbedingungen eines Spieles festlegen, und spielbezogenen Variablen, d. h. Variablen, die sich auf das sportliche Leistungsverhältnis zwischen der eigenen und der gegnerischen Mannschaft beziehen. Zu den *systembezogenen Variablen* gehören der Spielort (eigenes oder gegnerisches Stadion) und die Spielattraktivität, die sich (ex ante) in der Zahl der Stadionbesucher widerspiegelt. Zu den *spielbezogenen Variablen* gehören die eigene sowie die gegnerische Spielstärke und das Spielsystem der gegnerischen Mannschaft.[12]

(3) *Spielerfolg:* Im Profifußball zählt vor allem der (kurzfristige) Erfolg in den allwöchentlich stattfindenden Punktspielen. Die Branche ist derart schnelllebig, dass man bereits nach wenigen (unglücklichen) Niederlagen von den Medien als „Versager" abgestempelt und nach wenigen (glücklichen) Spielgewinnen aber auch schnell „über den grünen Klee" gelobt wird. Insofern sind die *in einem Bundesligaspiel erzielten Punkte* als vorrangiges Erfolgsmaß der auf dem Spielfeld praktizierten Spielsysteme und erbrachten Spielerleistungen anzusehen.

C. Empirisches Design

I. Datenerhebung

Als Grundlage zur Analyse der aufgeworfenen Forschungsfragen wird im Folgenden auf Daten aus einem vom Kicker-Sportmagazin herausgegebenen Sonderheft zur Bundesligasaison 2000/01 zurückgegriffen. In der betrachteten Saison spielten 18 Mannschaften in der Fußball-Bundesliga, die in insgesamt 306 Spielen den Deutschen Fußballmeister ermittelten. Dabei trat jede Mannschaft gegen jede der anderen 17 Mannschaften jeweils zweimal an: einmal im eigenen Stadion (Heimspiel) und einmal auf des Gegners Platz (Auswärtsspiel). Über jedes Bundesligaspiel wird vom Kicker-Sportmagazin eine detaillierte Spielanalyse angefertigt. Diese Analyse erstreckt sich nicht nur auf die Zusammenfassung der statistischen Daten eines Spieles (z. B. Spielort und Spielergebnis), sondern bezieht sich darüber hinaus auf die von den jeweiligen Mannschaften praktizierten Spielsysteme und auf die einzeln vorgenommene Bewertung der Leistungen der eingesetzten Spieler in Form von Schulnoten.[13] Für die komplette Saison (Hin- und Rückrunde) wurden die maßgeblichen Daten (Spielsystem, Spielerleistung, Spielkontext und Spielerfolg) erfasst und ausgewertet. Allerdings konnten nicht alle Bundesligaspiele in die Analyse einbezogen werden. Um Ergebnisverzerrungen zu vermeiden, wurden Spiele, in denen der Zusammenhang zwischen Spielsystem bzw. Spielerleistung und Spielerfolg nicht genau erkennbar war, aus der Untersuchung ausgeklammert. Beispiele hierfür sind sehr früh im Verlaufe eines Spieles (in den ersten 30 Minuten eines insgesamt 90 Minuten andauernden Fußballspieles) vom Schiedsrichter verhängte rote Karten (die einen Spielausschluss des betroffenen Spielers bedeuten) oder vom Trainerstab vorgenommene verletzungsbedingte Auswechselungen einzelner Spieler. Derartige Fälle zogen zumeist Umstellungen im Spielsystem nach sich, welche vom Kicker-Sportmagazin in der Spielanalyse nicht explizit berücksichtigt werden. Zudem wird der betreffende Spieler in der Regel nicht benotet, da die wenigen absolvierten Spielminuten für eine „gerechte" Leistungsbeurteilung nicht ausreichend sind. Aus diesen Gründen konnten 15 Spiele nicht in die Analyse einbezogen werden. Die relevanten Daten der verbleibenden 291 Spiele wurden sowohl aus Sicht der Heim-, als auch aus Sicht der Auswärtsmannschaft erhoben, so dass die endgültige Untersuchungsstichprobe 582 Fälle (= Spiele) umfasst.[14]

II. Messung der Variablen

1. Spielsystem und Spielerleistung

Die Messung *des eigenen und des gegnerischen Spielsystems* geschah wie folgt: Zunächst wurde die Art des Spielsystems (d. h. die jeweilige Aufteilung der Feldspieler auf die drei Mannschaftsteile Abwehr, Mittelfeld und Sturm) erfasst. Insgesamt konnten sechs unterschiedliche Spielsysteme klassifiziert werden. Anschließend wurden diese Systeme anhand der Stärke ihrer *offensiven Ausrichtung* dergestalt in eine Reihenfolge gebracht, dass dem Spielsystem mit der größten Anzahl von Stürmern die höchste „Wertigkeit" zugewiesen wurde. Bei gleicher Anzahl von Stürmern erhielt das Spielsystem die höchste Wertigkeit, welches die größte Anzahl von Mittelfeldspielern aufwies. Somit ergab sich folgende Reihenfolge: 1 „4-5-1“, 2 „3-6-1“ (defensive Systeme), 3 „4-4-2“, 4 „3-5-2“ (neutrale Systeme), 5 „4-3-3“ und 6 „3-4-3“ (offensive Systeme). Hinsichtlich der Messung der Spielerleistungen wurde *das vom Kicker-Sportmagazin verwendete Notensystem* (von 1 „sehr gut“ bis 6 „ungenügend“, wobei auch die Vergabe von Zwischennoten, z. B. 3,5, erlaubt war) übernommen. Für jeden Spieler wurde zunächst die im jeweiligen Bundesligaspiel vom Kicker-Sportmagazin bewertete Leistung erfasst. Anschließend wurde pro Spiel für jeden der drei betrachteten Mannschaftsteile Abwehr, Mittelfeld und Angriff ein Durchschnittswert (jeweils relativ zur Zahl der eingesetzten Spieler) ermittelt. Die Leistung des Torwartes ging als Einzelwert in die Analyse ein.

2. Spielkontext

Die systembezogenen Variablen wurden wie folgt gemessen: Der Spielort wurde getrennt nach Heim- oder Auswärtsspiel erfasst (nominale Messung). Die (ex ante) Spielattraktivität konnte metrisch skaliert erhoben werden, wobei nicht nur die absolute Zuschauerzahl, sondern eine an der jeweiligen Stadionkapazität orientierte Zuschauerquote verwendet wurde. Die übrigen spielbezogenen Variablen wurden ebenfalls metrisch gemessen: Sowohl die eigene als auch die gegnerische Spielstärke wurde durch den aktuellen Tabellenplatz vor dem betrachteten Bundesligaspiel abgebildet.[15] Da vom Kicker-Sportmagazin pro Spiel für eine Mannschaft lediglich ein Spielsystem angegeben wird, sind im Laufe eines Spiels vorgenommene Systemumstellungen nicht in den Daten erkennbar. Die dynamische Analyse beschränkt sich daher auf die Untersuchung wechselbedingter Umstellungen (maximal drei Auswechselungen von Spielern sind während eines Spieles erlaubt), da anhand der Art eines Wechsels erkennbar ist, ob ein Spielsystemwechsel vollzogen wurde oder nicht. Insgesamt lassen sich neun Wechselarten unterscheiden: 1 „Stürmer für einen Abwehrspieler“, 2 „Stürmer für einen Mittelfeldspieler“, 3 „Mittelfeld- für einen Abwehrspieler“, 4 „Mittelfeldspieler für einen Stürmer“, 5 „Abwehr- für einen Mittelfeldspieler“, 6 „Abwehrspieler für einen Stürmer“, 7 „Stürmer für einen Stürmer“, 8 „Mittelfeld- für einen Mittelfeldspieler“ und 9 „Abwehr- für einen Abwehrspieler“. Die ersten drei Wechselarten ziehen eine offensivere Ausrichtung des Spielsystems nach sich, während die Wechselarten vier bis sechs eine defensivere Ausrichtung bedeuten. Durch die Wechselarten sieben bis neun wird das praktizierte Spielsystem demgegenüber nicht verändert. Der Ausnahmefall eines Torwartwechsels wird nicht getrennt untersucht, da er für die Wahl des Spielsystems ohne Bedeutung ist.

3. Spielerfolg

Die als vorrangiges Erfolgsmaß in einem Bundesligaspiel erzielte Punktzahl wurde analog zur Festlegung der Platzierung der einzelnen Mannschaften in der Bundesligatabelle wie folgt auf einer dreistufigen Skala gemessen: 3 „Sieg“ (die eigene Mannschaft erzielt in einem Spiel mehr Tore als der Gegner), 1 „Unentschieden“ (die eigene Mannschaft erzielt in einem Spiel gleich viele Tore wie der Gegner) und 0 „Niederlage“ (die eigene Mannschaft erzielt in einem Spiel weniger Tore als der Gegner).

D. Befunde

I. Statische Analyse

1. Spielsysteme: Häufigkeit des Auftretens und mögliche Auswahlgründe

Betrachtet man die insgesamt von allen Mannschaften gespielten Systeme (vgl. Tabelle 1), so zeigt sich die *Dominanz folgender drei Spielsysteme*: Über die Hälfte aller 582 analysierten Spiele wurde im 3-5-2-System gespielt, in 17,4 % im 4-4-2- und in immerhin noch 16,5 % im 3-4-3-System.[16] In den verbleibenden knapp 14 % aller Spiele wurde zu gleichen Teilen auf das stark offensive 4–3-3-System und die stark defensiv orientierten Varianten, das 4-5-1- und das 3-6-1-System, zurückgegriffen.

Die starke Konzentration von über 70 % der gewählten Spielsysteme auf die als neutral einzuschätzenden Varianten 3-5-2 bzw. 4-4-2 wirft die Frage auf, warum sich die *Mehrheit* der verantwortlichen Trainer für diese *neutrale Spielweise* entscheidet. Diese Frage soll anhand einfacher *spieltheoretischer Überlegungen* kurz diskutiert werden. Unter Berücksichtigung der statischen Perspektive, des Wettbewerbsgedankens und der weitreichenden Informationen über den Gegner und die Spielprinzipien kann ein Bundesligaspiel als ein einstufiges, nicht-kooperatives Spiel zwischen zwei Trainern (und ihren Mannschaften) bei nahezu vollständiger Information interpretiert werden.[17] Aus spieltheoretischer Sicht erfolgt die *Auswahl eines Spielsystems* vornehmlich aufgrund des zu erwartenden Spielsystems der anderen Mannschaft und der wahrscheinlichen Spielausgänge. Die Spielsysteme lassen sich als *Indikatoren der gewählten Strategie* des jeweiligen Trainers interpretieren, wobei sich eine defensive Strategie (die in erster Linie darauf ausgerichtet ist, Gegentore zu verhindern) bzw. eine offensive Strategie (die in erster Linie darauf ausgerichtet ist, eigene Tore zu erzielen) in einem jeweils entsprechenden Spielsystem widerspiegelt. Im Folgenden werden die Systemkonstellationen sowohl für die Situation von zwei gleich starken als auch von zwei unterschiedlich starken Mannschaften erörtert. Tabelle 2 stellt in Anlehnung an eine spieltheoretische Matrixdarstellung die beim Aufeinandertreffen zweier gleich starker Mannschaften praktizierten Systeme gegenüber und enthält die relativen Häufigkeiten der jeweiligen Systemkonstellationen. Grundlage der

Tab. 1: Spielsysteme in der Fußball-Bundesliga

Spielsystem	**Häufigkeit**	
	absolut	**relativ**
3 – 4 – 3	96	16.5 %
4 – 3 – 3	40	6.9 %
3 – 5 – 2	307	52.7 %
4 – 4 – 2	101	17.4 %
3 – 6 – 1	18	3.1 %
4 – 5 – 1	20	3.4 %
Anmerkung: N = 582 Spiele		

Tab. 2: Systemkonstellationen bei gleich starken Mannschaften

Spielsysteme[1]		Mannschaft B			Anteil[2]
		Defensiv	Neutral	Offensiv	
Mannschaft A	Defensiv	0%	10%	2%	**12%**
	Neutral	10%	50%	31%	**91%**
	Offensiv	2%	31%	7%	**40%**
Anteil[2]		**12%**	**91%**	**40%**	/

Anmerkungen: [1] Spielsysteme: Offensiv: 3–4–3 bzw. 4–3–3 (Abwehr-Mittelfeld-Sturm), Neutral: 3–5–2 bzw. 4–4–2, Defensiv: 3–6–1 bzw. 4–5–1
[2] Anteil der Spiele, bei denen mindestens eine der Mannschaften das jeweilige System gespielt hat.
n = 176 von 291 Spielen (mit weniger als 7 Tabellenplätzen zwischen den Mannschaften)

Analyse sind jene 176 Bundesligapartien, bei denen die Mannschaften zum Zeitpunkt des Spieles nicht mehr als sechs Plätze in der Tabelle auseinander lagen.

In 91% der Spiele *zwischen zwei gleich starken Mannschaften* wurde zumindest ein neutrales Spielsystem und in immerhin 40% wurde ein offensives Spielsystem verwendet. Die geringe Bedeutung von defensiven Spielsystemen mit der einher gehenden Reduzierung der Wahrscheinlichkeit, eigene Tore zu erzielen, erscheint insbesondere vor dem Hintergrund der Tatsache, dass es für einen Sieg dreimal so viele Punkte wie für ein Unentschieden gibt, für gleich starke Mannschaften nachvollziehbar. Die häufigste Systemkonstellation bei gleich starken Mannschaften ist mit 50% das Aufeinandertreffen von zwei neutralen Systemen. Mit 31% ebenfalls verhältnismäßig häufig ist auch die Konstellation eines offensiven vs. eines neutralen Spielsystems, obwohl eine zu offensive Spielweise gegen einen neutral und ausgewogen agierenden gleich starken Konkurrenten mit einem hohen Risiko behaftet ist. Die Strategie eines beiderseitig offenen Schlagabtausches wird nur sehr selten verfolgt.

Unter Berücksichtigung des oftmals erheblichen Drucks, dem Bundesligatrainer schon nach wenigen Spielen ohne Punkterfolg ausgesetzt sind, kann eine relativ hohe *Risikoaversion* unterstellt werden. Wählen demzufolge zwei gleich starke Teams jeweils ein neutrales Spielsystem, dürften relativ viele Unentschieden zu beobachten sein. Die Häufigkeit der beidseitig neutralen Spielsystemkonstellation dürfte dementsprechend mit der Anwendung der Entscheidungsregel nach dem *MiniMax-Kriterium* erklärbar sein, nach dem die Trainer dasjenige System – hier eine der *neutralen Varianten* – wählen, das im ungünstigsten Fall noch das beste Ergebnis bringt.[18]

Die Spielsituation beim Aufeinandertreffen *zweier unterschiedlich starker Mannschaften* und das in Abhängigkeit der gewählten Systemkonstellationen zu erwartende Ergebnis unterscheidet sich zwar von der Situation zweier gleich starker Teams, führt allerdings in der Konsequenz zu ähnlich gelagerten Spielsystemkonstellationen. In Tabelle 3 sind

Tab. 3: Systemkonstellationen bei unterschiedlich starken Mannschaften

Spielsysteme[1]		schwächere Mannschaft B			Anteil A[2]
		Defensiv	**Neutral**	**Offensiv**	
stärkere Mannschaft A	**Defensiv**	0%	2%	1%	**3%**
	Neutral	5%	52%	6%	**63%**
	Offensiv	6%	22%	6%	**34%**
Anteil B[2]		**11%**	**76%**	**13%**	**100%**

Anmerkungen: [1] Spielsysteme: Offensiv: 3–4–3 bzw. 4–3–3 (Abwehr-Mittelfeld-Sturm), Neutral: 3–5–2 bzw. 4–4–2, Defensiv: 3–6–1 bzw. 4–5–1
[2] Anteil der Spiele, bei denen die jeweilige Mannschaft das jeweilige System gespielt hat.
n = 115 von 291 Spielen (mit mehr als 6 Tabellenplätzen zwischen den Mannschaften)

diejenigen Bundesligaspiele dargestellt, bei denen die beteiligten Mannschaften zum Zeitpunkt des Spieles mehr als sechs Tabellenplätze auseinander lagen (115 Spiele). Dabei zeigt sich, dass stärkere Mannschaften in zwei Drittel der Fälle eine neutrale und nur in einem Drittel eine offensive Spielsystemvariante anwenden. Hier dürfte vorwiegend die Befürchtung zum Tragen kommen, aufgrund einer zu starken offensiven Ausrichtung einem als schwächer eingeschätzten Gegner „ins offene Messer zu laufen" und eine äußerst unangenehme Niederlagen zu erleiden, welche den Medien Anlass zu einer Reihe kritischer Fragen eröffnet. Auf die defensive Spielsystemstrategie wird allerdings aus der eigenen starken Position heraus fast gänzlich verzichtet. Die Mehrheit der schwächeren Teams setzt ebenfalls auf eine der neutralen Spielsystemvarianten, da ihre vorrangige Zielsetzung gegen einen stärkeren Gegner weniger in der Erreichung eines Sieges, als vielmehr in der Realisierung eines Unentschiedens liegen dürfte. Im Gegensatz zu den stärkeren Teams greifen sie immerhin zu 11 % auf eine der defensiven Varianten zurück. Bei Spielen gegen einen vermeintlich übermächtigen Gegner erscheint eine Niederlage evtl. akzeptabel, solange sie nicht zu hoch ausfällt. Die geringe Anwendung der offensiven Strategie könnte durch ähnlich gelagerte Überlegungen begründet sein, da die Wahl einer offensiven Spielsystemvariante angesichts des stärkeren Gegners mit dem deutlich erhöhten Risiko einer empfindlichen Niederlage verbunden ist. Trotz der tendenziell offensiveren Ausrichtung der stärkeren Mannschaften und der defensiveren Ausrichtung der schwächeren Teams entfällt letztendlich auch in diesem Fall eine nahezu identische Anzahl der Spiele auf die *Konstellation mit zwei neutralen Spielsystemen.*

Unterschiedliche bzw. sich im Saisonverlauf verändernde *Risikoeinstellungen der Trainer* sowie *Trainerwechsel*[19] bieten mögliche Erklärungen für Abweichungen von der überwiegend festgestellten neutralen Strategie bei der Spielsystemauswahl in Abhängigkeit von der Spielstärke der beiden Mannschaften. Nähert sich bspw. das Ende der Saison, so sind für gewisse Mannschaften Situationen denkbar, in denen nur noch Siege helfen, einen Abstiegsplatz zu verlassen bzw. einen Platz zu erreichen, der die Teilnahme an einem lukrativen internationalen Wettbewerb ermöglicht. Ferner gilt es, den *Spielort* bei der Auswahl des Spielsystems zu bedenken. Oft wird der spürbare Druck, den eigenen Fans ein attraktives, engagiertes Spiel nach vorne zu bieten, die Heimmannschaften zu einer offensiveren Spielweise „zwingen".

2. Die Einflüsse des Spielsystems, der Spielerleistung und des Spielkontextes auf den sportlichen Erfolg

Die Prüfung der im theoretischen Bezugsrahmen skizzierten Wirkungsbeziehungen erfolgt anhand eines *mehrstufigen Pfadmodelles*[20] unter Einbeziehung signifikanter Variablen des Spielsystems, der Spielerleistung sowie des system- und spielbezogenen Kontextes.[21] In dem Pfadmodell stellt die in einem Bundesligaspiel *erzielte Punktzahl die abhängige Variable* dar (zu den Ergebnissen der Pfadanalyse vgl. Abbildung 2). Zur Vereinfachung der Darstellung der Wirkungsbeziehungen wurden *folgende Variablen umcodiert*: Die Spielerleistungen wurden in umgekehrter Reihenfolge zu den vom Kicker-Sportmagazin vergebenen Noten gemessen, so dass der Wert 6 für eine „sehr gute" Leistung und der Wert 1 für eine „ungenügende" Leistung steht. Die Spielsysteme gingen anhand ihres Offensivcharakters in die Analyse ein.[22] Die Spielstärken der beteiligten Teams wurden durch Subtraktion der Tabellenstände vor dem jeweiligen Spieltag in einer einzigen Variable (relative Spielstärke) abgebildet. Dabei bedeutet ein positiver Wert, dass die Heimmannschaft in der Tabelle vor der gegnerischen Mannschaft liegt.

Bereits ein flüchtiger Blick auf die in Abbildung 2 dargestellten Erfolgspfade beantwortet die Frage, ob ein Punktspielerfolg eher von der Ein- oder eher von der Aufstellung abhängig ist. Alle in den einzelnen Mannschaftsteilen untersuchten *Leistungsvariablen haben einen signifikant positiven Einfluss auf den Punktspielerfolg*. Im Gegensatz dazu geht von den zur Messung des Spielsystems verwendeten Variablen kein direkter signifikanter Einfluss auf den Punktspielerfolg aus. Dieser Befund überrascht jedoch nicht vor dem Hintergrund der Tatsache, dass die Mehrzahl der Teams überwiegend mit *neutralen Systemen* antritt. Die Auswahl ähnlich gelagerter Systeme führt in der Konsequenz zur *Nivellierung der Erfolgswirkungen*. Nachhaltiger sportlicher Erfolg lässt sich in einer derartigen Situation nur über andere spielbezogene Faktoren wie z. B. eine Steigerung der Spielerleistungen erzielen. Bei näherer Betrachtung wird allerdings deutlich, dass der Wahl des Spielsystems eine bedeutende moderierende Schlüsselrolle für die Erreichung herausragender Spielerleistungen zukommt.

2.1 Einflüsse der Spielerleistungen

Innerhalb der einzelnen untersuchten Mannschaftsteile haben die Leistungen der Abwehr und des Angriffs den relativ stärksten direkten Einfluss auf den Punktspielerfolg (+0.32 bzw. +0.31). Damit wird deutlich, dass der *Erfolg in einem Bundesligaspiel* zu *gleichen Teilen* von den *Offensiv-* wie auch von den *Defensivleistungen abhängig* ist. Ferner zeigt sich, dass die Leistungen der einzelnen Mannschaftsteile in hohem Maße voneinander abhängig sind. Insbesondere die Leistungen der für die Offensive zuständigen Mannschaftsteile werden durch die in den anderen Mannschaftsteilen erbrachten Leistungen stark beeinflusst. Gelingt es bspw. einer Mannschaft nicht, die Angriffsspieler in geeignete Torschusspositionen zu bringen, haben es die Stürmer schwer, aus eigener Kraft Tore

Tab. 2: Erfolgspfade von Fußball-Bundesligaspielern

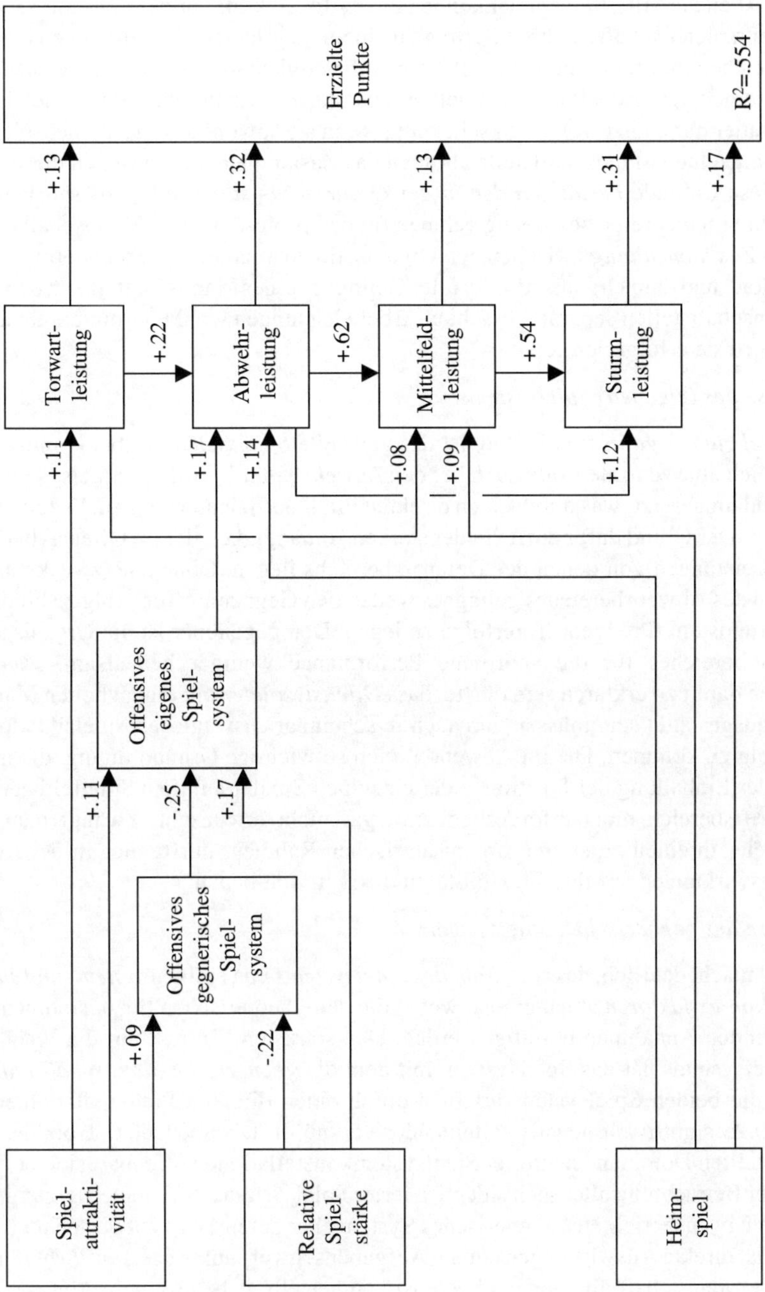

N = 582 Eingezeichnete Pfade signifikant ≤ 1%

zu erzielen. Auch die Mittelfeldspieler können ihre Offensivkraft nur dann entfalten, wenn es die Abwehrspieler schaffen, ihren Beitrag zu einem geordneten Spielaufbau zu leisten.

Die zahlreichen im Pfadmodell abgebildeten Abhängigkeitsbeziehungen zwischen den von den einzelnen Mannschaftsteilen erzielten Leistungen verdeutlichen, dass eine Mannschaft auf Dauer nur dann erfolgreich sein kann, wenn sie sowohl das Zusammenspiel innerhalb der einzelnen Mannschaftsteile als auch das Zusammenspiel zwischen diesen beherrscht. Diese Befunde *bestätigen den in der Organisationstheorie* bereits seit langem bekannten und im theoretischen Bezugsrahmen für den professionellen Mannschaftssport *postulierten Zusammenhang* zwischen den Organisationsvariablen „Spezialisierung" und „Koordination" und dem Organisationserfolg. Gelingt es einer Mannschaft, die in den einzelnen Mannschaftsteilen separat erbrachten Arbeitsleistungen wohl koordiniert ablaufen zu lassen, wird sie erfolgreich sein.

2.2 Einflüsse des (eigenen) Spielsystems

Der Schlüssel zum Organisationserfolg ist das gewählte *Spielsystem.* Dabei kommt dem Abwehrbereich eine zentrale Rolle zu. Über den *Abwehrbereich* wird das Spielsystem auf dem Spielfeld umgesetzt, was durch einen direkten Pfadkoeffizienten von +0.17 zum Ausdruck kommt. Der Grund dafür dürfte in der starken Abhängigkeit der im Offensivbereich erbrachten Leistungen von denen des Defensivbereichs liegen. Ohne eine zweckmäßige Organisation des Abwehrbereiches gelingt es weder, den Gegner am Torerfolg zu hindern, noch den Grundstein für eigene Torerfolge zu legen. Demgegenüber ist die Organisation des Offensivbereiches für die sportliche Performance weniger bedeutsam, was im Wesentlichen damit zu erklären sein dürfte, dass *Offensivspieler* mit einem hohen Maß an Kreativität ausgestattet sein müssen, um auch in scheinbar ausweglosen Spielsituationen zum Torerfolg zu kommen. Die im Abwehrbereich so wichtige Grundordnung, die nicht zuletzt auf der Einhaltung der Positionen der einzelnen Spieler auf dem Spielfeld beruht, ist im Angriffsbereich nicht erforderlich bzw. gar nicht erwünscht. Zwängt man die Offensivspieler in einen zu starren organisatorischen Rahmen, dürfte dies in der Regel negative Auswirkungen auf ihre Flexibilität und Kreativität haben.

2.3 Einflüsse des gegnerischen Spielsystems

Abbildung 2 macht deutlich, dass die *Wahl des Spielsystems* von einigen *system- und spielbezogenen Kontextfaktoren* abhängig ist, wobei die dem theoretischen Bezugsrahmen zugrunde liegenden Annahmen bestätigt werden. Den stärksten Einfluss auf die Wahl des eigenen Spielsystems hat das Spielsystem, mit dem die *gegnerische Mannschaft antritt.* Dabei sind die beiden Spielsystemvariablen durch einen direkten Pfadkoeffizienten in Höhe von -0.25 signifikant negativ miteinander verknüpft. Dies bedeutet: Trotz der bereits festgestellten Dominanz neutraler Spielsystemkonstellationen offenbart sich bei differenzierterer Betrachtung aller sechs identifizierter Spielsysteme die latente Neigung, auf ein eher offensiv ausgerichtetes gegnerisches System eher defensiv zu antworten und vice versa. Dies hat direkte Auswirkungen auf die Aufgabenschwerpunkte des *Abwehrbereichs.* Ist die eigene Mannschaft überwiegend defensiv eingestellt, haben sich die Abwehrspieler primär auf ihre originären Aufgaben des Toreverhinderns zu konzentrieren. Die Übernahme eines geordneten Spielaufbaus und die Unterstützung der Offensive tritt bei dieser Spielweise zunächst in den Hintergrund. Eine andere Aufgabenverteilung ergibt sich, wenn die eigene Mannschaft überwiegend offensiv ausgerichtet ist. Dann sind die Abwehrspieler vermehrt für einen geordneten Spielaufbau (mit)verantwortlich, da sie nicht in gleichem Maße mit der Erfüllung von Defensivaufgaben betraut sind.

2.4 Einflüsse der relativen Spielstärke

Ein direkter positiver Einfluss auf die Wahl des Spielsystems geht von der *gegenwärtigen relativen Spielstärke* aus. Ist die gegenwärtige Spielstärke der eigenen Mannschaft höher als die der gegnerischen, schlägt sich dies naturgemäß in einem sportlich selbstbewussten Auftreten nieder. Folglich ist die Risikobereitschaft größer. Offensiv ausgerichtete Spielsysteme, die per se eine Vernachlässigung des Defensivbereiches bedeuten, kommen in diesem Fall vermehrt zum Einsatz. Anders ist der Fall gelagert, wenn man auf einen Gegner trifft, der aktuell über eine weit höhere Spielstärke als die der eigenen Mannschaft verfügt. Dann sucht man sein Heil in der (weniger riskanten) Defensive und greift auf die entsprechenden Spielsysteme zurück. Dies dürfte umso mehr zutreffen, wenn man eine längere sportliche Niederlagenserie hinter sich hat. Dann folgt man zumeist der Devise „Sicherheit zuerst".

2.5 Einflüsse der Spielattraktivität

Eine gemessen am Zuschauerzuspruch hohe Spielattraktivität führt dazu, dass sowohl die eigene als auch die gegnerische Mannschaft mit einem offensiver ausgerichteten Spielsystem antreten. Eine mögliche Erklärung dafür ist, dass beide Teams – motiviert durch die große Zuschauerkulisse – durch eine offensive Grundordnung bestrebt sind, den (vielen) Zuschauern ein attraktives Spiel zu bieten. Geht man allerdings davon aus, dass die überwiegende Mehrheit der Stadionbesucher Anhänger der Heimmannschaft sind, steht die heimische Mannschaft unter einem höheren Erfolgsdruck als die auswärtige Mannschaft, kann sich aber auch im Allgemeinen der Unterstützung durch das Publikum sicher sein. Die Folge dürfte sein, dass die Heimmannschaft mit einem offensiveren Spielsystem als die Gastmannschaft auftritt, um ihre Spieler zu einer überdurchschnittlichen Leistung zu motivieren. Hierbei ist allerdings an die (mittelfristig wirkende dynamische) Wechselbeziehung zwischen Kontext und Spielsystem bzw. Spielerleistung zu denken. So dürften in den vorhergehenden Spielen gezeigte gute Leistungen begleitet von einer offensiven Spielweise dazu führen, dass das Stadion am jeweils betrachteten Spieltag besonders gut besucht ist. Die Zuschauer orientieren sich nicht zuletzt an den Leistungen in der jüngeren Vergangenheit und kommen dann ins Stadion, wenn sie ein attraktives Spiel der Heimmannschaft oder zwischen zwei offensiv ausgerichteten Mannschaften erwarten.

Weitere direkte Einflüsse gehen vom Zuschauerzuspruch lediglich auf die *Leistung des Torwartes* aus. Ein gut ausgefülltes Stadion führt dazu, dass der Torwart zu einer höheren Leistung angespornt wird. Die *Sonderstellung des Torwartes* innerhalb einer Mannschaft führt zudem dazu, dass weitere indirekte Effekte vom Zuschauerzuspruch auf die in den anderen Mannschaftsteilen erbrachten Leistungen ausgehen. Strahlt der Torwart Sicherheit in seinen Aktionen aus, gibt er der gesamten Mannschaft den notwendigen Rückhalt. Dies hat positive Auswirkungen auf die von allen anderen Feldspielern erbrachten Leistungen. Lässt der Torwart allerdings Unsicherheiten in seinen Aktionen erkennen, ist oftmals schnell die gesamte Mannschaft verunsichert. Unterläuft ihm darüber hinaus ein Fehler, der ein Gegentor nach sich zieht, kann dies sogar unter Umständen spielentscheidende Bedeutung haben. Die

Sonderstellung des Torwartes wird auch darin deutlich, dass seine Leistung scheinbar unabhängig vom Spielsystem ist. Für ihn zählt vielmehr, dass seine Vorderleute – ob nun insgesamt überwiegend offensiv oder defensiv aufgestellt – den ihnen zugeteilten Defensivaufgaben in zufrieden stellender Weise nachkommen.

2.6 Einflüsse des Spielortes

Die Historie in der Fußball-Bundesliga belegt, dass die Mehrzahl der Spiele von der jeweiligen Heimmannschaft gewonnen wird,[23] was sich in unserem Pfadmodell in einem direkten positiven Einfluss der Kontextvariablen „Heimspiel" auf den Punktspielerfolg niederschlägt. Zudem erbringen Abwehr und Mittelfeld in Heimspielen signifikant bessere Leistungen als in Auswärtsspielen. Die Gründe für den starken erfolgswirksamen Einfluss eines Heimspieles sind vielschichtig. Zum einen ist die Heimmannschaft mit den örtlichen Gegebenheiten (Spielfeld, Räumlichkeiten etc.) und mit der Stadionatmosphäre besser vertraut als die Gastmannschaft. Zum anderen kann sie im Gegensatz zur Auswärtsmannschaft frei von Reisestrapazen ins Spiel gehen. Zudem kommt dem psychologischen Aspekt, dass man sich der Unterstützung durch die Mehrheit der Zuschauer sicher sein kann, offenbar eine große Bedeutung zu. Viele Bundesligamannschaften verfahren daher nach der Zielsetzung „Hauptsache, die Heimspiele gewinnen und auswärts nach Möglichkeit nicht verlieren". Ungeachtet der Tatsache, dass ein Heimspiel einen direkten erfolgswirksamen Effekt hat, ist darauf hinzuweisen, dass dieser im Vergleich zu den übrigen untersuchten Einflussfaktoren vergleichsweise gering ist. Ein Bundesligaspiel wird – das machen unsere empirischen Befunde deutlich – im Wesentlichen durch die von den Spielern erbrachten Leistungen in Verbindung mit einem – allerdings kontextabhängigen – offensiv ausgerichteten Spielsystem entschieden.

II. Dynamische Analyse

1. Spielerwechsel und Wechselzeitpunkt

Im Rahmen der bisherigen Analyse wurde eine statische Perspektive zugrunde gelegt, die mögliche Anpassungen des Spielsystems im Spielverlauf außer Acht lässt. Diese Perspektive wird im Folgenden aufgegeben. In Tabelle 4 sind die in den untersuchten 582 Spielen vorgenommenen Spielerwechsel, anhand derer sich mögliche Systemänderungen identifizieren lassen, getrennt nach Wechselzeitpunkten aufgeführt. Dabei zeigt sich, dass die beiden Variablen nicht unabhängig voneinander sind.

Zunächst einmal wird deutlich, dass die Trainer von ihrem Recht zum Spielerwechsel reichlich Gebrauch machen. Insgesamt wurden in den untersuchten Begegnungen 1.564 Spieler ein- bzw. ausgewechselt, was – gemessen an der Zahl der maximal möglichen Wechsel – einer Quote von fast 90 % entspricht. Auffallend ist jedoch, dass diese Anpassungsprozesse im Spielsystem überwiegend im letzten Drittel eines Fußballspieles vorgenommen werden. In den *letzten 30 Minuten* werden fast *drei Viertel aller Spielerwechsel* durchgeführt. Die Tatsache, dass auf die erste Halbzeit lediglich 5 % aller Wechsel entfallen, mag auf den ersten Blick überraschen. Sie dürfte allerdings damit zu erklären sein, dass die *maßgeblichen Anpassungsprozesse* hinsichtlich der Wahl des Spielsystems typischerweise *vor dem Spiel* erfolgen. Aufgrund der durch die Medienpräsenz induzierten „Informationsflut" im Vorfeld eines Bundesligaspieles werden die jeweiligen Trainer in die (glückliche) Lage versetzt, das zu

Tab. 4: Spielerwechsel und Wechselzeitpunkt

Wechselzeitpunkt		**1. Halbzeit (Minuten)**			**2. Halbzeit (Minuten)**			
Wechselarten		**1–15**	**16–30**	**31–45**	**46–60**	**61–75**	**76–90**	**Summe**
Offensiv-wechsel	**S → A**	0	1	1	10	21	22	**55**
	S → M	0	1	4	55	93	84	**237**
	M → A	1	3	1	19	40	27	**91**
Defensiv-wechsel	**M → S**	0	0	2	14	34	61	**111**
	A → M	0	3	6	27	34	61	**131**
	A → S	1	0	0	5	11	31	**48**
Systemkons-tante Wechsel	**S → S**	3	7	4	85	138	146	**383**
	M → M	0	10	8	94	140	142	**394**
	A→ A	5	11	12	35	27	24	**114**
Summe		**10**	**36**	**38**	**344**	**538**	**598**	**1564**

Anmerkungen: Chi-Quadrat Test: Phi = .324 ($p \leq 0{,}01$) S = Sturm; M = Mittelfeld; A = Abwehr

erwartende gegnerische Spielsystem und die zu erwartende gegnerische Mannschaftsaufstellung mit einer hohen Wahrscheinlichkeit antizipieren zu können. Zu unangenehmen Überraschungen dürfte es dabei nur selten kommen. Man ist von der Wahl seines Spielsystems überzeugt und wird es nach Möglichkeit im Spielverlauf beibehalten. Anpassungsprozesse im Verlauf der ersten Halbzeit werden somit selten vorgenommen und wenn, beziehen sie sich zumeist auf *systemkonstante Wechsel*. Aber auch im weiteren Spielverlauf sind Anpassungsprozesse, die einen Systemwechsel nach sich ziehen, wesentlich seltener als systemkonstante Wechsel. Auf ein offensiveres System wurde in lediglich 24,5 % aller Fälle gewechselt, auf ein defensiveres System gar in nur 18,5 % aller Fälle.

2. Spielerwechsel, Spielstand und Spielerfolg

Im Hinblick auf mögliche *Gründe für einen Spielerwechsel* ist zu vermuten, dass Mannschaften, die in Rückstand liegen, ihr Spielsystem offensiver ausrichten, um durch ein erhöhtes Risiko zu versuchen, das Spiel noch zu ihren Gunsten zu wenden. Entsprechend ist anzunehmen, dass Mannschaften, die in Führung liegen, ihr System defensiver ausrichten, um durch die Stärkung des Abwehrbereiches den möglichen Spielerfolg abzusichern.

Wie aus Tabelle 5 hervorgeht, werden lediglich 15,4 % aller beobachteten Offensivwechsel von dem Trainer der jeweils zurückliegenden Mannschaft vorgenommen. Darüber hinaus entfallen nur knapp 19 % aller vorgenommenen Defensivwechsel auf Mannschaften, die zum fraglichen Zeitpunkt in Führung lagen. Dies impliziert, dass man sich

Tab. 5: Spielerwechsel und Spielstand

Spielstand / Wechselarten		**in Führung liegend: mit mehr als zwei Toren**	**in Führung liegend: mit zwei Toren**	**in Führung liegend: mit einem Tor**	**remis**	**in Rückstand liegend: mit einem Tor**	**in Rückstand liegend: mit zwei Toren**	**in Rückstand liegend: mit mehr als zwei Toren**	**Summe**
Offensiv-wechsel	**S → A**	1	7	27	15	2	1	2	**55**
	S → M	9	35	93	62	21	6	11	**237**
	M → A	5	17	31	22	6	2	8	**91**
Defensiv-wechsel	**M → S**	8	4	11	25	35	18	10	**111**
	A → M	7	10	10	40	41	16	7	**131**
	A → S	2	1	2	10	25	6	2	**48**
Systemkons-tante Wechsel	**S → S**	15	29	61	134	73	35	36	**383**
	M → M	14	35	87	117	70	38	33	**394**
	A → A	5	8	27	39	17	10	8	**114**
Summe		**66**	**146**	**349**	**464**	**290**	**132**	**117**	**1564**

Anmerkungen: Chi-Quadrat Test: Phi = .394 ($p \leq 0{,}01$) S = Sturm; M = Mittelfeld; A = Abwehr

zunächst der Beseitigung der Schwächen im Defensivbereich widmet, bevor man auf eine offensivere Variante umsteigt. Spiegelbildlich werden rund 59 % der Offensivwechsel von den in Führung liegenden Mannschaften durchgeführt. Dies wiederum bedeutet, dass man eher dazu neigt, den (spiel-)entscheidenden Treffer „nachzulegen" als die Defensive zu verstärken. Darüber hinaus bleibt festzuhalten, dass etwa 60 % aller *Spielerwechsel das gewählte System unberührt* lassen. Der bedeutendste Anteil der Einwechselungen wird somit vermutlich in erster Linie deshalb vorgenommen, weil einzelne Spieler nicht oder nicht mehr die von ihnen erwartete Leistung bringen. Von den systemkonstanten Wechseln entfallen lediglich 12,8 % auf Wechsel innerhalb des Abwehrverbundes. Dies unterstreicht die bereits in der multivariaten Analyse herausgestellte zentrale Bedeutung einer eingespielten Abwehr für die Umsetzung des gewählten Spielsystems.

Trotz der hohen Anzahl von Auswechselungen ergibt unsere Analyse *keinen signifikanten Zusammenhang zwischen Einwechselungen, Wechselarten und Spielerfolg* (vgl. Tabelle 6). Insgesamt blieb es in 90,4 % der Fälle, in denen der Trainer der in Führung liegenden Mannschaft einen Spielerwechsel vornahm, bei einem erfolgreichen Spielausgang, während Auswechselungen durch den Trainer der zurückliegenden Mannschaft in 87 % der Fälle die Niederlage nicht abzuwenden vermochte. Diese Befunde deuten daraufhin, dass aus Sicht der im Rückstand liegenden Mannschaft nur selten durch den Austausch

Tab. 6: Spielerwechsel, Spielstand und Spielerfolg

Spielstand / Wechselarten		in Führung liegend			remis			in Rückstand liegend		
		Sieg	Unentschieden	Niederlage	Sieg	Unentschieden	Niederlage	Sieg	Unentschieden	Niederlage
Offensivwechsel	S → A	4	1	0	4	9	2	3	4	28
	S → M	37	1	0	15	30	17	6	12	119
	M → A	13	3	0	10	6	6	3	3	47
Defensivwechsel	M → S	57	5	1	4	14	7	2	0	21
	A → M	56	6	2	9	21	10	0	1	26
	A → S	31	2	0	2	4	4	0	0	5
Systemkonstante Wechsel	S → S	131	8	5	29	79	26	2	11	92
	M → M	127	14	0	26	67	24	3	17	116
	A → A	31	1	3	12	14	13	3	3	34
Summe		**487**	**41**	**11**	**111**	**244**	**109**	**22**	**51**	**488**

Anmerkungen: Chi-Quadrat Test: Phi = .205 (n.s.) S = Sturm; M = Mittelfeld; A = Abwehr

einzelner Akteure Erfolg versprechend in den Spielverlauf eingegriffen werden kann. Umgekehrt gelingt den führenden Mannschaften in aller Regel eine dem Spielverlauf angemessene Anpassung. Die große Zahl von Einwechselungen in der Schlussphase eines Spieles dürfte damit zu erklären sein, dass die in Führung liegende Mannschaft in den letzten Minuten noch „Zeit schinden" oder dass der Trainer z. B. Nachwuchsspielern durch einen Kurzeinsatz noch die vereinbarte Siegprämie zukommen lassen will. Die dynamische Betrachtung gibt somit einen weiteren Hinweis darauf, dass *Spielerfolge* in der Fußball-Bundesliga *nur sehr begrenzt über das gewählte Spielsystem sowie über etwaige Anpassungen des selben zu erzielen sind.*

E. Ausblick

Die Ergebnisse der Analyse belegen, dass der Erfolg in Spielen der Fußball-Bundesliga wesentlich von der *Einstellung der Spieler (Leistung)* und nur indirekt und relativ schwach von der Aufstellung (Spielsystem) abhängt – ein für den Organisationstheoretiker wie -praktiker sicherlich ernüchternder Befund. Vielmehr ist an dieser Stelle der „Motivator" gefordert, denn der Schlüssel zum Erfolg in einem Bundesligaspiel liegt offensichtlich darin, die *Spieler zu einer überdurchschnittlichen Leistung anzutreiben.* Im Hinblick auf ein erfolgreiches Sportmanagement ergeben sich somit zwei zentrale Fragen. Zum einen ist zu klären, welche Maßnahmen bzw. Instrumente zur Leistungssteigerung ausgewählt werden sollten, wobei aus ökonomischer Sicht die effiziente Gestaltung der Entlohnung im Vordergrund steht. Zum anderen ist die Frage nach der effizienten Koordination von sportlicher und kaufmännischer Führung zu stellen. Die sportökonomische Forschung steht hier allerdings erst am Anfang. Festhalten lassen sich bislang die folgenden Erkenntnisse:

(1) Eine *auf der Teamleistung basierende Entlohnung* professioneller Mannschaftssportler dürfte der sportlichen Performance c.p. zuträglicher sein als eine an der individuellen Leistung der Spieler orientierte Entlohnung.[24]
(2) Je größer das Leistungsgefälle in einem Team ist, desto eher wird man vermutlich auf den Einsatz leistungsabhängiger Individualprämien verzichten, da *Prämienentgelte* in diesem Fall oftmals nicht die beabsichtigten Verhaltensfolgen zeitigen.[25]
(3) Die permanente *Abstimmung zwischen sportlicher und kaufmännischer Führung* bei der Verwendung materieller und immaterieller Anreize dürfte eine notwendige Voraussetzung für das Erreichen sportlicher Ziele sein. Bei einer mangelhaften Abstimmung besteht die Gefahr, dass einzelne Spieler sportliche und kaufmännische Führung gegen einander ausspielen, um sich persönliche Vorteile – ggf. auf Kosten sportlicher Erfolge – zu verschaffen.

Anmerkungen

* Die Autoren danken Herrn Prof. Dr. Dr. h.c. mult. Horst Albach und Herrn Prof. Dr. Bernd Frick für wertvolle Anregungen und Hinweise.
1 Vgl. Chadwick / Parker (1996), S. 322ff.
2 Vgl. die Analyse der wirtschaftlichen Lage des Hamburger SV, von Eintracht Frankfurt und von Werder Bremen während der Spieljahre 1994/95 und 1995/96 bei Littkemann / Sunderdiek (1998), S. 1218ff.
3 Zum „Bosman-Urteil“ und seinen ökonomischen Folgen vgl. Frick / Wagner (1996), S. 611ff., und Solheim / Chadwick / Skirstad (1997), S. 333ff.
4 Zu den steuerrechtlichen Grundlagen von überwiegend in der Rechtsform des Vereins geführten Fußball-Bundesligisten vgl. Littkemann / Madrian (1999), S. 402ff.
5 Zur praktischen Relevanz ökonomischer Fragestellungen im professionellen Sport vgl. Büch / Frick (1999), S. 109ff.
6 Vgl. z. B. sowohl den erfolgreichen als auch den erfolglosen Fall der Einführung einer „Viererabwehrkette“ in der Fußball-Bundesliga bei Schewe / Littkemann (1999).
7 Unter dem Spielsystem versteht man die Aufteilung der 10 Feldspieler auf die drei einzelnen Mannschaftsteile Abwehr, Mittelfeld und Sturm (die Torwartposition ist obligatorisch und wird bei der Betrachtung außen vor gelassen).
8 Unter der Spielerleistung versteht man die von jedem einzelnen Akteur auf dem Spielfeld erbrachte Leistung in einem einzelnen Fußballspiel.
9 Zum Einsatz kontingenztheoretischer Modelle zur Analyse ökonomischer Fragestellungen im Sport vgl. Littkemann / Salomo (1997), S. 206ff. sowie Schewe / Littkemann (2001), S. 551ff.
10 Zum Aufbau kontingenztheoretischer Modelle in der Organisationstheorie vgl. Kieser / Kubicek (1992), S. 55ff.
11 Zu einer Übersicht der Ergebnisse traditioneller empirischer betriebswirtschaftlicher Forschung vgl. das Herausgeberwerk von Hauschildt / Grün (1993).
12 Weitere bedeutende Kontextfaktoren sind u. a. variable Vergütungsbestandteile, wie z. B. zu gewährende Prämien für bestimmte Spielerfolge, die ihrerseits Anreize zur Leistungssteigerung bieten sollen. Da allerdings infolge der unzureichenden Publizitätspflicht der deutschen Profi-

Vereine zuverlässige Einkommensdaten nicht verfügbar waren (vgl. Frick (2001), S. 702), musste für die Analyse des Spielerfolgs auf die Einbeziehung von materiellen Anreizen verzichtet werden. Daten zur potenziellen Leistungssteigerung durch immaterielle Anreize, wie z. B. der vom jeweiligen Trainerstab verwendete Führungsstil, standen ebenfalls nicht zur Verfügung.

13 Vgl. Kicker-Sportmagazin (2001), S. 24ff.

14 Als Untersuchungseinheit wird bei dieser Vorgehensweise ein Spiel aus der Perspektive beider Mannschaften gesehen. So stellt z. B. für Mannschaft A das eigene Spielsystem einen Gestaltungsfaktor und das Spielsystem des Gegners einen Kontextfaktor dar. Für Mannschaft B gilt dies entsprechend.

15 Als Maß für die Spielstärken am ersten Spieltag diente die Abschlusstabelle der vorigen Saison. Diese trägt jedoch nicht der Tatsache Rechnung, dass sich die Vereine in unterschiedlichem Ausmaß verstärkt haben. Alternativ wäre die Messung der Spielstärke durch Wettquoten denkbar. In die Bildung der Wettquote fließt allerdings die Tatsache ein, dass eine Mannschaft ein Heim- oder Auswärtsspiel bestreitet, welches in unserem Modell als separate Variable erfasst wird.

16 Eine deskriptive (alle 612 Spiele umfassende) Datenanalyse sowie eine vereinsbezogene Auswertung der Ergebnisse findet sich bei Littkemann / Kleist (2001).

17 Im Zentrum der Spieltheorie steht die Analyse von strategischen Entscheidungssituationen mit mehreren voneinander in ihren Entscheidungen autonomen, aber im Ergebnis voneinander abhängigen Entscheidungsträgern. Zu den Grundlagen und zu Anwendungsbeispielen der Spieltheorie vgl. Holler / Illing (2000). Zum Aufbau und zur Lösung von Spielen in Normalform und in Matrixdarstellung vgl. Güth (1999), S. 149ff.

18 Zum MiniMax-Kriterium und weiteren Entscheidungsregeln vgl. Adam (1996), S. 231ff.

19 Zu den Gründen und Erfolgswirkungen von Trainerwechseln in der Fußball-Bundesliga vgl. die Befunde von Salomo / Teichmann (2000), S. 103ff.

20 Zur Funktionsweise und Ergebnisinterpretation der Pfadanalyse vgl. ausführlich Holm (1977), S. 7ff. und S. 65ff. Die Regressionsanalyse wurde anderen ebenfalls denkbaren Verfahren, wie z. B. Probit-Schätzungen, vorgezogen, da deren Ergebnisse i. d. R. wesentlich schwieriger zu interpretieren sind. Des Weiteren stellt die Regressionsanalyse ein sehr robustes Verfahren gegenüber der Verletzung statistisch geforderter Annahmen dar (vgl. Backhaus et al. (2000), S. 44). Die gesamte Varianzaufklärung des mehrstufigen Pfadmodells entspricht dem Bestimmtheitsmaß der multiplen Regression auf der ersten Stufe. Das unkorrigierte R beträgt für das hier abgebildete Modell 0.554 und ist signifikant auf einem Niveau von 1 %.

21 Die eingezeichneten Pfade sind signifikant auf einem Niveau von 1 %.

22 Die Einbeziehung an sich ordinaler Variablen in eine Regressionsanalyse ist in der statistischen Literatur allerdings nicht unumstritten (vgl. dazu Bortz (1984), S. 124f.). Nach Gaito (1980), S. 564ff., kann bei der Anwendung parametrischer Verfahren auf ordinale Daten zurückgegriffen werden, sofern die statistisch verlangten Voraussetzungen (insbes. Linearität der Beziehungen und Normalverteilung der Variablen) erfüllt werden und keine messtheoretischen Erwägungen hinsichtlich der Dateninterpretation dagegen stehen. Ferner konnten Baker et al. (1966) anhand einer Simulationsstudie nachweisen, dass parametrische Verfahren auch dann zu korrekten Entscheidungen kommen, wenn das Zahlenmaterial nicht exakt intervallskaliert ist.

23 Vgl. die „ewige" Tabelle der Fußball-Bundesliga im Kicker-Sportmagazin (2000), S. 172.

24 Vgl. die Befunde von Frick (1999), S. 183ff., und Lehmann / Weigand (1999), S. 124ff.

25 Vgl. dazu Frick / Klaeren (1997), S. 1117ff.

Literatur

Adam, D. (1996): Planung und Entscheidung, 4. Aufl., Wiesbaden.

Backhaus, K. / Erichson, B. / Plinke, W. / Weiber, R. (2000): Multivariate Analysemethoden: eine anwendungsorientierte Einführung, 9. Aufl., Berlin et al.

Baker, B. O. / Hardyck, C. D. / Petrinovich, L. F. (1966): Weak Measurement vs. Strong Statistics: An Empirical Critique of S. S. Stevens Proscriptions on Statistics, in: Educational Psychological Measurement, Vol. 26, S. 291–309.

Bortz, J. (1984): Lehrbuch der empirischen Forschung, Berlin et al.
Büch, M.-P. / Frick, B. (1999): Sportökonomie: Erkenntnisinteresse, Fragestellungen und praktische Relevanz, in: Betriebswirtschaftliche Forschung und Praxis, 51. Jg., S. 109–123.
Chadwick, S. / Parker, G. (1996): Strategy and Success in the English Football Premier League, in: Pigeassou, C. / Ferguson, R. (Hrsg.), Fourth Congress of the European Association for Sport Management: Proceedings, Montpellier, S. 322–342.
Frick, B. (1999): Personal-Controlling und Unternehmenserfolg: Theoretische Überlegungen und empirische Befunde aus dem professionellen Team-Sport, in: Egger, A. et al. (Hrsg.), Managementinstrumente und -konzepte, Stuttgart, S. 183–202.
Frick, B. (2001): Die Einkommen von „Superstars" und „Wasserträgern" im professionellen Teamsport – Ökonomische Analyse und empirische Befunde, in: Zeitschrift für Betriebswirtschaft, 71. Jg., S. 701–720.
Frick, B. / Klaeren, R. (1997): Die Anreizwirkungen leistungsabhängiger Entgelte – Theoretische Überlegungen und empirische Befunde aus dem Bereich des professionellen Sports, in: Zeitschrift für Betriebswirtschaft, 67. Jg., S. 1117–1138.
Frick, B. / Wagner, G. (1996): Bosman und die Folgen, in: Wirtschaftswissenschaftliches Studium, 25. Jg., S. 611–615.
Gaito, J. (1980): Measurement Scales and Statistics: Resurgence of an old Misconception, in: Psychological Bulletin, Vol. 87, S. 564–567.
Güth, W. (1999): Spieltheorie und ökonomische (Bei)Spiele, 2. Aufl., Berlin et al.
Hauschildt, J. / Grün, O. (Hrsg.) (1993): Ergebnisse empirischer betriebswirtschaftlicher Forschung: Zu einer Realtheorie der Unternehmung, Festschrift für Eberhard Witte, Stuttgart.
Holler, M. J. / Illing, G. (2000): Einführung in die Spieltheorie, 4. Aufl., Berlin et al.
Holm, K. (1977): Lineare multiple Regression und Pfadanalyse, in: Holm, K. (Hrsg.), Die Befragung 5, S. 7–102.
Kicker-Sportmagazin (2000): Sonderheft: Bundesliga 2000/2001, Nürnberg.
Kicker-Sportmagazin (2001): Sonderheft: Finale 2000/2001 – Die große Bundesliga-Bilanz, Nürnberg.
Kieser, A. / Kubicek, H. (1992): Organisation, 3. Aufl., Berlin / New York.
Lehmann, E. / Weigand, J. (1999): Determinanten der Entlohnung von Profifußballspielern – Eine empirische Analyse für die deutsche Bundesliga, in: Betriebswirtschaftliche Forschung und Praxis, 51. Jg., S. 124–135.
Littkemann, J. / Kleist, S. (2001): Erfolg in Spielen der Fußball-Bundesliga: eine Frage der Auf- oder Einstellung, Arbeitspapiere des Lehrstuhls für Betriebswirtschaftslehre, insbes. Organisation, Personal und Innovation der Westfälischen Wilhelms-Universität Münster, Nr. 17, Münster.
Littkemann, J. / Madrian, J.-P. (1999): Vereinsbesteuerung und Gemeinnützigkeit, in: Steuern und Bilanzen, 1. Jg., S. 401–407.
Littkemann, J. / Salomo, S. (1997): Success in Sports: A Longitudinal Study of the German Premier Soccer League, in: Davies, I. / Wolstencroft, E. (Hrsg.), Fifth Congress of the European Association for Sport Management: Proceedings, Glasgow, S. 206–210.
Littkemann, J. / Sunderdiek, B. (1998): Analyse der wirtschaftlichen Lage von Vereinen der Fußball-Bundesliga, in: Bilanz, Buchführung, Kostenrechnung, Heft 24, S. 1215–1228.
Salomo, S. / Teichmann, K. (2000): The Relationship of Performance and Managerial Succession in the German Premier Football League, in: European Journal for Sport Management, Special Issue „Managing professional football in a changing environment", S. 99–119.
Schewe, G. / Littkemann, J. (1999): Einführung innovativer Spielsysteme im Profifußball: Die Übertragung eines betriebswirtschaftlichen Organisationskonzeptes, in: Horch, H.-D. / Heydel, J. / Sierau, A. (Hrsg.), Professionalisierung im Sportmanagement, Aachen, S. 325–336.
Schewe, G. / Littkemann, J. (2001): Der Weg zum Erfolg: Eine Analyse von Innovationen im Sport, in: Hamel, W. / Gemünden, H. G. (Hrsg.), Außergewöhnliche Entscheidungen, Festschrift für Jürgen Hauschildt, München, S. 547–578.
Solheim, A. / Chadwick, S. / Skirstad, B. (1997): Why is the Transfer System not governed by the Football Associations?, in: Davies, I. / Wolstencroft, E. (Hrsg.), Fifth Congress of the European Association for Sport Management: Proceedings, Glasgow, S. 333–341.

Zusammenfassung

Der Erfolg in Spielen der Fußball-Bundesliga hängt in erster Linie von den in den einzelnen Mannschaftsteilen erbrachten Leistungen ab. Dabei kommt der Wahl eines offensiven Spielsystems eine wichtige Unterstützungsfunktion zu. Spieltheoretische Überlegungen geben Hinweise darauf, warum die Wahl des Spielsystems in keiner direkten Beziehung zum Spielerfolg steht. Ferner besitzen situative Faktoren wie die relative Spielstärke und der Spielort einen nennenswerten Einfluss auf den Spielerfolg.

Summary

The article analyses factors influencing team success in the German professional soccer league („Bundesliga"). From an organizational perspective success primarily depends on the performance of the players within the different team units and an effective concurrent coordination. However, a significant supporting influence is exerted by the choice of an offensive team strategy. Moreover, relative team strength and the location of the match have a significant influence on success.

20: Allgemeine Fragen der Organisationstheorie (JEL M19)
31: Entlohnung und Erfolgsbeteiligungen (JEL J33)

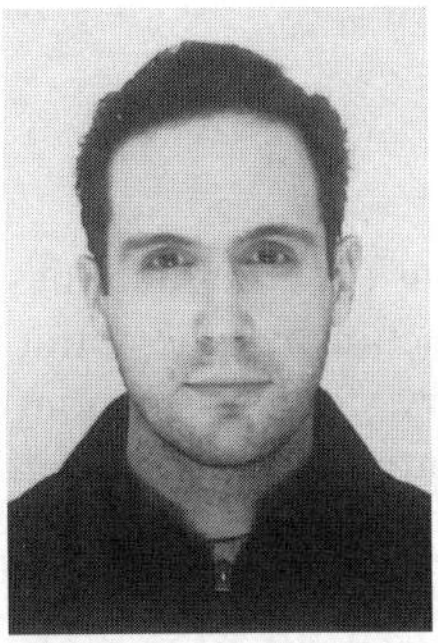

Salary Compression and Team Performance: Evidence from the National Hockey League

By Rafael Gomez*

Überblick

- This paper seeks to develop a better understanding of the conditions under which equity (defined here as a compressed salary structures) and efficiency (defined here as team performance) are complementary.
- The mechanism linking internal pay equality and organizational performance are indirect, i.e. working through the creation of social cohesion within a team. It is social capital that is harmed in an organization that treats its labor input simply as a variable cost of production in need of minimization rather than a fixed cost of production.
- This prediction receives tentative confirmation in an empirical analysis that uses data from 26 NHL teams over the course of five seasons.
- This result, however, is sensitive to time periods used – a finding suggesting that in subsequent research richer data sets (covering different leagues and more seasons) need to be employed.

Eingegangen: 3. Januar. 2002

Dr. Rafael Gomez, International Institute of Management, London School of Economics. Houghton Street, London, WC2A 2AE, Great Britain, E-mail: r.gomez@lse.ac.uk
An earlier version of this paper was presented at the Applied Econometrics Association (AEA) meeting in Helsinki, Finland, September 2000.

ZfB
ZEITSCHRIFT FÜR BETRIEBSWIRTSCHAFT

A. Introduction

The practitioner based Human Resource (HR) and Industrial Relations (IR) literature has been inundated in recent years with discussions of team-based production and the notion of group compensation. The rationale for invoking team-based salary structures, among those who design and administer compensation systems, is quite intuitive: "If you tell people that you expect them to work in teams but you continue to pay them as individuals, the message they may pick up is that teams do not count" (Gross, 1995).

Team-based compensation structures, however, are not unique and often come in several varieties. Two of the most common are hierarchical and compressed salary structures. An organizational pay structure can be hierarchical in the sense that a greater proportion of pay is concentrated in relatively few levels, jobs or individuals. Alternatively, pay distributions can be compressed, in which case, pay is less dispersed and is spread more evenly across jobs and/or individuals (Bloom, 1999).

What effect do compressed salary structures have on team performance? That question is the central one addressed in this paper. The paper presents and extends several theories linking pay structures to performance and assesses their pertinence. The paper begins by establishing the conditions under which equitable pay and efficiency may be complementary at the workplace. The empirical section of the paper examines team based salary structures in the National Hockey League (NHL) and asks whether franchises with more compressed pay structures outperform their less egalitarian counterparts.

Although the results were somewhat 'noisy' in terms of establishing a direct link between pay compression and improved team performance, the notion of an income fairness test, where workers (players) engage in relative pay comparisons with co-workers (teammates) in order to establish the notion of a fair wage, found tentative support in the data. It appears that if the fair wage is transgressed in some way, perhaps because internal salary structures are perceived as being too steep, workers may respond by putting forth less effort. This suggests that organizations, which try to adopt more high-powered incentive pay schemes – perhaps because measures of individual output are easily observable (e.g., as in professional sports) – may ultimately end up harming actual performance if the production process requires cooperation and teamwork.

B. Theoretical Framework

The compensation literature in economics has traditionally maintained that in order to induce better performance, pay must be distributed according to the different contributions that individuals make both in terms of human capital investments and in output. Because of differences in such individual contributions, the resulting pay structures are often quite dispersed. Pay compression – to the extent that it under-rewards individuals who have higher-level jobs, greater human capital or better performance – is seen as providing disincentives for workers to invest in training and motivating less individual effort.

The study of industrial relations, however, has long emphasized the long run complementarily of equitable pay systems and efficiency so long as neither outcome is pursued blindly and without regard for the other (Meltz, 1989). The personnel and human resource literature drawing from aspects of *equity theory* (Adams 1963) also maintains that compressed pay distributions, by fostering cooperation and increasing transfers of knowledge among co-workers, can be more beneficial for organizational performance than are hierarchical pay structures (Bloom, 1999).

Before establishing a connection between a team's pay structure and its performance, it is essential to understand the process by which an NHL franchise comes to acquire a compressed or dispersed salary structure in the first place. The link comes in the form of the *pay system* chosen by the team – or the manner used to determine how an individual's pay will be set. A pay system that rewards on the basis of individual performance tends to promote greater salary dispersion because more ambitious workers have a greater incentive to differentiate themselves than when pay is not related to performance (Lazear, 1999a). By contrast, the paying of basic salaries if accompanied with less hierarchy and fewer job levels tends to be associated with more salary compression. The following subsection first examines the determinants of pay systems. The section then explores the link between methods of payment and resulting pay structures. The following two subsections then present the contrasting theoretical channels that link either hierarchical or compressed salary structures to improved performance.

I. The Link Between Pay Systems and Pay Structures

Do compensation structures truly enhance firm performance? This is one of the most difficult questions facing the compensation literature and evidence is still scarce. The question can be recast in terms of the assumptions one makes about the causal ordering of pay and performance. For example, does pay cause performance or does performance determine pay? The answer really depends on the kinds of labor contracts one observes in practice.

Generally, one can distinguish among two basic types of pay systems or labor contracts. The first, *input-based pay*, is based on some measure of input such as time or effort. Salaries and straight-time equivalents are the most common forms of input based pay. The second type, *performance-based pay*, is based on some measure of output as in a piece rate system.

Only two decades ago, economic theory had little to offer by way of explaining the enormous variety of contractual arrangements under which workers sold their labour to firms. The myriad of pay systems observed across firms and industries was largely ignored because contracting had little role in traditional economic theory: efficient contracts were simply assumed to exist (Stiglitz, 1975).[3] Since then, the new economics of personnel has attracted considerable attention. The field of personnel economics emphasizes the technical (and to a lesser extent the behavioral) conditions under which certain pay systems and structures -such as pay compression – may be optimal. In terms of pay systems, the new economics of personnel accounts for differences observed across firms and industries based on the following four factors: (1) monitoring costs; (2) heterogeneous worker ability; (3) the association between effort and output (uncertainty); and (4) risk-preferences.

Traditional textbook simplifications always assume that each worker receives a wage equal to his or her marginal product. There are several reasons why this equality may not hold. According to Brown (1992), the most important factor is that a worker's output is not easily observed. Rather than taking the cost with which managers measure output to be zero, the economics of personnel assumes that **monitoring costs** (either of output or of effort) are positive. When the cost of monitoring output is low, the firm is more likely to use performance-based pay. Alternatively, when the cost of measuring output is high the organization is more likely to use time rates (Fernie and Metcalf, 1996).

Monitoring costs can be thought of as the strongest proximate cause of pay system choice among firms. Underlying monitoring costs, though, are factors that work indirectly on choice of pay system, through their effect on monitoring difficulty. When the contribution of any one individual to the output of the organization is hard to discern, for example, monitoring difficulties become greater and individual pay for performance is less likely. Firms, under conditions of joint production and teamwork, will prefer to pay similar salaries to those engaged in similar work, thus leading to more pay compression. In this vein, Milgrom and Roberts (1992) note that co-workers often make relative comparisons in pay and most workers feel that they are above average. Uneven distributions may therefore engender sufficient unhappiness so that managers are discouraged from creating performance-related wage differentials.[4]

A second source of pay system differentiation is **heterogeneous worker ability**. If the distribution of ability were the same across workers, there would be little need to employ individual pay for performance systems. This is because pay for performance systems are useful sorting devices for firms in a world of heterogeneous and unobserved worker ability. When firms are unsure about worker quality, they can control for the variance in worker ability by measuring and then paying on the basis of output.[5] Put simply, greater homogeneity of talent and ability leads to more pay compression because when firms do not need to sort workers by ability, pay systems will tend to be salary based. Moreover, even if firms wished to employ piece rates in a world of homogenous talent, the incentive effects would still produce less inequality because output would not vary as much between top and bottom earners.

A third factor affecting the choice of pay system centers on the **output measure** upon which the firm wishes to tie its performance-based pay with. When the link between individual effort and output is "weak", base salaries are more likely to be employed by the firm. This is the classic risk-insurance tradeoff of principle-agent models. Whenever the precision of assessing individual performance declines – due to either subjective errors made by supervisors or because of random factors outside the control of the individual worker – firms are more likely to pay straight salaries and compress pay structures. As uncertainty governing individual output increases, workers demand insurance in the form of larger base salaries.

In certain situations, however, uncertainty can produce a greater spread in pay. Under rank order or tournament pay systems, *relative* assessments of performance are used to allocate rewards. Relative assessments are useful in a world where luck and random components can affect output, because relative rankings based on peer group averages filter out common shocks that affect all employees. The greater disparity in pay occurs because small differences in talent and output get magnified into large salary differentials between the winners of a tournament and the losers.[3]

Finally the **risk preferences** of employees are an essential ingredient in determining the choice of pay system. Where workers judge the managerial accuracy of measuring output and effort as being highly volatile (e.g., where workers are risk averse) the more likely it is that firms will tend to employ pay systems that compress salary structures. While it is difficult to determine an explicit formula for the optimal spread in pay when employees are risk averse, Lazear and Rosen (1981) show that pay spreads are a decreasing function of employee risk aversion. Risk averse agents would prefer to be compensated for effort, which they can control, rather than output or performance evaluations that are subject to managerial biases, random shocks or errors.

The analysis so far suggests that pay systems not only produce incentives but that they also lead to either compressed or hierarchical pay structures which in turn have feedback effects on performance. The optimal spread for a given firm is not predetermined, because in equilibrium, every firm chooses the appropriate pay system and optimal wage spread based on a rigorous cost benefit analysis. The problem with equilibrium modeling in the area of pay systems is the multiplicity of factors that influence the optimal choice of wage spread. For example, what if monitoring output is costly but workers are not equally able? How low should monitoring costs become before employers choose an output based pay system that optimally sorts workers on the basis of ability? [5]

II. The Link Between Pay Structures and Team Performance

1. Hierarchical Pay Structures: Encouraging Competition

The key question for organizations is whether a hierarchical pay structure, which pays considerably more for top talent, has positive implications for team-wide performance. As was stated earlier, a consistent and longstanding theme in the compensation literature has emphasized the positive incentive effects brought about by "steep" pay structures. Slichter (1928), for example, provides a very early explanation of the positive incentive effects under piece rates. Pay structures, which are hierarchical, are seen as beneficial to organizations because they create a meritocratic environment where rewards are commensurately larger for greater human capital investment and effort.

Resulting, pay distributions also affect the effort of all employees in an organization and not just top performers. It may be that incentives for greater individual effort are harmed by an increased emphasis on equity. It may also be that pay inequality *increases* harmony amongst workers since compressed salary structures could destroy individual morale to the extent that more productive workers feel disenchanted under this scheme. It may also be the case that employees whose performance at a given point in time is at the low end of the distribution, are motivated by greater pay dispersion and will perform better in the future (Milgrom and Roberts, 1992).

While empirical evidence has been limited, Ehrenberg and Bognanno (1990) found that hierarchical tournament prizes were associated with better player performance amongst European golf professionals. Similarly, Becker and Huselid (1992) found that hierarchical prizes were associated with better performance among racecar drivers.

2. Compressed Pay Structures: Encouraging Cooperation

Compressed pay structures are seen as beneficial when collaboration and task complexity necessitate the involvement of many employees working in concert. The theories that link salary compression with improved performance are of two basic varieties. First, the instrumental or economic models are based solely on technical considerations. To the extent that monitoring individual effort is difficult or costly, or to the extent that the nature of the work involves cooperation, firms are less likely to offer wage spreads that are too large. Similarly, they are less likely to switch to some output based measure of pay (Lazear, 1995).

A second set of theories expands the notion of constraints facing a firm to include 'social' norms governing considerations of fairness. Compressed pay distributions are said to inculcate feelings of fairness, foster notions of solidarity and reduce destructive interpersonal competition (Kochan and Osterman, 1994).

Based on insights drawn from the new economics of personnel, the channels by which pay equality positively affects both team and individual performance include a mixture of technical and social considerations. They are: (1) increased social capital (i.e, the lessening of destructive co-worker rivalry and untrustworthiness) that is fostered among co-workers in organizations with more compressed salary structures, (2) an increased willingness on the part of employees to share productive workplace information with co-workers and management, and (3) an increased willingness to "help" co-workers in organizations with more homogenous pay schemes.

Mitigating all three channels is the notion of fairness. In more precise terms, the perceived fairness of an internal salary structure is the causal connection linking pay equality with increased social cohesion, information sharing and more frequent helping efforts (and hence improved organization performance). The perceived fairness of a salary structure matters in situations where cooperation is essential to ensure organizational success and where inter-worker competition may impede organizational efficiency. In this paper I argue that compressed salary structures are more likely to be perceived as fair among workers working in the same organization and in particular, internal pay equality is likely to be positively correlated with individual and organizational performance under conditions where workers have similar skill sets, are engaged in similar tasks, in similar occupations, and where individual output is dependent on group or team based production.

III. Summary and Implications

Although the economics of personnel generates models, which link pay equality with performance, the literature makes no global statement concerning the effect of a certain pay structure on performance. The economics of personnel assumes that in equilibrium, organizations will select an optimal pay structure based on the costs and benefits of the various schemes. Organizations that choose pay structures which are more equitable in equilibrium are those for which the benefits of being an equitable employer (more cooperation and teamwork) outweigh the costs in the form of less individual competition and effort. Similarly, firms with less egalitarian salary structures are those for which constraints

– in terms of monitoring difficulties or the need for cooperation – are lower thus making it more efficient to pay on the basis of individual performance.

What is of interest for empirical researchers, however, is whether firms – facing the same technical and legal constraints – still differentiate their pay systems. This is important because strategic choice theorists in industrial relations and organizational behavior maintain that firms ultimately have the freedom to adopt distinct "organizational" cultures; cultures that emphasize high performance workplace practices and policies, regardless of the technical constraints faced. This does not imply that firms operate under no constraints at all. Rather it may simply be that some organizations are more cognizant of the "social" constraints facing them – such as notions of distributive justice – which impede the adoption of what appear to be simple and efficient pay systems (e.g., paying for individual performance). Therefore, while it is still useful to assume that firms seek to maximize profits, it may be necessary to expand upon the typical set of constraints facing them. Theoretical modeling should note that apart form budgetary and technical constraints, firms are also subject to social constraints governing the fairness of pay systems and resulting pay distributions.

C. Empirical Framework

Testing whether pay compression is positively associated with performance is not a straightforward assignment. While team-based production is clearly part of the industrial landscape, it is difficult to find a data set of firms within the same industry where some measure of salary dispersion and team-based performance is observable across firms. Indeed, if such a panel did exist, defining a concept like performance could be quite slippery. Does performance mean profits, market share, productivity or all three?

Fortunately there is one industry where readily available measures of team and individual performance differ across organizations and where the degree of salary dispersion can be measured with a high degree of accuracy. That industry is professional sports. For the purposes of this paper, the 26 teams and their individual players (n = 773) of the National Hockey League (NHL) will function as our units of analysis.

The National Hockey League (NHL) is an ideal arena to examine a number of standard labor economic hypotheses. Tests of marginal productivity theory, pay discrimination, salary differentials and bargaining models have all been extensively applied to professional sports.[8] To the author's knowledge this study is the first to examine the effect of pay inequality (as measured by the degree of salary dispersion within a team) on team and individual performance, after controlling for the effects of total team salary, managerial talent and player skill and experience.[9] The section begins with an illustrative example of team performance in the NHL.

I. Player Salaries in the National Hockey League

At the start of the 1996–1997 NHL regular season, the Dallas Stars and the Los Angeles Kings were similar with respect to almost all major indicators of potential team perfor-

Tab. 1: Start of Season Indicators for the Dallas Stars and Los Angeles Kings 1996/97

	Dallas Stars	Los Angeles Kings
Years in the League	30	30
Historical Regular Season Winning Percentage	0.449	0.469
Coaching Experience	1yr	1yr
Number of Off-Season Player Changes	5	6
95/96 Regular Season Points	66	66
96/97 Regular Season Points	104	67

mance. Both teams entered the National Hockey League (NHL) the same year[10], historically they had similar regular season winning percentages, both teams finished the previous season with an identical number of points, both played in the same conference, neither had altered their line up to a considerable extent and both had hired a rookie coach to begin the 95/96 campaign (see Table 1). Given nearly identical starting points, how can it be that over the course of the 96/97 regular season Dallas improved by 38 points to finish the season second overall, while Los Angeles scarcely improved, finishing the season with only one more point than the year before?

If one looks beyond these observable differences, one finds that conditions at the start of the 96/97 season were in fact quite different for both teams. As shown in Table 2, salary inequality was higher within the Kings' franchise. Naturally, these figures do not constitute proof that greater pay equality before the start of the 96/97 season was the reason why a turnaround occurred for one team and not for the other. Indeed, pay equality was certainly not the sole reason for the Stars' success. Table 2 also demonstrates that Dallas' payroll was much higher. In addition, although levels of inequality were higher in the Kings' franchise, the year-to-year changes in Gini-ratios were roughly the same.

What is needed, therefore, is not merely a comparison of means or variances in team performance, but a more complete empirical model, which controls for other determinants

Tab. 2: Salary Structure and Total Team Payroll for Los Angeles and Dallas in the 95/96 and the 96/97 Seasons

	Dallas Stars	Los Angeles Kings
Average Salary 95/96 ($)	1,072,771	1,049,981
Average Salary 96/97 ($)	1,232,471	926,497
Total Team Payroll 95/96 ($)	18,237,105	15,749,714
Total Team Payroll 96/97 ($)	20,952,000	13,897,000
Salary Inequality 95/96*	0.375	0.497
Salary Inequality 96/97*	0.374	0.418

* Salary inequality is measured as the Gini ratio.

of team and individual performance. Based on the theoretical framework presented in section 2, two fundamental hypotheses emerge:

Hypothesis 1a: Holding constant other factors which affect organizational performance, organizations with more compressed salary structures will perform better, on average, than those that are more unequal.

Hypothesis 1b: Holding constant other factors which affect organizational performance, organizations with more hierarchical salary structures will perform better, on average, than those that are more equal.

Using the NHL as a data source confers three principle benefits. First, readily accessible measures of team and individual performance are available in the form of regular season point totals, as are measures of internal salary dispersion. Second, the requirement of having workers with similar occupations that are engaged in team-based production is clearly met. Finally, by controlling for other factors such as managerial expertise and team talent, a more comprehensive test of whether salary inequality hinders performance can be made. In other words, one can estimate whether the benefits of increased cooperation (arising from egalitarian pay structures) are outweighed by the possible negative impact of pay equality on individual competition and motivation.

II. The Effect of Salary Compression on Team Performance

The effect of salary dispersion on team performance is analyzed using National Hockey League team data from 1993 through 1998 (five seasons of team data which are subject to restrictions mentioned below) to estimate the following general model written in linear form,

(1) $P_{it} = c + \beta_1(I)_{it} + \beta_2(E)_{it} + \beta_3(M)_{it} + \beta_4(X)_{it} + u_{it}$

where the performance (P) of NHL team *i* over the course of season *t* is a function of the degree of salary inequality within a team (I), a team's average experience level (E), some proxy for managerial experience (M), and other controls (X) which may effect a team's performance. All independent variables are measured at the start of the regular season in question.

1. Data and Measures

The sample for equation 1 includes 130 observations (26 teams observed over the course of five seasons). Descriptive statistics on all regressors included in the OLS estimations are found in table 3. For the dependent variable of team performance, the winning percentages of teams and season-ending point totals were both employed.

Tab. 3: Summary Statistics for the Sample of 26 NHL Teams Over Five Seasons

Variable	Mean	Standard Deviation	Minimum	Maximum	Observations
Winning Percentage	0.500	0.099	0.22	0.79	130
Total Points	75.6	20.5	23	131	130
Salary Inequality [a]	0.388	0.075	0.188	0.614	130
Average Team Experience [b]	358.0	80.6	159.4	538.1	130
Average Team Tenure [b]	148.4	42.9	60.4	241.8	130
Ethnic Diversity [c]	1.06	0.219	0.55	1.72	130
Team Move	0.023	0.150	0	1	130
94/95 Strike Dummy	0.20	0.401	0	1	130
Total Team Payroll [d]	21043	7660	7964	46110	130
Rookie Manager	0.069	0.254	0	1	130

Note: As detailed in the text (a): Measured using a Gini ratio; (b) Measured using average games played by team members in the NHL; (c) Measured using the Teachman (1980) index; (d): Measured in $ millions (Dollar amounts measured in US dollars with Canadian salaries using 0.65 exchange rate).

The key independent variable, salary inequality, is measured using the Gini-coefficient, which is a ratio running from zero to unity. A higher Gini is indicative of greater pay dispersion within an organization. As shown in Table 3, there is a wide variation between the minimum and maximum levels of salary inequality, indicating a wide variation in team pay setting policies. [9]

Average characteristics of individual teams were added as well. These included the average experience and tenure levels measured as average number of games played by all the members of the team both in the league (experience) and within the present team (tenure). The expectation was that greater player experience and tenure would be positively associated with team performance.

Managerial experience was measured using a dummy variable, which identified "rookie" managers at the start of a season. The expectation would be that new coaches would be less effective than more seasoned counterparts and therefore, the coefficient for rookie managers would be negatively related to team performance.

Other important control variables included total payroll as a proxy for organizational talent with the expectation that this measure should be positively related to performance. A dummy variable taking on the value 1 if a franchise moved locations during the off season was also employed. The expectation would be that team movement would cause worker disruption and increase uncertainty, and therefore be negatively related to performance.

A measure of "ethnic" diversity was also added to the regression equation. This value was estimated using an index measure recommended by Teachman (1980). The index is calculated as follows:

$$H = \Sigma P_i (\ln P_i) .$$

The subscript i represents the total number of categories, and P_i is the fraction of team members falling into that category. The index takes into account how work group members are distributed among possible categories of a categorical variable. In this case the variable is an ethnic measure with categories representing country of birth. Seven possible categories representing Canada, US, Russia, Sweden, Finland, Czech/Slovakia, and "Other" were used respectively. The greater the index number the more ethnically diverse was the team in question. While no directional prediction can be made for this variable, some tentative evidence presented by Pelled et al (1999) demonstrates that racial diversity in a sample of 45 work teams has a positive association with emotional conflict, and thus leads to lower performance.

Finally, because the 94/95 season was disrupted for half the year due to a player lockout, a dummy variable was added to every team during that season. Effectively, this variable takes on added importance when our dependent variable is season ending point totals, as every team experienced point losses that season because of a truncated number of games.

2. Alternative Specifications and Controlling for "Winning Legacies"

Equation (1) provides a relatively stringent test of the effect of salary inequality on team performance, since it simultaneously controls for total payroll and a host of team quality controls. The Ordinary Least Squares (OLS) method of estimation for model (1), however, contains several drawbacks. First, by applying OLS to a pooled cross-sectional/ time series data set, we are making some potentially tenuous assumptions about the nature of the error term. [12] The statistical problems are limited in this case, by the fact that most of our independent measures do not remain constant for teams over time (i.e., no fixed effects to account for) and because we are only dealing with five time periods. In essence, then, employing OLS to the same 26 teams over the course of five seasons is akin to examining the performance of 130 different teams over the course of one year.

Nevertheless, legacy effects and unobservable characteristics of teams do matter. Teams are not merely the sum of average demographic and salary characteristics and their success is not solely attributable to all measurable team attributes. Many of the components of team success are multifaceted, complex, and derive much of their legitimacy from historical precedence. Ken Dryden (1983: 242) – a former goaltender who played for the Montreal Canadians during their four consecutive Stanley Cup runs – makes a pertinent observation concerning what makes a team successful over the long run:

> "When a team wins once, it can be for one central reason. When it wins for three consecutive years, nine times in fourteen years, it's for a crush of reasons. Winning brings with it such an immense momentum. Everything fits, everything works. Every new thing is made to fit and work. Everything just *is*. Reasons blur and disappear. It becomes a state of mind, an obligation, an expectation; in the end, an attitude. Excellence. It is that rare chance to play with the best, to be the best. When you have it, you don't give it up".

Whether one terms the above characterization of team success as a "culture of winning" or a "legacy effect", the point is rather clear: "nothing breeds success like success". When continual success accrues to one team and not another – despite no observable differences in talent or payroll – it may be that some sort of historical path dependence (i.e., relatively fixed or immutable team characteristics) is at work. Latent factors such as "confidence" and "destiny" should therefore be accounted for in empirical estimations. For this reason, two additional empirical procedures were employed in our estimations of team performance. In one case the empirical procedure controlled for team fixed effects, and in the other, fixed effects were "purged" from the analysis.

In order to account for team fixed effects, equation 1 was re-estimated with individual team dummies, a procedure used by Kahn (1993) in a similar team performance study using baseball data. Second, a first difference approach was used. Season to season changes in performance were regressed against changes in both salary inequality and total team payroll. Such a procedure eliminated the effects that were invariant over time and hence achieved unbiased estimates of our key explanatory variable.

D. Results

I. Is there Any Evidence of Salary Compression?

In the three decades since hockey players signed their first collective agreement, a proliferation of individual based compensation schemes have emerged. Individual incentives for end of season point totals, goals, assists and other benchmarks have become common features of compensation contracts. What is of interest in this context is whether the league still displays significantly less salary dispersion than is warranted by variations in individual output. This would indicate that salary compression is a readily observable phenomenon even in an industry where monitoring individual output is easy and performance based benchmarks are easily observable.

Comparing the coefficient of variation for end of season points per game (0.80) against the coefficient of variation for salary dispersion (0.17), one finds significantly greater variance in performance than in salary dispersion. This suggests that teams still provide enough of a base salary to players – perhaps to "insure" them against swings in individual output that may be the result of personal injury or common shocks that affect the whole team (e.g., ownership problems, team financial instability, low attendance) – in order to outweigh the effect of individual performance based pay schemes. Whether this type of salary compression is efficient, in the sense of improving team performance, is the subject of the empirical results discussed below.

II. Salary Structure and Team Performance

Statistical results of tests of the relationship between salary dispersion and team performance are presented in Table 4. The cell entries in table 4 are the unstandardized regression coefficients with t-statistics in parentheses included below the coefficients. The results for the control variables appear reasonable and in line with expectations. Average player experience and tenure were both positively associated with team performance. Team diversity also had a positive effect but the coefficient was insignificant across OLS specifications. However, when fixed effects were controlled for, ethnic diversity became

Tab. 4: Determinants of NHL Team Performance, 1993–1998

Dependent Variable: Performance	OLS	OLS	OLS	Fixed Effects
	Points	ln(Points)	Winning%	Winning%
	1	2	3	4
Salary Inequality	47.84 (2.11)	0.613 (2.04)	0.238 (1.95)	–0.167 (–1.18)
Average Player Experience	0.085 (3.15)	0.001 (2.74)	0.0005 (2.88)	0.0004 (2.09)
Average Player Tenure	0.096 (2.98)	0.001 (2.91)	0.0006 (2.77)	0.0001 (0.41)
Ethnic Diversity	1.98 (0.34)	0.038 (0.46)	0.020 (0.56)	0.100 (2.48)
Team Move [No City Change]	3.32 (0.41)	0.045 (0.38)	0.020 (0.41)	0.029 (0.61)
94/95 Strike	–36.01 (–11.01)	–0.569 (–12.45)	–	–
Total Team Payroll ($ millions)	–0.00047 (–1.47)	–4.96 E-06 (–1.54)	–1.75 E-06 (–1.15)	–1.31 E-06 (–1.09)
Managerial Experience [Non-Rookie] Rookie Manager	–6.50 (–1.32)	–0.067 (–0.96)	–0.031 (–1.03)	–0.009 (–0.36)
Constant	–18.31 (–0.18)	3.81 (5.13)	0.203 (0.59)	0.086 (0.25)
N of Cases	130	130	130	130
Dep. Variable Mean	75.6	4.3	0.500	0.500
Adjusted R^2	0.593	0.637	0.272	0.207

Notes: Method of estimation OLS and Fixed Effects estimation; t-stats in parentheses. Square brackets indicate omitted reference categories.

significantly negative. Rookie managers had a negative impact on performance as did total team payroll, which surprisingly had a negative effect on performance across specifications.

The important results are for salary inequality. The results provide a somewhat ambiguous picture of the effect of pay distributions on team performance. In the three OLS estimations, salary inequality is positively associated with team performance. Higher Gini coefficients are related to higher season ending point totals, the logarithm of those totals and the winning percentage. On the surface, these results overturn the compressed salary hypothesis as being beneficial to team performance (Hypothesis 1a) and support the notion that hierarchical salary structures improve performance.

Tab. 5: The Effect of Changes in Salary Inequality on Team Winning Percentage

	Δ Winning Percentage			
Seasons	94/95	95/96	96/97	97/98
Δ Salary Inequality	–0.518**	0.283	0.225	–0.441***

** *Significant at the 1 percent level; ** Significant at the 5 percent level.

However, when we control for the winning "legacy" of teams with fixed effects estimators, then the sign on salary inequality reverses and confirms that salary inequality is detrimental to performance. In column 4, one finds that increasing the dispersion in pay by a 0.1 unit change in the team-Gini reduces the winning percentage of a team by 1.7 percentage points.

Table 5 presents coefficients for season-to-season changes in salary inequality after controlling for season-to-season total team payroll changes. Controlling for a legacy of winning and other unobservable team traits through the use of first difference estimation also tends to confirm the negative relationship between salary inequality and team performance. Over the middle two periods (1995–96 through to the 1996–97 season) changes in winning percentages were positively related with changes in salary inequality but the results are not significant, whereas the results pointing in a negative direction (thus confirming the salary compression hypothesis) for the changes over the 1994–95 and 1997–98 seasons are significant at the 1 and 5 percent levels of significance.

E. Summary

This paper sought to develop a better understanding of the conditions under which equity (defined here as a compressed salary structures) and efficiency (defined here as team performance) are complementary. Although various models were examined, the notion of an income fairness test where workers engage in relative pay comparisons in order to establish the notion of a fair wage seems intuitively plausible. If the fair wage is transgressed in some way, workers may respond by putting forth less effort. This suggests that firms, which try to adopt more functionally efficient pay schemes because measures of individual output may be easily observable (i.e. as in the NHL and in professional sports more generally) may ultimately end up harming real efficiency if the production process requires some minimum level of cooperation and teamwork.

The mechanism linking internal pay equality and organizational performance may be indirect, working through the creation of social cohesion within a team. It is social capital that is harmed in an organization that treats its labour input simply as a variable cost of production in need of minimization rather than a fixed cost of production. This prediction received tentative confirmation in our empirical analysis. Using data from 26 NHL teams over the course of five seasons, it was found that after controlling for various measures of potential team performance at the start of a season and by using fixed effects and first difference estimations, teams with more unequal salary structures performed worse. This result, however, was sensitive to time periods used. This suggests that in subsequent estimations a richer data set (more seasons) needs to be employed.

Acknowledgement

* I would like to thank all those who participated in that seminar. Moreover, I benefited from useful comments from Jean-Marc Falter, Morley Gunderson, Frank Reid, David Metcalf, and Steven Wald. All errors are my own.

Endnotes

1 This is also an institutionally and country specific observation. In countries where collective bargaining coverage extends to a majority of the workforce, one would expect less firm specific variation in compensation systems and resulting pay structures to exist.

2 In order for this rationale to be valid, it must be the case that those who are dissatisfied with performance based inequalities outweighs the appreciation of those who gain from more differentiation.

3 Moreover, if high ability workers self-select into organizations that pay according to performance, firms that pay time rates will end up hiring the least able.

4 When pay is predetermined by ranking and not by absolute performance, tournaments produce less inequality than under a piece rate system since excessive differences in output do not generate such extreme values in pay. It is still the case, however, that tournament pay systems generate more inequality than salary based pay systems.

5 In theory we must assume that firms know the cost of all alternatives and can judge the optimal pay system and spread for their particular workforce. In practice, however, this may not be the case since not all firms have well trained human resource departments capable of identifying and weighting all constraints properly.

6 Recent examples include Jones, Nadeau and Walsh (1996); Krashinsky and Krashinsky (1997); and Hamilton (1997).

7 Bloom (1999) has recently published a similar paper using salary data from Major League Baseball. In a descriptive paper, Staudohar (1998) has examined the polarization of individual professional baseball salaries as well as the polarization across average team payrolls. Staudohar's paper, however, does not attempt to link this polarization to the differential performance of either teams or individuals.

8 For the last four seasons the Stars have played in Dallas. The previous 26 seasons were spent in Minnesota.

9 One of the thorny issues to be resolved here resides with not treating salary dispersion as a "team quality" variable. If one believes in the tenets of marginal productivity theory (e.g. that workers are paid according to their marginal productivity) then salary dispersion is just an indicator of talent dispersion. However, the evidence that does exist suggests that despite high average salaries, a majority of professional athletes are underpaid relative to their performance [see Staudohar (1998) and Howard and Miller (1993)].

10 In particular, as Johnston (1984) indicates, applying OLS to pooled data means that one is assuming a common intercept and a common set of slope coefficients for all teams at all time periods. The error term, therefore, takes the following form [Uit ~ iid(0, σ2) for all i, t]. One is assuming therefore that there is no serial correlation in the disturbances for any individual unit and the disturbance has a constant variance at all points. This, however, is not too extreme an assumption given that only five time periods are being evaluated here. However, in a data set with more than two seasons worth of data, a random or fixed effects procedure is more appropriate.

References

Adams, J. S. (1963): Toward an Understanding on Inequity. Journal of Abnormal Psychology, 67, 422–436.

Akerlof, G. and J. Yellen (1987): Fairness and Unemployment. American Economic Review, 77 (May), 44–49.

Akerlof, G. and J. Yellen (1990): The Fair Wage-Effort Hypothesis and Unemployment. Quarterly Journal of Economics, CV (May), 255–283.

Altonji J. and C. Pierret (1997): Employer Learning and Statistical Discrimination, Working Paper presented at the University of Toronto Labor Economics Workshop, March 13.

Barbash, J. (1987): Like Nature Industrial Relations Abhors a Vacuum. Relations Industrielles/ Industrial Relations, 42, 29–35.

Barbash, J. (1989) : Equity as Function: Its Rise and Attribution" in: Barbash, J. and K. Barbash (eds.): Theories and Concepts in Comparative Industrial Relations, Columbia, SC: University of South Carolina Press, 113–122.

Barbash, J. (1996): Industrial Relations as Problem Solving, in: Barbash, J. and N. M. Meltz (eds.): Theorizing in Industrial Relations: Approaches and Applications, 91–118.

Becker, B.E and M. A. Huselid (1992): The Incentive Effects of Tournament Compensation Systems. Administrative Science Quarterly, 37, 336–350.

Bloom, M. (1999): The Performance Effects of Pay Dispersion on Individuals and Organizations. Academy of Management Journal, 42, 25–40.

Brown, C. (1992): Wage Levels and Methods of Pay. Rand Journal, 23 (Autumn), 366–375.

Coleman, J. (1988): Social Capital in the Formation of Human Capital. American Journal of Sociology, 94, S95-S120.

Cowherd, D. M. and D. I. Levine (1992): Product quality and pay equality between lower-level employees and top management: An investigation of distributive justice theory. Administrative Science Quarterly, 37, 302–320.

Currie, J. and S. McConnell (1992): Firm Specific Determinants of the Real Wage. The Review of Economics and Statistics, 12, 297–304.

Drago, R and G. T. Garvey (1998): Incentives for Helping on the Job: Theory and Evidence. Journal of Labor Economics, 16, 1–25.

Dryden, K. (1983): The Game. Toronto: Totem Books.

Ehrenberg, R.G and M. L. Bognanno (1990): The Incentive Effects of Tournaments Revisited: Evidence from European PGA Tour. Industrial and Labor Relations Review, 43, 74S-88S.

Fernie, S. and D. Metcalf (1996): It's Not What You Pay It's the Way You Pay it and That's What Gets Results, Centre for Economic Performance Discussion paper #295, London School of Economics.

Frank, R and P. Cook (1995): The Winner Take All Society. New York: The Free Press.

Gross, S. (1995): Compensation for Teams. American Management Association. The Hay Group.

Hamilton, B. (1997): Racial Discrimination and Professional Basketball Salaries in the 1990s. Applied Economics, 29, 287–296.

Hansen, D. G. (1997): Worker Performance and Group Incentives: A Case Study. Industrial and Labor Relations Review, 51 (October), 37–48.

Hoal, P. (1984): Introduction to Mathematical Statistics, 5th ed., New York: John Wiley & Sons.

Howard, L. and J. Miller (1993): Fair Play for Fair Pay: Estimating Pay Equity in Professional Baseball with Data Envelopment Analysis. Academy of Management Journal, 36 (August), 882–894.

Jacobs, D. (1981): Toward a Theory of Mobility and Behavior in Organizations: An Inquiry into the Consequences of Some Relationships Between Individual Performance and Organizational Success. American Journal of Sociology, 87, 684–707.

Johnston, J. (1984): Econometric Methods, 3rd edition.

Jones, J. C. H., S. Nadeau and W. D. Walsh (1997): The wages of sin: Employment and salary effects of Violence in the National Hockey League. Atlantic Economic Journal, 25 (June), 191–206.

Kaufman, B. (1993): The Origins and Evolution of the Field of Industrial Relations in the United States. Ithaca, NY: ILR Press.

Kahn, L. (1993): Managerial Quality, Team Success, and Individual Player Performance in Major League Baseball. Industrial and Labor Relations Review, 46 (April), 531–547.

Kahneman, D., J. Knetsch and R. Thaler (1986): Fairness as a Constraint on Profit Seeking: Entitlements in the Market. American Economic Review, 76 (September), 728–741.

Krashinsky, M. and H. Krashinsky (1997): Do English Canadian hockey teams discriminate against French Canadian players? Canadian Public Policy, 23, 212–216.

Kusterer, K. C. (1978): Know-how on the Job: The Important Working Knowledge of "Unskilled" Workers, Boulder, CO: Westview Press.

Laporta, R., F. Lopez-de-Silanes, A.. Schleifer and R. W. Vishny (1996): Trust in Large Organizations, National Bureau of Economic Research Working Paper No. 5864.

Lazear, E. (1989): Pay Inequality and Industrial Politics. Journal of Political Economy, 97, 561–583.

Lazear, E (1995). Personnel Economics, Cambridge: MIT Press.

Lazear, E. (1999a): Performance Pay and Productivity, Working Paper, Stanford University.

Lazear E. (1999b): Personnel Economics: Past Lessons and Future Directions. Journal of Labor Economics, 17, 199–236.

Leibenstein, H. (1973): Competition and X-Efficiency. Journal of Political Economy, 81 (May), 766–789.

Meltz, N (1993): Industrial Relations Systems as a Framework for Organizing Contributions to Industrial Relations Theory, in: Adams, R. J. and N. M. Meltz (eds.): Industrial Relations Theory: Its Nature, Scope and Pedagogy, Metuchen, NJ: The Scarecrow Press, 161–182.

Meltz, N. (1989): Industrial Relations: Balancing Efficiency and Equity, in: Barbash, J. and K. Barbash eds.): Theories and Concepts in Comparative Industrial relations, Columbia, SC: University of South Carolina press, 109–113.

Milgrom, P. and J. Roberts (1992): Economics, Organization, and Management, Englewood Cliffs, NJ: Prentice-Hall.

Milkovitch, G.T and J. Newman (1987, 1999): Compensation (2d ed., 6th ed.), Piano, TX: Business Publications.

Montgomery, J. (1991): Social Networks and Persistent Inequality in the Labor Market: Toward an Economic Analysis. American Economic Review, 81, 1408–1418.

Pelled L. H., K. M. Eisenhardt and K. R. Xin (1999): Exploring the Black Box: An Analysis of Work Group Diversity, Conflict, and Performance. Administrative Science Quarterly, 44, 1–28.

Rayton, B. A. (1996): Firm Performance and Compensation Structure: Performance Elasticities of Average Employee Compensation, unpublished working paper.

Rees, A. (1993): The Role of Fairness in Wage Determination. Journal of Labor Economics, 11, 243–252.

Roy, D. (1952): Quota Restriction and Goldbricking in a Machine Shop. American Journal of Sociology, 23, 427–442.

Spagnolo, G. (1999): Social Relations and Cooperation in Organizations. Journal of Economic Behavior and Organization, 38, 1–26.

Staudohar, P. (1997): Baseball's Changing Salary Structure. Compensation and Working Conditions, Fall, 2–9.

Teachman, J. (1980): Analysis of Population Diversity. Sociological Methods and Research, 8, 341–362.

Zusammenfassung

Der vorliegende Beitrag testet die Vorhersagen zweiter konkurrierender Lohntheorien: Während die Fairnesstheorie einen positiven Einfluss geringer Lohndifferentiale prognostiziert, betont die Turniertheorie die Anreizwirkungen großer Differentiale. Unter Verwendung geeigneten Datenmaterials aus fünf aufeinanderfolgenden Spielzeiten der nordamerikanischen „National Hockey League" zeigt sich, dass eine „komprimierte" Lohnstruktur der Team-Performance (gemessen durch die Zahl der Siege pro Saison) unter sonst gleichen Bedingungen zuträglicher ist als eine an der individuellen Performance orientierte Entlohnung der Teammitglieder. Darüber hinaus fragt der Beitrag nach der Übertragbarkeit der präsentierten Befunde auf Branchen mit vergleichbaren Kooperationserfordernissen.

Summary

This paper tests the predictions of two competing pay theories: hierarchical and egalitarian salary structures. The equity-efficiency hypothesis predicts that equitable pay structures are performance enhancing whereas the tournament approach emphasizes the positive incentive effects brought about by more steep or hierarchical pay systems. The paper evaluates these two competing hypotheses using pooled data from the National Hockey League (NHL). This study is the first to examine whether pay compression in the NHL (as measured by the degree of salary dispersion within a team) has a positive effect on the performance of teams and the individuals that constitute them. The paper also discusses whether the findings drawn from this study can be extended to organizations where workers are engaged in similar team based activities.

20: Allgemeine Fragen der Organisationstheorie (JEL M19)
31: Entlohnung und Erfolgsbeteiligung (JEL J33)

Team Salaries and Playing Success in Sports: A Comparative Perspective

By David Forrest and Robert Simmons*

Overview

- This paper tests for, and confirms, the existence of a well-determined statistical relationship between team wage bills and team performance as a general phenomenon in the four major North American sports leagues and three European soccer leagues. In contrast to some sports economics literature, we find that team wage bills are significant predictors of measures of team performance for all four North American leagues. For European soccer, Italy and England exhibit a well-determined team salary-performance relationship, Germany less so. We also find that the elasticity of team performance with respect to wage bill has declined over the 1990s in English and Italian soccer, due to structural changes in these leagues and, in particular, a growing movement towards player market deregulation. As a consequence, we find that the real cost of attaining success in these leagues has risen considerably in recent years.

Received: 11. Juni 2002

Dr. David Forrest, University of Salford, School of Accounting, Economics and Management Science, University of Salford, Salford M5 4WT UK, E-mail: d.k.forrest@salford.ac.uk

Dr. Robert Simmons, University of Salford, School of Accounting, Economics and Management Science, University of Salford, Salford M5 4WT UK

ZfB
ZEITSCHRIFT FÜR BETRIEBSWIRTSCHAFT

"If general managers really were perfect judges of talent, there would be no need to play the league schedule to determine the league champion- we'd simply award the title to the team with the highest payroll." (Quirk and Fort, *Hard Ball*, 1999, p.85).

A. Introduction

This paper is about the cost of playing success. Professional sports teams, and their fans, care about playing success to some extent. In any league structure, a sports team will have a realistic goal which can be measured by achievable performance. This may mean winning a championship, qualifying for a playoff, enjoying a winning season by ensuring a win per cent figure of more than 0.5 or, in European soccer leagues, avoiding relegation and hence maintaining current league status. The paper poses two questions. First, does expenditure on playing talent, as measured by team wage bills, translate effectively into playing success? Put another way, is there a statistically significant relationship between team wage bills and playing success? Much North American literature, based primarily on Major League Baseball (henceforth MLB) in the 1980s, suggests there is no such significant relationship. However, we will show that this negative conclusion is drawn from a highly selective treatment of North American team sports and is not generally valid. For European soccer, a fairly well-determined relationship between team salaries and club performance can be shown, along the lines suggested by Szymanski and Smith (1997) and Szymanski and Kuypers (1999).

Given that we can show a significant relationship between team performance and aggregate wage bills in several sports leagues our second question is: how much will improved performance cost a club in terms of higher salaries? Different performance benchmarks will apply according to league structures, but it is possible to gauge the extent of financial commitment needed to improve performance to meet particular targets. The figures shown appear to be plausible over at least some parts, but not all, of the observed distributions of performance in most leagues surveyed.

In response to the statement above by Quirk and Fort, we must acknowledge that team success does depend on more than just team salaries, with managerial and coaching inputs as critical omitted variables in our econometric analysis. This omission is partially addressed in the cases of German and Italian soccer. Our regressions across different sports leagues typically show low values of coefficient of determination. Hence, further work can usefully expand on our bivariate analysis to introduce suitable control variables. Nevertheless, we contend that it is unlikely that the significant role for team salaries in determination of playing success will be overturned as new data and new variables are added. Whether the fit of the regression and its predictive power improve depends on whether the information content of new variables can overcome the inherent noisiness of team performance in sports.

The paper proceeds as follows. Part 2 examines the pay-performance relation in North American sports, using baseball, basketball and hockey as particular cases. Part 3 turns to Italian and German soccer. Part 4 looks at wage bills and team performance in English soccer, extending the data and analysis undertaken by Szymanski and Kuypers (1999) and generating new results. Part 5 concludes.

B. Pay and Performance in North American Sports

A number of writers have suggested that there is, at best, a loose association between team salaries and performance in North American sports, although such statements are not always supported by empirical evidence (Buchanan and Slottje, 1996, p.144; Quirk and Fort, 1999, pp.83–87; Sanderson and Siegfried, 1997, p.10; Scully, 1995, p.94; and Zimbalist, 1992, p.96). Scully argues that increased expenditure on playing, coaching and managerial talent is only a necessary, not a sufficient, condition for improving a team's win per cent ratio. Zimbalist's (1992) analysis, drawn from Major League Baseball, suggests that between 1984 and 1989 average team salary explained less than 10 per cent of the variance in team win per cent. This lack of correlation between average team salary and team performance is attributed by Zimbalist to a failure of team owners to sign top-performing free agents and also a failure to pay players according to their output. Conversely, a strong correlation between team wage bills and team performance, and a high value of goodness of fit, would be indicative of a close relationship between player pay levels and their contributions to revenues and also a competitive and efficient players' labour market.

Quirk and Fort (1999) examine correlations between team payrolls and win-loss percent, using average measures from regular seasons of the major leagues of the big four North American sports (baseball, American football, basketball and hockey) over the period 1990–1996. The case for using average values over a reasonably long time span is that results from individual seasons may be misleading due to random events such as injuries to key players. A better approach would be to utilise data from several seasons in a panel study and this is how future work should proceed. We go further than Quirk and Fort by specifying a simple bivariate regression between win-loss percent and wage bill. The double-logarithmic functional form is chosen for this part of the analysis because it facilitates inspection of returns to wage bill; a coefficient (elasticity) of less than unity entails decreasing returns of win percent in wage bill, which appears a plausible hypothesis for a sports league.

In Table 1, we report Quirk and Fort's rank correlation coefficients as well as the coefficients on log wage bill, t-statistic, and R^2 from our own regression using Quirk and Fort's data. Quirk and Fort find that rank correlations between payrolls and win-loss percent are significant in the National Hockey League (NHL) and the National Basketball Association (NBA) but not significant in the National Football League (NFL) or in either the American League (AL) or National League (NL) of baseball. However, one would be wary of placing undue inference from correlation with such small sample sizes as these, particularly for baseball with only 14 teams per league. Nevertheless, we find significant regression coefficients on log wage bill in three out of the five leagues from our bivariate model applied to Quirk and Fort's data. The R^2 values for the regressions in the NBA and NFL are both around 0.3 which seem to us to indicate that team wage bills are a useful predictor of win-loss percent in these two leagues. The regression estimates suggest decreasing returns to wage bill in the NHL, increasing returns in the NBA below the mean win percent, decreasing returns in the NBA above the mean and increasing returns to wage bill in the NFL. The latter result requires further support using more data.

It is worthwhile to consider some further evidence from North American sports using data obtained from the internet. We use data from web sites for team wage bills over 1994,

Tab. 1: Correlations between win-loss percent and team wage bills in five North American leagues, 1990–1996.

Regression equation is Log win-loss percent = a + b · Log wage bill

League	**No. of teams**	**Rank correlation**	**Regression coefficient**	**t-statistic**	**R-squared (adj.)**
MLB (American)	14	0.509	0.106	1.66	0.12
MLB (National)	14	0.135	0.063	0.66	–0.04
NBA	27	0.677*	0.515*	3.53	0.31
NFL	28	0.290	1.261*	2.15	0.12
NHL	27	0.690*	0.706*	3.41	0.29

Notes: Data and rank correlation coefficients from Quirk and Fort (1999); * denotes significance at the 5 % level.

1996–98 and 2000 (MLB) and 1995/6 to 1999/2000 (NHL). Both sites used for Table 2 give salaries for individual players in each team; team wage bills are found by adding up. This allows us to pool several seasons in these leagues. To make the data comparable across seasons we deflate each wage bill by the consumer price index for each season, obtained from the Bureau of Labor Statistics web site, so that the wage bills are expressed at 1994 prices. For the NHL, it was necessary to convert 1997–8 salaries for the Canadian franchises into US dollars, using the exchange rate of 1.39 Canadian dollars to one US dollar applicable at the beginning of the 1997–8 season.[1]

Table 2 reports regression results for the two baseball leagues and for the NHL. The appropriate functional form was tested using the Ramsey RESET test and we did not reject the double-log functional form in any of the leagues[2]. We proceed to consider our results, first in terms of whether wage bills affect performances at all, and second, to compare the predicted costs of success in each league.

For the two baseball leagues we have data from five seasons, giving 70 observations in the American League and 73 in the National League. For the American League, the coefficient on log (real) wage bill, which is also the wage-elasticity of win percent, is 0.14 and significant; the R^2 is 0.18. In the National League, the significant coefficient on log wage bill is 0.12 with a rather low R^2 of 0.13. Hence, the wage-elasticity of win percent is similar in each case indicating diminishing returns to wages. In both baseball leagues, the log real wage bill measure appears to perform well as a predictor of team performance. Experiments with year dummies did not reveal any structural break in the win percent-wage bill relationship. Also, we could not find evidence of a shift in the relationship when a dummy variable was created for a new team.

For the NHL, we have data on team salaries, again aggregated across individuals, for four seasons. This gives 107 observations. The dependent variable is again log win per-

Tab.2: Regression equations for MLB (American), MLB (National) and NHL

Dependent variable is log win percent
Independent variable is log real wage bill

League	Period	Sample size	Coefficient	t-statistic	R^2
MLB (American)	1994, 1996–1998, 2000	70	0.141	3.88	0.18
MLB (National)	1994, 1996–1998, 2000	73	0.120	3.47	0.13
NHL	1995/6 to 1999/2000	107	0.256	4.52	0.22

Note: MLB data are from http://baseball1.com; NHL data are from www.proicehockey.miningco and Richard Crowe's site at www.einstein.uhh.hawii.edu

The NHL regression equation also contains a dummy variable for the appearance of two expansion teams, Atlanta in 1999/2000 and Nashville in 1998/9 and 1999/2000.

cent, where a tie counts as half a win. A log-linear specification was preferred, on goodness of fit grounds, and the coefficient on log wage bill, also the wage elasticity of win percent, is 0.26 which is significant at the 0.1 % level. The R^2 is rather higher than in the two baseball leagues, at 0.22. A dummy variable for the post-1998 period revealed a negative, but insignificant, coefficient. If significant, this would suggest that each team found they had to spend more on real wage bills to sustain a given win percent record. The lack of significance may reflect the small number of observations, however. The regression includes a dummy variable for the two recent expansion teams, Nashville (1998/9) and Atlanta (1999/2000) and this was significant with a negative coefficient (–0.292). This indicates that these two teams needed to spend more to attain the same points ratio as their competitiors, largely because newer teams find it more difficult to attract talent at any given wage offer.

Of course, the goal of NHL teams is not necessarily to gain the highest win percent record but to enter the playoffs and eventually win the Stanley Cup playoff competition. We extended our analysis to run a probit regression for probability of achieving a quarter-final (last eight) place in the playoffs. This was performed for the same seasons as above. The marginal effect of log real average wage was 0.54 with a t-ratio of 2.98. Hence, an increase in real average wage of 50 % raises the probability of a team appearing in the quarter-finals by 27 %. When this probit regression was performed with log real total wage bill as explanatory variable we did not obtain a significant marginal effect. Hence, average wage, rather than total wage, is a successful predictor of quarter-final appearance. This suggests that raising the total wage bill is not sufficient to generate playoff success; adding more mediocre, lower paid players does not help the team. The average wage paid should be increased so that the overall quality of the playing squad is higher.

Data for basketball (NBA) were provided by Bernd Frick, of the University of Witten/Herdecke, and here we have a much longer run of data, spanning the 1988/9 to 1999/2000

Tab. 3: OLS regression equation for NBA, 1988/9 to 1999/2000
Dependent variable is log win percent

Variable	**Coefficient**	**t-statistic**
LOG WAGE	0.344	3.79
TIME · LOG WAGE	0.032	2.92
TIME	–0.186	3.14
NEW TEAM	–0.314	4.90
CONSTANT	–1.130	5.99
R^2 (adj.)	0.17	
N	316	

Note: Data provided by Bernd Frick of University of Witten/Herdecke; all coefficients are significant at the 1 % level.

seasons and giving us 316 observations, sufficiently large for us to be able to incorporate team specific fixed effects. Wage bills are converted into real values at 1999 prices. Again, a log-linear form was preferred and we allowed for impacts of a time trend, interaction of time with wage bill and a dummy variable for expansion teams (*NEW TEAM*) whose value is set equal to one in the first two years of playing, following the specification of Frick (1998). Our results are shown in Table 3.

The elasticity of win percent with respect to real wage bill is found to be time-varying. The significant negative coefficient for time trend suggests that, over time, the same real wage bill is associated with lower position. However, the positive and significant time interaction term suggests that over time a given percentage increment to wage bill buys a greater than proportionate gain in win percent. The coefficient on *NEW TEAM* is negative, plausibly suggesting that expansion teams have to spend more than their established competitors to achieve the same win percent ratio. Overall, this much larger data set gives further weight in support of a positively sloped relationship between win percents and real wage bills, with the important caveat that the fit of the equation is weak (R^2 of just 0.17, similar to values reported for other North American leagues reported above).

These results show that, in contrast to the findings of Quirk and Fort (1999), log real wage bill is a significant determinant of performance in the four leagues considered so far. Zimbalist (1992, 2002) finds that team wage bills explain very little of the variation in win percent in baseball up to 1993 but after 1993 a significant pay-performance relationship does emerge[3]. Our MLB sample post-dates Zimbalist's 1993 threshold and we cannot counter the claim that a significant pay-performance correlation was absent for the 1980s. The R^2 values of our regressions are still low, though, and, for some sports leagues, this may reflect the small variations of win percent around the mean, particularly in baseball. Standard deviations of win percent are 0.073 (MLB (American)), 0.079 (MLB (National)) and 0.105 (NHL). In contrast, for European soccer we have higher standard deviations, of 0.144 in Italy and 0.118 in the English Premiership (assuming two points for a win and one for a tie, for ease of comparison). However, we are left with the puzzle that the standard deviation of win percent in basketball is 0.164, which is the highest of any of these leagues, yet the fit of the regression is rather poor.

The low variance of win percent in most North American sports and the weak fit of the wage bill-win percent regressions are partly due to the highly regulated nature of these sports, in contrast to European soccer. In North American sports, various interventionist devices are employed to sustain "competitive balance" and restrain the distribution of win percent ratios. These measures, which are successful to varying extent, include the luxury tax (MLB), restrictions on player mobility (NHL), rookie drafts which favour weaker teams (MLB), and revenue sharing (MLB).

Another factor explaining the low variance of win percent in North American sports is the split of the season between regular games and play-offs. Since many teams qualify for play-offs, and the regular season simply determines the sequence of play-off games, including extent of home advantage, the win percent figures from the regular season may not be well correlated with the quality of talent in playing squads. A loose association between team performance and wage bills may then be a consequence. It is also notable that all three leagues exhibit diminishing returns of win percent to wage bills, in accord with our prior that rising win percent ratios require increasing increments to wage bills.

In each of the four sports leagues surveyed here, there is a significant role for team wage bills in the determination of win percent. However, the predictive power of the models is weak and further research is needed, both to develop panel data and to include previously omitted variables, such as managerial and coaching quality, so as to improve on our excessively simple bivariate specification. Modelling play-off performance would also be a worthwhile improvement.

C. Italian and German Soccer

I. Italian Soccer

Modelling performance and wage bills in Italian soccer is limited to two seasons, 1995–6 and 2001–2. Data on players' wages in European sports are rarely made available in the public domain, but an exception occurred when data appeared in an appendix to the Italian newspaper, *Il Giornale*, in March 1996. These data, together with newer data for 2001–2, were kindly supplied to us by Claudio Lucifora of the Catholic University of Milan. As with the North American sports, the team wages (which are explicitly net of bonuses) can be summed to derive wage bills (in billions of lira) and the 2001–2 series was deflated by the consumer price index. The number of players in each squad varies from 18 to 24. There are 18 teams in the top division (Serie A) and 20 in the next division (Serie B). Four teams are relegated (promoted) to Serie B (A) each season. Our analysis will use points ratio as dependent variable, rather than league position, as this facilitates a comparison with North American sports; further, the position measure is constrained to be ordinal. As with Germany below, the wage bills are compiled during the close-season prior to the performance of the focus season and so we can rule out endogeneity of wage bill with respect to team performance.[4]

Since the seasons used are some time apart we employ a switching regression to reveal any change in the wage bill-performance relationship over time. The first season considered, 1995/6, has within it the famous Bosman ruling, which relaxed restrictions on the number of foreign players eligible for European competition and permitted free mobility across European boundaries for out-of-contract players. There was also a substantial increase in revenues to clubs from sales of broadcasting rights in the late 1990s (Szymanski, 2000). Taken together these changes may have altered the shape of the wage-bill performance relationship (Simmons, 1997; Forrest and Simmons, 2000). Our switching regression has two variables to deal with these changes: an intercept dummy called *2001/2*, set at 1 for the later season and 0 otherwise, and a slope dummy term *WAGE · 2001* which allows us to test whether the impact of wage bill on points ratio changes over time.

For Serie A, the only functional form to survive against a Ramsey RESET test was the linear form. This may appear surprising as the image of top-tier Italian soccer is one of an elite group of wealthy clubs competing alongside a group of less well endowed clubs which oscillate between divisions. One might expect the gap in wage bills between 10th place and 8th place to be rather less than that between 3rd and 1st but the data do not support this.

Table 4 shows the regression results, which exhibit a good fit with an R^2 of 0.58. The coefficient on wage bill is highly significant. The slope dummy interaction term is significant and negative revealing a flattening of the pay-performance relationship between the two seasons. The intercept term is not significant at conventional levels.

Since the wage variable is the aggregation of player salaries we experimented with a measure of coaching performance to determine whether coaching quality would augment performance over and above the impact of player wage bill. The chosen proxy was win percent ratio of coaches in Serie A to the beginning of the season. Where coaches changed club during a season we attributed end of season performance to the record of the coach in place at the beginning of the season, since it is this coach who would have assembled the playing squad pre-season and made the preparations for the forthcoming season. Data limitations prevented us from constructing a weighted average of coaching win percent records for teams which employed more than one coach. The coach win percent record was not significant in our regression and was dropped. This result is due to the lack of variation in coach win percent records and further research using a less coarse measure of coaching quality is needed.

Tab. 4: OLS regression of performance on wage bill for Italy 1995/6 and 2001/2

Dependent variable: points ratio

Variable	**Coefficient**	**t-statistic**
WAGE	0.0100	7.70
WAGE · 2001	–0.0088	6.37
2001/2	0.078	1.43
CONSTANT	0.263	7.11
R^2 (adj.)	0.58	
N	36	

Note: Data provided by Claudio Lucifora of Catholic University of Milan.

The wage-elasticity at the sample means of points ratio and wage bill in 1995/6 is 0.40, rather higher than the figures we obtained for North American sports. But in the most recent season, 2001/2, the elasticity drops to 0.21 which is comparable with our results for North American sports. A priori we would conjecture that the impact of the Bosman ruling in December 1995 on pay-performance elasticity would be ambiguous. The movement towards free agency should lower this elasticity; a given percentage (and absolute) increase in points ratio will be associated with a larger percentage increase in wage bill in the new regime of free agency where economic rents are switched from clubs to players. Increases in broadcasting revenues, channelled to players rather than club profits under free agency, would reinforce this effect. On the other hand, access to players in a global market with less restrictions on imports would raise this elasticity over time as competition drives down their supply price. The former impact appears to be dominant in our results. A given increment to real wage bill is associated with a much smaller gain in points ratio over time. A glance at the descriptive statistics for real wage bill shows that the mean was L77b in 2001/2 compared to just L18b in 1995/6; the standard deviation in 2001/2 was 65.3 compared to 11.8 in 1995/6. In 2001/2 wealthy teams such as Juventus, Inter Milan and AC Milan competed with some much smaller clubs such as the relatively new entrant to the league, Chievo Verona. There was an increase in standard deviation of points ratio between the two seasons, from 0.138 to 0.146, but this is not as dramatic as the rise in spread of wage bills.

As with the analysis of North American sports, we can predict the wage bill associated with one or two standard deviations above or below the mean (here, 0.45; the departure from 0.5 is because three points are awarded for a win and one for a draw). Table 5 summarises our findings. The model predicts that 46.3b lira would deliver a points ratio two standard deviations above the mean in 1995/6. This is actually close to the points ratio with which AC Milan won the championship that season, with a wage bill of 43.6b lira. A points ratio one standard deviation above the mean is associated with an expenditure of 32.7b lira on players in 1995/6. The club nearest to this paid out 28.9b lira and obtained 3rd place which qualifies for European (UEFA Cup) competition as a reward. The mean points ratio implies 9th place, half-way down the league, with a predicted expenditure of

Tab. 5: Predicted wage bills in Serie A 1995/6

S.d > mean points	**Implied position**	**Club**	**Predicted wage bill (L b)**	**Actual wage bill (L b)**
+2	1	AC Milan	44.8	43.6
+1	3	Lazio	32.7	28.9
0	9	Vicenza	18.2	4.9
–1	15	Bari (relegated)	4.7	9.6

Note: Implied positions and actual wage bills are for clubs located closest to points ratios associated with the relevant number of standard deviations away from the mean points ratio.

18.1b lira in 1995/6. The club nearest to this points ratio only spent 4.9b, however. Moving down the points scale, one standard deviation below the mean is associated with 15th which is a relegation place. This is predicted to be obtained with a wage bill of 4.7b lira in 1995/6 although the club in this position actually spent 9.6b lira. As one moves down the points ratios, and hence down the league, the linear model performs less well in predicting wage bills.[5]

II. German Soccer

Data on player salaries in Germany for the 1998/9 and 1999/2000 seasons were provided by Erik Lehmann of the University of Konstanz. Unlike the Italian data, these salaries are inclusive of performance-related bonuses. The structure of the Bundesliga is similar to that in Italy, except that only three teams are relegated and promoted each season (out of 18). A win is worth three points, and a draw one, in the calculation of the points ratio. As for Italy but with different seasons, we have 36 observations in a pooled regression of points ratio against team wage bills (*WAGE*) and coaches' win percent records in the Bundesligia top division (*COACHWIN*). A switching regression model failed to deliver any significant changes in coefficients or a significant intercept shift between the two seasons and hence we only report the pooled estimates. The linear functional form was again preferred, on grounds of goodness of fit, and the R-squared of 0.54 is encouraging. Unlike Italy, however, the wage bill is only a marginally significant predictor of points ratio (p-value of .059). From our estimate, the pay-performance elasticity is 0.10 at the sample means and this is lower than for Italy and is actually the lowest for any league surveyed in this paper. On the other hand, the coach win percent variable is clearly a significant predictor of points ratio.[6]

Predicted wage bills (not shown) are some distance away from typical wage bills of teams, with the model delivering severe over-prediction at the top and under-prediction at the bottom of the scale of points ratios. This is possibly a consequence of the rather cramped distribution of team wage bills observed in Germany. Indeed, it is this more egalitarian wage structure, compared to Italy, which is failing to assign a clearly significant role for wage bill in determining performance and is also revealing a clearer role for coaching quality.

D. Pay and Performance in the English Premiership

Szymanski and Smith (1997) and Szymanski and Kuypers (1999) suggest that a positively sloped relationship can be found empirically for English football as a whole and that this is a manifestation of efficiency in the players' labour market. The latter is supported by a higher goodness of fit in an era where the players' labour market was less regulated (1991–7, with freedom of contract) compared to a period where player mobility was severely restricted and players' wages were subject to a maximum level (1950–61). We propose a particular form of pay-performance relation and apply this to the English Premiership, which emerged out of the previous top division of the Football League in 1992, to reveal how much a particular standing in the Premiership will cost in wage bill. The inclusion of non-playing staff in team wage bills is not necessarily damaging to our analysis, however, as their wages are likely to be relatively low compared to players.

Our data is drawn partly from an appendix of Szymanski and Kuypers (1999) but supplemented for the 1997/8 season onwards by issues of the *Deloitte and Touche Annual Review of Football Finance*. Prior to the 1993/4 season not all clubs reported wage bills and so the sample of clubs is restricted to 13 clubs out of 22, on average. From 1993/4-onwards, wage bill data are available for all clubs in the top tier. The wage bill series used here differs fundamentally from those used in our analysis of North American sports and Italian soccer. Those wage bills were derived by summing player salaries, before performance-related bonuses, in each team. For England, our wage bill data are derived from company accounts and represent the sum of wages and salaries for all staff, not just players, and are inclusive of any bonuses. This would appear to be a less attractive measure than the sum of player wages. We simply do not know how much of a team's wage bill comprises off-field activities, such as merchandising, or how much is made up of staff bonuses. Even though a formal (Hausman) test does not reject the null hypothesis of exogeneity of wage bill, so that (following Szymanski and Smith (1997) and Hall *et al.* (2002)) we can rule out causation from performance to wage bill, the appearance of bonuses in the wage bill data may contaminate the series and create measurement error. Unfortunately, details of individual salaries are not reported in the public domain, other than by leaks to the media.

Set against these drawbacks in measurement of wage bills, we have the advantage of a long span of data from 1977–8 to 1998–9, giving a substantial sample of 326 observations. We converted all these wage bills to be expressed as at 1999 prices. Also, the wage bills for English soccer clubs include payments to coaches and managers, which were excluded from the wage bills reported above for North American sports and other soccer leagues, and which may significantly affect team performance as we have seen for Germany. With the broader measure for English soccer there is no need to control separately for coaching quality and the broad wage bill may then be a more accurate predictor of playing success.

As in the previous analysis, we adopt points ratio as our cardinal performance measure. Prior to 1981/2 the Football League awarded two points for a win and one for a draw; the-

Table 6: OLS regression of performance on wage bill for Bundesliga 1 1998/9 and 1999/2000

Dependent variable: points ratio

Variable	Coefficient	t-statistic
WAGE	0.00072	1.96
COACHWIN	1.084	5.80
CONSTANT	–0.144	1.56
R^2 (adj.)	0.54	
N	36	

Note: Data provided by Erik Lehmann of University of Konstanz.

reafter, a win was worth three points. The formation of the Premiership in 1992 may have resulted in a structural break in the pay-performance relationship. The Premiership became much more attractive both to attendances at games and to TV audiences (as a greater number of games came to be televised live). This reflects substantial improvement in the product both in terms of quality of play, facilitated by the arrival of new, foreign stars, and also the quality of stadia with improved seating accommodation and complementary facilities. Higher revenues were then translated into higher player salaries. Also, as noted above, the Bosman ruling of December 1995, which removed restrictions on player movement across EU boundaries, is widely regarded as having facilitated increased player salaries. Hence, a given points ratio is predicted to be associated with greater (real) wage bill than previously. We capture the post-1992 structural break in two ways. One is a simple intercept dummy (*PREMIER*) which takes a value of 1 for all seasons from 1992/3. The other is by construction of a pair of interaction terms in which a time trend term is multiplied a) by wage bills pre-1992 and b) by wage bills post-1992 (*TRENDWAGEI* and *TRENDWAGEP*) respectively. The latter interaction terms incorporate slope dummies which allow for different but changing impacts of wage bill on performance before and after the formation of the Premiership.

The only functional forms to survive a RESET test were linear and double-log. The latter is appealing in that it implies increasing cost of success. To move from 10th place to 9th place only requires a marginal addition to playing talent, perhaps one extra star player. But to move from 4th to 3rd may require addition of several star players and it is notable that current teams at or close to the top of the Premiership appear to carry a „shadow" squad to cover for injuries, suspensions and loss of form so as to ensure a strong team capable of competing effectively in both domestic and European competitions. This „shadow" squad system incurs very substantial extra costs on teams. Hence, we regress log of points ratio against *LOG WAGE* (log real wage bill), *PREMIER*, *TRENDWAGE1* and *TRENDWAGEP*.

The regression results are reported in Table 7. All coefficients are significant at the 0.1 % level and the fit is reasonable with an R^2 of 0.35. Although the model predicts a positive points ratio for zero wage bill, the magnitude of intercept is below the minimum value in our sample. The model was re-estimated as a panel with club and time fixed effects but the coefficients varied only little. It appears that the relationship between log points ratio and log real wage tilts after 1992 so that, in the new era, an increment in points ratio now requires ever-increasing wage bills. This is a plausible feature of the Premiership where economic rents that previously accrued to clubs are dissipated towards players, fuelled by higher revenues from sale of broadcasting rights and greater competition for star players. The coefficients show that at time zero the wage elasticity of points ratio is 0.433 which then declines by 0.00254 per year until 1992 after which the elasticity declines further by 0.00474 per year. A given percentage increase in points ratio thus requires a greater percentage increase in wage bill in the Premiership compared to the old (pre-1992) Division 1.

Translating these results into actual real values requires some simulation of the model and this is shown in Table 8. As with the case of Italy, we identify predicted wage bills associated with points ratio magnitudes plus or minus one or two standard deviations from the mean for particular seasons. For 1997–8, the team closest to a points ratio two standard deviations above the mean (Manchester United) came second, with a predicted

Tab. 7: OLS performance-wage bill regression for English Top Division 1977–8 to 1998–9

Dependent variable: log points ratio.

Variable	Coefficient	t-statistic
LOG WAGE	0.433	12.59
PREMIER	0.512	3.24
TRENDWAGE1	–0.00254	9.11
TRENDWAGEP	–0.00474	7.60
CONSTANT	–6.818	13.94
R^2 (adj.)	0.35	
N	326	

Note: Data from Szymanski and Kuypers (1999), Deloitte Touche Annual Review of Football Finance 2001 and Rothmans Football Yearbook (various). The top division of English soccer was termed Division 1 before 1992–3 and the F. A. Premiership from 1992–3.

Tab. 8: Predicted wage bills (real, £m) in English Division 1 and FA Premiership 1991/2, 1994/5, 1997/8 and 1998/9

Season	Deviations from mean	Implied position	Club	Predicted wage bill	Actual wage bill
1991/2	+2	1	Leeds	12.1	5.9
	+1	4	Arsenal	7.8	7.2
	0	7	Aston Villa	4.5	5.2
	–1	19	Coventry	2.3	3.8
1994/5	+2	1	Blackburn	28.2	10.1
	+1	4	Liverpool	15.8	11.4
	0	9	Wimbledon	7.7	3.9
	–1	20	Norwich (relegated)	2.9	7.9
1997/8	+2	2	Manchester United	50.2	27.4
	+1	3	Liverpool	29.6	24.5
	0	11	Coventry	15.6	10.6
	–1	17	Everton	6.9	14.1
1998/9	+2	1	Manchester United	70.5	37.0
	+1	4	Leeds	39.0	37.0
	0	9	Middlesbro'	18.7	19.5
	–1	18	Charlton (relegated)	7.1	8.2

Note: Implied positions and actual wage bills are for clubs located closest to points ratios associated with the relevant number of standard deviations away from the mean points ratio.

expenditure on wages of £50.2m but an actual expenditure of £27.4m. Moving to one standard deviation above the mean, a predicted wage bill of £29.6m is quite close to the actual expenditure of the nearest club of £24.5m. For one standard deviation below the mean, the nearest team is placed 17th (just above relegation) and is predicted to spend £6.9m when it actually spent £14.1m. Related figures in Table 8 are shown for 1991/2, the last season before the Premiership breakaway, 1994/5 and 1998/9. The model predicts wage bills fairly well either side of one deviation of points ratio away from the mean but much less well for two deviations above the mean, where predicted wage bills are almost double actual wage bills. Generally, one can see the rising real expenditures necessary to sustain comparable performance across seasons. In 1991/2, our simulation has Arsenal at 4th place with a real wage bill of £7.8m. In 1998/9 a club with this level of real spending would be risking relegation. Qualification for European competition now requires at least £30m in 1999 prices, compared to £16m in 1994/5 and just £8m in 1991/2.

The magnitudes required to achieve the championship may well have increased to such an extent that only two or three wealthy clubs can realistically achieve this target.

E. Conclusion

This paper has demonstrated a significant role for team wage bills as a predictor of team success, measured by win percent ratios in regular seasons, for all but one of six leagues surveyed. In contrast to some comments in the literature, it is remarkable that our regressions show a significant impact of real wage bill on team win percents for all four North American leagues surveyed here, and despite small sample sizes and low variation in the dependent variable. The importance of team wage bills in determination of team points ratios is also confirmed for English and Italian soccer although German soccer reveals only a marginally significant wage bill-win percent correlation. In English soccer, we have longer time-series data and the impact of wage bill on performance is allowed to vary over time, and under different modes of regulation. The elasticity of performance with respect to wage bill has declined in the 1990s, following the formation of the Premiership, compared to earlier. It would be useful for further work to check this result against similar lengths of data from other European soccer leagues.

A comparison of results across the sports leagues considered here is difficult due to variations in construction of wage bill data and differing time periods and institutional structures. The elasticities of win percent with respect to wage bill are obtained as 0.23 and 0.165 in the American and National Leagues for baseball, 0.30 in hockey and 0.73 in 1999/2000 for basketball. In European football, the estimated elasticities of points ratio with respect to wage bill in top divisions are 0.40 for Italy in 1995/6, 0.21 for Italy in 2001/2, 0.10 for Germany and 0.37 for England in 1998/9. In England, this elasticity declines from 1977/8 through to the structural break in 1992, when the Premier League was formed, and then falls at a faster rate thereafter, an intuitively plausible result given the rapid movement towards player free agency in the 1990s. The decline in elasticity for Italy between 1995/6 and 2001/2 is similarly plausible and is most likely to be connected to the Bosman ruling and associated movements towards free agency. However, a puzzle that remains to be resolved is why the win percent-wage bill elasticity actually increases over time in North American basketball.

We have also applied our regression equations to show levels of real expenditure that would be associated with particular performance levels. For North American sports, the predicted wage bills are not particularly close to the actual figures for teams which attain our selected performance targets. This is due to the low fit of our regressions, in turn a manifestation of omitted variables. In contrast, for European soccer, the predicted wage bills associated with similar performance targets appear quite plausible on the whole, with an especially close correlation for Italian soccer but a poor correlation for Germany. In the English Premiership, we see a sharply rising (real) wage bill associated with a points ratio of two standard deviations above the mean (typically a championship winning magnitude). The cost of success in the English Premiership has risen dramatically since 1992.

It remains to improve on our study in two key respects, First, panel data covering several seasons should be constructed and analysed where possible. We have only been able to do this for a long span of data for the NBA and English Premiership here. As it stands, our analysis of German and Italian soccer is open to the criticism that the selected seasons are not typical and the sample sizes are too small.

Secondly, the low fit of several of our regressions suggests that we have omitted several factors which might determine team performance, especially variables to measure managerial and coaching inputs. In Szymanski (2000) and Szymanski and Kuypers (1999, p174), eight additional control variables are specified in their analysis of performance and wage bills in English soccer. These comprise net annual transfer spending by clubs, the number of players used in first-team league matches in a season, the proportion of squad members who were home-grown players, the squad size, the number of players in the team who had represented England at international level, the length of tenure of the manager, the proportion of first-team appearances accounted for by black players and the playing history of the club. Of these, only number of players used and proportion of appearances by black players are found by these authors to be significant, and independent, influences on team success. A similar analysis should be adapted to the sports leagues surveyed here and we have made a start by introducing proxies for coaching quality in the regressions for Italy and Germany, albeit with contrasting findings. Despite this qualification, it is highly unlikely that the fundamental finding of a significant correlation between team wage bills and team performance will be overturned.

Acknowledgements

* We thank Bernd Frick, Erik Lehmann and Claudio Lucifora for providing us with data. Sarah Dye and Sandra Lister gave excellent research assistance and valuable discussion. We also thank participants at the "Economics of Professional Soccer" conference in Berlin, and Stefan Klotz in particular for his comments. The usual caveat applies.

Endnotes

1 Salaries of Canadian baseball players were already expressed in US $.
2 All regression coefficients reported in this paper have Huber-White heteroscedasticity corrected standard errors.
3 Zimbalist (2001, 2002) reports that correlations from Major League Baseball between team payrolls and team win percents were not statistically significant in any year between 1985 and

1994, reinforcing findings for the 1980s presented in Zimbalist (1992). Hall, Szymanski and Zimbalist (2002) report year-by-year regression estimates for MLB which show a significant pay-performance relationship at the 10% level for just three years between 1980 and 1992. But the correlations between payrolls and win percents were found to be statistically significant (at the 5% level or better) in every year between 1993 and 2000. Zimbalist (2001) argues that this emergence of a significant pay-performance relation in MLB partly reflects talent dilution from league expansion (by two teams in the 1990s) and that in the later period better baseball players can more reliably outperform mediocre players, and are more easily identified, allowing a significant pay-performance relation to emerge. Previously, the impact of team expenditure on team performance could be blurred by factors such as managerial incompetence.

4 Hall, Szymanski and Zimbalist (2002) find evidence of reverse causation from team win percent to wage bills in baseball for the 1990s and Zimbalist (2002) also notes that some NHL salary data is compiled towards the end of season so that reverse causation may apply in this league as well. The task of separating directions of causation between wage bills and performance is deferred to further work.

5 It is possible that a non-standard functional form might generate better predictions.

6 There is a hint of a collinearity problem with a correlation coefficient between coach win percent and wage bill of 0.4. Further work is needed to separate the influences of coaching quality and player wage.

References

Buchanan, M. J., and Slottje, D. J. (1996), *Pay and Performance in the NBA*, Greenwich, CT: JAI Press.

Forrest, D. K., and Simmons, R. (2000), "Living with the Bosman Ruling", *Soccer Analyst*, 2, 10–11.

Frick, B. (1998), "Management Abilities, Player Salaries and Team Performance", *European Journal for Sport Management*, 4, 6–22.

Hall, S., Szymanski, S., and Zimbalist, A. (2002), "Testing for Causality Between Team Performance and Payroll: The Cases of Major League Baseball and English Soccer", *Journal of Sports Economics*, 3, 149–68.

Quirk, J., and Fort, R. (1999), *Hard Ball: The Abuse of Power in Pro Team Sports*, Princeton: Princeton University Press.

Sanderson, A.R, and Siegfried, J.J (1997), "The Implications of Athlete Freedom to Contract: Lessons from North America", *Economic Affairs*, 17, 7–12.

Scully, G. W. (1995), *The Market Structure of Sports*, Chicago: University of Chicago Press.

Simmons, R. (1997), "Implications of the Bosman Ruling for Football Transfer Markets", *Economic Affairs*, 17, 13–18.

Szymanski, S. (2000), "A Market Test for Discrimination in the English Professional Soccer Leagues", *Journal of Political Economy*, 108, 590–603.

Szymanski, S. (2000), "Sport and Broadcasting", paper presented to the Institute for Economic Affairs, October 2000. Retrieved from www.iea.org.

Szymanski, S., and Kuypers, T. (1999), *Winners and Losers: The Business Strategy of Football*, London: Viking Press.

Szymanski, S., and Smith, R. (1997), "The English Football Industry: Profit, Performance and Industrial Structure", *International Review of Applied Economics*, 11, 135–153.

Zimbalist, A. (1992), *Baseball and Billions*, New York: Basic Books.

Zimbalist, A. (2001), "Competitive Balance in Major League Baseball", *The Milken Institute Review*, First Quarter, 54–64.

Zimbalist, A. (2002), "Competitive balance in Sports Leagues: An Introduction", *Journal of Sports Economics*, 3, 111–121.

Zusammenfassung

Unter Verwendung entsprechender Daten aus den vier nordamerikanischen Major Leagues und drei westeuropäischen Fußballligen lässt sich zeigen, dass die Ausgaben für Spielergehälter einen signifikant positiven Einfluss auf die sportliche Performance der Teams haben. Ungeachtet teilweise geringer Stichprobenumfänge und einer geringen Varianz der abhängigen Variable insbesondere in den amerikanischen Teamsportarten gilt dies für alle untersuchten Ligen in einem sehr ähnlichen Maße. Auffallend ist weiterhin, dass der Einfluss der Spielergehälter auf die sportliche Performance im Laufe der letzten Jahre in einigen Ligen zu-, in anderen hingegen abgenommen hat.

Summary

Using data from four North American and three European professional team sorts leagues, the paper analyses the influence of team wage bills on team success, measured by the win percentage during the regular season. Despite small sample sizes and low variation in the dependent variable. we find a significant impact of real wage bill on team win percents for all four North American leagues. We also confirm the importance of team wage bills in determination of team points ratios for English, Italian and German soccer, despite a poorly fitting equation for the latter. Although the elasticities of win percent with respect to wage bill are quite similar across the leagues analysed, we are left with the puzzle that in some cases this elasticity has recently declined while in others it has increased over time.

31: Entlohnung und Erfolgsbeteiligung (JEL J33)

Die Finanzierung von Fußballstadien – Überlegungen am Beispiel des deutschen Profifußballs

Von Helmut M. Dietl und Markus Pauli

Überblick

- In vielen deutschen Fußballstadien fehlt der nötige Komfort, um die Zahlungsbereitschaft der Zuschauer voll abschöpfen zu können. Bundesligavereine fordern deshalb die Modernisierung bestehender oder den Bau neuer Stadien, um ihre Einnahmesituation und damit Wettbewerbsfähigkeit zu verbessern. Einzelne Stadionprojekte wie der Neubau der Arena „Auf Schalke" kosten allein bereits mehr als 350 Millionen DM. Angesichts der angespannten öffentlichen Haushaltslage stellt sich die Frage, ob Stadionprojekte aus Sicht privater Investoren oder Profivereinen eine lohnenswerte Investition darstellen.
- Der Beitrag zeigt, dass einem umfangreichen Engagement privater Investoren unter den bestehenden Rahmenbedingungen im deutschen Profifußball hohe Investitionsrisiken (hold up-Probleme) entgegen stehen. Auch ausreichende Investitionen durch den Profiverein (vertikale Integration) werden wegen hoher Subventionen, geringem Eigenkapital und Wettbewerbszwängen verhindert.
- Ferner wird gezeigt, welche Auswirkungen strukturelle Änderungen wie die Umwandlung der Vereine in Kapitalgesellschaften, die Gründung der Liga-GmbH und die Vergabe der Fußball-WM 2006 an Deutschland auf die Investitionsanreize privater Investoren und Proficlubs haben.

Eingegangen: 19. April 2000

Professor Dr. Helmut M. Dietl, Inhaber des Lehrstuhls für Betriebswirtschaftslehre, insbesondere Organisation und Internationales Management, Universität Paderborn, Warburger Str. 100, 33098 Paderborn, E-Mail: hdietl@notes.uni-paderborn.de
Dr. Markus Pauli, wissenschaftlicher Mitarbeiter am Lehrstuhl von Professor Dr. Helmut M. Dietl, E-Mail: mpauli@notes.uni-paderborn.de

ZfB
ZEITSCHRIFT FÜR BETRIEBSWIRTSCHAFT

A. Einführung

Deutsche Fußballstadien sind im europäischen Vergleich durchschnittlich deutlich älter und erfüllen nicht die Qualitätsstandards moderner Spielstätten.[1] Bedeutende Einnahmemöglichkeiten wie zum Beispiel aus der Vermietung von Logen und Business-Seats werden nicht oder nur unzureichend genutzt. Der Zustand vieler Stadien entspricht sowohl unter qualitativen als auch quantitativen Gesichtspunkten nicht den Auflagen des europäischen (UEFA) oder Weltfußballverbandes (FIFA). Diese Spielorte sind für internationale Pokal- oder Länderspiele entweder nicht zugelassen oder ihre Zuschauerkapazitäten nur begrenzt nutzbar. Um brachliegende Einnahmepotentiale ausnutzen und längerfristig wettbewerbsfähig bleiben zu können, sind viele Bundesligavereine auf neue oder modernisierte Spielstätten angewiesen. Vor diesem Hintergrund wurden in jüngster Zeit in fast allen Bundesligastädten Stadionprojekte entwickelt, welche die Modernisierung und Erweiterung bestehender Kapazitäten sowie die Schaffung neuer lukrativer Zuschauerangebote vorsehen (siehe Tab. 1). Die Investitionskosten der geplanten Neu- und Umbauten werden auf bis zu vier Milliarden DM geschätzt.

Sportstättenbau wurde in Deutschland historisch als öffentliche Aufgabe interpretiert. Im Gegensatz zu den 70er Jahren, in denen anlässlich der Fußball-WM 1974 in Deutschland fast ausschließlich öffentliche Mittel in Höhe von 273 Millionen DM in Fußballstadien investiert wurden, haben sich die Finanzierungsbedingungen grundlegend geändert.[2] Die Investitionskosten öffentlicher Stadionprojekte sind um ein Vielfaches gestiegen. Einzelne Stadionneubauten wie die Arena „Auf Schalke" (358 Millionen DM) oder Umbaumaßnahmen wie am Berliner Olympiastadion (473 Millionen DM) weisen ein höheres Investitionsvolumen auf als alle öffentlich finanzierten Stadionprojekte infolge der WM 1974 zusammen.[3] Die kommunale Haushaltssituation ist im Vergleich zu den 70er Jahren deutlich angespannter.[4] Die Finanzierung öffentlicher Stadionprojekte erfordert gerade im Hinblick auf die gestiegenen Investitionskosten massive Einsparungen in anderen öffentlichen Bereichen oder Steuererhöhungen. Beide Maßnahmen verursachen bedeutende Opportunitätskosten.[5] Schließlich hat auch die Professionalisierung im deutschen Profifußball ständig zugenommen. Die Einnahmen der 18 Erstligavereine haben sich zwischen den Spielzeiten 1989/90 (368,55 Millionen DM) und 1998/99 (1,283 Milliarden DM) mehr als verdreifacht.[6]

Trotz zunehmender Betriebs- und Instandhaltungskosten betrugen die Vereinsaufwendungen für die Benutzung der Stadien (z.B. Miet- und Pachtzahlungen) in der Saison 1998/99 lediglich 36,963 Millionen DM (1. Liga) und damit nur circa drei Prozent der Gesamtaufwendungen (siehe Abb. 1). Als Folge erwirtschaften die meisten kommunalen Fußballstadien selbst im reinen Betriebsführungsgeschäft hohe Defizite, die über kommunale Haushalte ausgeglichen werden.[7] Betriebsverluste und ungedeckte Investitionskosten fließen den Vereinen in Form indirekter Subventionen zu.

Angesichts des defizitären Stadionbetriebs auf öffentlicher Seite und exponentiell steigenden Einnahmen auf Vereinsseite wird die überwiegend öffentliche Finanzierung von Fußballstadien im Profifußball zunehmend in Frage gestellt. Die meisten Kommunen fordern hinsichtlich einer schwierigen Haushaltslage die stärkere Beteiligung privater Investoren oder Proficlubs an den Projektkosten. Ökonomische Untersuchungen zeigen, dass der stärkere Einbezug des Privatsektors bei der Finanzierung von Profisportstadien unter

Tab. 1: ausgewählte Stadionprojekte im deutschen Profifußball

Stadion, Stadt	Bauvorhaben	Kosten (DM)
Arena Auf Schalke, Gelsenkirchen	Neubau eines reinen Fußballstadions mit 51.000 überdachten Sitz- und Stehplätzen, 72 VIP-Logen, 1400 Business-Seats, Catering- und Einzelhandelsangeboten, Tagungszentren, Spielfelddach, etc.	358 Mio.
Fritz-Walter-Stadion, Kaiserslautern	Erweiterung der Stadionkapazität auf 48.000 Sitzplätze bei internationalen Spielen sowie weitere Modernisierungsmaßnahmen	100 Mio.
Gottlieb-Daimler-Stadion, Stuttgart	Modernisierung und Erweiterung auf 60.000 überdachte Sitz- und Stehplätze, 44 VIP-Logen, 1200 Business-Seats, Catering- und Merchandisingangebote, etc.	mind. 87 Mio.
Müngersdorfer-Stadion, Köln	Neubau eines reinen Fußballstadions mit 50.000 überdachten Sitz- und Stehplätzen, 50 VIP-Logen, 1200 Business-Seats, Catering- und Merchandisingangeboten, etc.	180 Mio.
Olympiastadion, Berlin	Umbau in ein kombiniertes Fußball- und Leichtathletikstadion mit 76.065 überdachten Sitzplätzen, 113 VIP-Logen, Business-Seats, Catering- und Einzelhandelseinrichtungen	473 Mio.
Olympiastadion, München	Umbau in ein reines Fußballstadion mit 66.000 überdachten Sitz-, 600 Logenplätzen und 1600 Business-Seats, Catering- und Einzelhandelsangeboten oder Neubau eines reinen, hochmodernen Fußballstadions	350–500 Mio.
Ostseestadion, Rostock	Neubau eines reinen Fußballstadions mit 30.000 überdachten Sitz- und Stehplätzen, 24 VIP-Logen, 1000 Business-Seats, Catering- und Merchandisingangeboten	55 Mio.
Ruhrstadion, Bochum	Sanierungsmaßnahmen sowie Einbau von VIP-Logen und Business-Seats	65 Mio.
Stadion der Freundschaft, Cottbus	Erweiterung auf 25.000 überdachte Sitz- und Stehplätze sowie Einrichtung moderner Zusatzangebote	30 Mio.
VFL-Stadion, Wolfsburg	Neubau eines reinen Fußballstadions mit 30.000 überdachten Sitz- und Stehplätzen, 26 VIP-Logen, 1200 Business-Seats, Catering- und Merchandisingangeboten, etc.	100 Mio.
Waldstadion, Frankfurt	Neubau eines reinen Fußballstadions mit 52.000 überdachten Sitzplätzen, 80 VIP-Logen, 2000 Business-Seats, Catering- und Tagungsangeboten	240 Mio.
Weserstadion, Bremen	Ausbau auf 44.000 Sitzplätze bei internationalen Spielen, Bau einer mobilen Tribüne auf der Tartanbahn, weiterer Logen, Büros, Geschäfte, etc.	53 Mio.
Westfalenstadion, Dortmund	Errichtung von vier Ecktürmen mit VIP-Logen, Museum, Theater, Fußballinternat, etc. Eventuell Bau eines flexiblen Spielfelddaches	100 Mio.
Frankenstadion, Nürnberg	Ausbau auf mindestens 40.000 Sitzplätze bei internationalen Spielen, Errichtung moderner VIP-Bereiche	65 Mio.
Niedersachsenstadion, Hannover	Umbau in ein reines Fußballstadion mit 50.000 überdachten Sitzplätzen, VIP-Logen, Business-Seats, etc.	105 Mio.
Stadion am Millerntor, St. Pauli	Umbau und Modernisierung der Haupttribüne	45 Mio.
Stadion im Nordpark, Mönchengladbach	Neubau eines reinen Fußballstadions mit 40.000 überdachten Sitzplätzen, VIP-Logen, Business-Seats, Cateringangeboten, etc.	160 Mio.
Tivoli, Aachen	Erweiterung auf 25.000 überdachte Sitz- und Stehplätze, Errichtung moderner VIP-Bereiche,	60 Mio.
Wedaustadion, Duisburg	Umbau in ein reines Fußballstadion mit vollständig überdachten Zuschauerplätzen, VIP-Logen, Business-Seats, Cateringangeboten	70 Mio.
Rheinstadion, Düsseldorf	Umbau in ein reines Fußballstadion mit umfangreichen VIP-Angeboten und verschließbarem Spielfelddach	250 Mio.
Zentralstadion, Leipzig	Neubau eines reinen Fußballstadions mit 42.095 überdachten Sitzplätzen, 493 VIP-Logenplätzen, 1397 Business-Seats , etc.	160 Mio.

Quelle: Pauli, 2001, S. 32.[8]

Abb. 1: Aufwendungen erste Fußballbundesliga (Saison 1998/99)

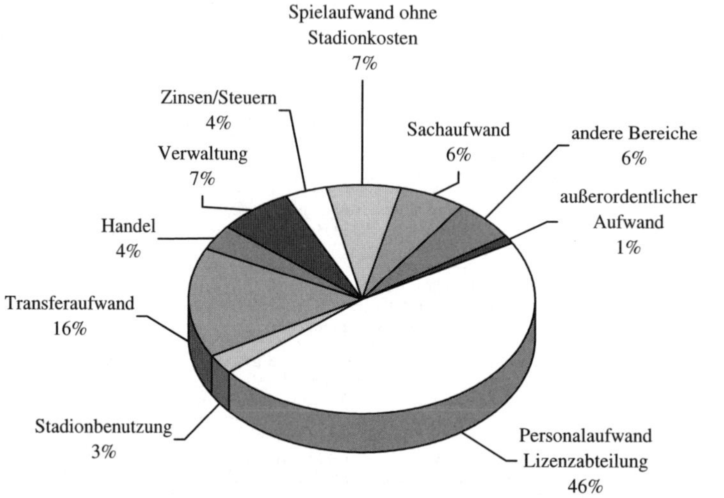

Quelle: in Anlehnung an Pauli, 2001, S. 134.

allokativen Gesichtspunkten Effizienzvorteile mit sich bringt und negative Verteilungswirkungen mindert.[9]

Viele Stadionprojekte, die eine umfangreiche Beteiligung des Privatsektors vorsahen, scheiterten wie der Bau des „MainDome" in Frankfurt. Andere Vorhaben werden wie der Umbau des Berliner Olympiastadions – anders als geplant – überwiegend öffentlich finanziert.[10] Ausgehend von den bestehenden Rahmenbedingungen im deutschen Profifußball wird im Folgenden analysiert, welche Investitionsprobleme auf Seiten der privaten Investoren und Bundesligavereine bestehen (Abschnitt B). Anschließend wird untersucht, wie sich ändernde Rahmenbedingungen auf die Finanzierungsmöglichkeiten noch nicht realisierter Stadionprojekte auswirken (Abschnitt C). Abschließend werden Rückschlüsse auf die Finanzierung zukünftiger Stadionprojekte gezogen (Abschnitt D).

B. Investitionsprobleme im Stadionbau

Im Rahmen der angestrebten Stadionprojekte können sich (potentielle) Privatinvestoren, Kommunen und Bundesligavereine zumeist auf die konkreten Merkmale der neuen Stadien (Größe, Komfort, etc.) einigen. Die Verteilung der erwarteten Projektkosten und -nutzen führt hingegen zu erheblichen Dissonanzen, was an divergierenden Zielsetzungen der Akteure liegt und durch hohe Investitionsrisiken verstärkt wird.

I. Investitionsrisiken privater Investoren

Aus Sicht möglicher Privatinvestoren sind Stadioninvestitionen mit einem hohen Risiko verbunden. Wenngleich neue Stadionkonzepte immer häufiger mit dem Attribut „multifunktional“ versehen sind, rentieren sich die Investitionen nur in Verbindung mit attraktivem Profiteamsport.11 Eine Vermarktung multifunktionaler Fußballstadien in Form von Wirtschaftsmessen, Rockkonzerten, Kirchentagen und sonstigen Großveranstaltungen außerhalb des Ligasports führt angesichts des Wettbewerbs mit anderen öffentlichen und privaten Hallen, Stadien, Messegeländen und Parks in der Regel zu keinen nennenswerten Deckungsbeiträgen. Aufgrund hoher Fixkosten und vergleichsweise geringer variabler Kosten weisen Stadien Merkmale eines natürlichen Monopols auf.12 Steigende Skalenerträge führen mit zunehmender Auslastung zur Fixkostendegression. Die Grenzkostenkurve verläuft innerhalb von natürlichen Monopolen unterhalb der Durchschnittskostenkurve (siehe Abb. 2). Positive Dekkungsbeiträge werden nur erzielt, wenn die neuen Stadien über Standortfaktoren oder Stadionmerkmale verfügen, die gegenüber anderen Veranstaltungsorten einen Zusatznutzen stiften.

Angesichts der begrenzten Anzahl von Großveranstaltungen und der Notwendigkeit vieler Stadionprojekte im gesamten Bundesgebiet können mit zunehmender Anzahl moderner Sportstadien die Zusatzerlöse aus dem Nichtligabereich vernachlässigt werden. Wettbewerb zwischen Veranstaltungsstätten wird Stadionbetreiber zwingen, ihre Mietpreise für Nichtfußballveranstaltungen bis auf Grenzkostenniveau zu senken. Die Mehrzahl der geplanten Projekte verspricht nur in Verbindung mit attraktivem Profifußball potentielle Gewinne. Stadioninvestitionen sind hochspezifisch in Bezug auf Profifußballclubs. Aus dieser Abhängigkeit ergeben sich für private Investoren zwei Risiken (hold up-Probleme). Der Wert der Stadioninvestitionen wird erstens durch den Stadionwechsel eines Proficlubs gefährdet. Zweitens drohen Verluste durch sportlichen oder wirtschaftlichen Misserfolg des im Stadion spielenden Proficlubs.

Ein Bieterwettbewerb analog zu dem Werben US-amerikanischer Stadionbetreiber um Major League Teams wird im deutschen Profifußball durch verbandsrechtliche Auflagen und die starke Verwurzelung der Vereine mit ihrer Heimatregion eingeschränkt.[13] Dennoch besteht für einen Proficlub temporär und regional die Möglichkeit, seine Spielstätte zu wechseln. Im Falle der Gründung einer Europaliga wären auch überregionale Wechsel von Spitzenclubs – ähnlich wie in den US-Major Leagues – denkbar. Profivereine werden ohne vertragliche Bindung an das neue Stadion ihre Standortentscheidung in Abhängigkeit der erwarteten Nettoerlöse in den verschiedenen in Frage kommenden Spielstätten treffen.[14] Die Kosten für die Stadionüberlassung stellen dabei nur einen Entscheidungsfaktor dar.

Im Hinblick auf den eingeschränkten Bieterwettbewerb werden Betreiber moderner Stadien in Ballungszentren mit hohem Einnahmepotential – anders als bei Nichtligaevents – eine Stadionmiete (P) oberhalb der Grenzkosten (K') erzielen können. Die Stadionnachfrage des Proficlubs wird im Wesentlichen durch die Ligaorganisation exogen vorgegeben. Berücksichtigt man neben 17 Ligaheimspielen noch durchschnittlich fünf bis sieben lukrative Pokalspiele, wird das Stadion nur circa 23mal im Jahr vom Proficlub ausgelastet. Es kommt zu einer geringen Fixkostendegression. Ein Privatinvestor wird selbst bei eingeschränktem Wettbewerb mit hoher Wahrscheinlichkeit keinen kostendeckenden Preis

Abb. 2: Auslastung und Überlassungspreis privater Fußballstadien bei freiem Wettbewerb

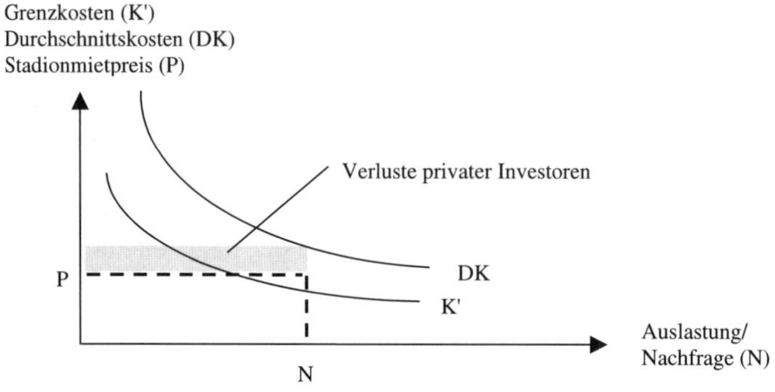

Quelle: Eigenerstellung.

(DK) als Stadionmiete erzielen. Statt einer dem Risiko entsprechenden Rendite werden Verluste erwirtschaftet (siehe Abb. 2).

Der Bau des WM-Stadions „Stade de France" in Saint Denis nahe Paris zeigt die ökonomischen Auswirkungen eines Stadionprojektes, dessen Nutzung durch einen Proficlub im Vorfeld nicht vertraglich geregelt wurde. Die Investoren haben gutgläubig auf die Absichtserklärungen des französischen Erstligisten Paris St. Germain vertraut, die Heimspiele nach der Weltmeisterschaft (WM) 1998 in Frankreich im neuen Stadion auszutragen. Angesichts fehlender Verträge nutzte der Fußballclub die Wettbewerbssituation nach der WM aus, indem er sowohl mit dem Betreiber des Prinzenparkstadions (bisherige Spielstätte) als auch mit den Betreibern des neuen Stadions verhandelte. St. Germain unterschrieb schließlich einen Zehnjahresvertrag über den Verbleib im Prinzenparkstadion zu deutlich verbesserten Konditionen. Als Folge erwirtschaften die Betreiber des WM-Stadions ohne Ligafußball jährliche Verluste in Höhe von 23 Millionen DM, die durch die Regierung und damit vom französischen Steuerzahler gedeckt werden.

Zur Absicherung ihrer spezifischen Investitionen sind Privatinvestoren gezwungen, vor Beginn der Investitionsmaßnahmen einen umfassenden Vertrag mit einem in Frage kommenden Proficlub über die Austragung zukünftiger Spiele im neuen Stadion zu schließen. Aber selbst wenn sich ein Proficlub zu einer solchen vertraglichen Abmachung bereit erklärt, droht eine Investitionsentwertung durch sportliche und wirtschaftliche Risiken.

Die Zuschauernachfrage im Profiteamsport wird in signifikantem Ausmaß von der Mannschaftsqualität und somit von der Höhe getätigter Mannschaftsinvestitionen bestimmt.[15] Begründen lässt sich dieser Zusammenhang damit, dass mit steigender Teamqualität die Erfolgswahrscheinlichkeit der Mannschaft steigt und Spielbesucher erfolgreiche Teams bevorzugen.[16] Mit der Spielstärke steigt tendenziell auch die erfolgsabhängige Anzahl der Pokalheimspiele. Zudem präferieren Zuschauer Mannschaften mit hohem technischen Spielniveau.[17]

Mannschaftsinvestitionen bestehen überwiegend aus nicht verifizierbaren Humankapitalinvestitionen, die in Bezug auf die Leistungsbeziehung zwischen Privatinvestor und Proficlub größtenteils nach Fertigstellung des Stadions anfallen. Die Güte der Investitionen kann von Dritten (z.B. Gerichte) nicht überprüft werden.[18] Mannschaftsinvestitionen können sinnvollerweise nicht Gegenstand einer vertraglichen Vereinbarung zwischen Stadioninvestor und Proficlub sein. Sobald der Privatinvestor spezifische Stadioninvestitionen tätigt, bietet sich dem Proficlub ein großer diskretionärer Handlungsspielraum, der zulasten des Stadioninvestors ausgenutzt werden kann. Investiert beispielsweise ein Erstligaclub in Relation zu anderen Mannschaften zu wenig oder führen die Investitionen nicht zum gewünschten Erfolg, droht der Abstieg.

Wegen der geringeren Attraktivität von Zweitligabegegnungen liegen die Besucherzahlen je Spiel im Mittel deutlich unter denen eines Erstligaspiels. Als Folge sind auch die durchschnittlichen Zuschauereinnahmen eines Zweitligisten signifikant geringer als für einen Erstligaverein (vgl. Abb. 4.) Da auch die Erlöse aus TV-Vermarktung, Merchandising, Werbung etc. in hohem Maße vom Erfolg und damit der Ligazugehörigkeit des Proficlubs abhängen, sind die Gesamteinnahmeunterschiede zwischen Erst- und Zweitligisten noch wesentlich höher. In der Saison 1998/99 betrug der durchschnittliche Einnahmeunterschied circa 53 Millionen DM.

Es ist sehr wahrscheinlich, dass der durch einen Abstieg verursachte Zuschauerrückgang für traditionsreiche Erstligisten geringer ausfällt. Beispielsweise hatte Schalke 04 während seiner Zweitligazugehörigkeit durchschnittlich mehr Zuschauer je Spieltag als viele Erstligateams. Als Folge würden in diesen Fällen auch die Zuschauer- und Gesamteinnahmen durch einen Abstieg weniger stark zurückgehen. Auf der anderen Seite wiesen in der Saison 1999/2000 15 der 18 Zweitligisten Erstligaerfahrung auf.[20] Nimmt man Chemnitz (ehemaliger Oberligist der DDR) hinzu waren nur Fürth und Mainz ohne Erstligatradition. Die Unterschiede in den Zuschauer- und Umsatzzahlen stellen insofern zumindest gute Richtwerte für die ökonomischen Konsequenzen eines Abstieges dar. Der sportliche Abstieg ist mit enormen Einnahmeverlusten verbunden. Verstärkt wird dieser Effekt noch durch den neuen Fernsehvertrag des DFB mit der Kirchgruppe. Während Kirch seit der Saison 2000/01 pauschal 750 Millionen DM für die Free- und Pay-TV-Rechte der ersten und zweiten Bundesliga zahlt, fließen davon 80 Prozent (600 Millionen DM) an die Erstligaclubs und nur 20 Prozent (150 Millionen DM) an Zweitligateams.

Unabhängig davon, ob ein Stadioninvestor prozentual an den Stadioneinnahmen beteiligt wird oder einen fixen Mietbetrag erhält, werden die Renditeerwartungen im Falle ei-

Abb. 3: durchschnittlicher Zuschauerschnitt 1. und 2. Bundesliga (1992/93–1999/00)

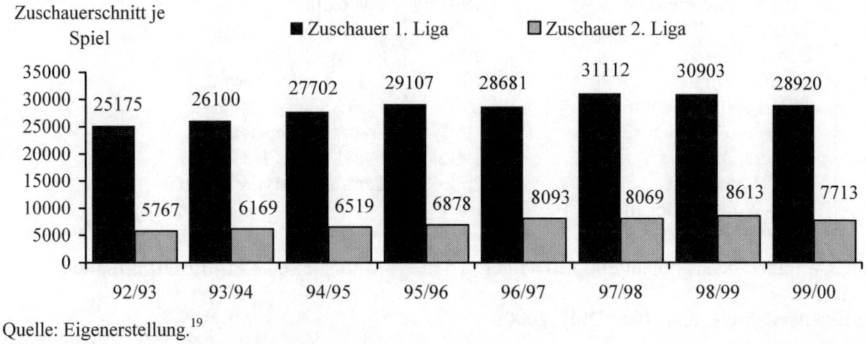

Quelle: Eigenerstellung.[19]

Abb. 4: durchschnittliche Gesamt- und Zuschauereinnahmen 1. und 2. Bundesliga (1998/99)

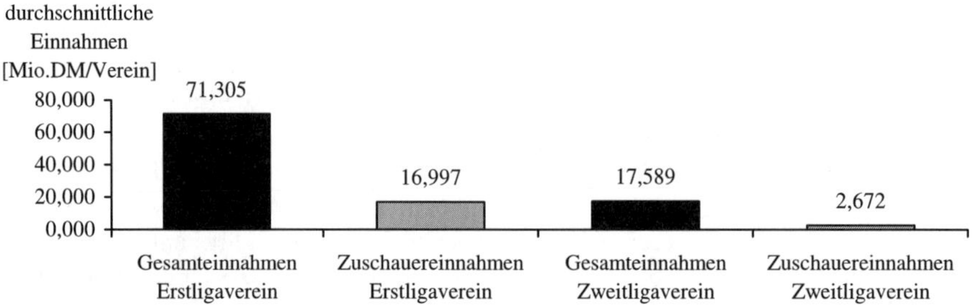

Quelle: in Anlehnung an Pauli, 2001, S. 126.

nes Abstiegs mit großer Wahrscheinlichkeit nicht länger erfüllt. Selbst wenn der Proficlub im Jahr nach dem Abstieg noch genügend Einnahmen zur Begleichung seiner Stadionmieten erzielen würde, blieben angesichts des deutlich geringeren Gesamtetats nur wenig Mittel für Mannschaftsinvestitionen. Im Folgejahr würde der Abstieg in den noch unattraktiveren Amateurfußball drohen. Um die Stadioninvestitionen nicht vollkommen zu entwerten, müssten Privatinvestoren auf einen größeren Teil ihrer Renditeforderung zugunsten des Proficlubs verzichten.

Die Entwertung der Stadioninvestitionen droht auch, wenn der Proficlub im Verhältnis zu den realisierten Einnahmen zu viel investiert. Gerät der Proficlub unabhängig von seiner sportlichen Qualifikation in wirtschaftliche Schwierigkeiten, kann der Deutsche Fußballbund (DFB) die Teilnahme am Profifußball in der darauf folgenden Saison verweigern. In der Geschichte der Fußballbundesliga gibt es viele Beispiele, in denen Proficlubs die Profilizenz für die kommende Spielzeit verwehrt wurde (siehe Tab. 2). Für Profiteams hat dies den Zwangsabstieg in den Amateurfußball zur Folge.

Tab. 2: Profilizenzverweigerungen im deutschen Profifußball

Jahr	Verein	Jahr	Verein
1965	Hertha BSC	1992	FC Sachsen Leipzig*
1972	Arminia Bielefeld	1992	Tus Celle*
1973	Tasmania 1900 Berlin	1993	1. FC Union Berlin*
1977	Bonner SC	1994	Rot-Weiß Essen
1979	FC St. Pauli	1994	1. FC Union Berlin*
1982	TSV 1860 München	1995	1. FC Saarbrücken
1988	Rot-Weiß Oberhausen	1995	Dynamo Dresden
1989	Kickers Offenbach	1996	1. FC Union Berlin*
1994	Rot-Weiß Essen	2000	Tennis Borussia Berlin
1992	Blau-Weiß 90 Berlin		

*: Amateurvereine, die als potentielle Aufsteiger in den Profifußball keine Profilizenz erhielten

Quelle: Eigenerstellung. Angaben: DFB, 2000.

Abb. 5: Entwicklung der durchschnittlichen Zinsaufwendungen eines Erstligavereins

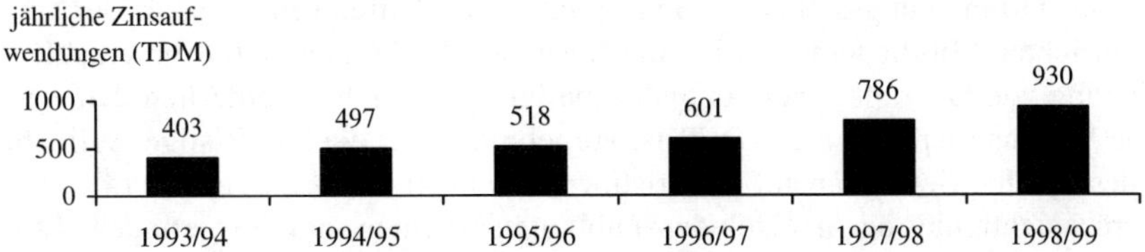

Quelle: in Anlehnung an Pauli, 2001, S. 87.

Daneben gibt es weitaus mehr Fälle, in denen Profivereinen der Lizenzentzug drohte, die Clubs aber durch Unterstützung von privaten Mäzenen, Rechtevermarktern oder Kommunen vor einem Zwangsabstieg gerettet wurden. Als Beispiel kann hier Eintracht Frankfurt genannt werden, die nur durch finanzielle Hilfe eines Vermarktungsunternehmens die Profilizenz für die Saison 2000/01 noch erteilt bekam. Wegen der immer stärkeren Fremdfinanzierung deutscher Proficlubs – Ende 1999 betrugen die Gesamtverbindlichkeiten in der ersten Liga bereits 900 Millionen DM – und der damit verbundenen Etatbelastungen durch kontinuierlich steigende Zinsaufwendungen (siehe Abb. 5), ist es wahrscheinlich, dass auch zukünftig viele Bundesligisten in wirtschaftliche Schwierigkeiten geraten.[21] Privatinvestoren müssten angesichts des offensichtlichen Abhängigkeitsverhältnisses zum Bundesligaverein damit rechnen, ebenfalls an den Sanierungskosten beteiligt zu werden.

Als Ursache für Überinvestitionen im deutschen Profifußball werden in der Literatur die Rechtsformverfehlung auf Ebene der Proficlubs sowie die Ungleichverteilung der Einnahmen auf Ligaebene genannt. Mit Ausnahme von Bayer Leverkusen (GmbH) wiesen alle Profimannschaften der ersten Fußballbundesliga in der Saison 1999/2000 die Rechtsform des eingetragenen Vereins auf.[22] Eintracht Frankfurt gliederte seine Lizenzspielabteilung zum 01.07. 2000 in eine nicht börsennotierte Aktiengesellschaft aus. Borussia Dortmund wagte am 31.10. 2000 als erster Bundesligist den Börsengang der Lizenzspielabteilung in Form einer GmbH & Co.KGaA. Die große Mehrheit der Bundesligisten nimmt weiter als Idealverein am Ligafußball teil. Ungeachtet aller juristischen Bedenken[23] lässt sich die Rechtsformverfehlung im deutschen Profifußball auch aus ökonomischer Sicht begründen.

Die Verteilung der Verfügungsrechte innerhalb von eingetragenen Vereinen führt zu Anreiz- und Kontrollproblemen.[24] Eigennütziges Verhalten der Vereinsführung, das im Widerspruch zum Gewinnmaximierungskalkül privater Investoren steht, wird möglich. Das Geschäftsführungsrecht in eingetragenen Bundesligavereinen obliegt einem von den Mitgliedern gewählten Vorstand, der gemäß § 7 (2) DFB-Lizenzspielerstatut überwiegend ehrenamtlich tätig ist. Ertragsrechte werden nicht spezifiziert. Mitglieder haben weder das Recht, sich Gewinne anzueignen noch ihren „Anteil" am Verein zu veräußern. Es besteht kaum Interesse, die Aktivitäten des Vorstandes zu kontrollieren. Entscheidungen der Geschäftsführung haben keine monetären Auswirkungen auf die Mitglieder. Trittbrettfahrerprobleme mindern die Kontrollanreize zusätzlich. Kontrolle ist ein öffentliches Gut. Während die Kosten allein vom Kontrolleur getragen werden, kommt der Nutzen allen Mitgliedern in gleichem Umfang zugute.

Die Publizitätspflichten eingetragener Bundesligavereine sind sehr begrenzt und nicht mit den strengen Offenlegungspflichten von Kapitalgesellschaften vergleichbar. Der Vorstand ist verpflichtet, Mitglieder über Ein- und Ausgaben des Vereins zu informieren. Die Veröffentlichung von Quartals- oder Halbjahresberichten ist nicht erforderlich. Die verbandsinterne Wirtschaftsprüfung des DFB ist vornehmlich auf die kurzfristige Aufrechterhaltung des Spielbetriebs denn auf langfristigen Gläubigerschutz ausgerichtet.[25]

Unter Berücksichtigung der mangelnden Publizitätspflichten und der geringen Kontrollanreize kann innerhalb vieler Bundesligavereine von einem großen Kontrollvakuum ausgegangen werden. Dem Vorstand bietet sich ein großer diskretionärer Handlungsspielraum, den dieser zur Verfolgung eigener Interessen ausnutzen kann. Abgesehen von grober Fahrlässigkeit und Vorsatz haftet die Vereinsleitung weder für entstandene Verluste noch kann sie sich angesichts ehrenamtlicher Tätigkeit potentielle Gewinne aneignen. Ihr Handeln wird nicht durch das Streben nach Gewinnen bestimmt, die einen längerfristigen Fortbestand des Vereins sichern. Viele Vorstandsmitglieder maximieren ihren individuellen Nutzen, indem sie die Öffentlichkeitswirksamkeit des Amtes ausnutzen und die Steigerung ihrer Reputation anstreben.[26] Im Rahmen der medialen Berichterstattung des Profisports steht der sportliche Erfolg im Mittelpunkt. Vereinsvorstände versuchen von daher, eine möglichst starke Mannschaft ins Meisterschaftsrennen zu schicken. Zur Finanzierung der Mannschaftsinvestitionen werden oft Schulden in Kauf genommen. Die Investitionen bringen nicht immer den gewünschten sportlichen (und damit finanziellen) Erfolg. Die kurzfristig ausgerichtete Strategie der sportlichen Erfolgsmaximierung führt längerfristig oft zu finanziellen Problemen, welche die Existenz des Vereins im Profifußball gefährdet.

Investitionsrisiken ergeben sich für Privatinvestoren selbst für den Fall, dass Proficlubs – zum Beispiel infolge der Umwandlung in unabhängige Kapitalgesellschaften – formal auf das Erzielen von Gewinnen ausgerichtet werden. Die Einnahmeverteilung auf Ligaebene kann die übertriebene Ausrichtung der Proficlubs auf sportlichen Erfolg weiterhin erzwingen und Gewinnziele zunichte machen.[27]

Die Erlösverteilung im Profifußball ist in hohem Maße abhängig vom jeweiligen Rang in der Meisterschaftstabelle. Meister und Vizemeister sind automatisch für die Champions League qualifiziert. Der Dritt- und Viertplatzierte kann sich über eine Vorrunde qualifizieren. In dieser von der UEFA organisierten „Millionenliga" erzielten die 32 Teilnehmer in der Saison 1999/ 2000 Einnahmen aus TV- und Werbeerlösen zwischen 6,658 Millionen DM (Maribor) und 56,909 Millionen DM (Bayern München). Das durchschnittliche Einkommen lag bei 23,9 Millionen DM je Verein ohne Berücksichtigung der Zuschauereinnahmen bei Heimspielen. Der Fünft- und Sechstplatzierte spielt im UEFA-Pokal. Die beiden nachfolgenden Mannschaften können sich über den UI-Cup qualifizieren. Im Vergleich zur Champions League sind die Einnahmen im UEFA-Pokal deutlich geringer. Die durchschnittlichen Erlöse aus TV- und Werberechten betragen circa 4 Millionen DM je Heimspiel. Bei durchschnittlich drei Heimspielen erzielen deutsche Teilnehmer immerhin noch circa 12 Millionen DM zuzüglich Zuschauereinnahmen. Die letzten Drei in der Meisterschaft steigen in die weitaus weniger lukrative zweite Liga ab.

Die Ligaeinnahmen insgesamt sind relativ unabhängig von der Höhe der Mannschaftsinvestitionen. Einnahmesteigerungen im deutschen Profifußball sind vornehmlich auf die bessere Vermarktung des Profifußballs im TV-Bereich zurückzuführen. Investiert ein Proficlub in seine Mannschaft um einen Konkurrenten in der Tabelle zu überholen, bleiben die Gesamteinnahmen der Liga davon im Wesentlichen unberührt. Gelingt die Tabellenverbesserung, steigen die individuellen Clubeinnahmen aus Sicht des überholenden Clubs während die Einnahmen des Überholten sinken. Potentielle Einnahmeverluste anderer stellen aus Sicht des investierenden Clubs negative externe Effekte (Rangexternalitäten) dar, die nicht im Rahmen der Investitionsentscheidung berücksichtigt werden. Überinvestitionen sind die Folge.

Investiert ein schwächeres Team zu viel in die Mannschaft, um einen stärkeren Konkurrenten in der Meisterschaft zu überholen, wird Letzterer gezwungen sein, sich seinerseits zu verstärken. Wegen der großen Erlössprünge benachbarter Tabellenplätze werden die zusätzlichen Investitionen im Vergleich zu sonst drohenden Einnahmeverlusten einer Verschlechterung mit hoher Wahrscheinlichkeit geringere (Opportunitäts)Kosten verursachen. Im Extremfall drohen ohne Zusatzinvestitionen der sportliche (und finanzielle) Abstieg. Höhere Mannschaftsinvestitionen des stärkeren Teams bedrohen wiederum bessere Mannschaften in der Meisterschaft, sodass eine Kettenreaktion kollektive Überinvestitionen verursachen kann. Überholversuche schwächerer Teams sind trotz zu erwartender „Konter“ aus Sicht der Vereinsvor stände individuell rationale Entscheidungen. Während Vorstände nicht für die monetären Folgen eines gescheiterten Überholversuchs verantwortlich gemacht werden können, besteht auch im Falle einer absolut geringeren Mannschaftsstärke eine reelle Siegchance. 28 Insgesamt stellen sich jedoch alle Ligateilnehmer schlechter. Zusätzliche Einnahmen durch Vermarktungserfolge werden durch Mannschaftsinvestitionen überkompensiert. Anstelle von Gewinnen werden zum Teil hohe Verluste erwirtschaftet.

Als empirischer Beleg für Überinvestitionstendenzen auf Ligaebene werden in der Literatur die englischen Fußballligen angeführt, deren Profimannschaften als unabhängige Kapitalgesellschaften formal auf die Erzielung von Gewinnen ausgerichtet sind.[29] Tatsächlich weisen in den englischen Profiligen nur wenige Mannschaften Gewinne aus. Kumuliert erzielen alle 92 Proficlubs Verluste in Höhe von 61,655 Millionen britische Pfund (Saion1998/99). Einnahmezuwächse werden in der Regel nicht an Anteilseigner ausgeschüttet, sondern in die Mannschaft reinvestiert (siehe Abb. 6). Unzureichende Renditeaussichten im Profifußball spiegeln sich auch in den Kursen börsennotierter Fußballun-

Abb. 6: Entwicklung von Umsatz, Vorsteuerverlust sowie Lohn- und Gehaltskosten im englischen Profifußball (1996/97–1998/99).

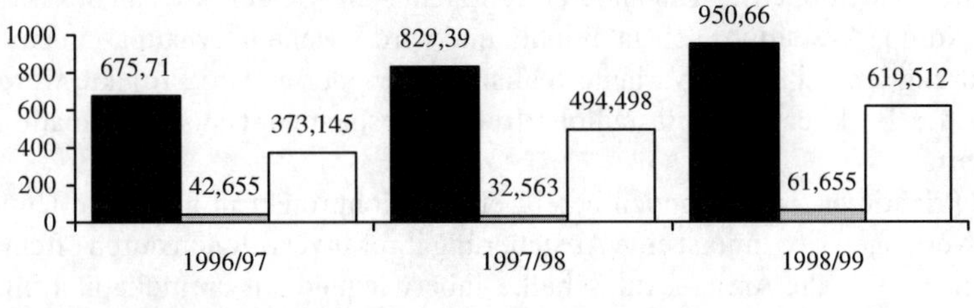

Quelle: Eigenerstellung. Angaben Deloitte & Touche, 1999 und 2000.

Abb. 7: Entwicklung der durchschnittlichen Personalaufwendungen und Transferausgaben eines Erstligaverein (1993/94–1998/99)

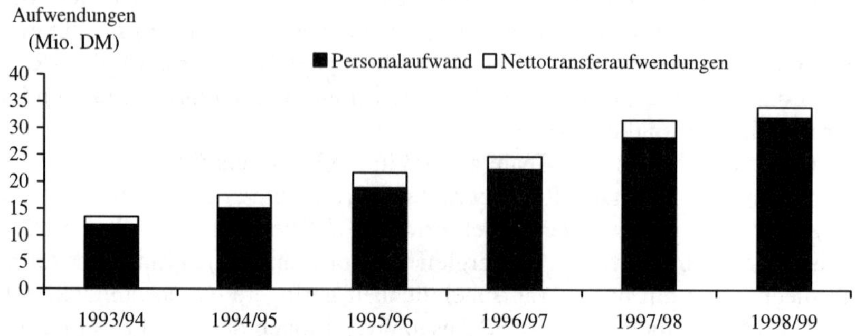

Quelle: Eigenerstellung. Angaben DFB, 2001.

ternehmen wider. Von den an der London Stock Exchange gelisteten englischen Proficlubs notierten Ende 2000 nur Manchester United und Tottenham Hottspur deutlich über ihrem Ausgabepreis. Der Börsenkurs von 16 der 18 Aktiengesellschaften fiel seit ihrer Erstnotiz unterhalb des Emissionspreises.

Auch im deutschen Profifußball sind neben den bereits genannten Schulden die Aufwendungen für Spielergehälter und Transfergeschäfte in den letzten Jahren signifikant gestiegen.[30] Die durchschnittlichen Personalaufwendungen der Lizenzspielabteilung und Nettotransferaufwendungen für Profispieler (Ablösezahlungen, Ausleihgebühren, etc.) je Erstligaverein stiegen zwischen 1993/94 und 1998/99 von zusammen 13,464 Millionen DM auf 34,088 Millionen DM (vgl. Abb. 7).

Die hohen Investitionsrisiken durch drohenden sportlichen und wirtschaftlichen Misserfolg der Proficlubs können nicht durch vertikale Integration oder direkte Einflussnahme auf die Vereinsführung gemindert werden. Eigentumsrechte an Idealvereinen sind nicht handelbar und Privatinvestoren dürfen gemäß § 7 (f) DFB-Lizenzspielerstatut in nur *einem* Verein *ein* offizielles Amt bekleiden. Für die Finanzierung von Fußballstadien durch Privatinvestoren ergeben sich daraus verschiedene Konsequenzen.

Ein Teil der geplanten Stadionprojekte, die eine größere Beteiligung privater Investoren vorsahen, scheiterte völlig wie zum Beispiel der Bau multifunktionaler Fußballarenen in Frankfurt (MainDome, 390 Millionen DM), Duisburg (Multi-Casa-Stadion, 150 Millionen DM), Augsburg (Rosenaustadion, 70–100 Millionen) oder Essen (Georg-Melches-Stadion, 200 Millionen).[31] Ein anderer Teil zieht sich wie der Neubau des Mönchengladbacher Nordpark-Stadions seit Jahren hin und wird – wenn überhaupt – in einer kleineren als ursprünglich geplanten Variante realisiert.[32] Wieder andere Projekte werden wie der Umbau des Berliner Olympiastadions trotz angespannter Haushaltssituation öffentlich finanziert.

Sind Privatinvestoren dennoch bereit, ein Stadionprojekt in größerem Umfang mitzutragen, verlangen sie zumeist eine Absicherung ihrer Investitionen durch öffentliche Bürgschaften. So wird die Arena „Auf Schalke" überwiegend mit Fremdkapital finanziert, das durch eine Landesbürgschaft zu 80 Prozent abgesichert ist. Ähnliche Bürgschaftszusagen bestehen für die kleinere Variante des Nordparkstadions in Mönchengladbach. Alternativ verlangen Investoren umfangreiche Vermarktungsrechte am neuen Stadion bei zugleich geringer finanzieller Beteiligung. Beispielsweise werden die Baukosten des Leipziger Zentralstadions fast ausschließlich von Bund (100 Millionen DM) und Stadt (60 Millionen DM) getragen. Der Rechtevermarkter Sportwelt als Privatinvestor und alleiniger Besitzer des zukünftigen Stadions trägt allein das Betreiberrisiko.

Insgesamt sind die gegebenen Rahmenbedingungen im deutschen Profifußball ungeeignet, um Privatinvestoren in größerem Umfang und bei vollem Risiko an den Stadionprojekten zu beteiligen. Es stellt sich die Frage, ob nicht die Vereine selbst stärker an den Investitionskosten beteiligt werden können (vertikale Integration). Das Investitionsrisiko könnte auf diese Weise internalisiert werden.

II. Investitionshemmnisse von Bundesligavereinen

Wegen der Fokussierung auf sportlichen Erfolg mit Hilfe einer möglichst starken Mannschaft sind Vereinsvorstände an hohen Einnahmen interessiert. Bundesligavereine streben im Zusammenhang mit den genannten Projekten höhere Nettoeinnahmen im Stadionbereich an. Bislang spielte die überwiegende Mehrheit der Bundesligisten in öffentlichen Stadien. Während die Proficlubs dabei fast die gesamten Stadionerlöse aus Eintrittskarten, Catering, Bandenwerbung, etc. einnahmen, deckten die zu zahlenden Mieten in vielen Fällen nicht einmal die Betriebskosten. Um wenigstens operative Defizite zu vermeiden, gehen immer mehr Kommunen wie zum Beispiel Rostock dazu über, ihre Fußballstadien an die Vereine zu symbolischen Preisen (z.B. eine DM) abzutreten. Die Differenz zwischen Durchschnitts- und Betriebskosten (Strecke BC) bleibt in öffentlich subventionierten Stadien ungedeckt und fließt den Vereinen in Form indirekter Subventionen zu (siehe Abb.8 (a)).

Abb. 8: Stadioneinnahmen in subventionierten und selbstfinanzierten Vereinsstadien

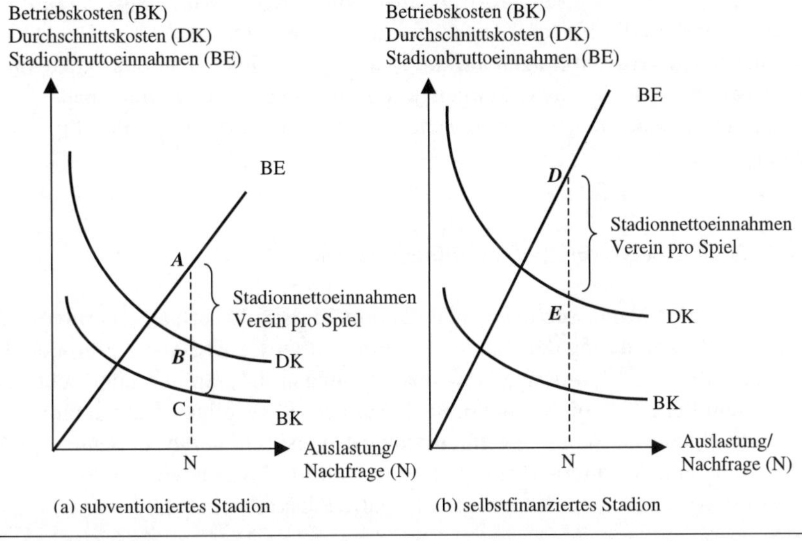

Treten die Proficlubs als Privatinvestoren im Stadionbereich auf (siehe Abb. 8 (b)), müssen sie mit den Bruttostadioneinnahmen neben den Betriebskosten auch ihre Investitionskosten decken. Stadionprojekte sind vor diesem Hintergrund aus Sicht der Proficlubs nicht automatisch lohnenswert, selbst wenn die gesamten erwarteten Nettoeinnahmen je Spiel im neuen Stadion (Strecke DE) bei gleicher Mannschaftsstärke und (exogen) gegebener Spielauslastung (N) größer als im bestehenden Stadion (Stecke AB) sind. Entscheidend für die Vorteilhaftigkeit ist, ob die erwarteten Nettospieleinnahmen aus Sicht des Vereins im selbstfinanzierten Stadion (Strecke DE) größer als im subventionierten Stadion (Strecke AC) sind. Dies wird nicht bei allen Stadionprojekten der Fall sein, was zumindest die Zurückhaltung einiger Vereine im Hinblick auf die direkte Beteiligung an den Investitionskosten erklärt.

Alternativ können Vereine wie in Gelsenkirchen und Mönchengladbach versuchen, vereinseigene Stadien überwiegend mit Fremdkapital zu finanzieren. Fremdkapitalgeber werden im Hinblick auf die Investitionsrisiken hohe Zinsen oder wie in Gelsenkirchen eine öffentliche Absicherung der Kredite durch Ausfallbürgschaften fordern. Im ersten Fall werden die (potentiellen) Stadionnettoeinnahmen aus Vereinssicht deutlich reduziert, sodass viele Proficlubs auf eigene Projekte verzichten. Im zweiten Fall verbleibt das Investitionsrisiko erneut bei der öffentlichen Hand.

Die bestehenden Rahmenbedingungen im deutschen Profifußball sind auch nicht geeignet, um die Vereine in größerem Ausmaß und bei vollem Risiko an den Investitionskosten zu beteiligen (vertikale Integration). Es stellt sich die Frage, wie sich ändernde Rahmenbedingungen auf private Finanzierungsmöglichkeiten der Stadionprojekte auswirken.

C. Auswirkungen sich ändernder Rahmenbedingungen auf die Finanzierungsmöglichkeiten neuer Stadionprojekte

Die Professionalisierung des Profifußballs zwingt die Verbände zu strukturellen Änderungen. Zudem findet im Jahre 2006 die Fußballweltmeisterschaft in Deutschland statt, was unmittelbare Auswirkungen auf die Realisierung vieler Stadionprojekte hat. Im Folgenden sollen mögliche Auswirkungen durch verschiedene Reformmaßnahmen und durch die Fußball-WM auf die Investitionsanreize von Privatinvestoren und Proficlubs näher untersucht werden.

I. Umwandlung von Vereinen in Kapitalgesellschaften

Als eine wichtige Voraussetzung zur Eindämmung risikobehafteter Überinvestitionen gilt die stärkere Fokussierung der Bundesligaclubs auf wirtschaftliche Zielgrößen. Dies setzt eine Rechtsform mit definierten Gewinnaneignungs- und Veräußerungsrechten sowie einer hauptamtlichen Clubführung voraus.[33] Stärkere Kontrollanreize und monetäre Folgewirkungen eigener Entscheidungen schränken den diskretionären Handlungsspielraum der Clubführung ein. Als alternative Rechtsform zum Idealverein werden vor diesem Hintergrund in Europa vor allem Kapitalgesellschaften diskutiert.

Die Umwandlung in Kapitalgesellschaften muss im Hinblick auf die Stadionfinanzierung unter zwei Aspekten betrachtet werden. Zum einen könnte eine stärkere Fokussierung auf Gewinnziele die Konkurs- und Lizenzgefahren – und damit die Investitionsrisiken privater Stadioninvestoren – mindern. Durch eine Beteiligung an den Vereinen könnte ein Investor auch unmittelbar mehr Einfluss auf die Clubführung ausüben und den Wert seiner Investitionen sichern. Zum anderen könnten Forderungen der Kommunen nach einer direkten Vereinsbeteiligung an den Stadionkosten besser durchgesetzt werden.

Der DFB hat die verbandsrechtlichen Voraussetzungen einer Umwandlung der Vereine in Kapitalgesellschaften durch Änderung seiner Statuten im Oktober 1998 geschaffen.[34] Neben den allgemeinen gesetzlichen Bestimmungen für Kapitalgesellschaften unterliegt die Umwandlung von Fußballvereinen zusätzlichen DFB-Restriktionen. Mit Ausnahme des Erstligaclubs Bayer Leverkusen, der eine hundertprozentige Tochter der Bayer AG ist, obliegt die Führung neuer Kapitalgesellschaften im Profifußball weiterhin dem eingetragenen Mutterverein.[35] Im Falle von Aktiengesellschaften müssen mehr als 50 Prozent der Stimmanteile im Besitz des Altvereins verbleiben. Wird wie im Falle von Borussia Dortmund die Rechtsform der KGaA angestrebt, nimmt der Mutterverein die Stellung des Komplementärs ein.

Der Einfluss potentieller Eigenkapitalgeber wird unter den genannten Verbandsvorschriften im Vergleich zu anderen Kapitalgesellschaften deutlich begrenzt.[36] Die dominierende Stellung des Altvereins und die unzureichende Einflussnahme der Eigenkapitalgeber ermöglicht dem Vorstand der Bundesligavereine auch nach der Umwandlung, primär sportliche Zielsetzungen zu verfolgen. Mit Ausnahme der verbesserten Publizitäts- und Haftungsbestimmungen für Kapitalgesellschaften ändert sich an der grundsätzlichen Problematik nichts. Der Vorstand des Idealvereins wird die Führung der abhängigen Kapitalgesellschaft nach sportlichen Zielsetzungen beurteilen. Den Kosten einer kontinuierlichen Kontrolle der wirtschaftlichen Leistungsfähigkeit stehen wegen fehlender Gewinnaneignungsrechte im Idealverein keine nennenswerten Nutzenrückflüsse gegenüber. Sportliche Erfolge können hingegen jede Woche anhand der Bundesligatabelle (kostengünstig) abgelesen werden. Es ist zu befürchten, dass Lizenz- und Konkursrisiken weiter bestehen bleiben. Die Umwandlung in Kapitalgesellschaften wird eher dazu dienen, zusätzliche Finanzmittel in Spieler zu investieren, um sportliche Erfolge zu erreichen. Aus Sicht privater Stadioninvestoren sind die Verbandsbestimmungen im Zusammenhang mit der Rechtsformwahl von Bundesligavereinen nicht geeignet, Lizenz- und Konkursrisiken ausreichend zu begrenzen.

Auf der anderen Seite stehen einem Verein durch die Umwandlung in eine Kapitalgesellschaft mit anschließendem Börsengang zunächst erhebliche finanzielle Mittel zur Verfügung. Je nach Erfolg, Größe und gewählter Rechtsform des Vereins können die Emissionserlöse aus einem Börsengang hohe dreistellige Millionenerlöse erreichen (z.B. betrug der Reinerlös des Börsenganges von Borussia Dortmund 260 Millionen DM). Steht ein Verein in Verhandlungen mit der Kommune über die Beteiligung an den Investitionskosten eines geplanten Stadionprojektes, kann der Bundesligist nicht länger auf fehlende finanzielle Möglichkeiten verweisen. Zudem fehlt dem Verein nach Umwandlung in eine gewinnorientierte Kapitalgesellschaft auch formal die Gemeinnützigkeit. Subventionszahlungen werden angesichts der strengeren Publizitätsvorschriften transparenter und können nur noch schwer legitimiert werden.

Für die Proficlubs ist die Gründung einer Kapitalgesellschaft im Hinblick auf anstehende Sta- dionprojekte nicht von Vorteil. Aus Sicht privater Investoren wären die Investitionsrisiken in Bezug auf sportlichen (Abstieg) und wirtschaftlichen Misserfolg (Konkurs oder Lizenzentzug) nur begrenzt reduziert. Würden Privatinvestoren dennoch in größerem Ausmaß für Stadionprojekte gewonnen, wären die Renditeforderungen angesichts der Risiken derart hoch, dass die zusätzlichen Nettoerlöse eines neuen Stadions größtenteils vom Privatinvestor beansprucht würden. Dies widerspricht der Zielsetzung der Vorstände, die zusätzlichen Erlöse möglichst selbst einzunehmen und in eine stärkere Mannschaft zu investieren. Ohne ein Engagement privater Investoren würden die Vereine mit großer Wahrscheinlichkeit selbst an den Investitionskosten beteiligt. Höheren Bruttoeinnahmen im Stadionbereich müssen eigene Investitionskosten gegenübergestellt werden, was die zusätzlichen Nettoeinnahmen durch ein neues Stadion deutlich verringert.

Die richtige Terminierung einer Vereinsumwandlung in eine Kapitalgesellschaft kann aus Sicht der Vereine zu günstigeren Finanzierungsmodalitäten bei anstehenden Stadionprojekten führen. Die Gründung einer Kapitalgesellschaft nach Einigung mit der Kommune über die Finanzierungsmodalitäten wäre geeigneter, um möglichst wenig an den Investitionskosten beteiligt zu werden. Tatsächlich bestehen in namhaften Vereinen wie Bayern München und Hertha BSC Berlin bereits seit Jahren Planungen hinsichtlich eines Börsenganges, ohne dass mit Ausnahme von Borussia Dortmund die von den Vereinen geforderte Möglichkeit eines Börsenganges bis Ende 2000 genutzt wurde. Erst im November 2000, also nachdem die öffentliche Finanzierung des Berliner Olympiastadions beschlossen und Hertha BSC als Mitgesellschafter der zukünftigen Betreibergesellschaft feststeht, veröffentlicht der Berliner Erstligist Pläne einer Umwandlung in eine GmbH & Co.KGaA analog zu Borussia Dortmund.

II. Gründung der Liga-GmbH

Überinvestitionstendenzen entstehen nicht nur durch die Rechtsformverfehlung auf Vereinsebene, sondern auch durch die besonderen Merkmale der Einnahmeverteilung innerhalb der Liga, deren Regelung bisher größtenteils durch den DFB-Ligaausschuss getroffen wurde. Mit Beschluss des außerordentlichen DFB-Bundestages vom 30. September 2000 wird dem deutschen Profifußball durch die Gründung einer eigenen Liga-GmbH im Jahr 2001 eine größere Eigenständigkeit zuteil. Die Vermarktung des Profifußballs wechselt vom Verband zur Liga. Es stellt sich die Frage, ob die Zielsetzungen der für 2001 geplanten Gründung der Liga-GmbH geeignet sind, Überinvestitionen zu begrenzen.

Zweck der formalen Trennung von Amateur- und Profisport ist die bessere Wahrnehmung der Interessen von Profivereinen durch effektivere Managementstrukturen, die Bereitstellung geeigneter Dienstleistungen für die Proficlubs und die Umsetzung besserer Vermarktungsstrategien. Als Zielsetzung wird die Erhöhung der Ligaeinnahmen angegeben. Die aus Sicht des Profisports notwendigen, gemeinnützigen Aufgaben im Bereich des Amateur- und Jugendfußballs werden weiterhin vom DFB wahrgenommen. Finanziert wird diese Vorleistung durch eine Beteiligung des Verbandes an den Zuschauer- und TV-Einnahmen der Liga-GmbH in Höhe von jährlich mindestens 25 Millionen DM. Die Vermarktung der Nationalmannschaft verbleibt in Händen des DFB. Die Kosten der Abstellung von Nationalspielern, die durch Verletzung oder zu hohe Belastung des Spielers entstehen können, werden durch die Beteiligung der Liga-GmbH an den Länderspieleinnahmen in Höhe von mindestens acht Millionen DM im Jahr vergütet. Der gegenseitige Leistungsaustausch zwischen Verband und Proficlubs wird verursachungsgerechter verrechnet. Dies verbessert die Ressourcenallokation[37] und erhöht die Nettoeinnahmen der Liga. Ausländische Beispiele wie die Vermarktung der Premiere League in England durch eine eigenständige Gesellschaft zeigen, dass die Trennung von Profi- und Amateursport tatsächlich Einnahmesteigerungen für Proficlubs bewirken.

Das Beispiel England zeigt aber auch, dass sich an dem Wettbewerbsumfeld innerhalb der Liga nichts ändert. Höhere Ligaeinnahmen bedeuten nicht zwangsläufig mehr Gewinne für die Proficlubs. Entscheidend für die Bekämpfung von Überinvestitionsproblemen auf Ligaebene ist nicht die Erhöhung der Gesamteinnahmen sondern die Änderung der Einnahmenverteilung. Durch die Liga-GmbH werden die Erlössprünge zwischen den Tabellenpositionen nicht geringer.[38] Negative externe Effekte durch Positionswechsel in der Tabelle bleiben bestehen. Proficlubs wägen weiterhin nur private Grenzkosten und -nutzen gegeneinander ab und investieren insgesamt zu viel in ihre Mannschaften.

Um den ruinösen Wettbewerb zwischen den Proficlubs einzuschränken, sind ligaübergreifende Maßnahmen zur Verringerung der Investitionsanreize notwendig, wie sie in den US-amerikanischen Major Leagues in vielfältiger Form zu beobachten sind.[39] Die Einführung von für US-Ligen typische Gehaltsobergrenzen oder Kaderbeschränkungen erhöhen die Grenzkosten potentieller Neuverpflichtungen.[40] Die leistungsunabhängige Verteilung von TV-Geldern und Werbeerlösen nach Köpfen verringert die Grenzerträge der Investitionen. In beiden Fällen sinken die Investitionsanreize. Erlössprünge werden durch fehlende Relegationsregeln (closed shop) weiter vermindert.

Deutsche Fußballproficlubs konkurrieren simultan zur deutschen Meisterschaft mit anderen Spitzenvereinen Europas in den europäischen Pokalwettbewerben. Zudem sind die nationalen Ligen durch Relegationsregeln durchlässig, was nach Vereinbarung im Grundlagenvertrag zwischen DFB und Liga-GmbH ausdrücklich auch zukünftig beibehalten wird. Nationale Alleingänge bei investitionsdämpfenden Maßnahmen würden die Wettbewerbsfähigkeit deutscher Profivereine schwächen und Einnahmeverluste durch sinkenden internationalen Erfolg nach sich ziehen. Zudem bestünde im Falle des drohenden Abstiegs (oder der Nichtqualifikation für UEFA-Wettbewerbe) ein großer Anreiz, die Regeln zu umgehen, um mit Hilfe von Verstärkungen dem Abstieg und damit den enormen Einnahmeverlusten zu entgehen. Die Gründung der Liga-GmbH wird voraussichtlich keinen großen Einfluss auf die Profitabilität von Proficlubs haben. Überinvestitionstendenzen ergeben sich unabhängig davon, ob die gegründeten Kapitalgesellschaften auf Clubebene von einem Idealverein dominiert werden oder nicht. Investitionsrisiken privater Stadioninvestoren bleiben bestehen.

Trotzdem kann die Strukturreform Auswirkungen auf die Finanzierung zukünftiger Stadionprojekte haben. Die eindeutige Aufgabenteilung zwischen DFB und Liga-GmbH sowie die damit verbundene Trennung von gemeinnützigen und (formal) profitorientierten Aufgaben verhindern eine effektive Lobbyarbeit des DFB zugunsten der Proficlubs.[41] Die Gründung einer privaten Kapitalgesellschaft verschlechtert ähnlich wie auf Clubebene die Legitimationsgrundlage für Stadionsubventionen. Strengere Publizitätspflichten erhöhen auch hier die Transparenz und verringern die Möglichkeiten verdeckter Subventionen.

Entsprechend ist auch der Zeitpunkt der Liga-GmbH Gründung wichtig im Hinblick auf die Beteiligung der Proficlubs an den Stadionprojekten. Anders als bei der Umwandlung vieler Vereine in Kapitalgesellschaften ist der Gründungstermin der Liga-GmbH auf das nächste Jahr festgesetzt. Es stellt sich die Frage, ob die Planungsphasen der sich noch nicht in der Realisationsphase befindlichen Projekte zuvor abgeschlossen sind oder nicht. Ein wichtiger Einflussfaktor in Bezug auf den Realisierungszeitpunkt noch ausstehender Projekte ist die Ausrichtung der Fußball-WM 2006 in Deutschland.

III. Die Fußballweltmeisterschaft 2006 in Deutschland

In Anbetracht der FIFA-Entscheidung vom 6. Juli 2000, die Fußball-WM 2006 in der Bundesrepublik Deutschland auszurichten, besteht auf Seiten vieler Kommunen dringender Handlungsbedarf. Die 16 potentiellen Austragungsorte haben sich im Vorfeld der Bewerbung verpflichtet, für den Fall der WM-Ausrichtung die entsprechende Stadioninfrastruktur zur Verfügung zu stellen. Da viele Stadionprojekte eine mehrjährige Planungs- und Bauzeit erfordern, müssen Kommunen mit der Realisation der Projekte in Kürze beginnen, um die Sportstätten rechtzeitig zur Weltmeisterschaft fertig zu stellen.

Einige große Stadionprojekte wurden daher wie in Berlin mit Hinweis auf die Fußball-WM 2006 begonnen, ohne dass die Finanzierung zum Zeitpunkt des ersten Spatenstichs feststand. In Köln und Frankfurt werden angesichts des Zeitdrucks die Planungen von Bau und Betrieb zweier großer Stadionprojekte (Komplettumbau des Müngersdorfer- und Waldstadions) getrennt durchgeführt. In vielen anderen WM-Bewerberstädten wie zum Beispiel in Stuttgart wurden öffentliche Investitionsmaßnahmen genehmigt, ohne im Vorfeld konkrete Planungen über eine private Refinanzierung anzustellen.

Da die FIFA im Jahr 2003 unter den 16 Bewerberstätden zehn bis zwölf Austragungsorte festlegt, werden auch Kommunen wie Bremen und Kaiserslautern, in denen kleinere Projekte geplant sind, bald konkrete Planungen über die Realisierung und Finanzierung vorweisen müssen, wenn sie als WM-Spielort berück sichtigt werden wollen. Da die Stadien entsprechend den FIFA-Auflagen gebaut werden müssen, werden Bundesligavereine innerhalb der Bewerberstädte keinen großen Beitrag zur Finanzierung der Sportstätten leisten müssen, wie das Beispiel Berlin bereits zeigt. Privatinvestoren werden angesichts der hohen Investitionsrisiken nicht bereit sein, umfassende Investitionen zu tätigen. Mögliche Auswirkungen der Liga-GmbH im Hinblick auf eingeschränkte Subventionen für Stadionprojekte werden die meisten Stadionprojekte nicht mehr betreffen.

In der Konsequenz werden viele Bundesligisten zukünftig in modernen Stadien mit hohem Einnahmepotential spielen. Da die Einnahmen die nationale und internationale Wettbewerbsfähigkeit der Proficlubs entscheidend mitbestimmen, werden auch andere Bundesligisten, deren Kommunen keine WM-Spiele ausrichten, neue oder modernisierte Stadien fordern. In Rostock haben die Bauarbeiten für die Modernisierung des Ostseestadions bereits begonnen, in Wolfsburg steht der Neubau eines reinen Fußballstadions kurz bevor. Auch in Cottbus, Bochum und Duisburg werden umfangreiche Projekte geplant, in denen keine WM-Spiele stattfinden werden. Die Vereine selbst werden mit Hinweis auf andere

Finanzierungsmodelle und die eingeschränkte Wettbewerbsfähigkeit nur einen geringen Beitrag zur Finanzierung zugestehen oder das Investitionsrisiko auf die öffentliche Hand abwälzen. Fußballvereine und ihre Anhänger sind gut organisiert. Die öffentlichen Subventionen im Stadionbereich bleiben angesichts der noch herrschenden Intransparenz durch die Vereins- und Verbandsstrukturen für die meisten Steuerzahler unerkannt. Unter der Berücksichtigung von Wiederwahlinteressen werden viele Kommunalpolitiker dem aktuellen Wunsch vieler Vereine nach überwiegend öffentlich bezahlten oder abgesicherten Stadionprojekten nachkommen.[42]

D. Schlussfolgerungen

Weder bestehende noch sich gerade ändernde Rahmenbedingungen im deutschen Profifußball sind geeignet, private Investoren oder Bundesligavereine bei eigenem Risiko in größerem Ausmaß an den Investitionskosten der geplanten Stadionprojekte zu beteiligen. Die Mehrheit aktueller Stadionprojekte wird in den nächsten Jahren mit öffentlichen Mitteln finanziert oder durch Ausfallbürgschaften gesichert. Wird der Stadionbetrieb auf Vereine oder private Investoren übertragen, erleiden die Kommunen zumindest nicht länger operative Verluste. Aus haushaltspolitischer und effizienzorientierter Sicht sind diese Einsparungen aber viel zu gering. Eine stärkere Beteiligung des Privatsektors an den Investitionskosten der Stadien ist wünschenswert.

Private Investoren werden sich angesichts der hohen Investitionsrisiken nicht ausreichend an den Projektkosten beteiligen. Viele Profivereine werden mit Hinweis auf fehlende finanzielle Möglichkeiten und Wettbewerbszwänge ein direktes Engagement ablehnen. Kommunen könnten versuchen, die Realisierung geplanter Stadionprojekte an die Voraussetzung zu knüpfen, dass heimische Proficlubs sich in eine börsennotierte Kapitalgesellschaft umwandeln und sich mit einem Teil der Emissionserlöse an den Investitionskosten beteiligen. Tatsächlich erfüllen kurzfristig nur wenige Proficlubs die rechtlichen und wirtschaftlichen Voraussetzungen für einen (erfolgreichen) Börsengang, sodass diese Lösung nur für wenige Spitzenmannschaften in Frage kommt.[43] Spitzenteams können hingegen wegen ihrer Popularität und ihres hohen Organisationsgrades unter den Fans Subventionsforderungen gegenüber Politikern relativ leicht durchsetzen. Schließlich stehen viele Kommunen vor dem Problem, die Stadionprojekte wegen der anstehenden WM auf jeden Fall verwirklichen zu müssen.

Langfristig können sich durch die Umwandlung von Vereinen in Kapitalgesellschaften und die Gründung der Liga-GmbH dennoch Auswirkungen auf die Finanzierung von Fußballstadien ergeben. Formale Gewinnausrichtung statt Gemeinnützigkeit und höhere Transparenz sowie potentielle Emissionserlöse verringern die Legitimationsgrundlage und Möglichkeiten von (verdeckten) Subventionen im Profifußball. Da sich an den Investitionsrisiken privater Investoren durch die Strukturreformen allein nichts ändert, werden bei den Stadien der „übernächsten Generation“ vor allem die Vereine stärker an den Kosten beteiligt.

Anmerkungen

1 Vgl. die Untersuchungen von Roland Berger & Partner, 1998.
2 Vgl. im Folgenden Dietl/Pauli, 1999, und die dort angeführten Literaturhinweise. Zu den öffentlichen Investitionskosten anlässlich der Fußball-WM 1974 vgl. DFB, 1974.
3 Neue Fußballstadien wie in Gelsenkirchen oder Hamburg sind hinsichtlich Komfort und technischer Ausstattung nicht mit den WM-Stadien von 1974 vergleichbar. Kosten für Profisportstadien haben sich in den letzten Jahrzehnten inflationsbereinigt vervielfacht. Vgl. z.B. Noll/Zimbalist, 1997; Baade/Dye, 1990.
4 Vgl. z.B. Rahmann et al, 1998, S. 177ff.; Maennig, 1991, S. 36.
5 Zu den Opportunitätskosten öffentlicher Stadioninvestitionen vgl. z.B. Noll/Zimbalist, 1997; Weiterführende Erläuterungen und Literaturhinweise finden sich bei Dietl/Pauli, 1999.
6 Angaben aus DFB Gewinn- und Verlustrechnung, 1989/90–1998/99.
7 Vgl. Rahmann et al, 1998, S. 185; Müller, 1991, S. 121.
8 Eine ausführliche Darstellung aller angeführten Stadionprojekte findet sich bei Pauli, 2001, Anhang 1. Die jeweiligen Angaben wurden aus der dort angegebenen Fachliteratur, aus Zeitungsarchiven, aus den Internetseiten eines Fußballportals sowie aus den Internetseiten der jeweiligen Vereine und Stadionbetreiber entnommen oder telefonisch von den Vereinen und Städten in Erfahrung gebracht.
9 Zu den allokativen und distributiven Auswirkungen öffentlicher Stadioninvestitionen vgl. z.B. Siegfried/Zimbalist, 2000; Quirk/Fort, 1999, 1992; Noll/Zimbalist, 1997; Baade, 1996. Baim, 1994, zeigt im Rahmen einer empirischen Untersuchung, dass die Einbindung von Privatinvestoren bei der Planung, Durchführung und Kontrolle der Projekte eine größere Kosteneffizienz bewirkt. Vgl. dazu auch Kurscheidt/Rahmann, 1999.
10 Nachdem kein Investor bereit war, sich in nennenswertem Umfang am Investitionsvolumen in Höhe von 473 Millionen DM zu beteiligen, übernahm der Bund als Eigentümer des Stadions die alleinige Finanzierung der Maßnahme. Berlin selbst konnte durch die Zustimmung zur Steuerreform den geplanten Eigenanteil auf den Bund abwälzen.
11 Vgl. z.B. Dietl/Pauli, 2000; Rahmann et al,1998; Baade/Dye, 1990.
12 Vgl. ausführlich Késenne/Butzen, 1987.
13 Zum US-amerikanischen Wettbewerb um Major League Teams und ihren ökonomischen Folgen vgl. Quirk/Fort, 1999, 1992; Noll/Zimbalist, 1997. Bundesweite Ortswechsel (Relocations), die in den USA häufig stattfinden, werden gemäß § 7 DFB-Lizenzspielerstatut und § 28 DFB-Spielordnung bislang nur vorübergehend und ausnahmsweise genehmigt.
14 Vgl. dazu Noll/Zimbalist, 1997, S. 78.
15 Zum signifikant positiven Einfluss der Teamqualität auf die Zuschauernachfrage im Profifußball vgl. u.a. die Untersuchungen von Frick, 1999; Frick/Lehmann/Weigand, 1999, und Lehmann/Weigand, 1997.
16 Zum signifikant positiven Einfluss von Mannschaftsinvestitionen auf den Erfolg einer Fußballmannschaft vgl. z.B. die Untersuchungen von Hoehn/Szymanski, 1999, und Szymanski/ Smith, 1997, für Großbritannien sowie Frick, 1999; Frick/Lehmann/Weigand, 1999, und Lehmann/Weigand, 1997, für Deutschland.
17 Vgl. Cairns/Jennett/Sloane, 1986, S. 21f.
18 Vgl. z.B. Dietl/Pauli, 2000; Che/Hausch, 1999.
19 Angaben: Kicker Sportmagazin, Sonderheft Bundesliga 2000/01.
20 Vgl. dazu Pauli 2001, S. 125.
21 Die Aufnahme von Fremdkapital zur Finanzierung von Investitionsprojekten ist allgemein ökonomisch nicht zu beanstanden. In vielen Fällen erhöht die Fremdfinanzierung gerade die Eigenkapitalrentabilität (Leverage-Effekt). Das spezielle Problem im Profifußball ist nur, dass der steigenden Verschuldung keine Gewinne gegenüberstehen. Bleiben Einnahmen – zum Beispiel im Anschluss an den sportlichen Abstieg – aus, drohen existenzbedrohende Probleme durch Überschuldung (Lizenzentzug und Zwangsabstieg in den Amateurfußball oder Konkurs).
22 Zu der Rechtsformwahl einzelner Fußballbundesligisten vgl. z.B. Kipker, 2000.
23 Vgl. zur Rechtsformverfehlung aus juristischer Sicht z.B. Littkemann/Madrian, 1999; Segna, 1997.

24 Zur Verfügungsrechtsstruktur eingetragener Bundesligavereine und ihren ökonomischen Auswirkungen vgl. im Folgenden z.B. Franck/Müller, 1998; Franck, 1995.
25 Vgl. Galli, 1997, S. 291.
26 Siehe dazu auch Picot/Dietl/Franck, 1999, S. 256ff.
27 Vgl. im Folgenden z.B. Dietl/Franck, 2000; Franck/Müller, 1998.
28 Die relative Verbesserung der Mannschaftsqualität kann die Siegchance noch erhöhen. Zu weiteren Ursachen von Überinvestitionen vgl. ausführlich Franck/Müller, 1999 und 1998.
29 Zur Rechtsformwahl englischer Profifußballmannschaften vgl. z.B. Hoehn/Szymanski, 1999, S. 207f.; Galli, 1997, S. 43–49; Szymanski/Smith, 1997.
30 Zu den steigenden Transferausgaben im deutschen Profifußball allgemein vgl. auch Frick/Lehmann, 2001.
31 Zu ursprünglichen Planungen von Fußballarenen vgl. z.B. Canal, 1998; Pfeifer, 1997.
32 Anstelle eines multifunktionalen Superdomes für 300 Millionen DM plant Mönchengladbach nur noch eine kleinere Variante des Nordparkstadions für 160 Millionen DM.
33 Vgl. z.B. Franck/Müller, 1998.
34 Zu den verbandsrechtlichen Änderungen in Bezug auf die Zulassung von Kapitalgesellschaften in der Fußballbundesliga vgl. § 8 (4) DFB-Satzung und § 35a DFB-Spielordnung.
35 Das sogenannte „Lex Leverkusen“ besagt, dass eine vollständige Übernahme eines Erstligisten durch einen Privatinvestor nur in Fällen zulässig ist, in denen das „Wirtschaftsunternehmen seit mehr als 20 Jahren vor dem 1.1.1999 den Fußballsport des Muttervereins ununterbrochen und erheblich gefördert hat.“ (DFB-Satzung § 8 (4)).
36 Vgl. dazu bereits Franck, 1995.
37 Vgl. ausführlich Schellhaaß/Enderle, 1999.
38 Tatsächlich werden die Erlössprünge sogar größer, da die steigenden TV-Gelder seit der Saison 1999/00 in zunehmendem Maße leistungsabhängig an die Vereine verteilt werden.
39 Zu investitionsdämpfenden Maßnahmen in den Major Leagues vgl. Franck, 1995.
40 Die Überwachung von Obergrenzen verursacht Kontrollkosten, die dem Zusatznutzen (Senkung der kollektiven Talentausgaben) entgegengerechnet werden müssen. Vgl. z.B. Dietl/ Franck, 2000; Frick, 1998; Fort/Quirk, 1995. Kontrollaufwendungen können jedoch dadurch in Grenzen gehalten werden, indem die Sanktionsmaßnahmen für den Fall eines aufgedeckten Betruges hoch genug gewählt werden. Vgl. allgemein Becker, 1968. Werden zum Beispiel in den Major Leagues Verstöße gegen Obergrenzen aufgedeckt, werden sofort Gegenmaßnahmen vom League Commissioner eingeleitet und zum Teil hohe Strafen gegen Sportler und Teams festgelegt. In der NBA musste beispielsweise im Jahr 2000 Dennis Rodman sofort aus der Villa seines Teambesitzer ausziehen, weil Commissioner David Stern indirekte Gehaltszahungen vermutete. Joe Smith unterzeichnete 1999 einen NBA-Vertrag mit den Minnesota Timberwolves, der ihm neben dem offiziellen Gehalt eine verdeckte Zahlung in Höhe von 86 Millionen US-Dollar in sieben Jahren zusicherte. Nach bekannt werden der illegalen Abmachung verhängte Stern eine Geldstrafe in Höhe von 3,5 Millionen US-Dollar an das Team. Ferner wurden dem Team für die nächsten fünf Jahre die Draft-Rechte in der jeweils ersten Runde entzogen. Der Vertrag mit Smith wurde annulliert. Der Spieler wurde zusätzlich bestraft, indem sein Gehalt in nachfolgenden Spielzeiten eine bestimmte Höchstsumme nicht überschreiten darf. Vgl. Pauli, 2001, S. 104 und die dort angegebenen Literaturhinweise.
41 Zu den Lobbyaufgaben des DFB vgl. Schellhaaß/Enderle, 1999.
42 Zu den Ursachen und Motiven der Politiker, Profiteamsport zu subventionieren, vgl. Kubat, 1998, S. 153ff.
43 Vgl. ausführlich Segna, 1997.

Literatur

Baade, R. A. (1996): Professional Sports as Catalysts for Metropolitan Economic Development, in: Journal of Urban Affairs, 18, S. 1–17.

Baade, R. A./Dye, R. F. (1990): The Impact of Stadiums and Professional Sports on Metropolitan Area, in: Development Growth-and-Change, 21, S. 1–14.

Baim, D. V. (1994): The Sports Stadium as a Municipal Investment, Westport, Conn. und London: Greenwood Press.

Becker, G. S. (1968): Crime and Punishment: An Economic Approach, in: Journal of Political Economy, 76, 169–217

Cairns, J./Jennett, N./Sloane, P. J.(1986): The Economics of Professional Team Sports: A Survey of Theory and Evidence, in: Journal of Economic Studies, 13, S. 3–80.

Canal, R. (1998): Schöne neue Bundesliga, in: Kicker Sportmagazin, 10.08.1998, S.64–65.

Che, Y.-K./Hausch, D. B. (1999): Cooperative Investments and the Value of Contracting, in: American Economic Review, 89, S. 125–147.

Deloitte & Touche (1999): Annual Review of Football Finance, Manchester: o.V.

Deloitte & Touche (2000): Annual Review of Football Finance, Manchester: o.V.

DFB (1974): Merkzahlen für Auskünfte über die WM 74, Merkblatt des Organisationskomitees für die Weltmeisterschaft 1974, Arbeitspapier, Frankfurt/Main, unveröffentlicht.

DFB (2000): Aufstellung über Lizenzentzüge im deutschen Profifußball, 1965–2000, Arbeitspapier, Frankfurt/Main: unveröffentlicht.

DFB (2001): Gewinn- und Verlustrechnung erste und zweite Fußballbundesliga, 1989/90–1998/99, Arbeitspapier, Frankfurt/Main: unveröffentlicht.

Dietl, H./Franck, E. (2000): Effizienzprobleme in Sportligen mit gewinnmaximierenden Kapitalgesellschaften – Eine modelltheoretische Untersuchung, in: Zeitschrift für Betriebswirtschaftslehre, 70, S. 1157–1175.

Dietl, H./Pauli, M. (2000): Private Funding of Sports Stadiums in the U. S. and Germany: How to Solve the Hold Up Problem, Business and Public Policy Working Paper BPP-77, Institute of Management, Innovation & Organization, University of California, Berkeley.

Dietl, H./Pauli, M. (1999): Wirtschaftliche Auswirkungen öffentlich finanzierter Stadionprojekte, Arbeitspapiere des Fachbereichs Wirtschaftswissenschaften, Universität Paderborn, Neue Folge Nr. 61.

Fort, R. D./Quirk, J. (1995): Cross-subsidization, Incentives, and Outcomes in Professional Team Sports Leagues, in: Journal of Economic Literature, 33, S. 1265–1299.

Franck, E. (1995): Die ökonomischen Institutionen der Teamsportindustrie: eine Organisationsbetrachtung, Wiesbaden: Gabler.

Franck, E./Müller, J. C. (1999): Problemstruktur, Eskalationsvoraussetzungen und eskalationsfördernde Bedingungen so genannter Rattenrennen, Freiberg Working Papers, 01/1999, Technische Universität Bergakademie Freiberg.

Franck, E./Müller, J. C. (1998): Kapitalgesellschaften im bezahlten Fußball – Einige in der Umwandlungsdiskussion meist übersehene verfügungsökonomische Argumente, in: Zeitschrift für Betriebswirtschaft, Ergänzungsheft 2/98, S. 121–141.

Frick, B. (1998): Management Abilities, Player Salaries and Team Performance, in: European Journal of Sport Management, 5, S. 6–22.

Frick, B. (1999): Kollektivgutproblematik und externe Effekte im professionellen Teamsport: „Spannungsgrad“ und Zuschauerentwicklung im bezahlten Fußball, in: Horch, H.-D./Heidel, J./Sierau, A. (Hrsg.): Professionalisierung im Sportmanagement, Aachen: Meyer&Meyer, S. 144–160.

Frick, B./Lehmann, E./Weigand, J. (1999): Kooperationserfordernisse und Wettbewerbsintensität im professionellen Team-Sport: Sind exogene Regelungen überflüssig oder unverzichtbar? In: Engelhard, J./Sinz, E. J. (Hrsg.): Kooperation im Wettbewerb – Neue Formen und Gestaltungskonzepte im Zeichen von Globalisierung und Informationstechnologie, Wiesbaden: Gabler, S. 497–523.

Frick, B./Lehmann, E. (2001): Die Kosten der externen Rekrutierung qualifizierten Personals: Empirische Evidenz aus dem Profifußball, Arbeitspapier, Greifswald/Konstanz: unveröffentlicht.

Galli, A. (1997): Das Rechnungswesen im Berufsfußball – Eine Analyse des Verbandsrechts des Deutschen Fußball-Bundes unter Berücksichtigung der Regelungen in England, Italien und Spanien, Düsseldorf: IDW.
Hoehn, T./Szymanski, S. (1999): The Americanization of European Football, in: Economic Policy, 28, S. 203–233.
Késenne, S./Butzen, P. (1987): Subsidizing Sports Facilities: the Shadow Price-Elasticities of Sports, in: Applied Economics, 29, S. 101–110.
Kipker, I. (2000): The Bundesliga, in: Soccer Investor, 8, S. 6–8.
Kubat, R. (1998): Der Markt für Spitzensport – Eine theoretische und empirische Analyse, Frankfurt/Main u.a.: Peter Lang.
Kurscheidt, M./Rahmann, B. (1999): Local Investment and National Impact: The Case of the Fooball World Cup 2006 in Germany, in: Jeanrenaud, C. (Hrsg.): The Economic Impact of Sport Events, Neuchatel: Editions CIES, S. 79–108.
Lehmann, E./Weigand, J. (1997): Fußball als ökonomisches Phänomen, in: ifo-Studien – Zeitschrift für empirische Wirtschaftsforschung, 43, S. 381–409.
Littkemann, J./Madrian, J.-P. (1999): Vereinsbesteuerung und Gemeinnützigkeit, in: Steuern und Bilanzen, 8, S. 401–407.
Maennig, W. (1991): Kosten-Nutzen-Analysen Olympischer Spiele in Deutschland, in: List Forum für Wirtschaft- und Finanzpolitik, 17, S. 336–362.
Müller, C. (1991): Rechtsfragen der Finanzierung im „bezahlten" Sport dargestellt am Beispiel des Bundesligafußballs, Frankfurt/Main u.a.: Peter Lang.
Noll, R. G./Zimbalist, A. (1997): Sports, Jobs, and Taxes: the Economic Impact of Sports Teams and Stadiums, Washington, D. C.: Brookings Institution Press.
Pauli, M. (2001): Stadionfinanzierung im deutschen Profifußball: Eine institutionenökonomisch fundierte, modelltheoretische Analyse, Paderborn, Dissertation Fachbereich Wirtschaftswissenschaften, Universität Paderborn.
Pfeifer, M. (1997): Baustelle Bundesliga, in: Kicker Sportmagazin, 03.11.1997, S. 10–11.
Picot, A./Dietl, H./Franck, E. (1999): Organisation – Eine ökonomische Perspektive, 2., überarbeitete und erweiterte Auflage, Stuttgart: Schäffer-Poeschl.
Quirk, J./Fort, R. D. (1992): Pay Dirt: the Business of Professional Team Sports, Princeton, NJ.: Princeton University Press.
Quirk, J./Fort, R. D. (1999): Hard Ball: the Abuse of Power in Pro Team Sports, Princeton, NJ.: Princeton University Press.
Rahmann, B./Weber, W./Groening, Y./Kurscheidt, M./Napp, H.-G./Pauli, M. (1998): Sozio-ökonomische Analyse der Fußball-WM 2006 in Deutschland, Köln: Sport und Buch Strauß.
Roland Berger & Partner (1998): Fußballstadien in Deutschland – Situation, Trends und Herausforderungen, München: unveröffentlicht.
Schellhaaß, H. M./Enderle, G. (1999): Wirtschaftliche Organisation von Sportligen in der Bundesrepublik Deutschland, Köln: Sport und Buch Strauß.
Segna, U. (1997): Bundesligavereine und Börse, in: Zeitschrift für Wirtschaftsrecht, 18, S. 1901–1912.
Siegfried, J./Zimbalist, A. (2000): The Economics of Sports Facilities and Their Communities, in: Journal of Economic Perspectives, 14, S. 95–114.
Szymanski, S./Smith, R. (1997): The English Football Industry: Profit, Performance and Industrial Structure, in: International Review of Applied Economics, 11, S. 135–153.

Zusammenfassung

In vielen deutschen Fußballstadien fehlt der nötige Komfort, um die Zahlungsbereitschaft der Zuschauer voll abschöpfen zu können. Bundesligavereine fordern deshalb die Modernisierung bestehender oder den Bau neuer Stadien. Die Investitionskosten der geplanten Stadionprojekte belaufen sich auf bis zu vier Milliarden DM. Haushaltspolitische Gründe sprechen für die stärkere Beteiligung des Privatsektors an den Investitionskosten. Es wird gezeigt, dass hohe Investitionsrisiken durch Konkurs-, Lizenz- und Abstiegsgefahren (hold up-Probleme) private Investoren davon abhalten, in Stadionprojekte zu investieren. Auch ausreichende Investitionen durch den Profiverein (vertikale Integration) werden wegen hoher Subventionen, geringem Eigenkapital und Wettbewerbszwängen verhindert. Strukturelle Änderungen wie die Umwandlung der Vereine in Kapitalgesellschaften oder die Gründung der Liga-GmbH vermindern die Investitionsrisiken privater Investoren kaum. Die gewinnorientierte Ausrichtung innerhalb der Liga und potentielle Emissionserlöse aus Börsengängen wird längerfristig eine stärkere Beteiligung der Vereine bewirken. Die Vergabe der Fußball-WM 2006 an Deutschland setzt die Kommunen allerdings kurzfristig derart unter Zugzwang, dass die meisten aktuellen Stadionprojekte überwiegend öffentlich finanziert werden.

Summary

Germany's professional football teams need modern stadiums in order to be able to increase ticket revenues. The construction and modernization of these stadiums is expected to cost about four billion Deutsch Marks. We show that private investors will underinvest in stadium projects because of high investment risks. This hold up problem can be solved by vertical integration. However, clubs that invest into their own stadiums will be at a competitive disadvantage if other clubs within the league receive direct or indirect stadium subsidies. Clubs that receive stadium subsidies are able to outbid competitors in the market for player talent. Less player talent results in a smaller probability of winning which, in turn, leads to lower ticket revenues and smaller stadium returns. Current structural changes, such as the going public of clubs and the reorganization of the league, provide some long-term solutions to the hold up and subsidization problems. We show that the short-term effects, however, are dominated by the FIFA decision to hold the World Cup 2006 in Germany. Since cities are forced by the FIFA to compete in an all-pay-auction for the right to host games, public subsidies will drive out private investors in the short run.

72: Finanzplanung (JEL G31)
73: Investionsplanung (JEL G31)

Die **Zeitschrift für Betriebswirtschaft** ist eine der ältesten deutschen Fachzeitschriften der Betriebswirtschaftslehre. Sie wurde im Jahre 1924 von Fritz Schmidt begründet und von Wilhelm Kalveram und Erich Gutenberg fortgeführt. Sie wird heute von zwölf Persönlichkeiten aus dem Bereich der Universität und der Wirtschaftspraxis herausgegeben.

Die Zeitschrift für Betriebswirtschaft verfolgt das Ziel, die **Forschung auf dem Gebiet der Betriebswirtschaftslehre** anzuregen sowie zur Verbreitung und Anwendung ihrer Ergebnisse beizutragen. Sie betont die Einheit des Faches; enger und einseitiger Spezialisierung in der Betriebswirtschaftslehre will sie entgegenwirken. Die Zeitschrift dient dem **Gedankenaustausch zwischen Wissenschaft und Unternehmenspraxis.** Sie will die betriebswirtschaftliche Forschung auf wichtige betriebswirtschaftliche Probleme in der Praxis aufmerksam machen und sie durch Anregungen aus der Unternehmenspraxis befruchten.

Die Qualität der Aufsätze in der Zeitschrift für Betriebswirtschaft wird nicht nur durch die Herausgeber und die Schriftleitung, sondern auch durch einen Kreis von Gutachtern gewährleistet. Das **Begutachtungsverfahren** ist doppelt verdeckt und wahrt damit die Anonymität von Autoren wie Gutachtern gemäß den international üblichen Standards.

Die Zeitschrift für Betriebswirtschaft veröffentlicht im Einklang mit diesen Grundsätzen und Zielen:

- **Aufsätze** zu theoretischen und praktischen Fragen der Betriebswirtschaftslehre einschließlich von Arbeiten junger Wissenschaftler, denen sie ein Forum für die Diskussion und die Verbreitung ihrer Forschungsergebnisse eröffnet,
- **Ergebnisse der Diskussion** aktueller betriebswirtschaftlicher Themen zwischen Wissenschaftlern und Praktikern,
- **Berichte** über den Einsatz wissenschaftlicher Instrumente und Konzepte bei der Lösung von betriebswirtschaftlichen Problemen in der Praxis,
- **Schilderungen von Problemen** aus der Praxis zur Anregung der betriebswirtschaftlichen Forschung,
- **„State of the Art"-Artikel,** in denen Entwicklung und Stand der Betriebswirtschaftslehre eines Teilgebietes dargelegt werden.

Die Zeitschrift für Betriebswirtschaft informiert ihre Leser über **Neuerscheinungen** in der Betriebswirtschaftslehre und der Management-Literatur durch ausführliche Rezensionen und Kurzbesprechungen und berichtet in ihrem **Nachrichtenteil** regelmäßig über betriebswirtschaftliche Tagungen, Seminare und Konferenzen sowie über persönliche Veränderungen vorwiegend an den Hochschulen. Darüber hinaus werden auch Nachrichten für Studenten und Wirtschaftspraktiker veröffentlicht, die Bezug zur Hochschule haben. Die ZfB veröffentlicht keine Aufsätze, die wesentliche Inhalte von **Dissertationen** wiedergeben. Sie rezensiert aber publizierte Dissertationen.

Dem **Internationalen Herausgeberbeirat** gehören namhafte Fachvertreter aus den USA, Japan und Europa an. In der ZfB können auch – wenn auch in begrenztem Umfang – englischsprachige Aufsätze veröffentlicht werden. Durch die Zusammenfassungen in englischer Sprache sind die deutschsprachigen Aufsätze der ZfB auch internationalen Referatenorganen zugänglich. Im Journal of Economic Literature werden die Aufsätze der ZfB zum Beispiel laufend referiert.

Verlag

Betriebswirtschaftlicher Verlag Dr. Th. Gabler GmbH,
Abraham-Lincoln-Straße 46, 65189 Wiesbaden,
Postfach 15 46, 65173 Wiesbaden,
http://www.gabler.de
http://www.zfb-online.de
Geschäftsführer: Dr. Hans-Dieter Haenel
Verlagsleitung: Dr. Heinz Weinheimer
Programmleitung Wissenschaft: Claudia Splittgerber
Gesamtleitung Produktion: Reinhard van den Hövel
Gesamtleitung Vertrieb: Heinz Detering

SCHRIFTLEITUNG:
Professor Dr. Günter Fandel
FernUniversität Hagen
Fachbereich Wirtschaftswissenschaft
58084 Hagen
E-Mail: ZfB@FernUni-Hagen.de

Anfragen an die Schriftleitung: Briefe an die Schriftleitung mit der Bitte um Auskünfte etc. können nur beantwortet werden, wenn ihnen Rückporto beigefügt ist. Von Anfragen, die durch Einsicht in die Jahresinhaltsverzeichnisse beantwortet werden können, bitten wir abzusehen.

Redaktion: Ralf Wettlaufer, Tel.: 0611/7878-234,
E-Mail: Ralf.Wettlaufer@bertelsmann.de

Annelie Meisenheimer, Tel.: 0611/7878-232, Fax: 0611/7878-411, E-Mail: Annelie.Meisenheimer@bertelsmann.de

Kundenservice: Britta Christmann,
Tel.: 0611/7878-129/132, Fax: 0611/7878-423,
E-Mail: Britta.Christmann@bertelsmann.de

Abonnentenbetreuung: Doris Schöne, Tel.: 05241/801968,
Fax: 05241/809620

Produktmanagement: Kristiane Alesch, Tel.: 0611/7878-359,
Fax: 0611/7878-439, E-Mail: Kristiane.Alesch@bertelsmann.de.

Anzeigenleitung: Christian Kannenberg, Tel.: 0611/7878-369,
Fax: 0611/7878-430, E-Mail: Christian.Kannenberg@bertelsmann.de

Anzeigendisposition: Monika Dannenberger,
Tel.: 0611/7878-148, Fax: 0611/7878-430,
E-Mail: Monika.Dannenberger@bertelsmann.de.

Es gilt die Anzeigenpreisliste Nr. 26 vom 1.12.01.

Produktion/Layout: Gabriele McLemore

Bezugsmöglichkeiten: Die Zeitschrift erscheint monatlich. Einzelverkaufspreis 20,– Euro; preisgebundener Jahresabonnementpreis **Inland** 183,– Euro; für Studenten 105,– Euro (die aktuelle Immatrikulationsbescheinigung ist jeweils unaufgefordert nachzureichen); preisgebundener Jahresabonnementpreis **Ausland** 195,– Euro; Studentenpreis Ausland 132,– Euro inkl. Porto und ges. MwSt. Preis für besondere Versandformen auf Anfrage. Zahlung erst nach Erhalt der Abo-Rechnung. Persönliche Mitglieder des Verbandes der Hochschullehrer für Betriebswirtschaft e.V. erhalten einen Nachlaß von 20% auf den Abonnementpreis. Kündigung des Abonnements spätestens sechs Wochen vor Ablauf des Bezugszeitraumes schriftlich mit Nennung der Kundennummer. Eine schriftliche Bestätigung erfolgt nicht. – Jährlich können 1 bis 6 Ergänzungshefte hinzukommen. Jedes Ergänzungsheft wird den Jahresabonnenten mit einem Nachlaß von 25% des jeweiligen Ladenpreises gegen Rechnung geliefert. Kündigung des Abonnements spätestens sechs Wochen vor Ablauf des Bezugszeitraumes schriftlich mit Nennung der Kundennummer.

Der Gabler Verlag ist ein Unternehmen der Fachverlagsgruppe BertelsmannSpringer.

Gesamtherstellung: Druckhaus „Thomas Müntzer" GmbH, 99947 Bad Langensalza.

Gedruckt auf säurefreiem und chlorfrei gebleichtem Papier.

Printed in Germany

ISSN: 0044-2372

Hinweise für Autoren

1. Bitte beachten Sie die „Grundsätze und Ziele" der ZfB.

2. Manuskripte sind in vierfacher Ausfertigung an die Schriftleitung zu senden. Für das Begutachtungsverfahren müssen die Beiträge anonymisiert werden. Daher darf der Name des Autors nur auf der Titelseite des Manuskripts stehen. Der Autor verpflichtet sich mit der Einsendung des Manuskripts unwiderruflich, das Manuskript bis zur Entscheidung über die Annahme nicht anderweitig zu veröffentlichen oder zur Veröffentlichung anzubieten. Diese Verpflichtung erlischt nicht durch Korrekturvorschläge im Begutachtungsverfahren.

3. Aufsätze, die im wesentlichen Ergebnisse von Dissertationen wiedergeben, werden nicht veröffentlicht. Um die Ergebnisse von Dissertationen breiter bekannt zu machen, hat die ZfB eine Rubrik „Dissertationen" im Besprechungsteil eingeführt. Hier werden vorzugsweise Erstgutachten von Dissertationen – in entsprechend gekürzter Form – abgedruckt.

4. Alle eingereichten Manuskripte werden, wie international üblich, einem doppelt verdeckten Begutachtungsverfahren unterzogen, d.h. Autoren und Gutachter erfahren ihre Identität gegenseitig nicht. Die Gutachten werden den Autoren und den Gutachtern gegenseitig in anonymisierter Form zur Kenntnis gebracht. Bei Unstimmigkeiten zwischen den Gutachtern wird ein dritter Gutachter bestellt. Durch dieses Verfahren soll die fachliche Qualität der Beiträge gesichert werden.

5. Die Manuskripte sind in Times New Roman, 12 Punkt, 1½zeilig mit 5 cm Rand links zu schreiben. Sie sollten nicht länger als 25 Schreibmaschinenseiten sein. Der Titel des Beitrages und der/die Verfasser mit vollem Titel und ausgeschriebenen Vornamen sowie beruflicher Stellung sind auf der ersten Manuskriptseite aufzuführen. Dem Beitrag ist ein „Überblick" von höchstens 15 Zeilen voranzustellen, in dem das Problem, die angewandte Methodik, das Hauptergebnis in seiner Bedeutung für Wissenschaft und/oder Praxis dargestellt werden. Die Aufsätze sind einheitlich nach dem Schema A., I., 1., a) zu gliedern. Endnoten (Times New Roman, 12pt) sind im Text fortlaufend zu numerieren und am Schluß des Aufsatzes unter „Anmerkungen" zusammenzustellen. Anmerkungen und Literatur sollen getrennt aufgeführt werden. Im Text und in den Anmerkungen soll auf das Literaturverzeichnis nach dem Schema: (Gutenberg, 1982, S. 352) verwiesen werden. Jedem Aufsatz muß eine „Summary" in englischer Sprache von nicht mehr als 15 Zeilen Länge und eine deutsche Zusammenfassung gleicher Länge angefügt werden. Über Abbildungen und Tabellen ist eine Legende vorzusehen (z.B.: Abb. 1: Kostenfunktion, bzw. Tab. 2: Rentabilitätsentwicklung). Abbildungen und Tabellen sind an der betreffenden Stelle des Manuskripts in Kopie einzufügen und im Original (reproduzierfähig) dem Manuskript beizulegen. Mathematische Formeln sind fortlaufend zu numerieren: (1), (2) usw. Sie sind so einfach wie möglich zu halten. Griechische und Fraktur-Buchstaben sind möglichst zu vermeiden, ungewöhnliche mathematische und sonstige Zeichen für den Setzer zu erläutern. Auf mathematische Ableitungen soll im Text verzichtet werden; sie sind aber für die Begutachtung beizufügen.

Mit dem Manuskript liefert der Autor ein reproduzierfähiges Brustbild (Passphoto) von sich sowie eine kurze Information (max. 7 Zeilen) zu seiner Person und seinen Arbeitsgebieten.

6. Zur Vermeidung von Satzfehlern fügen Sie bitte Ihren Papiermanuskripten eine Diskette bei, die das von Ihnen verfasste Manuskript in Word- oder Tex-Format enthalten sollte. Bitte sehen Sie von einer Konvertierung in PS- oder PDF-Dateien ab, da diese Formate vom verlagsseitig eingesetzten Satzprogramm nicht verarbeitet werden können.

7. Der Autor verpflichtet sich, die Korrekturfahnen innerhalb einer Woche zu lesen und die Mehrkosten für Korrekturen, die nicht vom Verlag zu vertreten sind, sowie die Kosten für die Korrektur durch einen Korrektor bei nicht termingerechter Rücksendung der Fahnenkorrektur zu übernehmen.

8. Der Autor ist damit einverstanden, daß sein Beitrag außer in der Zeitschrift auch durch Lizenzvergabe in anderen Zeitschriften (auch übersetzt), durch Nachdruck in Sammelbänden (z.B. zu Jubiläen der Zeitschrift oder des Verlages oder in Themenbänden), durch längere Auszüge in Büchern des Verlages auch zu Werbezwecken, durch Vervielfältigung und Verbreitung auf CD ROM oder anderen Datenträgern, durch Speicherung auf Datenbanken, deren Weitergabe und dem Abruf von solchen Datenbanken während der Dauer des Urheberrechtsschutzes an dem Beitrag im In- und Ausland vom Verlag und seinen Lizenznehmern genutzt wird.